영웅의 여정
자기 발견을 위한 NLP 코칭

The Hero's Journey: A voyage of self-discovery

호모코치쿠스 20

영웅의 여정
자기 발견을 위한 NLP 코칭

The Hero's Journey: A voyage of self-discovery

스테판 길리건, 로버트 딜츠 지음
나성재 옮김

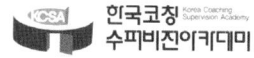
한국코칭 Korea Coaching
수퍼비전아카데미 Supervision Academy

이 도서의 국립중앙도서관 출판예정도서목록(CIP)은 서지정보유통지원시스템 홈페이지
(http://seoji.nl.go.kr)와 국가자료종합목록 구축시스템(http://kolis-net.nl.go.kr)에서 이용
하실 수 있습니다. (CIP제어번호 : CIP2020036801)

The Hero's Journey

ⓒ 2009 Stephen Gilligan and Robert Dilts
All rights reserved.

Korean Translation Copyright ⓒ 2020 by Korea Coaching Supervision Academy
Korean edition is published by arrangement with Robert Dilts
through Imprima Korea Agency

이 책의 한국어판 저작권은 Imprima Korea Agency를 통해
Robert Dilts와의 독점 계약으로 한국코칭수퍼비전아카데미에 있습니다.
저작권법에 의해 한국 내에서 보호를 받는 저작물이므로
무단전재와 무단복제를 금합니다.

목 차

저자 서문 ······ 9
추천사 ······ 13
역자 서문 ······ 17

Day 1
소개와 개요 ······ 21
여정의 출발 ······ 24
   첫 번째 전제: 영혼이 깨어난다 ······ 29
   두 번째 전제: 영혼은 인간의 신경 체계를 통해 깨어난다 ······ 30
   세 번째 전제: 우리 각자의 삶은 모두 영웅의 여정이다 ······ 32
영웅의 여정 큰 틀 ······ 36
   영웅의 여정 단계들 ······ 37
생성적 나 ······ 54
   세 가지 마음: 소매틱, 인지적, 장의 마음 ······ 56
   의식의 세 가지 수준: 원시, 에고, 생성적 차원 ······ 60
   생성적 나를 창조하는 원칙들 ······ 63
생성적 소매틱 의식 개발하기 ······ 68
   실습: 센터와 연결하기 ······ 69
   실습: 센터를 통해서 말하고 듣기 ······ 78
세 가지 마음으로 소명을 지지해주기 ······ 84
   실습: 세 가지 마음을 정렬하여 소명을 현실화하기 ······ 86
   마르코스와 데모 ······ 87
자신의 센터와 연결을 유지하기 위한 도전 ······ 98
   실습: 액티브 센터링 ······ 100
   카르멘과 시연 ······ 104

생성적 소매틱 상태	······ 117
나를 통과해 흐르는 것과 함께하는 법 배우기	······ 126
결론: 여러분의 채널을 열어 놓으시기 바랍니다	······ 132

Day 2
생성적 인지 의식	······ 137
스폰서십	······ 144
스폰서십 연습	······ 156
스폰서십 기술	······ 166
저항과 거부 다루기	······ 168
실습: 영웅의 여정 출발하기	······ 170
빈센트와 데모	······ 174
요약: 셀프 스폰서십을 통한 내면의 저항 변형하기	······ 186
그림자 통합하기	······ 190
착한 자기와 나쁜 자기를 긍정적 보완 관계로 전환하기	······ 195
실습: '착한 자기/나쁜 자기' 정체성	······ 196
스테판과 로버트의 시연	······ 197
원형 패턴을 스폰서링해서 변형하기	······ 202
실습 : 원형의 전환을 체험해보기	······ 204
맺음말: 달콤한 어둠	······ 220

Day 3
생성적 장 generative field	······ 223
장에 연결하기 실습	······ 233
원형의 에너지: 부드러움, 사나움, 장난기	······ 265

실습: 에너지 볼과 원형의 에너지 - 변혁의 미래 창조하기	…… 266
로사와 시연	…… 272
마음챙김과 '그 너머로 열기'	…… 281
실습: 장 인식해보기	…… 285
실습: 에릭과 데모	…… 289
장에 열리는 기술들	…… 302
맺음말: 연결되는 패턴	…… 306

Day 4

여정을 항해하기	…… 311
실행의 중요성	…… 316
인식 확장을 통한 셀프 스폰서십	…… 322
연습: 건강과 치유를 위한 셀프 스폰서십 - 지속적인 알아차림 활용하기	…… 324
여정의 5개 리듬: 흐름, 스타카토, 혼돈, 영혼의 노래, 고요	…… 331
실습: 5 리듬 탐색하기	…… 341
가디언 찾기	…… 347
실습: 가디언 찾기	…… 351
앨리스와 데모	…… 356
결론: 귀환	…… 370
생성적 변화를 위한 인터내셔널 협회(IAGC)	…… 378
참고문헌	…… 381
색인	…… 382
발간사	…… 385
저자 및 역자 소개	…… 388

저자 서문

한국어판 스테판 길리건 박사 서문

**자신에게 빛이 되기를,
여러분 인생이 영웅의 여정이 되기를 바랍니다.**

인생을 걱정과 절망의 먹구름 속에서 보내는 것은 쉬운 일입니다. 하늘 위로 호를 그리며 날아가는 인간의 영혼이라는 별로 살아가는 것은 더욱 멋진 일입니다. 우리 모두는 그렇게 하늘 위를 날아갈 수 있으며, 영웅의 여정은 이를 가능하게 하는 비전 모델입니다. 미국의 유명한 신화학자인 조셉 캠벨은 전 세계의 위대한 신화에 관해 방대한 조사를 했습니다. 그 조사 결과에 따르면, 신화 속 인물들은 세상에 중요한 공헌을 하기 위해 깨어납니다. 그리고 그 깨어남에는 보편적인 패턴이 있다는 것을 발견했습니다. 보편적이라는 말은 우리 모두 가능하다는 의미입니다.

　오스트리아 유대인 심리분석가인 빅터 프랭클은 『죽음의 수용소에서』라는 그의 위대한 저서에서 악명 높은 나치 아우슈비츠 강제 수용소의 죄수로 지냈던 경험을 이야기했습니다. 그는 인간의 책임감과 선물이 얼마나 생의 의미를 찾게 하는지 강조합니다. 나치 강제 수용소에서 생의 의미를 찾는 것이 얼마나 죄수들에게 살 수 있다는 용기와 의지를, 심지어 삶이 더 풍성해질 수 있다는 용기와 의지를 주는지 이야기합니다. 삶의 의미를 포기한 사람들은 그 뒤에 대부분 죽었습니다.

　오늘날 우리는 이렇게 가혹한 환경에서 살고 있지는 않지만, 우리 모두는 실망, 상실, 고통과 같은 힘든 도전에 직면합니다. 우리가 긍정적인 삶에 대한 내면의 깊은 확신이 있다면, 우리는 이런 도전을 창조적인 돌파구로 변혁할 수 있을 것입니다. 이것이 영웅의 여정이 우리에게 주는 의미와 가치입니다.

2020년 5월 12일
캘리포니아, 엔시니타스에서
스테판 길리건 박사

한국어판 로버트 딜츠 서문

『영웅의 여정: 자기 발견을 위한 NLP 코칭』 한국어판 서문을 쓰게 되어 제게는 큰 기쁨입니다. 이 책을 출간한 지 10년이 되었지만 책에서 전하는 메시지와 실습 내용은 지금도 그때와 마찬가지로 유효하며, 어떤 면에서는 더 시의적절합니다. 오늘날 우리는 많은 새로운 도전과 위험에 직면하고 있습니다. 기후 변화, 팬데믹 그리고 사회 경제적 불안 등이 초래하는 불확실성과 경제적 불안 등입니다. 이런 현상이 의미하는 것은 우리가 마주하는 문제에서 새로운 가능성과 해결책을 찾기 위해 자신의 내면 깊은 곳에 있는 자원을 찾아야 하는 소명을 말해줍니다. 이 과정을 통해서, 우리의 정체성은 풍요로워지고, 이 세상에서 우리의 입지는 확장될 수 있습니다. 이것이 영웅의 여정에서 추구하는 핵심입니다.

책에서 언급한 것처럼, 우리가 자기 내면의 장애물을 가지고 외부 장애물을 만나면, 그 장애물은 풀지 못하는 문제가 됩니다. 우리가 자기 내면의 깊은 자원과 최상의 내가 되어 외부 장애물을 만나면, 그 장애물은 성장하는 데 필요한 잠재적으로 성취 가능한 도전과 기회가 됩니다. 이 책은 여러분이 이런 변혁을 성취하는 데 도움이 되는 강력한 원칙과 틀을 제공합니다.

자기 발견의 항해에서는 우리가 안전지대를 벗어나 새로운 영토로 기꺼이 발걸음을 옮기는 내용을 주요하게 다룹니다. 이 발걸음을 옮기기 위해서는 새로운 것을 주저함 없이 해내는 용기와 자발성이 필요합니다. 이 용기는 우리 자신보다 더 거대한 무언가를 위해 일할 때 생겨납니다. 이것은 우리가 이 세상을 위해 어떤 변화를 만들고, 세상에 공헌하며, 새로운 것을 창조해 나가는 우리의 소명을 의미합니다.

모두 쉽지 않은 일입니다. 따라서 우리가 가디언을 만나고, 더 큰 장field의 자원에서 도움을 받는 것은 영웅의 여정에서 꼭 필요한 부분입니다. 가디언은 우리가 이성적 마음 너머에 있는 지혜에 접속할 수 있게 도와주고, 창조적 무의식에서 발산하는 수많은 가능성을 향해 우리가 열려 있도록 도와줄 것입니다.

따라서 영웅의 여정에서, 우리는 가슴과 비전 그리고 자신의 길을 찾으라는 소명을 따라 걸으면서 무언가 새로운 것을 발견해야 합니다. 이 길이 위대한 지도자, 치유자, 기업가 그리고 개척자들이 걸어가는 길입니다. 이 길을 걷다가 만나는 도전과 발견을 통해서, 우리는 용기, 통찰, 지혜, 회복탄력성 그리고 자신과 세상에 대한 위대한 깨달음을 얻게 됩니다.

이 책은 여러분이 자신의 길, 자신의 인생을 발견하기 위한 다양한 기술을 배우고 최상의 자기 모습으로 성장하는 길을 찾아가는 여정에 관한 이야기입니다.

2020년 3월
로버트 딜츠

추천사

애지중지 키우던 소가 사라졌다. 동자승은 잃어버린 소를 찾아 나선다. 소의 발자국을 발견한다. 발자국을 따라간다. 저 멀리 소가 보인다. 소를 잡아 고삐를 맨다. 소에 코뚜레를 꿰어 길들여 끌고 간다. 소는 점점 희어진다. 동자승은 흰 소를 타고 피리를 불며 집으로 돌아온다. 소는 사라지고 동자승만 앉아 있다. 곧이어 동자승도 없이 텅 빈 고요만 있다. 대자연만 있다. 어느 나이 든 고승이 지팡이를 들고 세상을 향해 나아간다. 이 이야기는 소를 소재로 그린 10장의 그림인 십우도十牛圖 이야기다.

　텍스트text는 소이지만 컨텍스트context는 인간의 마음 여정을 그렸다고 해서 심우도尋牛圖라고도 불린다. 우리의 마음을 소에 비유한 것이다. 소가 사라진 것은 보이지 않는 자신의 마음을 찾는 것이고, 소를 찾아 나서는 것은 자신의 마음 법칙을 찾아 떠나는 것이며, 소의 발자국을 따라가는 것은 꾸준히 노력함을, 소를 발견하는 것은 마음의 원리를 깨우치며 견성함을 비유한 것이다. 소를 타고 피리를 불며 돌아오는 것은 아무런 마음의 걸림이 없고 판단과 분별에서 자유로운 모습을 보여준다. 소가 사라진 것은 방편을 잊으라는 비유이며, 세상으로 나아가는 것은 자신의 깨달음을 세상과 나누기 위해 나아가는 것을 나타낸다.

그림과 함께 내용을 음미해보면 십우도가 던지는 메시지는 참으로 강력하면서도 매력적이다. 메타포의 힘이다. 우리 인간은 직접적인 설명보다 상상력을 동원할 수 있고 곱씹을수록 향기가 더해지는 은유적 표현에 더 깊이 반응한다. 인간은 기호와 상징을 통해 말로써 설명하기 어려운 느낌과 에너지까지 표현하고 소통의 도구로 사용한다. 게다가 그 상징이 이야기로 서술되어 전달된다면 더욱 와 닿게 된다.

이러한 은유와 상징이 담고 있는 힘을 가장 잘 설명한 사람이 세계적인 신화학자 조셉 캠벨Joseph Campbell이다. 20세기 최고의 영화 가운데 하나로 손꼽히는 〈스타워즈〉를 제작한 조지 루카스George Lucas도 캠벨의 영웅신화 이야기를 통해 영감을 얻었음을 고백할 정도로 캠벨의 영향력은 크다. 컬럼비아 대학에서 문학을 전공하던 캠벨은 석사과정을 마치고 박사과정에 진학했으나 관념적 논의와 의미 없는 논문 작성보다는 인디언문학에 마음이 가는 자신의 마음-여정에 신뢰의 에너지를 보내며 박사과정을 그만두고 5년 이상을 뉴욕 근교 우드스탁Woodstock이라는 조용한 시골 마을에서 산스크리트어를 배우고, 세계의 영웅신화를 읽으며 보낸다. 이후 1934년부터 새러 로랜스 대학Sarah Lawrence College 교수로 부임하였고 『천의 얼굴을 가진 영웅들The Hero with a Thousand Faces』(1949) 등 상징과 은유가 가득한 책들을 저술하며 영웅의 이야기를 알린다. 특히 그의 이야기가 감동적인 것은 '우리 모두가 자기 삶의 영웅'임을 소리쳐 외치기 때문이다.

캠벨의 외침은 졸고 있는 우리 영혼을 깨운다. 금세 공명이 일어난다. 우리 각자가 자기 삶의 영웅이기 때문이다. 그렇다. 세상을 구하는 마블의 주인공들만이 영웅이 아니다. 우리가 낡은 습관에서 벗어나 새로운 습관을 창조하려고 노력할 때, 타인과의 비교를 멈추고 자신만의 고유함과 독특함을 찾아 나설 때, 당장의 환경과 상황에 굴하지 않고 마음으로 그리는 꿈을 좇는 날개 짓을 멈추지 않을 때, 한치 앞도 내다볼 수 없는 상황이지만 믿음의 마음으로 한 발짝 내딛을 때…. 그때 우리는 영웅의 여정을 시작하는 것이다. 설령 지금 마음이 약해지고, 모습이 초라하며, 눈앞에 그 어떤 가능성도 보이지 않는다 하더라도 그것은 여정journey의 일부분일 뿐이다. 올라감이 있으면 내려옴이 있고, 길한 일이 있으면 흉한 일이 있을 수 있다. C'est la vie! 그것이 인생. 1년 365일 날씨가 좋으면 사막밖에 더 되겠는가?

    NLP의 세계적 리더인 로버트 딜츠Robert Dilts와 스테판 길리건Stephen Gilligan은 캠벨의 영웅 스토리에 NLP 기법을 입혔다. 16년 전인 2005년 여름, 도전의 한복판에 있던 나에게 산타 크루즈Santa Cruz에서 딜츠와 길리건을 통해 배운 NLP '영웅의 여정The Hero's Journey'은 큰 힘이 되었다. 매 순간 가슴 설레는 순간을 느끼고 싶고, 가슴 뛰는 일에 삶의 에너지를 쏟고 싶은 나에게 지금 하는 역할 역시 삶의 긴 여정에서 만나는 시절인연일 뿐임을 알고 있다. 살면서 조금씩 중심이 흔들리거나 잡념이 들면 나도 모르게 다시 꺼내 보고 적용해보는 것이 『영웅의 여정』이다. 2년 전 딜츠와 길리건이 주창한 IAGCThe International Association for Generative Change의 창립 멤버로 참여한 것 또한 많은 사람이 자신만의 '영웅의 여정'을 누릴 수 있도록 돕고 싶은 마음 때문이었다.

    NLP 마스터 트레이너이자 한국의 유일한 NLP University 파트너로서 3년간 한국상담학회 내 분과학회인 한국 NLP 상담학회 회장으로 봉사한 적이 있다. 그때부터 주말이면 NLP 전문가를 육성하는 일에 개인 시간을 나누고 있는데, 인류의 삶에 큰 도움이 되는 NLP라는 도구가 바르고 정직하게 잘 쓰인다면 소중한 법보시法布施가 될 수 있다는 믿음 때문이었다. 그 여정에서 만난 영웅이 바로 이 책을 번역한 나성재 마법사(마음 법칙을 아는 사람)다. 그 무렵 글로벌 기업에 다니던 역자는 삶에 대한 진정성과 순수한 마음으로 진정한 자신만의 길을 가고 있었다. NLP Practitioner와 Master Practitioner 과정까지 6개월이 넘는 기간 동안 240시간 이상의 수업과 훈련에 참여하며 내면의 세계를 깊이 파고들던 영웅 나성재의 진정성 가득한 맑은 여정은 잊을 수가 없다.

역자는 배움을 나눔으로 즉시 실천했다. 도서관에서 자신만의 강좌를 열었고, 아마추어 배우로서 무대 위에 올라가기도 했다. 시 낭송을 하며 본인의 맑은 주파수를 시적 운율에 띄워 주변을 밝히기도 했으며, 직장이라는 울타리를 넘어 세상을 향해 나아가는 자신만의 여정을 실천하였다. 이 책 역시 일본을 방문한 딜츠의 세미나에 참여한 열정의 산물 가운데 하나다. 언젠가 한국의 독자들이 이 귀한 책을 접할 수 있도록 하겠다고 마음먹고 있었는데, 역자가 번역을 하겠다는 이야기를 듣고 〈영웅의 여정〉에 가장 적합한 존재가 번역을 하는구나 생각하고 얼마나 기뻤는지 모른다.

이 책은 영웅의 여정을 살고 있는 역자가 영혼을 담아 번역한 책이다. 자기 자신만의 〈영웅의 여정〉을 걷는 모든 이에게 분명 정확한 방향과 큰 용기를 줄 것이라 믿어 의심치 않는다. 자신만의 삶의 여정에서 이 책을 들고 있는 영웅, 바로 당신에게 사랑과 축복을 보낸다.

감수 이성엽
아주대학교 교수, NLP Master Trainer, 전前 한국NLP상담학회 회장

역자 서문

2019년 7월에 처음으로 『영웅의 여정』을 읽었다. 책을 읽고 나서, 막연하게 번역을 해보고 싶다는 생각이 들었다. 그때 왜 그런 생각이 들었는지 모르겠다. 나는 출판의 '출'자도 모르는 사람이었다. 그날 이후 새벽 5시 반에 일어나 책상에 앉아서 매일 2~3쪽씩 번역했다. 이렇게 몇 달을 꾸준히 해나가자 책의 3분의 2정도를 번역했다. 그러자 덜컥 걱정이 되었다. 마치 뱃속에서 태아는 이미 많이 자라서 나오려고 하는데, 밖에서는 아이를 받을 준비가 전혀 안 된 상황이었다. 마침 출판업계에서 오래 일하신 분을 만날 기회가 있어 상황을 이야기하고 조언을 구했다. 저작권이 살아 있는지 출판사와 에이전시를 통해 확인한 다음 계약이 이루어진 뒤에야 비로소 번역을 시작하는 것이라고 설명해주며, 왜 이렇게 '막무가내'로 진행했느냐는 핀잔을 들었다.

이 책의 공동 저자인 로버트 딜츠가 운영하는 캘리포니아의 NLPU(NLP University) 홈페이지를 확인해보았다. 마침 그가 일본의 한 교육기관 초청으로 도쿄에서 영웅의 여정 세미나를 진행한다는 소식을 접했다. 일본에 전화를 걸어 등록하려고 하자, 세미나는 일본인 대상이고 한국 통역이 없어서 안 된다며 거절했다. 몇 번의 통화 끝에 통역이 없어도 되며 이 부분에 이의를 제기하지 않는 조건으로 등록할 수 있었다. 11월 말, 세미나에 참석해 로버트 딜츠를 만나고 번역 과정을 설명하고 저작권을 요청했다. 로버트는 캘리포니아 사무실에 확인하더니 저작권을 주겠다며 기꺼이 허락해주었다.

60명 참석자 가운데 외국인은 단 한 명뿐이었다. 내게 모두 친절하게 대해주었지만 그 가운데 테츠지 상을 잊을 수가 없다. 그는 세미나 쉬는 시간, 내게 찾아와 점심을 함께하자고 했다. 8년 전 50대 초반에 중풍을 맞았다는 그는 내게 중풍은 자신에게 선물이었다는 알쏭달쏭한 말을 했다. 세미나 마지막 날 쉬는 시간에도 내게 찾아와 저녁을 꼭 함께하자며 몇 번이고 다짐을 받고 갔다. 중풍으로 제2의 인생을 산다는 그의 이야기가 궁금했다. 일본이 처음인 내게 도쿄 구경을 시켜주겠다며 내게 어디를 가고 싶은지 물어보았다. 잘 모르겠다고 하자 내 마음이 원하는 곳을 말해보라고 했다. 그렇게 해서 찾은 도쿄의 한 절에서 멋진 야경을 배경으로 내 스마트폰으로 사진을 찍어달라고 했다. 플래시가 작동되지 않아 얼굴을 제대로 알아볼 수 없어 몇 번이나 다시 찍었지만 여전히 까맣게 나왔다. 괜찮다고 하자, 그는 기다려 보라면서 자신의 휴대전화를 꺼내 중풍으로 불편한 손으로 힘겹게 플래시 기능을 활성화하고 내 사진을 찍어주었다. 밝게 나온 내 사진을 본 뒤에야 비로소 밝게 웃으며 다행이라고 말했다.

저녁식사를 하면서 그는 도쿄에서 금융인으로 살아온 자신의 삶을 이야기해주었다. 이렇게 생각하지도 못한 인연으로 둘이 마주 앉아 있는 것이 신기하다는 내 말에 그가 이렇게 대답했다. "나는 오래전부터 여기 있었고 당신이 나를 찾아온 것이다. 어딘가에서 당신을 기다리는 또다른 누군가를 찾아 가라." 그리고 평생 내 가디언이 되어주겠다고 했다. 그는 나에게 책을 쓰는 사람으로, 코칭하는 사람으로 멋지게 살아가라고 축복해주었다. 늦은 밤 숙소에 돌아왔다. 문득, 온 마음을 활짝 열고 사람들에게 다가가는 마음이 테츠지 상이 중풍으로 받은 선물은 아닐까 생각했다.

아무런 출판 보장도 없이, 막연히 이 책을 번역하면서 책이 출간이 될 수 있을까 하는 의구심이 여러 번 들기도 했다. 그렇지만 매일 같은 시간 같은 자리에 앉아서 꾸역꾸역 번역한 한 장 한 장이 모여 켜켜이 쌓인 결과물을 보는 그 자체로 만족했다. 무엇보다도, 완벽하지 않으면 발을 떼기 싫어했던 나는, 완벽이라는 보호막 뒤에 숨어있는 또 다른 나를 발견하기도 했다. 또 그 보호막 뒤에 웅크리고 있는 내 안쪽 더 깊은 곳에서는 인정받지 못하거나 사랑받지 못하면 어떡하지라는, 불안이 있음도 바라보게 되었다. 이 책을 출간하면서 완벽하지 않아도, 좀 부족해도 작은 한 걸음들이 모여 나를 성장하게 하는 힘이 된다는 것을 발견하기도 했다. 이 책의 번역은 개인적으로 내가 나를 둘러싼 보호막을 넘어서 가디언을 만나고 성장해 나가는 과정이기도 했다.

이 책은 영웅의 상처와 선물에 관한 이야기이다. 상처는 치유하고 선물은 이 세상을 위해 나누어야 한다. 상처는 우리를 성장하게 하는 힘이다. 단 그 상처가 내게 벌어진 비극이 아니라 자신의 성장을 위한 선물이라는 인식의 전환이 필요하다. 이 책은 이 전환에 관한 실질적인 방법들을 제공한다. 독자 여러분이 자신의 가치에 따라 삶을 새롭게 창조하고 가슴 뛰는 충만한 삶을 살 수 있는 방법을 책을 통해 만났으면 한다. 여러분이 변화된 삶을 살기 위해 자신이 세운 안전지대와 보호막을 넘어 첫발을 떼는 데 이 책이 여러분과 함께 한다면 역자로서 큰 기쁨이 아닐 수 없다. 자신의 보호막 너머 어딘가에서 당신이 오기를 애타게 바라는 그 누군가를 꼭 만났으면 좋겠다.

이 책이 나오기 위해 많은 분의 도움이 필요했다. NLP의 세계로 이끌어주시고 기꺼이 추천사를 써주신 아주대 이성엽 교수님, 영웅의 여정을 보시고 바로 출판을 허락해주신 한국코칭수퍼비전아케데미 김상복 대표님, 아주 작은 발걸음의 힘을 알려준 스몰스텝의 박요철 작가님 그리고 매일 아침 새벽을 함께 깨워주신 미라클 모닝의 액터정 님에게 감사한 마음을 전하고 싶다. 마지막으로 번역에 매진할 수 있도록 변함없는 응원과 지지를 보내준 사랑하는 아내와 두 딸 윤정, 윤서에게 고마움과 사랑을 전한다.

2020년 9월 15일
고덕동에서 나성재

Day 1

소개와 개요

우리(저자 스테판 길리건과 로버트 딜츠)는 지난 1970년대 초 캘리포니아 대학교 산타크루즈 학생 시절부터 30년 이상 함께 이 길을 걸어오고 있습니다. 그 당시 신경 언어 프로그래밍Neuro Linguistic Programming(NLP)의 창시자인 리처드 밴들러Richard Bandler와 존 그린더John Grinder를 만나 폭넓게 교류했습니다. 많은 사람이 지난 세기 최고 지성 가운데 한 명으로 평가하는 그레고리 베이트슨Gregory Bateson과 공부하는 엄청난 기회도 얻었습니다. 또 단언컨대, 가장 명석한 정신과 의사이며 최면가 그리고 역사상 최고의 치유자인 밀턴 에릭슨Milton Erickson에게도 배울 수 있었습니다.

졸업 후 우리는 각자의 길을 걷다가 1990년대 중반 다시 함께하게 되었습니다. 그때 우리는 모두 결혼해서 아이들을 키우며 자신만의 전문 영역(스테판은 에릭소니언 최면과 심리치료에서, 로버트는 NLP 분야에서)을 구축해왔습니다. 그런데 우리가 걸어온 각자의 영역이 사실은 매우 비슷한 경험과 결론에 도달해 있다는 것을 알았습니다.

우리 삶이 각각 '영웅의 여정'이 될 수 있다는 생각이 우리를 가슴 뛰게 하는 공통 관심사였습니다.

영웅의 여정 핵심은 다음과 같습니다. 어떻게 당신이 의미 있는 삶을 살 것인가? 당신의 인생에 던져진 깊은 소명call은 무엇인가? 이 소명에 당신은 어떻게 응답할 것인가?

여러분이 자신의 소명을 찾지 못한다면 비참하게 살아갈 수도 있습니다. 즉 여러분은 불행하고 방황하거나 혼란스럽고, 또는 심각한 문제로 끝나게 될 것입니다. 아마 건강 문제, 직업상 혼란과 방황, 관계에서 비정상적인 문제가 발생할 수 있습니다.

영웅의 여정을 가게 된다면 놀라운 선물을 받게 될 것입니다. 그러나 이를 회피한다면 많은 고통이 따라옵니다. 이 책은 여러분이 걸어가는 영웅의 여정이 각각 무엇이고, 또 그 길을 어떻게, 깊고 충만하게 걸어갈 수 있는지 발견하도록 안내해줄 것입니다. 우리는 여러분이 자기 영혼 가장 깊은 곳에 연결하여, 여러분이 삶에서 느끼고 생각하고 행동하는 모든 것이 자기 영혼과 일치하는 삶을 살도록 도와드렸으면 합니다.

영웅의 여정은 깨어나는 과정이며 여러분을 여는 과정입니다. 삶이 당신에게 선사한 것을 향하여, 또한 당신의 소명을 향하여 당신을 열어가는 과정입니다. 이 소명은 항상 쉽지만은 않습니다. 쉽기만 하다면 영웅이 되어야 할 필요도 없을 것입니다.

영웅의 여정을 가면 아주 큰 혜택이 있습니다. 그것은 이 세상에서 살아 있다는 느낌과 삶의 의미를 느끼는 것입니다. 물론 혜택에 따른 도전과 치러야 할 비용도 있습니다. 빛이 있는 곳에는 항상 그림자가 있기 마련입니다. 사실, 빛이 밝으면 밝을수록 그림자는 더 어두워지기 마련입니다. 삶을 충만하게 살아간다는 것은 빛뿐만 아니라 그림자도 함께 끌어안고 다루면서 가야 한다는 것을 의미합니다.

바꿔 말하면, 우리가 선물과 상처라고 부르는 이 두 가지를 똑같은 비중으로 다루어 나갈 것입니다. 우리 마음속 깊숙한 곳에는 우리가 이 세상에 전할 선물이 있습니다. 마찬가지로 우리 마음속 깊숙한 곳에는 상처도 있습니다. 물론 상처가 우리 개인에게서 시작한 것만은 아닙니다. 우리는 자기 가족의 상처와 자기가 속한 문화의 상처를 안고 살아갑니다. 또 우리는 이 세상의 상처를 안고 살아갑니다. 그래서 영웅의 여정은 선물과 상처라는 에너지와 어떻게 하면 긍정적으로 깊게 연결할 수 있을지 알아가는 과정이기도 합니다.

따라서 영웅의 여정은 여러분에게 주어진 선물을 누리며 살아가는 것이며, 동시에 여러분의 상처를 치유하는 과정입니다. 여러분의 힘과 온전함은 바로 이 두 개의 에너지 안에 있습니다. 이 두 개의 에너지는 여러분의 애정관계, 직장생활, 건강 그리고 인간적인 성숙에 큰 영향을 끼칠 것입니다. 상처를 치유하고 자신의 선물을 나누며 살아가는 과정이 항상 동시에 진행될 것입니다.

여정의 출발

이 책은 대부분 스페인 바르셀로나에서 진행했던 영웅의 여정이라는 세미나 원고를 정리한 것입니다. 영웅의 여정은 활기차고 생기 넘치며 꾸준히 더 좋은 모습으로 발전해 나가는 프로그램입니다. 그래서 우리는 이 영웅의 여정 책이 즉흥성, 유머 그리고 생생한 세미나 모습을 그대로 담아내는 것이 좋겠다고 생각했습니다. 이 책에서는 세미나를 진행하는 두 명의 이름을 각각 표기하여 진행자가 저마다 가진 독특한 관점과 개성이 드러나도록 했습니다. 아무쪼록 즐거운 여정이 되시기 바랍니다.

스테판 길리건: 좋은 아침입니다. 여러분, 환영합니다! 이 프로그램에서 정말 많은 것을 다룰 예정입니다.

로버트 딜츠: (흥분된 목소리로) 여행을 떠날 준비가 되셨습니까?

길리건: (목사님 목소리로) 형제자매님, 준비가 되셨습니까?

딜츠: 아멘!

("아멘!" 그리고 청중에게서 웃음이 터진다)

길리건: 음…. 듣고 싶던 말입니다! 여러분은 지금 약간 이성적인 상태에서 벗어나 있기 때문에 그것을 활용해 더 들어가보겠습니다. 매일 시를 읽는 우리의 전통에 따르려고 합니다. 그건 저희 두 명 모두 아일랜드인 혈통이기 때문입니다.

딜츠: 우리 두 명 모두 반절은 아일랜드 사람입니다. 내 반쪽은 나쁜 반쪽입니다. (웃음)

길리건: 저희가 아일랜드 혈통인 것보다 더 중요한 것은 이번 여정에서 우리는 은유와 시적 표현이라는 언어를 기본으로 삼는다는 것을 강조하고

싶습니다. 문자 그대로의 언어는 이차적인 언어입니다. 우리는 은유와 상징적인 언어를 주요 언어로 사용할 것입니다.

딜츠: 언어학자 조지 레이코프George Lakoff가 쓴 『삶으로서의 은유Metaphors We Live By』라는 책이 있습니다. 그는 이 책에서 사람들은 일반적으로 기본적이고, 문자 그대로의 언어에 대비해서 은유를 부차적인 언어 체계라고 생각하는 경향이 있다고 지적했습니다. 저자는 반대로 은유가 우리의 기본적인 언어라고 반박합니다. 우리의 근원적인 언어는 은유적입니다. 아이들은 문자를 배우기 훨씬 이전부터 이야기와 은유의 세계 속에서 살아갑니다. 우리 가슴의 언어, 우리 영혼의 언어는 말 자체가 아니라 은유적입니다.

길리건: 실제적으로, 언어가 어떻게 우리 몸으로 들어가서, 우리 몸을 어떻게 자극하고, 우리 몸에서 어떻게 경험적 상징의 경험을 깨우는지가 흥미로운 부분입니다. 그래서 영웅의 여정을 탐구하는 것은 이성적인 개념이 아니라, 그와 구별되는, 몸으로 깊이 호흡을 들이마시면서, 여러분 몸 안의 모든 경험을 깨우는 것입니다.

딜츠: "지식이 뼛속까지 스며들기 전까지는 단지 루머일 뿐이다."라는 파푸아뉴기니 속담이 있습니다. 이번 영웅의 여정, 여러분의 소명도 마찬가지입니다. 여러분의 여정과 소명이 자신의 뼛속까지 스며들기 전까지는 여러분 여정과 소명은 그저 소문이며 좋은 생각에 지나지 않습니다. 여러분의 목표, 자원, 가능성, 이 모든 것도 마찬가지로 여러분의 뼛속, 호흡 그리고 몸속에 스며들기 전까지는 단지 소문일 뿐입니다. 오직 뼛속까지 스며들었을 때라야 비로소 여러분의 삶을 변혁할 살아있는 아이디어가 됩니다. 여러분이 이 세미나를 끝내고 돌아가실 때는 더욱 생기 있는 사람이 되어 있기를 바랍니다. 여러분, 더 생기 있는 사람이 되기를 원하십니까?

길리건: (열정적이고 장난스럽게) 아멘!

(웃음과 함께 관중석에서 "아멘!")

길리건: 영국의 시인 데렉 월컷Derek Walcott의 시를 여러분과 나누고 싶습니다. 이 시에서 시인 월콧은 인간이 저마다 가진 유산의 일부인 두 개의 자기에 대해서 말합니다. 두 개의 다른 자기는 경험하는 자기, 즉 수행하는 자기performance self와 관찰자 자기witnessing self입니다. 앞으로 우리가 사용하게 될 다른 용어로는 소매틱 자기somatic self와 인지적 자기cognitive self입니다. 이 두 개의 마음을 연결하는 것이 우리 세미나에서 다루게 될 중요한 내용입니다. 이 관계가 적대적입니까? 분리되어 있습니까? 지배적이거나 복종적인가요? 아니면 이 두 마음이 여러분 안에서 조화를 이루고 있습니까? 이 두 마음이 조화를 이루어야 여러분 영웅의 여정이 세상을 향해 활짝 열릴 수 있습니다. 시인은 이 관계에 대해서 이렇게 읊고 있습니다.

사랑 후에 사랑 Love After Love

그럴 때가 올 거예요.
커다란 기쁨으로
자신의 현관에서, 자신의 거울 안에서
당신 자신이 도착한 것을 스스로 반겨 맞을 때가
그리고 서로는 서로의 환영에 미소 지을 거예요.

그리고 말하겠죠. "여기 앉아서 좀 드세요."
당신은 그대 자신이었던 낯선 이를 다시 사랑하게 될 거예요.
와인과 빵을 대접하세요. 당신의 따뜻한 가슴을 돌려주세요.
그에게, 당신을 평생 사랑해온 그 낯선 이에게.

당신은 다른 이를 사랑하느라 그를 무시했지만,
그는 가슴으로 당신을 알고 있지요.

책장에 두었던 사랑의 편지를 꺼내세요.
사진과 절절했던 기록들,

거울에 보이는 자신의 이미지도 벗겨내세요.
자 앉아요. 당신 인생의 향연을 마음껏 즐겨보세요.

길리건: 우리가 이 여정의 마지막에 도착했을 때는 모두가 거울에 보이는 자기 이미지를 벗겨내고 자기 인생의 향연을 마음껏 즐기시기 바랍니다. 그러면 여러분 안에 있는 두 개의 자기가 하나의 깊은 생성적 나generative self로 통합하여 영웅의 여정을 살아가게 될 것입니다.

딜츠: 이 시와 같은 맥락의 짧은 글이 몇 개 더 있습니다. 그 첫 번째는 나이가 들면서 몸에서 자신의 소명을 듣는 것에 관한 시입니다. 또 나이가 들면서 깊은 영혼의 힘이 생겨나는 것을 느끼는 내용입니다. 위대한 아일랜드 시인, 윌리엄 버틀러 예이츠William Butler Yeats의 시 〈비잔티움에로의 항해〉에서 발췌한 내용입니다. 이 시는 스테판과 제가 우리의 위대한 스승이며 정신적 후원자였던 밀턴 에릭슨에게 배운 것들을 상기시켜줍니다. 우리가 처음 그를 봤을 때, 그는 늙고 다리를 절었으며 극심한 고통에 시달리고 있었습니다. 그렇지만 그는 병약함 뒤편 깊은 곳의 무엇과 연결되어 있는 듯했습니다. 이 시는 저에게 영웅의 여정이 어떤 식으로든 절대 끝나지 않는다는 것을 말해주는 것 같습니다. 예이츠는 이렇게 말합니다.

늙은이는 초라한 존재
막대기에 걸친 누더기일 뿐이리라.
만약 영혼이 손뼉 치고 노래하지 않는다면,
유한한 옷 조각을 위해 더 소리 높여 노래 부르지 않는다면.

딜츠: 이번 여정에서는 우리 모두가 우리 영혼이 자신을 찾아와 손뼉 치고 노래하기를 바랍니다. 여러분의 존재가, 육신의 누더기가 축하와 공헌으로 활기차게 되기를 바랍니다.

다음으로 제가 인용하려는 것은 현대 무용의 선구적 개척자 가운데 한 명인, 마사 그레이엄Martha Graham의 글입니다. 그녀는 90대까지 춤을 가르치고 안무를 하고 직접 춤도 추었습니다. 그것이 가능했던 것은 아마도 아랫글에 나타난 그녀의 인생에 대한 이런 시선 때문일 것입니다.

당신을 통해 행동으로 표현되는 생명력, 생명의 힘, 박동이 있습니다. 당신이란 존재는 그 순간에 오직 하나뿐이며, 그 표현도 유일한 것입니다. 이것을 억누른다면 이 표현은 어떤 매개체를 통해서도 존재할 수 없고 소멸합니다. 이 세상도 그 표현을 가질 수 없게 됩니다. 그 표현이 얼마나 멋지고, 다른 표현과 비교하면 어떨지 결정하는 것은 당신이 할 몫이 아닙니다. 당신은 그저 당신이라는 채널을 열어 놓기만 하면 됩니다.

딜츠: 이것이 바로 영웅의 여정 핵심입니다. 여러분의 채널을 열어 놓는 것입니다. 이 여정의 핵심은 여러분의 채널을 막는 것이 무엇이고, 그것이 여러분의 생명력과 삶의 원동력을 어떻게 빼앗아가는지 파악한 다음, 그것들을 놓아주는 것입니다. 여러분 고유의 에너지를 이 세상에서 펼치지 못하게 하는 어둠의 그림자가 무엇인지 발견하고, 그 그림자를 변형transform하는 방법을 알아볼 것입니다. 이 프로그램의 목적 가운데 하나는 여러분이 자신의 채널을 열 수 있는 도구를 개발히도록 돕는 것입니다. 여러분의 아이들과 사랑하는 사람과 직장이나 일상생활을 하는 과정에서 심지어 세미나에 앉아서도 할 수 있도록 말입니다. 영웅의 여정에서 채널을 여는 일, 여러분이 해야 할 일입니다. 생명이 당신을 통해 흐르게 해야 합니다.

첫 번째 전제: 영혼이 깨어난다.

길리건: 영웅의 여정을 떠나기 위해 우리가 여러분에게 제시하는 첫 번째 핵심 전제는 다음과 같습니다.

영혼이 세상에서 깨어나고 있다.

우리가 지향하는 생각, 행동, 경험 그리고 관계의 역학 등 모든 것이 깨어나는 영혼의 표현으로 볼 수 있습니다. 영혼은 행동, 생각, 시간, 공간, 정체성 등 모든 형태를 통해서 깨어나려 합니다. 우리가 매 순간 영혼을 느끼고, 그 영혼과 정렬될 때 비로소 영웅의 여정이 활성화됩니다.

딜츠: 우리에게는 아주 해묵은 의문이 있습니다. 우리는 신처럼 행동하는 동물인가 아니면 동물인 척하는 신인가?

길리건: 여러분의 선택은 무엇입니까? (웃음)

딜츠: 우리는 깨어나는 영혼입니다. 신성하면서도 인간적인 면을 모두 가지고 있습니다.

길리건: 최상의 영혼에 대한 개념은 서아프리카에서 태어나고 성장한 뒤, 서구 사회로 건너와 가르침을 전했던 말리도마 소메Malidoma Somé의 자서전『물과 영혼으로Water and the Spirit』에서 잘 나타나 있습니다. 그가 살았던 지역의 문화적 전통에서는 아이가 태어나면 그 아이가 다른 세계, 즉 영혼의 세계에서 왔다고 생각합니다. 더 나아가, 이 영혼은 특정 시기에 그 가족을, 그 문화를 선택해서 태어나는데, 그 아이가 그곳에 줄 특별한 선물을 가지고 있기 때문이라고 생각합니다.

이 영혼은 선물과 함께 치유해야 할 상처도 가지고 있습니다. 선물과 상처, 이 두 가지 모두에서 우리는 근원적인 경험의 순간과 깨어나기를 고대하는 고동치는 의식이 있다는 것을 감지할 수 있습니다. 자신이 감지한 것에 정렬하면 좋은 일이 일어날 것입니다.

말리도마는 흥미롭게 '적에게 제사 의례를 가지고 가는 사람'이라는 뜻입니다. 그의 전통 문화에서는 연장자들이 갓 태어난 아이들을 데리고 가서 원형으로 둥그렇게 둘러앉습니다. 그리고 제례 의식의 언어로 그 영혼에게 이렇게 묻는다고 합니다. "왜 왔는가?" "어떤 선물을 가지고 왔는가?" 말리도마의 경우, 서구 세계에 치유의 선물을 전하고자 온 것으로 파악되었다고 합니다. 그들의 관점에서 보면, 서구 세계는 영혼과 연결고리가 심각하게 멀어지면서 큰 상처를 입었다고 생각했습니다. 부족의 족장인 말리도마의 할아버지는 말리도마가 이 재능을 전하기 위해 서양으로 갈 것이라고 예견했습니다. 말리도마의 이 멋진 이야기를 간단히 말하자면, 결국 실제로 할아버지가 예언했던 것이 현실이 되었습니다. 최상의 영혼을 알아보는 여러 가지 방법이 있습니다만, 가장 흔한 방법은 새로 태어난 아기를 안거나 어린아이와 연결되어 그 최상의 영혼을 느껴 보는 것입니다.

딜츠: 새로 태어난 아기를 안으면 그 영혼에서 존재의 경외감을 쉽게 느낄 수 있습니다. 마사 그레이엄이 말한 이 세상에 새로 온 고유한 에너지를 정말 느낄 수 있습니다. 이 고유한 생명의 존재와 조율된 상태가 바로 영웅의 여정을 향해 가는 길을 인도해줄 것입니다.

두 번째 전제: 영혼은 인간의 신경 체계를 통해 깨어난다.

길리건: 첫 번째 핵심 전제에 이어 두 번째 전제를 말씀드리겠습니다.

영혼은 인간의 신경 체계를 통해 깨어난다.

한편으로, 이 말이 지극히 당연한 생각처럼 들릴 것입니다. 아주 명확하기 때문입니다. 인간의 신경 체계가 지금까지 존재했던 그 어떤 것보다 가장 진화하고 창조적인 악기나 컴퓨터 장치임을 깊이 감사해야 합니다. 용량, 복잡성, 그 힘에서 인간의 신경 체계와 어깨를 견줄 만한 것은 없습니다. 불교 신자들은 인간의 신경 체계를 가진다는 것은 잭팟을 터뜨린 것이나 마찬가지라고 말합니다. 로또 1등에 당첨된 것과 같습니다. 이 세상에 오기 위해 긴 줄을 서서 기다리는 영혼들을 상상해보시기 바랍니다. 모든 영혼이 자신의 여정을 가기 위한 신경 체계를 받기 위해 기다리고 있습니다. 여러분이 서 있는 줄 앞에 있는 어떤 영혼은 뱀의 신경 체계를 받았습니다. 그다음 영혼은 기린의 신경 체계를 받았습니다. 당신 차례가 되었습니다. 사무실에 걸어 들어가자 그들이 이렇게 말합니다. "좋습니다. 당신에게 인간의 신경 체계를 드리겠습니다." 아마도 당신은 이때를 기억할 수도 있습니다. 인간의 신경 체계를 받게 되면 여러분 의식을 변혁하고, 자기를 실현할 수 있는 엄청난 가능성을 확보한 것이기에, 여러분은 행운과 행복감으로 매우 흥분합니다. 이 신경 체계야말로 여러분이 영웅의 여정을 살아갈 모든 가능성을 부여해주는 것입니다.

그렇지만 이 신경 체계를 운용할 매뉴얼을 함께 준 것은 물론 아닙니다. 여러분은 이 세상에 나와서 텔레비전과 수다와 광고의 재잘거림 때문에 이 총명함을 잊어버립니다. 고도로 민감한 이 생화학 컴퓨터의 단점 가운데 하나는 적절하게 조율되어 있지 않으면 끔찍한 경험들이 그 안에서 만들어진다는 것입니다.

세 번째 전제: 우리 각자의 삶은 모두 영웅의 여정이다.

길리건: 영웅의 여정 처음에 말씀드린 것처럼 여정을 떠날 수 있는 것에 감사해야 합니다. 우리 모두 삶의 근원에 있는 영혼을 감지해야 합니다. 그리고 이 여정을 펼쳐나가는 신경 체계에 조율해야 합니다. 이것이 세 번째 기본 전제와 관련이 있습니다.

> 영혼은 영웅의 여정에서 시간과 공간을 통해 펼쳐진다.

영혼 그리고 신경 체계와 더불어, 우리는 시간의 흐름을 통해 펼쳐지는 여정의 세 번째 전제를 강조하고자 합니다. 우리는 한 사람의 일생이 과거와 현재 그리고 미래로 구성된 아름다운 여정이라고 생각합니다. 많은 경험의 순간이 모여서 아름다운 이야기가 펼쳐지고, 멋진 노래를 부르며, 자신만의 고유한 춤을 추는 것입니다. 이 여정을 한 측면에서 보면, 당신은 홀로 있습니다. 다른 측면에서 보면, 당신은 많은 긍정적인 존재의 도움을 받고 있습니다. 그들 가운데 일부는 당신도 모르는 존재들입니다.

딜츠: 영웅의 여정 모델에서, 우리는 이 존재를 가디언guardian이라고 합니다. 스테판의 생성적 나 개념에서는 영웅의 여정과 연관해서 스폰서sponsor라고 합니다. 이 긍정적 인물들은 여러분이 가진 깊은 내면의 소명을 다양한 방식으로 지지해주고 상기시켜줍니다.

예를 들면, 태평양에 있는 섬, 토고에서는 아이가 태어나면 마을의 여인들이 아이 엄마와 함께 의식을 진행합니다. 마을 여인들이 엄마와 아이를 숲 속에 데리고 들어가서 새로 도착한 영혼 주위로 둘러앉습니다. 여인들은 아이와 함께 앉아서 새 생명의 고유한 영혼을 느끼며, 어느 한 순간 한 사람이 아름다운 목소리를 냅니다. 다른 여인이 거기에 목소리를 더하고, 또 다른 사람이 더하며 그 집단에서 아이를 위한 노래를 만듭니다. 이 노래는 오직 이 아이만을 위한 유일한 노래가 됩니다.

이 아이는 평생 자신의 생일이나 다른 의식이 있을 때마다, 그 여인들이 모여서 이 노래를 불러줍니다. 이 아이가 나쁜 짓을 하거나 아프면, 처벌하거나 약을 주는 대신 마을의 그 여인들이 모여서 이 노래를 합니다. 그 노래를 통해 아이에게 자신이 어떤 사람이었는지 느끼게 해줍니다. 그 노래는 한 존재가 평생을 걸어가는 영웅의 여정을 매 단계 거칠 때마다 그 사람을 지지해주는 수단이 됩니다. 그 사람이 죽으면 마을에서 마지막으로 노래를 부른 뒤, 다시는 그 노래를 부르지 않습니다. 이 아름다운 이야기는 우리 모두가 왜 가디언이 필요한지 말해주는 좋은 예입니다. 가디언은 우리의 진정한 본성이 어떠했는지 일깨워주고, 우리가 채널을 계속해서 열 수 있도록 도와줍니다.

길리건: 이 세상에는 여러분의 여정을 이끌어 주는 영혼 같은 것은 없다고 최면처럼 읊조리는 부정적인 힘이 있습니다. 이런 이유로 우리는 가디언의 존재가 절실히 필요합니다. 예를 들어, 현대 소비주의가 끼치는 최면의 강력한 힘을 생각해보시기 바랍니다. 이 최면 같은 주문은 계속 흘러나옵니다. "당신 내면에 영혼은 없습니다. 당신에게 영웅의 여정은 없습니다. 당신의 목적은 냉장고를 사는 것입니다. 이 생에서 당신의 목적은 치즈버거를 먹는 것입니다."

딜츠: 맥도널드와 스타벅스

길리건: 로버트와 제가 미국인이어서 자랑스럽습니다 – 이런 멋진 선물을 이 세상에 선사했으니까요. (웃음)

딜츠: 여러분이 영혼과 분리되면 채널이 닫히기 시작합니다. 채널이 닫히면

여러분은 자신의 상처 안에서 길을 잃습니다. 그 고통을 보상받기 위해 더 많은 것을 소비하려는 욕망이 생깁니다. "컬러 텔레비전이 한 대 더 있으면, 새 차가, 새 신발이 하나 더 있으면, 그러면 더 인정받는 사람이 될 거야. 그러면 더 살아 있는 느낌이 들 거야."

길리건: 흔히 한 사람 일생에서 나타나는 신경증 증상은 토고 여인들의 노래와 유사한 것입니다. 신경증 증상은 우리에게 다시 자신의 영혼으로 돌아오라고 외치는 소리입니다. 바꿔 말하면, 여러분이 한 사람의 경험을 매 순간 잘 이해하게 되는 때는, 그 사람의 영혼이 이 세상에서 깨어나려고 할 때입니다. 여러분은 그 사람들이 겪는 특별하고 강렬한 경험을 이해할 수 있습니다. 그 경험은 긍정적일 수도 있고 부정적일 수도 있는데, 영웅의 여정에서는 이를 소명이라고 말합니다.

딜츠: 행동으로 옮겨야 하는 소명, 모험해야 하는 소명, 무엇이 되고자 하는 소명. 영혼으로 되돌아 가야 하는 소명.

길리건: 어떤 사람은 이 소명을 전혀 듣지 못하기도 합니다. 어떤 사람은 듣기는 하지만 이를 거부합니다. 심리치료 경험이 많은 심리학자로 제가 고객에게 내리는 주요 진단 하나가 있습니다. "당신은 체질적으로 카우치 포테이토가 될 수 없습니다." 카우치 포테이토는 소파에 앉아서 텔레비전을 보며 맥주를 마시고 감자 칩을 너무 오랫동안 먹다 보니, 마치 감자처럼 보이는 사람을 말합니다. (웃음) 이런 카우치 포테이토 인생의 결말은 묘비에 이렇게 적히는 것으로 끝날 것입니다. "그는 텔레비전을 너무 많이 보고, 감자 칩을 너무 많이 먹고, 자신의 인생에 대해 계속 불평만 했다. 다음." (웃음)

여러분, 가슴 속 깊이 생각해보시기 바랍니다. 여러분 인생길 마지막에, 여러분 비문에 어떤 글이 적혀 있으면 좋을까요?

어떤 사람은 그냥 카우치 포테이토처럼 살면서 만족해합니다. 헨리 데이비드 소로우Henry David Thoreau가 말한 '조용히 인생에 순응하는 삶'에 안주하며 살아갑니다. 어떤 사람은 그렇게 살아갑니다. 시간을 질질 끌고 허비하면서 뿌연 안개 속에서 한평생을 살아갑니다. 그러나 다른 사람들, 내가 행운아라고 생각하는 사람들은 그렇게 살아서는 안 됩니다. 왜냐하면 영혼이 우리 안에서 엄청나게 요동치며 고통스럽게 외치기 때문입니다. "깨어나라! 깨어나라! 나는 이렇게 저급한 트랜스 상태(역자 주: 이성적 사고의 각성이 줄어든 상황에서 특정 상황에 몰입된 심리상태)로 살려고 태어난 것이 아니야!"

여러분이 지금 안고 있는 문제가 영웅의 여정에서 보면 '되돌아가야 하는 소명', '깨어나야 하는 소명'으로 여러분이 재인식할 수 있도록 하는 것이 이 세미나에서 다룰 중요한 내용 가운데 하나입니다. 이렇게 인식을 전환하면, 여러분은 자신이 피할 수 없었던 문제와 긍정적인 관계를 맺게 됩니다. 이런 긍정적인 관계는 자신의 성장과 깨어남에 밑거름이 됩니다.

딜츠: 저는 회사와 여러 조직에서 코치와 컨설턴트로 활동해오고 있습니다. 조직이 영혼을 잃었을 때, 즉 자신의 영혼과 진실함을 팔아버렸을 때 코치로서 임무는 명확합니다. 그들이 자신의 영혼과 연결하여 다시 깨어나도록 돕는 것입니다.

정체성 차원에서 사람은 영혼과 에고 두 가지 측면을 가졌습니다. 에고는 사람이 가진 상처에 기반을 둔 우리 자신의 한 부분입니다. 이것은 심리학에서 말하는 '이상화된 자기idealized self'입니다. 즉 사랑받고, 인정받고, 괜찮은 사람이 되고자 하는 자신의 모습입니다. 에고는 영혼의 발목을 잡는 덫입니다. 아마 회사에서 이런 광경을 많이 보았을 것입니다. 영혼이 돌아왔을 때, 때로는 마법 같은 일이 일어나기도 합니다. 영혼이 그곳에서 자신의 고유한 노래를 부르며 자신만의 여정을 펼쳐 나가는 마법이 일어납니다.

어떤 조직에서 일어난 흥미로운 사례를 말씀드리겠습니다. 제 동료 한 명이 거대 통신사에서 수행하는 프로젝트에 투입되었습니다. 그 회사에서 실패했던 큰 프로젝트에 관한 연구를 진행하는 것이었습니다. 이 회사는 그 무렵 시장 점유율을 유지하기 위해, 빠른 시간 안에 제품을 개발해야 하는 긴박한 상황이었습니다. 이 프로젝트는 매우 중요해서 무려 천 명의 인력을 투입했습니다. 그러나 결과적으로 경쟁사에서 더 좋은 품질과 더 저렴한 가격의 제품을 더 빨리 출시했습니다. 경쟁사가 불과 20명의 인원으로 어떻게 이 일을 해냈는지 밝히는 것이 이 연구의 목표였습니다. 20명이 어떻게 1,000명을 완벽하게 이길 수 있었을까요? 영웅의 여정에서 언급한 언어로 말하자면 채널이 열려 있는 20명(소명에 헌신한 20명의 영혼들)은 자기 일만 하는 1,000명의 에고를 언제나 이길 수 있습니다.

어떻게 하면 조직에서 '우리 영혼이 손뼉 치고 노래하게' 할까요? 어떻게 개인의 삶에서, 관계에서, 조직에서 생동감과 창조성과 비전이 살아 숨 쉬게 하고 유지할 수 있을까요? 이것이 우리 워크숍에서 다룰 주요 내용 가운데 하나입니다. 우리가 다루는 내용과 과정들이 여러분 모두에게 중요한 의미가 되었으면 합니다.

영웅의 여정 큰 틀

딜츠: 이 여정의 큰 틀을 잡기 위해 우리는 조셉 캠벨Joseph Campbell의 작품부터 보려고 합니다. 그는 미국의 신화학자로 역사상 다양한 문화의 남녀에 얽힌 신화, 전설, 다양한 이야기를 오랜 기간 연구했습니다. 그는 이런

모든 종류의 이야기와 표본을 관통하는 '영웅의 여정'이라는 '심층적 구조'가 있다는 것을 발견했습니다. 그는 '천 개의 얼굴을 가진 영웅'이라는 제목의 첫 번째 책에서 영웅의 여정이 수많은 방식으로 전개되고 있다는 것을 강조했습니다. 그러나 이 수많은 방식에는 공통의 틀을 공유하고 있음이 밝혀졌습니다. 다음에 소개하는 단계들은 캠벨이 제시한 로드맵을 간략하게 요약한 것입니다. 이 로드맵을 활용해서 본 영웅의 여정 프로그램도 방향을 잡아가려고 합니다.

영웅의 여정 단계들

1. 소명을 듣기
2. 소명을 향한 결심(거부 극복하기)
3. 임계점 넘어서기(새로운 시작)
4. 가디언 찾기
5. 악마를 마주하고 악마를 변혁하기
6. 내면의 자기와 새로운 자원 개발하기
7. 변혁 transformation
8. 선물을 가지고 집으로 돌아오기

1. 소명

딜츠: 이 여정은 소명으로 시작됩니다. 마사 그레이엄이 말한 것처럼, 우리가 이 세상에 오면, 이 세상은 우리가 자신의 고유한 생명력과 생의 힘을 발휘해야 하는 환경을 우리에게 펼쳐줍니다. 에크하르트 톨레 Eckhart Tolle가 쓴 『지금 이 순간을 살아라 The power of Now』에서 영혼의 주요 기능은 깨

우는 것이라고 했습니다. 우리는 이 세상에 잠자기 위해 온 것이 아니라 깨어나기 위해서 온 것입니다. 우리는 깨어나고, 또 깨어나서 성장하고 진화하기 위해 왔습니다. 그래서 소명은 항상 성장하고, 기여하며, 이 세상에 생명 에너지와 활력을 불러오라는 요청입니다.

길리건: 행동에 나서라는 소명은 흔히 도전, 위기, 비전 그리고 도움이 필요한 사람을 통해서 우리에게 다가옵니다. 잃어버린 것을 다시 찾아야 할 필요; 세상의 부패한 권력을 새롭게 혁신해야 할 필요, 상처 입은 삶의 핵심 부분을 치유할 필요; 직면한 도전에 응전할 필요 등을 통해서 소명이 옵니다. 또 소명은 영감과 기쁨을 통해서도 우리에게 다가올 수 있습니다. 여러분이 멋진 음악을 듣고, 이 세상에 열정적으로 펼치고 싶은 음악의 아름다움에 깨어날 수도 있습니다. 여러분은 육아에서 놀라운 사랑을 느낄 수도 있습니다. 그 사랑이 원형의 힘archetypal power을 이 세상에 펼치게 하는 소명이 될 수 있습니다. 여러분은 자신이 하는 일에 흠뻑 빠져 오직 그것만 생각할 수도 있습니다. 영웅의 소명은 자신이 겪는 큰 고통과 큰 기쁨으로 각각 찾아올 수 있습니다. 어떤 경우는 이 두 가지가 동시에 오기도 합니다.

딜츠: 영웅의 소명은 에고 차원에서 오는 개인 목표와는 전혀 다르다는 것을 강조하고 싶습니다. 에고는 최신 텔레비전 한 대를 더 가지려 하며, 더 많은 맥주를 먹고 싶어 합니다. 즉 부와 명성을 좋아합니다. 영혼은 이런 것을 원하지도 필요로 하지도 않습니다. 영혼은 깨어나고, 치유하고, 연결하고, 창조하기를 원합니다. 영혼은 깊은 변화를 열망하는 소명에 의해 깨어납니다. 영혼은 에고의 영광이 아니라, 우리 삶을 위하여, 우리 삶의 명예를 위해서 깨어납니다. 소방관이나 경찰관이 누군가를 구하기 위하여 화재 현장에 뛰어드는 것은 원하던 목표가 아니라 도전이며, 위험입니

다. 또한 성공 보장도 없습니다. 만약 그렇지 않다면 영웅이 될 필요도 없습니다. 그래서 소명은 용기가 필요합니다. 지금까지 살아왔던 이전과는 다른 더 큰 사람이 되어야 합니다.

길리건: 다음으로 우리가 살펴볼 내용은 여러분이 인생의 다양한 단계에서 아주 다른 방식으로 자신의 소명을 듣게 되는 과정입니다. 실습 시간에는 여러분이 자신의 소명과 관련해서 했던 경험을 되새겨 보는 시간을 가질 것입니다. 예를 들면, 이렇게 간단한 질문을 할 수 있습니다. "잠시 여러분이 살아왔던 인생을 돌아보시기 바랍니다. 여러분이 깊이 감동하고, 뼛속 깊이 살아 있음에, 당신 안에 있는 아름다움에 깨어났던 순간의 경험을 느껴 보시기 바랍니다." 다음과 같은 비슷한 질문도 해보시기 바랍니다. "여러분이 하는 일 가운데 일상적인 자신의 모습을 뛰어 넘어서게 하는 일은 어떤 일입니까?" 이 질문에 대답하다 보면, 여러분이 자신의 소명을 어떻게 느끼는지 설명해줄 것입니다.

계속해서 강조하겠지만, 여러분이 소명을 듣게 되면 영혼이 충만해지고 정신이 맑아지는 느낌이 듭니다. 자신의 소명을 들었다고 생각하면, 여러분은 자신이 걷는 영웅의 여정을 인식하고 실천하며 앞으로 밀고 나가게 됩니다. 이것이 바로 "자신만의 희열을 따르라."라고 말했던 캠벨의 진정한 의미입니다. 많은 사람은 이것이 쾌락 추구를 장려하는 것으로 오해했습니다. 그렇지만 자신이 희열을 느끼는 때가 여러분이 이 세상에서 무언가를 하는 데 가장 최상의 상태를 나타내는 징표로 보아야 합니다.

딜츠: 스테판이 말한 것처럼, 소명은 신경증 증상이나 고통으로 찾아옵니다. 제 어머니는 50대 초반 몸에 전이된 유방암이 재발했습니다. 유방뿐만 아니라 자궁과 방광 그리고 골수까지 말입니다. 의사는 기껏해야 몇 개월 살 수 있다고 말했습니다. 여러분이 상상하시는 것처럼, 어머니 인

생에서 최악의 사건이었습니다. 그때 어머니는 영웅은 고사하고 완전히 희생자가 된 느낌이었습니다.

저는 어머니에게 물었습니다. 암은 어떤 소명이 있을까요? 암은 내가 어떤 사람이 되기를 바라는 것일까요? 어머니는 이 질문에 마음속 깊은 곳을 열었습니다. 이것을 통해 어머니 인생이 완전히 바뀌었습니다. 의사도 놀랄 정도로, 어머니는 뚜렷한 회복을 보였고 18년을 거의 아무런 증상 없이 더 살았습니다. 나중에 어머니는 그때를 돌아보며 말했습니다. "내 인생에서 겪은 최고의 사건이었지. 나는 행운아야. 두 번의 삶을 살 수 있게 되었지. 첫 번째 삶은 두 번째 암이 발병하기 전이고, 두 번째 삶은 그 이후의 삶이었지. 두 번째 삶이 첫 번째보다 훨씬 좋았어."

이 세미나에서 우리는 다음 질문에 대한 대답을 찾아야 합니다: 삶은 우리에게 무엇을 하라고 외치고 있습니까? 우리 소명은 쉽지 않습니다. 공원에서 산책하는 것이 당신의 소명은 아닐 것입니다. 소명은 아마도 대부분 어려운 것입니다. 아름답지만 도전적인 길입니다. 이 길은 평온한 현재 균형 상태를 깨고 분열을 일으킵니다. 제가 여러 회사에서 사람들과 프로젝트를 할 때, 소명은 단순히 현재 상황을 개선하는 것이 아니라고 강조합니다. 소명과 비전은 미래를 현재로 가지고 오는 것이며 현재를 철저하게 파괴하는 것입니다. 따라서 기존에 일하던 방식으로는 절대로 일할 수 없게 됩니다.

영웅의 여정 핵심은 소명을 받아들이고 이 여정을 위해 한 길만 가겠다는 결심입니다.

2. 소명에 대해 거부

딜츠: 소명은 매우 도전적인 일로 보이기 때문에 캠벨이 언급한 '거부'라는 반응이 뒤따릅니다. 영웅은 소명 때문에 일어날 소동을 피하고 싶어 합니다. "됐어요. 다른 사람이 하겠죠. 내가 하기에는 너무나 어려운 일이에요. 저는 이런 일을 할 시간이 없어요. 준비가 아직 안 됐어요." 이것들이 소명을 거부할 때 전형적으로 나타나는 반응입니다.

길리건: 소명에 대한 부정적인 반응은 우리 안에서 일어날 수도 있고 가족, 친구, 비평가(캠벨은 '오그르ogres'로 명함) 그리고 사회 같은 외부에서 일어나기도 합니다. "그건 비현실적이야." 아마 이런 말을 듣게 될 것입니다. 또는 어린 소녀들이나 여성들은 다음과 같은 이야기를 최면에 걸린 것처럼 듣게 됩니다. "그건 이기적인 행동이야!" 이런 말 때문에 여러분은 소명을 거부합니다. 물론 다행히도 항상 그런 것은 아닙니다.

알란이라는 제 친구가 있습니다. 그는 미국 포스트모던 미술에서 위대한 인물 가운데 한 명입니다. 그는 어렸을 때부터 화가가 되려고 했습니다. 뉴욕의 유명한 변호사인 그의 아버지는 아들이 자신의 길을 따르기를 바랐습니다. "넌 화가가 되면 안 돼." "넌 아버지와 함께 변호사의 길을 가야 해." 그의 아버지는 알란을 자기 변호사 사무실에 데리고 가서 그를 위해 마련한 방을 보여 주었습니다. 놀랍게도 그 방 문에는 이미 알란이라는 이름까지 걸려있었습니다.

알란의 무의식은 창조적이고 확고했습니다. 그는 심한 천식 발작을 일으켜서 기후가 좋은 아리조나 투썬으로 가야만 했습니다. 알란의 아버지가 던지는 최면이 닿지 못하는 곳으로 말이죠. 그는 아리조나에서 그의 미술 실력을 갈고 닦았습니다. 자신의 소명에 응답하기 위해 무의식이 보여준 멋진 사례입니다. 많은 사람이 다양한 방법으로 크든 작든 간에 반대를 무릅쓰고 자신의 영혼을 따른 이야기들이 있습니다.

딜츠: 제 어머니가 내면의 자신을 마주하며 이런 변화를 만들고 있을 때, 의사는 어머니를 똑바로 쳐다보며 이런 시도는 '허무맹랑'하고 어머니를 아주 혼란스럽게 할 것이라고 단호하게 말했습니다. 그 의사를 위해서 간호사로 일했던 어머니는 이런 말을 들었습니다. "가족을 위한다면 가족들이 아무 준비가 안 된 상태로 떠나면 안 됩니다." 매우 최면적인 말입니다. 이 말의 전제는 다음과 같습니다. 당신은 죽을 것이다. 살려는 노력은 이기적이다. 당신도 준비해야 하고 당신을 사랑하는 사람들도 당신의 죽음을 준비해야 한다. 괜한 소동은 일으키지 마라." 제 어머니는 그 일이 있은 직후, 바로 그 의사를 위해 일했던 간호사직을 그만두었습니다.

흥미롭게도 이 의사는 6년 뒤에 큰 병에 걸렸습니다. 제 어머니보다 말기는 아니었지만 병에 대한 그의 태도가 그의 목숨을 앗아갔습니다. 그 의사의 아내도 기꺼이 원했는지 모르지만 그 의사의 아내도 그와 함께 죽었습니다. 아마 그 의사가 자신의 아내가 '아무 준비 없이 홀로 남아있는 것'을 원하지 않았기 때문이겠죠.

우리의 소명을 가로 막는 우리 내면의 메시지와 외부의 메시지가 있습니다. 이 메시지를 알아차리고 이런 메시지를 뛰어넘는 것이 우리 워크숍의 핵심 내용입니다.

3. 임계점을 넘어서

딜츠: 여러분이 자신의 소명에 응답하여 영웅의 여정을 가기로 결심하면, 캠벨이 말한 '임계점을 넘어야 하는' 단계에 도착합니다. 여러분은 이제 여정

에 들어섰습니다. 여러분은 경험하게 될 것입니다. "자, 게임이 시작됩니다." '임계점'이라는 단어는 몇 가지 뜻이 있습니다. 임계점을 넘는다는 말의 첫 번째 의미는 새로운 지역, 새로운 영토, 미지와 불확실성, 예측할 수 없는 어슴푸레한 약속의 땅에 들어가는 것입니다.

임계점의 다른 의미는 당신이 있는 안전지대 가장 바깥쪽 경계에 이르렀다는 것을 말합니다. 임계점에 다다르기 전까지는 여러분은 자신이 잘 아는 영역에 머무르고 있습니다. 안전지대에 있으면 여러분은 이미 그 지역의 구조와 배치까지 모두 알고 있습니다. 임계점을 넘게 되면 여러분은 이 안전지대를 벗어납니다. 상황은 어려워지고 도전과 위험 그리고 고통이 따르며 심지어 치명적일 수도 있습니다. 이 도전의 새로운 땅으로 들어가는 것이 바로 영웅의 여정이 맞이해야 할 핵심적인 도전 과제입니다.

임계점의 세 번째 의미는 다시는 돌아갈 수 없는 지점을 말합니다. 여러분은 돌아갈 수가 없습니다. 아이를 임신했는데 이렇게 말할 수 없는 것과 같습니다. "아이코! 실수였어요. 너무 힘든 일이라 저 안 할래요. 가져가세요." 임계점을 한 번 건너게 되면 한 방향으로만 갈 수 있습니다. 즉 오로지 전진해야 합니다.

여러분의 임계점은 여러분이 평생 가보지 않았던 새롭고 도전적인 영토로 들어가는 그 지점입니다. 돌아올 수 없는 길입니다.

길리건: 그리고 임계점을 지나는 시점에서는 여러분이 가지고 있던 평범한 마음으로는 그 지점을 건널 수 없습니다. 여러분이 지금까지 가진 평상시 의식의 마음은 그동안 일어났던 일과 비슷한 일들밖에 만들 줄 모릅니다(침몰하는 타이타닉을 구하기 위해 갑판의 의자들만 재배치하는 것과 같습니다). 새로운 현실을 창조해낼 수 없습니다. 평상시 의식의 마음이 영웅의 여정을 이끌 수 없다는 것을 알게 되면, 사람들은 대개 경직되고 혼

란스럽고 떨리며 불안하고 혼미해지는 등 당황하는 반응을 보입니다. 이것은 여러분이 그동안 머무르며 지내던 곳과는 차원이 다른 곳에 진입한다는 미세한 신호이기도 합니다.

우리의 평상시 의식의 마음이 영웅의 여정을 안내할 수 없다는 것이 이 세미나의 핵심 개념이기도 합니다. 따라서 우리는 임계점을 건너는 시점에서 어떻게 하면 우리 의식을 우리가 **생성적 나**generative self라고 부르는 것에 집중할지 실질적으로 탐구하고자 합니다. 생성적 나는 여러분에게 영웅의 여정에 필요한 지혜와 용기를 제공해줄 것입니다.

4. 가디언 찾기

딜츠: 여러분이 영웅의 여정을 출발할 때, 캠벨은 여러분이 가디언을 찾아야 한다고 말했습니다. 내 노래를 불러주고 내가 어떤 사람인지 나를 일깨워줄 그 사람은 누구입니까? 내게 꼭 필요하지만 내가 알지 못하는 지식과 기술을 가진 그 사람은 누구입니까? 내가 가고 있는 여정이 성공할 수 있다고 일깨워주고, 내가 절실하게 필요할 때 나를 지지해주는 사람은 누구입니까? 누가 내 스승이고, 멘토이며, 스폰서이고 일깨워주는 사람입니까?

이것이 이 여정에서 배워야 할, 계속 탐구해야 할 중요한 내용입니다. 이 여정은 여러분이 기는 것이지 여러분을 도와주는 사람이 기는 것이 아닙니다. 여러분이 귀 기울이며, 배우고, 자문해볼 사람은 바로 여러분 자신입니다. 한편으로 이 여정은 홀로 가는 것이 아닙니다. 이것은 에고의 여정이 아닙니다. 여러분이 현재 가진 능력으로 감당하기 어려운 시련을 당신에게 주는 여정입니다.

이런 점에서 우리는 영웅과 챔피언의 차이를 이해해야 합니다. 일반적으로 영웅은 아주 특별한 환경에서 필사적으로 소명에 응답한 평범한 사람입니다. 챔피언은 자기 생각이 옳은 방식이며 이상적인 세계의 모습이라고 생각하고, 그것을 쟁취하기 위해 싸우는 특별한 사람입니다. 자신들의 이상향이 옳은 것이며, 이것에 반대하는 사람은 모두 적이 됩니다. 챔피언은 자신이 그린 이상적 세계를 다른 사람에게 강요합니다.

길리건: 그래서 챔피언은 이렇게 말하곤 합니다. "우리 편에 서지 않으면 우리 적이다." 여러분이 사제나 정치인에게서 이런 식의 명대사를 많이 듣게 됩니다. (웃음)

딜츠: "우리는 전 세계에서 진실, 정의 그리고 미국식 가치를 위해 싸웁니다." (웃음) "우리는 여러분의 나라를 해방시켜줄 것입니다. 점령해서 말이죠."

길리건: 가디언에 대해 덧붙이자면, 가디언은 친구, 멘토, 가족 구성원 등 실제 사람일 수도 있고 역사적 인물, 신화 속에 등장하는 존재일 수도 있습니다. 예를 들면, 제가 치유자, 심리치료사의 길을 가려고 할 때 저는 저보다 먼저 이 길을 걸은 사람들, 사랑과 헌신으로 치유의 전통을 만들어 온 사람들을 가끔 명상을 통해 만나봅니다. 그 명상에서 저는 그들이 보내오는 지지와 격려가 시간과 공간 그리고 다른 문화권을 뛰어넘어서 제가 가는 작은 여정에 전해져 오는 것을 느낍니다. 따라서 우리 여정을 지원해주고, 앞으로 이끌어줄 가디언의 존재를 알아차리고 그 가디언과 어떻게 연결할지가 앞으로 우리가 탐구해야 할 중요한 질문 가운데 하나입니다.

5. 악마와 마주해서 변혁하기

길리건: 영웅과 챔피언의 중요한 차이점은 캠벨이 말하는 '악마'와 관계 설정에 있습니다. 악마는 여러분의 여정을 방해하는 존재입니다. 때로는 여러분 존재를 위협하고, 여러분과 연결된 사람들을 위협하기도 합니다. 여러분 내면에 있는, 또 여러분 주위에 있는 '부정적 다름'을 어떻게 다룰 것인가는 영웅의 여정에서 중요한 도전입니다. 챔피언은 자기 에고의 목적과 다른 것은 모두 지배하거나 파괴하려고 합니다. 영웅은 좀 더 높은 차원에 있습니다. 악마를 변혁의 관계로 바라봅니다. 영웅은 소명에 따라 자기 자신을 변혁할 뿐만 아니라 자신이 살아가는 더 큰 관계의 장field까지도 변혁합니다. 이것은 심층적 차원의 변화이며, 특별한 종류의 의식이 필요합니다. 이 의식은 이번 세미나에서 다룰 핵심적인 주제이기도 합니다.

딜츠: 여러 가지 의미에서, 영웅의 여정 최고 절정은 우리가 악마라고 부르는 것과 대면입니다. 당신을 위협하는 사악해 보이는 존재가 여러분의 소명을 필사적으로 방해할 것입니다. 캠벨은 이 악마가 처음에는 여러분의 밖에서 여러분에게 대항하는 것처럼 보이지만, 사실 영웅의 여정을 가다 보면 문제는 여러분 외부가 아닌 내면에 있다는 것을 인식하게 된다고 지적합니다. 악마는 선하지도 악하지도 않은 에너지일 뿐입니다. 단지 하나의 에너지이고 현상일 뿐입니다.

내게 악마로 다가오는 것은 내가 그것을 두려워하거나 겁에 질려 있을 때입니다. 내가 두려워하지 않는 한, 절대 악마가 아닙니다. 어떤 것 또는 사람이 악마가 되는 것은 그것에 대한 내 반응일 뿐입니다. 즉 그 대상에 대한 내 분노, 좌절, 슬픔, 죄책감, 수치심 등입니다. 이런 것들이 문제를 힘들게 하는 원인입니다. 악마는 거울을 들고 우리 앞에 서 있습니다. 그

거울이 우리 내면의 그림자를 비추어 줍니다. 이 그림자는 우리가 보이는 반응, 감정 등 우리가 내면에서 처리하지 못한 우리의 일부분입니다. 저는 이 악마를 '내면의 테러리스트'라고 부릅니다.

길리건: 일반적인 용어로 말하면 악마는 중독입니다. 우울입니다. 이혼한 전 부인입니다…. (웃음)

딜츠: 회사에서는 이것을 재무적인 재앙, 불경기, 새로운 경쟁자 등이라고 말할 수 있습니다.

길리건: 여러분의 악마는 사담 후세인, 오사마 빈 라덴, 조지 부시일 수도 있습니다. (웃음)

딜츠: 악마는 건강 문제일 수도 있습니다. 여러분의 사장, 어머니, 장모님, 아이들일 수도 있습니다. 저희와 캠벨이 말하고자 하는 핵심은 '*어떤 것이 당신에게 악마로 변한다는 것은 당신과 그것과의 관계 때문입니다.*'

6. 내면의 자기를 개발하라

딜츠: 그래서 영웅의 여정은 변혁의 여정입니다. 특히 자기 자신을 변혁해 나가는 여정입니다. 제가 어떤 회사의 프로젝트를 진행할 때, 비즈니스에서 아우터 게임 outer game 과 티머시 골웨이 Timothy Gallwey 가 말하는 '이너 게임 inner game'의 차이에 대해 말했습니다. 스포츠, 일, 애정 관계, 예술적 작업 등에서, 성공이란 아우터 게임에서 일정 정도의 마스터 경지에 올라야 합니다. 즉 특정한 선수들, 환경, 규칙, 필요한 신체적 기술 그리고 행동 패턴 같은 경지를 말합니다. 많은 사람이 아우터 게임은 꽤 잘 배울 수 있습니다. 그렇지만 최고 수준의 능력을 발휘하기 위해서는 이너 게임을 마스터해야 합니다. 이너 게임은 스트레스와 실패, 압박, 비난, 슬럼프, 자신

감 저조 등을 다루는 능력입니다.

영웅은 이너 게임을 능숙하게 할 줄 알아야 합니다. 이너 게임을 위해서는 인지적인 마음으로는 부족합니다. 이너 게임은 정서 지능과 소매틱 지능 그리고 영적 지혜의 조화가 필요합니다. 여기서 영적 지혜는 에고와 지성을 넘어선 더 거대한 의식의 장과 연결되어 있습니다. 영웅의 여정에서 당신은 성장해야 합니다. 배우고 성장하기를 거부하면 영웅이 될 수 없습니다.

길리건: 이너 게임 능력을 개발하는 방법을 여러 가지로 설명할 수 있습니다. 여기서는 내면의 자기, 직관적 지능을 개발하는 것을 말합니다. 직관적 지능은 의식적 마음과 더 큰 의식을 연결하는 것으로, 더 큰 의식은 강한 자신감, 심오한 이해, 더 미세한 알아차림 그리고 다양한 수준에서 향상된 능력을 가능하게 합니다.

7. 변혁/변형 transformation

딜츠: 여러분이 내면의 새로운 자원을 개발하고 자신의 가디언을 찾았다면, 이제 악마(궁극적으로는 여러분 자신의 내면의 그림자)를 마주 볼 준비가 되었습니다. 이 여정의 위대한 변혁의 도전에 마주할 준비가 되었습니다. 캠벨은 이 도전을 가리켜 여러분의 '시련'이라고 말했습니다.

길리건: 이때가 바로 새로운 배움과 내면의 자원을 끌어내며 고군분투, 헌신, 전투를 하는 시기입니다. 이 시기가 여러분이 이전에 존재하지 않았던 것을 자신의 내면과 이 세상에서 창조하는 단계입니다. 우리는 이것을 **생성적** generative이라고 부릅니다. 생성적이라는 말은 완전히 새로운 무언가를 창조하기 위해서 기존에 있던 것을 뛰어넘는 것을 말합니다. 이 과

정은 물론 오랜 시간이 걸립니다. 그것은 20년간의 결혼 생활, 평생의 직업, 다년간의 탐구와 혁신일 수도 있습니다. 많은 역경과 실패가 뒤따릅니다. 모든 것이 사라진 듯하고 미래가 암울해 보이기도 합니다. 영웅의 여정에서 예상할 수 있는 것들입니다. 영웅은 이 도전에 기꺼이 맞서고 이 도전을 극복하기 위해 성공적으로 자기 내면의 새로운 자원을 개발하는 사람입니다. 변혁은 여러분이 이 여정을 완수했을 때 찾아옵니다.

8. 집으로 돌아오기

딜츠: 영웅의 여정 마지막 단계는 집으로 돌아오기입니다. 집으로 귀환은 몇 가지 중요한 목적이 있습니다. 첫 번째는 여정에서 배운 것을 다른 사람과 공유하는 것입니다. 영웅의 여정은 개인 에고의 여정이 아닙니다. 개인과 더불어 더 큰 공동체를 위한 변혁의 과정입니다. 영웅이 돌아오면 자신이 실현한 결과물을 다른 사람들과 공유할 수 있는 방법을 찾아야 합니다. 영웅은 스승이 되곤 합니다. 영웅은 자신의 것을 나눔과 더불어, 이 여정을 완료하기 위해서는 다른 사람들의 인정을 받아야 합니다. 이제 여러분은 변혁을 완수했기 때문에 과거의 자신과는 다른 사람입니다. 이 여정을 명예롭게 기념해야 합니다.

길리건: 여기 좋은 예가 있습니다. 유명한 심리학자인 제 친구는 매우 흥미로운 연구를 끝냈습니다. 그는 자신의 어린 시절 이야기를 해주었습니다. 그는 그 무렵 마리 큐리, 루이스 파스퇴르, 지그문트 프로이트와 같은 위대한 과학자를 다룬 옛날 영화를 즐겨 보았다고 합니다. 이 영화의 인물들은 영웅의 여정에서 말하는 통상적인 패턴을 따랐다고 합니다. 즉 어린 시절 소명, 확신, 큰 전투, 어렵게 깨달은 발견 등입니다. 이런 영화의 마지

막 장면은 주인공이 전형적으로 수많은 청중 앞에 서게 됩니다. 청중들 가운데는 여정의 초기에 이 과학자를 업신여기고 비난했던 사람들이 있습니다. 그들 앞에서 과학자는 인생에 걸쳐 이룩한 업적으로 위대한 상을 받고 인정을 받습니다. 제 친구는 항상 그런 영화를 볼 때면 세상에 의미 있는 공헌을 하는 소명을 느끼면서 가슴이 뭉클해졌다고 합니다. 그는 최근 수천 명의 관중 앞에서 공로상을 받으면서, 수십 년 전 최면에 걸린 듯 보았던 영화의 마지막 장면이 실제로 일어나고 있음을 느꼈다고 합니다. 이 영화들은 그가 걸어갈 소명의 길을 안내해주었습니다. 공로상은 그의 여정에서 위대한 도전을 성공으로 이끈 것에 대한 세상의 인정이었습니다.

그러나 캠벨이 지적했던 것처럼 이 단계에서도 많은 영웅은 거부합니다. 때론 영웅들이 돌아오려고 하지 않습니다. 영웅들은 지치고 다른 사람들이 이해하지 못할 것이라고 걱정합니다. 또는 새롭게 경험한 높은 의식 수준에 머물면서 우쭐댈 수도 있습니다. 소명을 거부하는 것처럼, 집으로 귀환을 거부하는 경우도 있을 수 있습니다. 다른 사람이나 존재가 영웅을 집으로 데리고 오는 경우도 있다고 캠벨은 말합니다.

다른 문제는 공동체가 그 지도자를 환영하지 않을 수 있습니다. 모세가 산에서 내려와 사람들이 질탕한 잔치에 빠진 것을 볼 수도 있습니다. 전사가 전투에서 돌아왔으나 사람들이 반기지 않거나 영웅들의 두려웠던 경험을 이해해주지 않거나 존중하지 않을 수도 있습니다. 사람들은 영웅의 경험을 통해서 그 공동체 내의 다른 사람들이 치유가 필요하다는 것을 알게 되면 영웅을 거부할 수도 있습니다. 높은 의식 상태를 이루어 낸 성취 뒤에는 일상의 평범한 의식과 통합하는 것이 더 큰 도전이라고 할 수 있습니다.

이 마지막 단계를 성공적으로 완수한 영웅 사례도 무수히 많습니다. 밀턴 에릭슨은 우리 두 명 모두에게 중요한 멘토입니다. 그는 이 영웅의 여정을 완수한 좋은 예입니다. 그의 인생은 매우 흥미롭게도 17세에 심각한 소아마비로 몸이 마비가 되었습니다. 17세라는 나이는 공교롭게도 전형적인 '상처받은 치유자'가 심각한 질병과 상처로 절망하게 되는 성인 초입의 시기입니다. 이런 사람들은 주류 사회의 전통적인 길을 걷는 대신 일상의 삶에서 떨어져 나와 자신만의 치유 과정을 걸어야 합니다. 에릭슨의 경우, 의사가 다시는 움직이지 못할 것이라고 진단했습니다. 에릭슨은 의사의 부정적인 암시에 순순히 굴복하는 대신 그의 몸과 마음이 자신의 상태를 치유하기 위해 무엇을 할 수 있는지 오랜 시간 동안 탐험합니다. 놀랍게도 그는 다시 걸을 수 있는 능력을 되찾았습니다. 또 몸과 마음을 치유하는 방법에 대해 새로운 이해와 내적 자원을 개발하였습니다. 그는 정신과 의사라는 직업을 통해 오랫동안 자신의 혁신적인 배움을 사용하게 됩니다. 그는 사람들이 자기 자신의 내면에 있는 치유와 변혁에 대한 고유한 능력을 배우도록 도와주는 일을 합니다.

우리가 그를 처음 보았을 때, 그는 나이 많은 노인이었습니다. 허약하고 고통을 겪고 있었습니다. 환자를 규칙적으로 볼 수가 없었기 때문에, 주로 학생들을 가르쳤습니다. 제가 그를 만났을 때, 저는 가난한 대학생이었습니다. 그때에도 아주 적은 돈 10달러로 일주일간 끼니를 때웠습니다. 저는 반드시 이 교수님에게 배워야 한다고 생각했습니다. 내 마음 깊은 곳에 있는 무엇인가를 깨워주는 분이었기 때문입니다. "박사님, 계속 찾아와서 배우고 싶습니다." 저는 이렇게 말했습니다.

"좋아요." 교수님이 대답했습니다.

"수업료는 얼마를 내야 하나요?" 제가 물었습니다. "학생 대출이 가능해서 금액을 말씀해주시면 대출을 신청하겠습니다."

"괜찮아요. 돈을 낼 필요는 없어요." 교수님이 대답했습니다. 교수님은 모든 어린 학생에게 이렇게 말했다고 합니다. 그는 은퇴했고 그의 집은 대출이 없었고 아이들은 이미 독립했습니다. 경제적으로 책임질 일이 없었습니다. 그는 자신이 힘들게 찾았던 영웅의 선물을 사람들에게 돌려주었습니다. 지역 사회에 기부하는 것이었습니다. 저는 6년 동안 그를 찾아갔습니다. 한 번도 돈을 낸 적이 없었습니다. 그는 우리에게 그의 손님을 맞이하는 방과 사무실을 내주었습니다. 그리고 이렇게 말했습니다. "여러분이 나에게 돈을 갚는 방법은 여기서 여러분에게 도움이 된 것이 있었다면 그걸 다른 사람에게도 나누어주는 거예요. 그것이 나에게 돈을 갚는 것입니다." 빚을 갚기 위해 이 나이 든 분에게 수업료를 냈으면 하는 순간이 여러 번 있었습니다. (웃음) 그렇지만 그럴 수가 없었죠. 나는 이 아름다운 영웅의 이야기를 여러분이 느낄 수 있을 것이라고 생각합니다. 내가 그를 만났던 때는 그가 공동체로 돌아와 다른 사람과 나누고 전수해주는 여정의 마지막 단계였습니다.

딜츠: 그런데 에릭슨이 소아마비에 걸려 누워있을 때, 그는 의사가 자기 어머니에게 다시는 에릭슨이 움직이지도 못할 뿐만 아니라, 내일 아침까지 살기도 힘들 것이라고 말하는 소리를 엿들었습니다. 에릭슨은 의사의 이 말이 누군가 자기 어머니에게 할 수 있는 최악의 말이라는 생각이 들었습니다. 그러자 에릭슨은 의사가 한 말이 잘못되었다는 것을 증명해주고 싶었습니다. 곧바로 에릭슨은 자신의 몸 어느 부위를 과연 움직일 수 있을까 하고 자신의 몸을 탐험하기 시작했습니다. 자신의 의지로 움직일 수 있던 것은 오직 그의 두 눈밖에 없었습니다. 몇 시간 동안 어머니가 올 때마다 눈을 끔뻑거리며 어머니의 관심을 끌려고 노력했습니다. 이것이 마침내 성공하고, 다시 몇 시간 이상을 더 눈으로 신호를 보내고자 노력했

습니다. 마침내 에릭슨은 자신의 침대를 창문 쪽으로 돌려놓으라는 메시지를 어머니에게 전달할 수 있었습니다. 이튿날 아침 떠오르는 태양을 볼 수 있게 된 것입니다. '마침내 그의 영혼이 손뼉 쳤습니다!' 의식의 저 깊은 곳이 깨어났던 것입니다. 그리고 그의 여정은 계속됩니다.

길리건: 지금까지 설명해 드렸던 것은 영웅의 여정이 가진 기본 단계들입니다. 이것이 바로 여러분 영웅의 여정을 발견하고 심화할 이번 세미나의 큰 틀입니다. 우리는 이것을 대부분 경험적으로 배우려고 합니다. 우리는 시연을 할 것이고 여러분도 저마다 직접 자신의 배움과 이해를 탐구하는 시간을 가지게 될 것입니다. 여러분 자신이 직접 해보기도 하고 다른 사람의 코치가 되어 보기도 할 것입니다.

딜츠: 좋은 영웅이 되는 방법을 배우는 것은 좋은 가디언이 되는 방법이기도 합니다. 코치나 치유자인 여러분에게 중요한 점은 이 여정이 그들의 여정이지 여러분 자신의 여정이 아니라는 것입니다. NLP 수업에서 이런 경우를 보는데요. "내 고객이 악마와 마주하고 있군, 내가 영웅이니까 내 위대한 기술로 그 악마를 처단해야겠다." 스위쉬swish 기법을 하고, 리프레임reframe을 하고 앵커링anchor(역자 주: NLP에서 다루는 기법들)을 걸자! 여러분이 고객을 치유하고 구해주려고 하면 여러분은 고객에게 '당신은 희생자이고 나는 영웅이야'라는 메시지를 보내는 것입니다. 다른 측면에서는 이렇게 말하는 것입니다. "나는 챔피언이니까 당신이라는 희생자가 필요해. 내 에고가 기분이 좋아질 수 있도록 말이야. 이건 나를 위해서 하는 것이지 당신을 위한 것이 아니야." 그래서 여러분이 코치가 되었을 때는, 자신이 가디언이라는 것을 명심하시기 바랍니다. 여러분은 자신만의 영웅의 여정이 있습니다. 파트너나 고객도 마찬가지입니다. 여러분의 임무는 그들의 여정에서 영웅이 되는 것이 아니라 좋은 가디언, 심리적 자원이 되

어주는 것입니다.

우리가 지금까지 살펴본 것이 우리의 큰 틀입니다. 다음 단계는 '뼛속까지 그것을 받아들여라'입니다.

생성적 나

딜츠: 우리는 지금까지 영웅의 여정에 대한 대략적인 로드맵을 검토해보았습니다. 이 길을 가는 여행에 도움이 되는 원칙과 도구가 있다고도 말씀드렸습니다. 예를 들면, 가보지 못한 미지의 영역으로 들어가는 임계점에 이르면, 기존의 평범한 마음, 즉 인지적 마음의 기능과 자원에 의지해도 더는 소용이 없습니다. 좋은 소식은 그런 자원과 기능은 이제 필요가 없다는 것입니다. 여러분은 단지 하나의 마음이 아닌 그 이상을 가지고 있기 때문입니다. 영웅의 여정은 여러분 내면의 다른 마음도 더 깊게 배울 좋은 기회이기도 합니다.

길리건: 이것이 우리가 살펴볼 두 번째 큰 틀입니다. 첫 번째 큰 틀이 영웅의 여정 각 단계였습니다. 두 번째 틀은 여정에 필요한 도구와 의식을 개발하는 것입니다. 두 번째 틀의 핵심은 생성적 나라고 부릅니다. 이 생성적 나라는 개념은 제가 에릭슨의 학생 시절부터 시작해서 무술에서 얻은 통찰 등을 구체화해서 30년 넘게 연구하고 작업한 결과입니다.

[표 1.1]은 생성적 나에 대한 핵심 전제를 담고 있습니다. 처음 세 개는 이미 앞부분에서 다루었습니다. (1) 영혼이 깨어난다. (2) 인간의 신경 체계를 통해서. (3) 영웅의 여정에서. 다음으로 (4) 생성적 나는 소매틱somatic, 인지적cognitive, 장field이라는 세 개의 마음으로 구별될 수 있습니

다. (5) 그리고 세 가지 마음은 또 각각 원시(퇴행적인) 차원, 에고 차원 그리고 생성적 차원 이렇게 세 가지 차원의 의식에서 작동합니다. 영웅의 여정을 여행하기 위해서는 이 세 가지 마음이 의식의 세 가지 차원 가운데 가장 최상의 차원인 생성적 차원에 맞추어져 있어야 합니다. 그래야 변혁과 창조성, 치유가 가능합니다. 우리는 여러분의 몸, 마음 그리고 장 의식 field consciousness을 최상의 단계인 생성적 차원으로 끌어올리는 데 집중할 것입니다. 그래야 여러분이 영웅의 여정에서 성공할 수 있기 때문입니다.

[표 1.1] 생성적 나에 대한 다섯 가지 핵심 아이디어

---

1. 영혼이 깨어나고 있다.
- 영혼은 함께 나누어야 할 **선물**과 치유해야 할 **상처**를 모두 가지고 있다.
- 영혼은 깊은 정체성이다.
- 영혼은 평범한 정체성이 불안정해질 때 활성화된다(예: 환희와 고뇌).

2. 인간의 의식으로
- 인간의 신경 체계는 의식을 위한 가장 진화된 장치이다.
- 이 장치를 다루는 법을 배우지 못하면 문제가 생긴다.
- 경험이라는 것은 당신 의식 상태의 기능을 말한다.
- 조율된 인간의 의식에 영혼이 더해진 상태가 생성적 나이다.

3. 영웅의 여정에서
- 모든 사람의 인생은 시간의 흐름에 따라 세상 속으로 펼쳐지는 아크와 같다.

- 이 여정에는 많은 죽음과 재탄생의 순환 과정이 있다.
- 영웅의 여정에서 핵심은 영혼이 깨어나는 것에 있다.
- 고통은 소명을 찾지 못하고 있다는 표시이다.

4. 세 가지 마음을 활용하여
- 소매틱, 인지적, 장field
- 세 가지 마음을 통합하여 생성적 나를 깨어나게 한다.

5. 세 가지 차원의 의식에서 운영된다."
- 원시 차원(무의식적인 전체성, 자기 인식이 없는 장)
- 에고 차원(고립된 의식, 장의 개념이 없는 인식)
- 생성적 차원(전체성과 분화된 의식, 부분이면서 동시에 전체)

출처: 스테판 길리건, 생성적 나의 다섯 가지 전제(2004)

세 가지 마음: 소매틱, 인지적, 장의 마음

길리건: 첫 번째는 여러분 몸에 있는 마음입니다. 우리는 이것을 소매틱 마음somatic mind이라고 부릅니다. 이것은 포유류의 마음입니다. 어린 시절에 가진 주요 마음이기도 합니다. 여러분 몸에는 지성과 지혜의 전체적인 패턴이 존재합니다. 여러분이 거기에 조율되어 있을 수도, 그렇지 않을 수노 있습니다.

딜츠: 우리 몸은 머릿속 뇌가 조정하는 단순한 기계가 아닙니다. 몸에도 뇌가 있습니다. 더 정확히 말하자면 우리 몸에는 여러 개의 뇌가 존재합니다.

길리건: 신은 인간에게 두 개의 뇌를 주었습니다. 그런데 한 번에 한 개의

뇌에만 공급될 수 있는 산소를 주셨습니다. 누가 말했습니까? 조지 부시인가요? (웃음)

딜츠: 존 레논 아닌가요? (웃음)

우리 몸 안에 있는 뇌 중 하나는 장 뇌, 즉 복부에 있는 장 신경계입니다. 현대 신경 과학자들은 소장과 배의 소화 기관을 둘러싼 신경 시스템이 매우 복잡하고 정교해서 고양이 뇌 수준 정도라고 합니다. 여러분의 배에 고양이 뇌를 가진 것입니다. (웃음) 모든 것이 잘 되면 기분 좋게 가르랑거립니다. 공격당한다고 생각하면…. 야옹! (큰 웃음)

심장이 단지 기계적인 펌프 역할만 하는 것이 아니라는 것을 입증하는 연구가 늘어나고 있습니다. 25년 이상의 경륜을 가진 일반 외과 의사(소화기 분야 겸임)로 있는 제 친구가 있습니다. 그는 하버드 의대 외과 선임 교수이며 미국과학진흥회 회원이기도 합니다. 최근 개최된 한 콘퍼런스에서 그는 심장 이식 수술을 받은 한 환자에 대해 이야기했습니다. 심장 수여자가 회복된 뒤, 평소와는 다른 행동을 보였다고 합니다. 평소 전혀 좋아하지 않았던 음식을 찾기 시작했습니다. 이전에 전혀 듣지 않았던 음악에 빠져든다는 사실을 알게 되었습니다. 의식적인 기억이 전혀 없는 장소에 매력을 느끼게 되었습니다.[1] 심장 기증자의 삶의 패턴을 조사하기 전까지 이 모든 것이 정말 미스터리였다고 합니다. 그 음식들은 기증자가 좋아했던 음식이었습니다. 기증자는 수여자가 이유 없이 끌렸던 그 곡을 연주했던 음악가였습니다. 수여자가 아무 이유 없이 갔던 그 장소는 공여자가 인생 이벤트를 했던 곳이었습니다. 엄격한 비밀 엄수 정책 때문에 의사와 수여자는 심장 공여자와 그의 사생활 정보에는 접근할 수가 없었습니

---

1) 심장 이식 수술한 환자에게 나타난 성격 변화에 관한 이야기는 폴 펄살의 책 『심장의 코드 The Heart's code』(1998)를 참조.

다. 어쨌든 공여자의 개인 선호도가 그의 심장을 통해 전달된 것입니다.

길리건: 우리가 영웅의 여정에서 핵심 경험, 즉 선물과 상처를 이야기할 때 매우 흥미로운 것이 있습니다. 이 선물과 상처의 주요한 특징 가운데 하나는 여러분이 이런 것을 몸으로 깊이 체험한다는 사실입니다. 여러분이 어떤 고통을 겪는다는 것은 단지 이성적인 경험을 하는 것이 아니라 여러분 몸 속 깊은 곳에서 무엇인가 작동하기 시작했다는 것을 의미합니다. 비슷한 원리로, 여러분이 자신의 마음속 깊은 곳의 선물을 느끼면 몸 속 깊은 곳이 충만하고 '몸의 전율을 노래하는' 그 무언가가 있습니다. 그래서 **소매틱 마음**이 가장 첫 번째 마음입니다. 소매틱은 다른 모든 것의 기본이 됩니다. 여러분이 가진 의식의 질은 전적으로 소매틱 마음의 질에 달려있습니다.

두 번째 마음은 **인지적 마음**cognitive mind입니다. 머리에 있는 마음이죠. 말하자면….

딜츠: 논리적이고, 분석적인 마음….

길리건: 세상을 살아가는 지도를 만들고 표상 체계를 만들고, 일의 순서, 상징, 계획, 의미 그리고 인간의 경이로운 행동을 만드는 마음입니다.

세 번째 마음은 **장의 마음**mind of field입니다. 여러분 내면에 의식뿐만 아니라 여러분 주위 모든 곳에도 의식이 있습니다. 우리 모두는 다양하게 공존하는 역동적인 장에서 살고 있습니다. 바로 역사, 가족, 문화, 환경이라는 장입니다. 여러분은 NLP의 장에 있을 수도 있고, 두려움으로 가득 찬 억압적인 장에서 살고 있을 수도 있습니다. 여러분이 이러한 장들과 어떤 관계를 맺고 있는지 또는 이런 장들 너머에 있는 것들과 어떻게 관계를 맺는지가 우리 삶의 큰 도전 가운데 하나입니다.

딜츠: 3세대 NLP에서는 장의 개념을 4차 지각 입장4th perceptual position, 즉

'우리'라는 개념으로 설명합니다. 1차, 2차, 3차 지각(나, 다른 사람, 관찰자) 입장은 인간 상호작용 체계 안에서 의미 있는 개인의 관점과 관련이 있습니다. 이 인간 상호작용 체계는 상호작용의 '공간'이라고 말할 수 있습니다. 이 공간에서 일어나는 상호작용과 관계의 패턴이 관계의 장을 창조합니다. 네 번째 입장은 다른 세 개의 관점을 포함하고 동시에 초월하는 개념입니다.

장의 개념에 관한 예를 들어 보겠습니다. 수소 원자 두 개와 산소 원자 한 개를 결합하면 놀라운 것을 얻을 수 있습니다. 수소도 아니고 산소도 아닌 물입니다. 두 개를 포함하고 있지만 그 두 개를 초월한 것입니다. 만약 수소를 떼어내면 물은 사라집니다. 산소를 따로 떼어내도 물은 사라집니다. 그러나 물은 수소나 산소 그 이상의 것입니다. 이것은 관계로부터 창조되고 또는 그 관계에 내재해 있는 제3의 실체입니다.

장의 마음 개념은 그레고리 베이트슨의 주장에 잘 나와 있습니다.

> 개별적인 마음은 우리 몸에만 내재되어 있는 것이 아니다. 우리 몸 밖의 메시지나 통로에도 내재되어 있다. 개별적인 마음이 단지 하위 시스템으로 작동하는 더 큰마음이 존재한다. 이 더 큰마음은 신과 비유할 수 있고, 사람들이 진짜 신이란 무얼까 고민하는 그런 신을 의미할 수도 있다. 그러면서도 그것은 전체적으로 서로 연결된 사회 시스템과 행성 생태계에 여전히 내재되어 있다.
> 『마음의 생태학Steps to an Ecology of Mind』(1972)

베이트슨이 언급한 '더 큰마음'은 우리가 설명하는 장의 마음을 표현하는 하나의 예입니다.

길리건: 여기서 중요한 핵심은 영웅의 여정을 수행하기 위해서 여러분은 이 세 가지 마음에 각각 정렬하고, 연결을 유지해야 합니다. 가톨릭 가정에서 성장하신 분들에게는 처음 십자 성호를 긋는 것과 비슷한 것을 보게

되어 기뻐하실 수 있을 것입니다. 세 가지 마음은…. (손으로 이마와 가슴을 댄 후 두 팔을 밖을 향해 벌린다.) (웃음)

딜츠: 아버지는 인지적 마음입니다. (손가락을 이마에 댄다.)

길리건: 예수….

딜츠: 그의 아들은 소매틱 마음 (손가락을 가슴에 댄다.)

길리건: 그리고 성령은…. (양팔을 밖으로 벌린다.)

딜츠: 장의 마음입니다.

길리건: 어린 시절 가톨릭에서 행했던 의식을 살펴보았습니다. 이제 삼위일체의 신비에 관해 알아보겠습니다. (웃음)

의식의 세 가지 수준: 원시, 에고, 생성적 차원

딜츠: 세 가지 마음이 각각 생성적 측면에 도달하기 위해서는 각 마음의 생성적 자원을 불러일으킬 수 있는 특정한 원리들이 있습니다.

길리건: 세 가지 마음은 각각 다른 수준에서 움직입니다. 처음에는 복잡해 보이지만, 곧 명확해질 것입니다. 우리가 **에고 수준**이라고 부르는 평범한 차원은 '평범한' 상자라는 틀에 갇힌 마음입니다. 소매틱 마음 관점에서 보면, 에고 수준의 의식 상태에서 사는 사람은 매일 똑같은 일만 하면서 살아갑니다. 몸은 하나의 하찮은 존재이거나 온종일 이리저리 치이는 가련한 짐승에 지나지 않습니다. 당신은 아침이면 몸에 카페인을 채워주고 일터로 달려가 빡빡한 일상 속에 몸을 밀어 넣습니다. 저녁이면 집에 와서 음식과, 아마도 알코올을 공급해주며 쉴 것입니다. 그리고 바로 쓰러져 잠자리에 들고 이튿날 아침 일어나 같은 생활을 반복할 것입니다.

에고 수준에 머물러 있는 소매틱 마음은 우리 몸이 가진 마법을 경험할 수 없습니다. 몸의 창조적인 신비를 경험하지 못합니다. 우리 인류 조상의 지혜와 직관적인 앎 그리고 용기와 부드러움에 연결되는 것을 느끼지도 못합니다. 영웅의 여정에서 도전을 만난다면, 여러분 몸의 의식, 즉 소매틱 마음을 더 높은 단계로 전환해야 합니다.

딜츠: 그 단계가 바로 우리가 말하고자 하는 생성적 상태입니다.

길리건: 뛰어난 능력을 보여주는 예술가, 운동선수, 비즈니스 리더, 치유자들은 그들의 신체 차원에서 어떻게 하면 더 높은 의식 수준으로 전환할 수 있는지 알고 있습니다. 생성적인 무엇인가를 하려면 먼저 소매틱 마음 차원에서 의식이 더 높은 차원으로 전환되어야 하는 것을 알고 있습니다. 이렇게 뛰어난 성과를 내는 사람들은 생성적인 소매틱 마음 상태에 도달하고 그것을 유지하기 위해 집중해서 연습합니다. 이번 세미나에서 배우고자 하는 중요한 목적 가운데 하나가 이런 것을 어떻게 할 수 있는지에 관한 것입니다. 이것을 통해 여러분은 인생의 위대한 도전과 여러분의 소명을 성공적으로 마주할 수 있을 것입니다.

딜츠: 이 세 가지 차원은 여러분의 자동차 기어에 비유할 수 있습니다. 여러분이 운전할 때, 길에서 마주하는 상황과 도전에 대처하는 데 필요한 적합한 기어로 전환해야 합니다.

길리건: 역설적이게도 대부분 사람은 도전에 직면하면 도전을 극복하기 위해 기어를 높이는 것이 아니라 기어를 낮추는 것이 전형적으로 나타나는 현상입니다. 이것이 바로 도전을 만났을 때 우리를 교착상태에 빠지게 하는 원인입니다. 도전을 마주하게 될 때 그 사람의 의식이 새로운 반응과 배움이 불가능한 원시 상태로 후퇴하는 것입니다.

예를 들면, 911 사건이 미국을 강타했을 때, 미국 정신의 보편적 정체성은 붕괴하였습니다. 그때 텔레비전을 보면서 제 안에서는 이렇게 소리쳤습니다. "과거의 탁월했던 것들이 모두 사라졌어. 옛날 방식은 다 사라졌어." 돌아보면 아마도 그때 약간 지나치게 낙천적으로 이렇게 생각했습니다. '이번 사건은 우리가 함께 모여서 높은 차원으로 올라갈 절호의 기회야.' 우리는 많은 가디언이 있고 우리 의식을 성장시킬 수 있는 많은 지지자도 있어. 결국, 원하는 것과 다른 결과가 나타나서 유감스럽습니다. 제가 보기에 미국은 다가오는 도전에 어떻게 대응해야 하는지 완전히 길을 잃어버린 것 같습니다.

딜츠: 또한 역생성적degenerative인 과정도 있을 수 있습니다. 즉 의식이 더 원시 상태로 퇴행하는 것이라고 생각하면 됩니다.

길리건: 사람이 더 현명하게 반응하기 어려운 상황에 놓이면, 한층 더 기본적이고, 원시적인, 에고 이전의 상태로 들어가게 됩니다. 더 많은 감정 에너지로 가득하고, 덜 선형적이 되며, 더 강렬한 이미지의 세계로 들어갑니다. 의식의 원시 수프 상태로 돌아갑니다. 여러분이 정체성을 잃으면 언제든지 일어날 수 있는 일입니다. 트라우마, 상실, 실패 등의 결과로 이런 상태에 들어갈 수도 있습니다. 사업에서 실패하거나 일상의 질서가 무너진 경우입니다. 개인 관계나 일상의 질서가 파괴되는 위기를 겪습니다.

그렇지만 원시 상태로 들어가는 것은 자발적이고 긍정적인 과정이 될 수도 있습니다. 여러분이 사랑에 빠지면 존재의 바다와 다시 연결될 수도 있습니다. 비행기에서 뛰어내리거나(물론 낙하산은 가지고 있겠죠!), 하룻밤 댄스의 황홀경에 빠진다거나 친구와 낄낄대며 밤을 샐 수도 있습니다. 이 모든 행동을 통해 여러분은 의도적으로 에고 의식이라는 틀에서 빠져나와 원초적인 마음이 가득한 바다로 돌아가게 됩니다.

우리는 이것이 실제로는 나쁜 것이 아니라는 것을 강조하고 싶습니다. 이것은 여러분을 원시 의식의 깊숙한 곳으로 안내해주기 때문입니다. 여러분은 주기적으로 원시 의식 수준에 갈 정도로 정신을 놓아 버릴 필요가 있습니다. 그래야 이 세상에서 당신의 존재를 재생산하고 재창조할 수 있습니다. 상황이 긍정적이든 부정적이든, 의식이 에고 수준에서 원시 수준으로 전환한다는 것은 새로운 삶을 창조할 수 있는 의식의 근원까지 내려간다는 의미입니다. 원시 의식은 여러분의 정체성을 재창조하기 위해서 필요합니다. 지금까지 살아왔던 여러분과 전혀 다른 그 무엇이 되기 위해서 필요합니다.

원시 수준으로 내려 갔을 때, 그곳에 함몰되어 있을 것인지 아니면 원시 의식의 자원들과 연결될 것인지가 중요한 관건입니다. 한편으로는 생성적 수준의 중요한 자원을 추가해야 합니다. 다시 말하면, 에고 수준의 제약이나 한계를 놓아 버리고, 원시의 창조적인 바다로 뛰어 들어 생성적 마음의 변혁적인 수준을 향해 나아가기 위해서는 무엇을 해야 합니까?

생성적 나를 창조하는 원칙들

길리건: 생성적 나를 창조하는 한 가지 방법은 세 가지 마음이 각각 생성적인 원칙에 집중하는 것입니다. 생성적 소매틱 수준에 도달하기 위한 기본 원칙은 **정렬하기**와 **센터링**align and center입니다. 생성적 인지 수준에 도달하기 위한 원칙은 **수용**과 **변혁**accept and transform입니다. 생성적 장 수준에 도달하기 위한 기본 원칙은 **너머로 열려 있으라**open beyond(예: 문제), **그 너머로 열려 있으라**then open beyond that입니다.

딜츠: 다른 말로 표현하면, 자신이 갇혀 있던 낡은 틀에서 벗어나 완전히 새로운 가능성의 세계로 들어가는 것입니다.

길리건: 이 세미나의 마지막에 이를 때쯤, 여러분은 이러한 원칙들을 꽤 잘

이해하게 될 것입니다. 이 원칙들을 어떻게 연습해야 하는지 감을 잡을 것입니다. 먼저, 우리는 생성적 소매틱에 집중하고 몸과 마음의 센터링이 어떻게 우리를 그곳에 이르게 하는지 보겠습니다. 센터링은 여러분이 자신의 소매틱 상태를 통합하고 정렬하는 연습 방법입니다. 여러분이 마음의 알아차림을 몸으로 집중하고 몸을 통해서 세상에 자신을 여는 프로세스입니다. 이렇게 하면, 여러분은 풍부한 생성적 자산이 넘쳐흐르는 통일장unified field(역자 주: NLP 개념으로 신경 수준, 인지적 입장, 시간이라는 세 가지 차원을 통해 인간을 통합적으로 이해하는 개념의 틀이다)으로 자신을 이끌 수 있습니다.

딜츠: 여러분이 자신의 센터(중심)를 잃어버리거나 센터링되지 않은 상태로 있게 되면, 혼돈과 혼란 그리고 불안으로 더욱더 외부 영향에 민감하게 됩니다. 센터링된 상태에서는 채널이 활짝 열리면서 강해집니다. 평화롭고 자신감이 넘치며 많은 내적 자원과 연결됩니다.

길리건: 센터링을 하면 걱정했던 마음이 진정됩니다. 여러분의 알아차리는 능력도 열리게 됩니다. 여러분은 고요하고 명료해집니다. 어려운 도전을 생각하거나 대응할 때조차도 평온해지는 능력을 갖게 됩니다.

딜츠: 센터링의 다른 일반적 특질은 **프레즌스**presence입니다. 여러분 모두의 의식에는 온전한 프레즌스가 있습니다. 이 프레즌스는 불교 신자들이 원숭이 마음이라고 말하는 불안하고 혼란스러운 인식과 반대되는 개념입니다. 원숭이 마음은 나무와 나무 사이를, 나뭇가지와 나뭇가지 사이를, 불안과 불안 사이를 뛰어다니는 마음입니다.

길리건: 영웅의 여정에서는, 여러분이 평소에는 쉽게 이해했던 것도 제대로 이해할 수 없고, 용감하게 행동할 수 없는 다양한 상황이 발생합니다. 여러분의 에고 지능은 이런 상황에서 새로운 의식을 만들 능력이 없습니다. 그렇기 때문에 여러분이 생성적인 힘이 필요한 도전적인 상황에 놓일 때 휘청거

리게 됩니다. 지속해서 멘탈이 무너집니다. 기대되지 않으십니까? (웃음)

다시 진지하게 말씀드리면, 센터링을 함으로써 여러분은 모든 것을 지배하고, 설명하려는 에고 지능의 욕망을 놓아 버릴 수 있습니다. 센터링을 하면 안정감과 조율, 지능적 감각 그리고 직관적 반응이 가능하기 때문에 힘든 환경에서도 높은 성과를 낼 수 있습니다.

딜츠: 센터링이 가능하게 된 뒤에, 여러분의 다음 도전은 인지적 마음을 변혁하는 것입니다. 상황을 통제하고 지배하려는 마음에서 합기도 마스터처럼 관계와 흐르듯 융합할 수 있는 마음으로 바꾸어야 변혁과 새로운 가능성이 나타납니다. 생성적 인지 차원에서 작동하는 원칙은 **스폰서십** sponsorship입니다. 이것은 스테판이 그의 자기 관계self-relationship 연구에서 사용한 말로, '모든 사람이 자기 내면의 선함과 선물을 깨닫고 또한 세상 사람들이 서로 연결되어 있음을 자각하고 깨어나는 과정'을 말합니다. 토고 마을 사람들이 아이에게 노래를 불러준 것이 좋은 예입니다. 스폰서십은 여러분이 진정 누구인지 일깨워주는 것입니다.

길리건: 우리는 앞으로 센터링을 먼저 다룬 후에, 스폰서십 기술에 관해서 집중적으로 진행하겠습니다.

딜츠: 우리는 스폰서십을 통해 생성적 인지의 마음이 어떤 특정한 입장만을 나타내는 것이 아니라, 어떻게 창조적 장이 되는지 보게 될 것입니다. 그래서 우리는 이것을 '마음 중의 마음'이라고 부릅니다. 생성적 인지의 마음은 장이나 컨테이너처럼 작동합니다. 그 안에는 모든 콘텐츠가 생명력과 에너지 그리고 창조적인 호기심과 함께 있습니다. 이런 것들을 통해서 장 안에서 새로운 관계의 연결이 나타나기 시작합니다.

길리건: 밀턴 에릭슨은 우리 스폰서십의 중요한 모델 가운데 한 명입니다. 에릭슨은 있는 그대로 상대를 받아들이고 거기서 새로운 경험으로 나올

수 있게 했던 사람입니다. 그가 정신과 의사로 일하던 전반기에, 정신병 환자가 있는 병동에서 일했을 때 일입니다. 어떤 병동의 한 사람이 자신을 예수라고 주장했습니다. 감금 병동마다 예수라고 주장하는 사람이 언제나 한 명씩 있으니 지금은 문제라고 볼 수는 없습니다. 진짜 문제는 두 사람 또는 그 이상의 사람이 자신이 예수라고 주장하는 경우입니다. (웃음) 아무튼, 이 '예수'에 대한 기존의 모든 치료 방법은 기본적으로 그가 예수가 아니라는 사실을 이해시키는 일이었습니다. 물론 '예수'는 정신과 의사에게 "평안하라. 아들아." 이렇게 축복해주는 것으로 반응을 할 것입니다.

에릭슨은 '예수'를 바로 마음에 들어 했습니다. 또 어떻게 하면 창조적으로 그를 받아들이고 그가 깨어나도록 스폰서링해야 할지 생각했습니다. 그는 '예수'에게 걸어가서 자신을 소개하고 이렇게 말했습니다. "나는 당신이 예수라는 것을 알고 있습니다."

그 사람이 말했습니다. "맞습니다. 저는 예수입니다."

에릭슨이 대답했습니다: "목수이기도 하죠? 그렇죠?"

예수가 대답했습니다: "물론이죠, 모든 사람이 내가 목수인 것도 알고 있죠."

"다른 사람을 돕는 것도 좋아하시죠?" 에릭슨이 물었습니다.

"그게 바로 내가 여기 있는 이유죠." 예수가 확신에 차 대답했습니다.

"그럼, 병원 본관 옆에 새로운 건축 현장이 있는데 목수가 부족한 것 같아요. 매일 그곳에 가서 현장 사람들을 도와주실 수 있을까요?" 에릭슨이 물었습니다.

예수는 인자한 얼굴로 동의해주었습니다. 그다음 몇 주 동안 그는 병원 병동을 떠나 목수로서 하루하루를 충실히 살았습니다. 그는 점점 함께 일하는 팀원들과 연결되었고 정신과 입원 환자가 아닌 그곳에서 일하는 보통사람이 되어갔습니다. 이것이 에릭슨이 그 사람과 진행했던 치료의 기초였습니다. 에릭슨이 그 사람의 상황과 조화를 이루기 위해, 어떻게 생성적 인지 마음을 활용했는지에 관해 전형적으로 보여주는 좋은 예입니다. 그 상황을 뛰어넘어 열린 방식으로 접근한 사례입니다.

딜츠: 스폰서십의 원칙은 상대를 있는 그대로 수용하고 인정해주는 것입니다. 단 더 큰 프레임으로 포용해주는 것입니다. 스폰서십은 상대방에게 여러 가지 새로운 가능성이 생겨날 수 있도록 그를 수용해주는 것입니다.

길리건: 이 일화는 모든 경험과 모든 사람이 선함과 재능의 씨앗이라는 핵심 개념을 이야기해주고 있습니다. 이것은 '변화가 없이 변화하는' 과정입니다. 즉 무언가를 변화시키려는 노력 대신 능숙한 호기심으로 받아들여서 더 멀리 그리고 새로운 패턴으로 확장될 수 있는 방식으로 품어 주어야 합니다.

딜츠: 그 사람이 지닌 선물을 스폰서링하기가 쉽다는 것을 알 수 있습니다. 그 선물이 성장하고 자랄 수 있게 공간을 제공해주면 됩니다. 정작 훨씬 어려운 것은 상처, 악마, 즉 그림자를 스폰서링하기입니다. 우리는 상처를 스폰서링하려고 하지 않습니다. 반대로 상처를 제거하고, 치료하고, 통제하고 또는 싸우려고만 합니다. 그러나 진정한 힐링과 변형은 상처를, 악마를 그리고 그림자를 스폰서링하면서 일어나게 됩니다. 우리 프로그램의 두 번째 파트에서는 이런 기술을 주요 주제로 다룰 예정입니다.

길리건: 자, 이제 세 번째 파트는 생성적 장 의식을 어떻게 열 수 있는가에 관한 내용입니다. 특히, 우리는 최면처럼 어떤 사람이나 특정 문제에 강하게 붙들려 있는데, 이것을 놓아 버리는 것에 관해 다루려고 합니다. 그리고 그 사람과 문제 패턴을 둘러싼 더 큰 장 의식을 향해 열리는지를 다루려고 합니다. 여러분은 이 놓아버림과 열림을 통해서 알아차림과 필요

한 내적 자원이 확장됩니다. 우리는 장 의식의 몇 가지 다른 차원에서 이것이 어떻게 가능한지 보려고 합니다. 지혜라는 더 큰 장에 조율하면 이 세상에 홀로 고립되어, 체화되지 못한 채, 에고의 지능으로만 살아가는 것이 아니라 체화되고 센터링한 인간 존재로 살아갈 수 있습니다. 즉 알아차림의 생성적 장에 깊게 연결된 존재로 살아가게 됩니다.

소매틱, 인지, 장, 이 세 가지 마음을 다루는 데 있어서 기본 개념은 여러분이 자신의 의식 상태 수준만큼의 사람이라는 것입니다. 만약 여러분이 낮은 단계의 소매틱 상태에 있다면 여러분은 자신의 여정에서 만나는 도전을 감당할 수 없습니다. 여러분의 인지 패턴이 융통성 없고 지배하려는 경향이 있다면, 어떤 변혁과 변화를 추구하는 일도 성공할 수 없습니다. 여러분이 자원의 큰 장과 연결되어 있지 않다면 멀리 갈 수 없습니다.

생성적 소매틱 의식 개발하기

길리건: 따라서 여러분의 의식 상태가 여러분의 경험을 결정할 것입니다. 그 경험에 어떤 의미를 부여하는지, 그 경험에 반응하는 능력도, 모두 여러분의 상태에 따라 결정됩니다. 여러분의 전반적인 삶의 질 역시 모두 여러분의 상태에 따라 결정됩니다. 그 밖에도 아주 많습니다. 다행인 것은 그 상태를 조절하고 통제할 수 있는 중요한 권한을 **여러분** 자신이 가지고 있습니다. 만약 여러분이 그 권리를 갖고자 한다면 말입니다. 여기서 우리는 어떻게 하면 여러분의 상태를 높은 수준으로 끌어올려 여러분이 인생 여정을 성공적으로 살아갈 수 있을지를 탐구하는 것입니다.

딜츠: NLP에서는 모든 것이 상태에서 시작된다고 봅니다. 스테판의 생성적

나 모델은 그 상태의 다양한 다른 측면들과 조율하여 각각을 최고 수준으로 끌어올리는 것입니다.

실습: 센터와 연결하기

길리건: 첫 번째 단계는 어떻게 생성적 소매틱 상태를 개발하고 활용할 수 있는지를 다룰 예정입니다. 먼저 센터링과 관련된 실습 몇 가지를 소개하겠습니다.

딜츠: 지금 하려는 것은 스스로 센터링하는 연습입니다. 이 실습을 가장 먼저 하는 데에는 이유가 있습니다. 이것은 영웅의 여정을 위해 제일 처음 해야 하고 가장 중요한 기술이기 때문입니다. 우리는 세미나를 진행하는 동안 계속 반복해서 이 연습을 할 것입니다. 여러분이 자기 자신의 센터에 접속하는 연습과 훈련입니다.

길리건: 그리고 여러분이 자신의 센터와 연결된 상태에서 자신의 소명을 찾아가는 두 번째 실습을 파트너와 할 것입니다.

딜츠: 그래서 소명은 센터에서 온다고 말할 수 있습니다. 우리는 모두 매우 도전적이고 특별한 일이 일어나는 경험을 했을 때, 그 경험이 여러분의 센터를 활성화하는 경험을 해보았을 것입니다. 여러분의 센터에서 어떤 꿈틀거림이나 에너지를 느끼기 때문에 무엇인가가 일어나고 있다는 것을 여러분은 눈치챌 수 있습니다. 여러분이 센터와 정렬하고 있지 않다면, 자신의 센터에서 꿈틀거리는 에너지가 무섭고 위압적일 수 있습니다. 이 에너지 안에서 여러분은 길을 잃고 헤맬 수 있습니다. 이 에너지가 여러분을 부정적인 방식으로 통제할 수도 있습니다. 그러나 여러분이 센터에 중심을 잡고 단단하게 있다면, 끓어오르는 그 에너지를 긍정적이고 창

조적으로 스폰서링할 수 있을 것입니다.

주: 우리는 앞으로 그룹으로 센터링을 경험하는 시간을 가지게 됩니다. 이번 연습 뿐만 아니라 앞으로 그룹 연습을 할 때는, 우리의 대화 방식이 좀 더 부드럽고, 천천히 말하는 일종의 최면 스타일로 바뀝니다. 이것은 참가자들이 에고 지능에서 경험적 의식으로 전환하도록 유도하고 도움을 줄 것입니다. 우리는 단어 사이에 몇 초간 침묵의 순간을 표현하기 위해 말 줄임표(깊은 경험을 하도록 하기 위한 목적)와 이탤릭체(어떤 단어와 구문들이 경험을 강조하는 음조로 사용하는 것을 표시)를 사용합니다.

길리건: 실습을 위해 편안하게 앉아주시기 바랍니다. 편안하게 이완하시기 바랍니다….

딜츠: … 양 발을 바닥에 대고, 두 발이 땅에 뿌리내리는 것을 느낄 수 있습니다.

길리건: 센터링을 다른 말로 균형 잡기라고도 합니다. 센터링할 때, 우리는 의식의 모든 차원에서 균형점에 우리 자신을 조율합니다. 가슴을 너무 뒤로 젖히지 말고, 등을 너무 구부리지 않게 균형점을 찾아봅니다. 센터링은 이완하는 것이지만, 텔레비전을 보거나 바에서 맥주를 마시는 것과 같은 이완이 아닙니다. 예술가나 운동선수가 배우는 이완과 주의 집중 같은 것입니다. 이완하고 동시에 깨어 있는 상태입니다.

딜츠: 여러분은 센터링하고, 알아차리고, 연결되어 있습니다. 여러분의 의식이 차분해지는 것을 느끼면서 시작하시기 바랍니다. 여러분 몸 아래로, 몸을 통해 깊이 내려갑니다. 발바닥을 느껴보시기 바랍니다. 여러분이 항상 의식하고 있지는 않지만, 우리의 발바닥에는 온 우주의 감각이 있습니다.

길리건: 이 과정을 잠깐 시간을 내서 해봅니다. 눈을 감거나 뜨고 해도 됩니다. 시도해보시기 바랍니다 이것은 자신의 내면에서 스스로 배우는 과정입니다.

딜츠: 기억하시기 바랍니다. 내면으로 들어가는 것은 잠을 자는 것이 아닙니다. 사실은 그 반대입니다. 여러분은 점점 더 깨어납니다. 연결하고 깨어납니다.

길리건: 편안하게… 이완합니다.

딜츠: 다음 단계는 호흡입니다.

길리건: 여러분이 센터링으로 들어가는 것은… 여러분이 이성적 사고에서 호흡으로 전환하는 것입니다.

딜츠: 여러분의 호흡은 언제나 현재에 있습니다. 여러분이 자신의 호흡과 연결될 때 여러분은 현재에 있게 됩니다.

길리건: 여러분이 호흡을 통해 편안하게 이완하면, 여러분의 척추가 정렬되는 것을 느낄 수 있을 겁니다. 척추가 부드럽게… 빛이 납니다.

딜츠: 센터링 상태에서는 등을 구부리면 안 됩니다. 부드러운 빛 줄기가 정수리에서 가볍게 하늘로 잡아당기는 느낌을 상상해보세요.

길리건: 인간은 오랫동안 수직 생활을 해왔습니다. 그 이점을 활용합니다.

딜츠: 척추를 더 늘리는 방법은 가슴을 살짝 들고 펴는 것입니다.

길리건: 잠시 숨을 들이마시고 내쉬고… 척추의… 안쪽까지… 호흡합니다. 호흡을 통해 여러분 의식이 근육의 긴장에서 척추의 활기차고 미세한 느낌으로 옮겨갑니다.

딜츠: 기억하시기 바랍니다. 우리 말에 귀 기울이시기 바랍니다. 의식이 헤매거나 멍하게 있지 않고 바로 여기에 머물기 바랍니다.

길리건: 우리가 하는 말은 말 그대로 뒤에 있는 배경이 되어야 합니다. 중요한 것은 *척추를 타고 위아래로 흐르는* 상쾌한 호흡의 감각입니다.

딜츠: 여러분의 호흡이 땅에서 발바닥을 통과해 척추를 타고 목까지 에너지를 쭉 끌어올리는 것처럼.

길리건: 척추를 타고 숨이 올라갑니다…. 내려갑니다…. 자신을 축복해줍니다. 여러분을 위한 간단한 암시를 해보시기 바랍니다…. *자신을 돌보기… 자신을 사랑하기… 자신을 수용하기…*와 같은 말을 해보시기 바랍니다. 여러분 척추의 의식을 통해서 축복과 자기 확인을 불러일으킬 만한 것들을 말해보시기 바랍니다.

딜츠: *열려있기…* 또는 *깨어있기…* 같은 간단한 축복의 말을 해보시기 바랍니다.

길리건: 여러분이 자신의 호흡에… 척추의 의식에… 척추를 따라 위아래로 움직이는 에너지에 조율하면서, 조금 전 언급했던 간단한 자기 암시의 말이 척추를 타고 흐르도록 합니다…. 몇 가지 암시를 추가하여 여러분의 의식 상태를…. 더 깊게 할 수 있습니다. 그 첫 번째는 *이완 말고는… 몸에서는 아무것도 하지 않습니다. 이완 말고는… 몸에서는 아무것도 하지 않습니다. 이완 말고는… 몸에서는 아무것도 하지 않습니다.* 센터링된 의식에 깊이 열린 상태로 모든 긴장을 놓아 버립니다.

딜츠: 계속하다 보면, 정수리 차크라를 통해서… 위로 잡아당기는 줄을 계속해서 느낄 수도 있습니다. 여러분의 척추와 머리를 위로 부드럽게 *끌어당기는 줄을…* 느낄 수 있습니다. 채널이 열리는 것을… 열리는 것을… 여러분이 깊이 느껴보시기 바랍니다.

길리건: 하나 더 추가하자면, 이런 암시를 추가해보아도 좋습니다. *마음에 걸리는 것이 아무것도 없습니다…. 마음에 걸리는 것이 아무것도 없습니다…. 마음에 걸리는 것이 아무것도 없습니다….* 좋습니다. 좋습니다. 숨을 쉬고, 좋습니다…. 좋습니다…. 척추가 조율됩니다…. 좋습니다. 좋습니다. 몸이 완전히 이완합니다…. 좋습니다. 좋습니다…. 마음에 걸리는 것이 아무것도 없습니다…. 아주 좋습니다…. 아주 좋습니다….

딜츠: 호흡합니다….

길리건: 모든 생각을 놓아버립니다. 모든 믿음을 놓아버립니다….

딜츠: … 그리고 호흡합니다.

길리건: 마음이 없는 마음속으로… 텅 빈 마음속으로… 아무것도 하지 않고… 오로지 이완합니다…. 어떤 것에도 얽매이지 않고….

딜츠: 호흡합니다.

길리건: 센터링하고 정렬된 그곳에서… 마음이 없는 그곳에서… 의식의 마음 저 너머에 있는 곳에서 경험을 할 수 있다는 것은 정말 멋진 일입니다.

딜츠: 더 큰 마음에 자신을 활짝 열어서….

길리건: 초의식의 마음에서 얻는 경험은… 깊은 웰빙의 경험이며, 과거 경험했던 센터링 상태입니다.

딜츠: 채널이 열린 상태의… 그 긍정적이고 초월의 경험을 기억하면서… 여러분의 센터는 더 깊은 그 무언가와 연결합니다.

길리건: 초의식의 마음이 호흡의… 부드러운 강으로… 돌아오도록 하시기 바랍니다. 여러분 인생의 그때… 여러분이 깊이… 평화롭고 깊이… 느꼈던 그곳으로….

딜츠: 여러분이 *생명력을 느꼈던*… 그때로, *생명의 힘이*… 여러분 몸을 가득 흘렀던 그때로… 애쓰지 않아도 탁월했던 상태로….

길리건: *그런 경험을 모아서*… 현재 이 순간에 그 경험을 호흡해보시기 바랍니다. 여러분 온 의식을 집중해서… 그 경험을 현재 이 순간에 호흡하시기 바랍니다. 여러분의 몸으로.

딜츠: 이렇게 해보면서… 이런 경험의 어떤 부분에 여러분의 주의력이 집중되는지 느껴보시기 바랍니다…. 자신의 몸에서? 여러분이 웰빙의 경험을 할 때 여러분 몸에서 센터는 어디입니까?

길리건: 여러분이 이런 웰빙의 상태로 이 세상을 걷는다면… *그때 여러분의 센터는 어디에 있습니까?*

딜츠: 여러분 몸에서 센터가 어디에 있는지 느낌이 오면… *센터가 가장 집중되고 느껴지는 곳으로 양손을 가져갑니다.*

길리건: 만약 이렇게 웰빙 상태에서 여러분이 이야기한다고 하면… 말하는 이 상태에서 여러분의 *센터는 어디에 있습니까?*

딜츠: 센터는 여러분 몸에서 목 아래에서부터… 다리 위… 사이 어딘가에 있습니다. 내 몸의 센터를 찾아보시기 바랍니다.

길리건: 진심으로 사랑하는 사람을 만지듯 여러분의 센터를 만져 보시기 바랍니다. 센터를 어떻게 만지는지에 따라서 *여러분의 센터를 깨우고 여러분 자신 또한 깨울 수 있습니다.* 센터와 연결되는 방법을 찾으시기 바랍니다. 여러분의 의식과… 영혼과… 가장 깊은 알아차림이… 여러분의 *센터와 하나가 될 수 있을 것입니다.*

딜츠: 여러분 인생에서 도전 상황을 생각해볼 수 있습니다. *센터링하고 있었고…* 자기 자신과 *깊이 연결된 그때…* 상황이 아무리 힘들지라도 여러분은 자신의 내면에, 여러분을 둘러싼… 그곳에서 *항상 자신의 센터에 연결하고 있었습니다.*

길리건: 간단하지만, 자신의 센터와 *깊게 연결한 상태의 느낌을 느끼고… 찾아보시기 바랍니다…*. 센터를 찾고 연결하는 것은 매우 감사하고 멋진 일입니다. 이것이 바로 여러분 존재의 근간입니다. 여러분이 이 근간을 떠날 수는 있겠지만 이 근간은 당신을 결코 떠나지 않습니다…. 항상 그 자리에 있습니다. 신청하면 바로 나오는 노래처럼. 여러분이 근간을 느낄 때… 여러분이 근간에서 말을 할 때… 여러분이 근간에서 생각할 때… 여러분 인생에서 좋은 일들이 생겨나기 시작합니다. 그래서 여러분은 어떤

감을 잡고 싶을 것입니다…. 이 첫 번째 연습이 끝나기 전에… 여러분이 하고 싶은 간단한 선언이나 다짐 등이 있습니까?

딜츠: 여러분은 이 상태에 어떤 앵커를 걸고 싶은가요? …. 바로 이곳, 여러분의 센터로 즉시 올 수 있게 하는… 자신만의 상징은… 무엇입니까? 아주아주 쉽게… 여러분 삶의 기준으로 여길 수 있도록….

길리건: 원하면 언제든지 알 수 있기 때문에, 그 곳을 만질 수 있고 그 앵커를 느낄 수 있고…. 여러분 스스로 알 수 있습니다. *나는 지금 내 센터로 돌아옵니다. 나는 집에 옵니다. 내 자신에게로 옵니다. 나는 내 근원과 연결합니다…*. 위대한 아일랜드 시인 예이츠Yeats가 말했듯이 '내 자신과 함께 집에 있을 때, 내가 하는 모든 것은 사랑의 시로 끝납니다' …. *영웅의 여정이여 영원하라…. 영웅의 여정이여… 영원하라…. 영웅의 여정이여 영원하라!*

딜츠: (목소리가 조금씩 최면 스타일에서 벗어나면서, 몸짓과 행동으로 주의를 방으로 환기시킵니다.) 잠시 숨을 깊게 센터까지 들이마십니다. 여러분이 들여 마신 숨이 센터로 에너지를 가지고 옵니다…. 센터가 활기에 넘치고, 더욱 생기가 있습니다…. 그렇게 하면서, 이제 여기 현실로 돌아옵니다. 주의가 외부로 환기되더라도 의식을 센터에 맞춥니다.

우리가 눈을 뜨거나 의식을 전환할 때면, 너무 쉽게 우리의 센터를 놓쳐버립니다. 방을 둘러보거나 몸을 움직일 때도 첫 번째로 주의 집중을 센터에 고정합니다. 센터를 떠나거나 놓치지 않습니다. 이제 여러분은 자신의 센터를 통해서 주위를 보고 세상을 살아갑니다. 다시 오신 걸 환영합니다.

멋진 첫 경험을 했을 거라고 믿습니다. 잠시 어떤 일을 경험했는지 생각해보시기 바랍니다. 놓아버리는 것이 쉬웠습니까 어려웠습니까? 여러분이 했던 축복과 자기 암시는 각각 어떤 것이었습니까? 해보니 잘 되던가요? 센터를 찾아서 연결한다는 것은 어떤 느낌이었습니까? 그것을 나타내는 상징이 있었다면 그건 무엇이었습니까?

길리건: 센터링의 중요성에 관해 드릴 말씀은 너무나 많습니다. 우리는 센터링을 근간으로 봅니다. 영혼이 세상에 깨어나는 채널로 봅니다. 우리는 센터링을 몸과 마음의 의식, 그 다양한 부분들이 통합되는 지점으로 보고 있습니다. 무술에서는 '원포인트 one point'라고 부릅니다. 무예에서 적의 공격이 여러 곳에서 올 때, 센터와 조율한 상태로 마음을 고요히 하고 의식이 또렷한 상태가 되도록 훈련합니다. 몸도 최적의 대응태세를 갖추도록 합니다.

이 관점에서 보면, 센터링은 우리의 주의 집중을 어디에 어떻게 주는지에 대한 주의 과정 attentional process라고 말할 수 있습니다. 우리가 특히 말하고 싶은 것은 '첫 번째 주의 first attention'이라고 일컫는 것입니다. 여러분의 '첫 번째 주의'와 주로 집중하는 주의는 어디입니까? 여러분은 '주의'라는 재능을 부여받았습니다. 여러분은 자신의 주의를 원하는 어디에나, 어떤 것에도 둘 수 있습니다.

저는 제 주의를 자신이 아닌 외부에, 다른 사람, 예를 들면 여기 있는 로버트에게 집중할 수 있습니다. 그러면 로버트는 나에게 아주 중요한 사람이 되어버립니다. 모든 일에서 로버트를 봐야 하고 저는 제 자신의 프레즌스와는 연결이 끊어집니다. 저는 제 주의를 제 내적인 대화에 집중할 수 있습니다. 그렇게 되면 제 모든 주의는 제가 속으로 하는 말들에서 헤어나오지 못할 것입니다. 저는 제 주의를 어떤 이미지나 기억에 집중할 수도 있습니다. '이것은 예전에 일어났던 일이니까, 항상 일어날 거야.'

이 모든 것은 다양한 가능성입니다. 즉 우리 의식이 안정되고 싶어 하는 강한 욕구를 충족하고자 (원하건대) 변하지 않는 콘텐츠에 우리 의식을 고정하려는 방식들입니다. 이 방식은 각각 값비싼 대가를 치러야 합니다. 우리가 이렇게 고정된 콘텐츠에 갇히게 되면서, 자신의 센터에서 멀어지고, 변하지 않는 표상체계에 갇히게 됩니다. 심리학적으로 말하면, 근본주의, 즉 고정된 텍스트에 단단하게 밀착하게 됩니다. 이것이 생성적인 의식에는 가장 큰 적입니다.

물론 이런 근본주의의 '긍정적 의도'는 의식을 안정시킬 수 있다는 것입니다. 그렇지만 센터링은 이런 의식을 안정시키고자 하는 욕구에 대한 높은 수준의 반응입니다. 센터는 특정 콘텐츠에서 자유롭기 때문에, 여러분의 의식은 센터에서 안정을 찾을 수 있습니다. 또 여러분은 계속 변하는 패턴과 순간의 에너지에 완전히 열려 있습니다. 이 안정성과 열려 있음은 생성적 의식의 특징이며 영웅의 여정에 필요한 기술입니다.

딜츠: 자기 변혁 분야의 대가 리차드 모스Richard Moss는 "자기 자신과 다른 사람에게 해줄 수 있는 최고의 선물은 얼마나 주의 집중을 진정성 있게 하느냐에 달려있다."라고 말했습니다. 코칭을 해보신 분은 아마 이미 알고 있을 것입니다. 다른 사람에게 주의 집중을 해주기 전에 먼저 자기 자신에게 주의 집중을 해주어야 합니다. 리차드 모스는 나와 다른 사람과의 거리는 나와 나 자신의 거리와 같다고 했습니다. 그래서 우리는 첫 출발점이 우리 내면이라고 생각합니다. 센터링은 내면에 의식을 집중하기 위한 몸과 마음의 과정입니다. "답은 내 안에 있다."라고 누가 말했습니까?

길리건: 조지 부시(웃음), 누구인가요? 조지 부시, 마돈나 아니면 로버트 딜츠인가요? 기억이 나지 않습니다. (웃음) 누군지 잠시 헷갈리네요. 어쨌든, 영웅의 여정에서는 유머를 중요하게 생각합니다. 인생은 유머 없이 살 정도로 심각한 것은 아니기 때문입니다!

센터링의 또 다른 특징은 여러분을 깊은 마음과 연결합니다. 깊은 마음은 창조적 무의식, 초의식, 원형의 지능, 장 등 여러 가지로 표현할 수 있습니다. 센터를 통해 여러분이 소명을 확인할 수 있습니다. 또 이 세상에서 깨어나고자 하는 영혼도 센터를 통해서 확인할 수 있습니다.

딜츠: 자신의 깊은 마음에 접근하는 통로가 센터라고 생각하시기 바랍니다. NLP에서는 눈 움직임을 접근 단서라 해서 상대방의 인지 정보를 파악하는 방법으로 사용합니다. 눈의 움직임이 바로 그 사람의 인지적 마음이 어떻게 작동하는지를 나타내는 신호입니다. 똑같은 원리로, 여러분의 센터는 인지적 마음보다 더 깊은 곳에 접근하는 접근 단서입니다.

길리건: 여러분이 영웅의 여정을 가는 길에서, 센터는 여러분이 반드시 접속해야 합니다. 여러분은 이성적 마음 저 깊은 곳에 있는 것과 만나야 하기 때문입니다.

딜츠: 여러분이 어떠한 어려운 상황에 처하게 될 때, 가장 먼저 자신에게 항상 이런 말을 해주시기 바랍니다. 이완하고, 평정심을 유지하고, 센터, 센터를 통해 세상을 향해 열려 있으라고 말입니다. 이렇게 하면 인지적 마음과 소매틱 마음이 연결되어 큰 지혜를 얻게 됩니다.

실습: 센터를 통해서 말하고 듣기

길리건: 몸과 마음의 통합, 즉 소매틱/인지의 통합을 통해서 얻는 것은 심층적 형태의 지혜입니다. 이 통합과정이 여러분이 소명을 느끼고, 소명을 말하는 것과 어떤 관련성이 있는지 보기 위해 두 번째 실습을 지금 해보도록 하겠습니다. 로버트와 제가 서로 시연을 진행하겠습니다.

(스테판과 로버트가 의자에 앉아 서로 마주 본다.)

딜츠: 여러분, 우선 자신의 센터와 연결하시기 바랍니다. 그리고 나서 여러

분의 파트너와 연결하시기 바랍니다. 나와 내 자신과의 거리가 나와 다른 사람과의 거리라는 말을 확인할 수 있을 겁니다. 스테판과 연결하기 위해서는 먼저 제 자신과 진실하게 연결해야 합니다.

길리건: 이 프로세스의 첫 단계는, 여러분의 센터와 연결하는 것입니다. 우리는 향후 모든 실습에서 이 단계를 거칠 것입니다. 파트너를 주시하거나 인상을 남기려거나 유혹하거나 돌봐주려 하기보다는 조용히 평온한 상태를 유지하며 자신의 센터를 찾습니다. 부드럽게 눈을 뜹니다. 파트너와 연결하고 자신의 센터와도 연결합니다. 이렇게 하려면, 눈을 뜨고 주변의 장을 보아야 합니다. 상대와 눈싸움을 하는 것도 아니며 주의 집중을 상대방의 특정한 한 곳에 하지도 않습니다. 그 너머를 봐야 합니다. 그 주변을 넓게 보고 열려 있어야 합니다. 합기도에서 우리는 이것을 '부드러운 눈'이라고 합니다. 합기도 수련자는 부드러운 눈을 통해 시각적으로 상황을 인식하고, 그 어떤 것에도 고정하지 않고 큰 장을 인지해서, 모든 것에 창조적으로 대응할 수 있습니다. 따라서 이것은 정신이 몽롱하거나 무심한 의식이 아닙니다. 오히려 정 반대입니다. 센터링을 한 장 의식을 통해 생성적 나를 위한 중요한 기술을 개발할 수 있습니다.

딜츠: 파트너를 보면서 시각을 부드럽고 넓게 해서 파트너 넘어 뒤에 벽 구석까지 확장해보시기 바랍니다. 연습해보시기 바랍니다. 한편으로는 큰 장의 의식에 열리면서, 한편으로는 집중하는 콘텐츠를 의식하는 그 조율점을 찾아보시기 바랍니다. 조율이 진행되는 것을 느껴봅니다. 더 많은 것을 볼 수 있도록 시선을 부드럽게 할 수 있겠습니까?

길리건: 파트너와 연결하면서 다음 과정을 연습하시기 바랍니다: 센터링, 여러분의 파트너에게 열기, 파트너 너머로 시야 열기. 아름다운 장 의식을 개발해보시기 바랍니다. 장에 있는 섬세한 패턴에 대한 민감성으로 넓

고 깊은 장 의식을 개발해보시기 바랍니다.

딜츠: 내 파트너에게 줄 수 있는 최고의 선물은 최고의 주의 집중이라는 것을 기억하시기 바랍니다. 상대에게 집중해줄 때는 반드시 최고의 선물을 주는 것처럼 주의 집중해주시기 바랍니다. (스테판과 로버트가 잠시 동안 서로 조율한다.)

길리건: 우리가 연결할 때, 먼저 자신의 센터를 찾습니다. 그리고 파트너에게 열려 있는 상태로 연결해야 합니다. 이 두 단계를 끝내면, 고개를 끄덕여서 신호를 보냅니다. 그러면 상대방은 여러분이 다음 단계로 갈 준비가 되었다는 것을 알아차릴 수 있습니다.

한 사람은 A가 되고 다른 사람은 B가 됩니다. 이번 시연에는 로버트가 B고 제가 A가 되겠습니다.

자신의 첫 번째 주의를 비언어적으로 연결된 자기 자신에게 주고 나서 그다음 파트너에게 주시기 바랍니다. A는 간단한 문장을 말합니다. "내 진정한 소명은 _____ 입니다." 단어나 구절이 될 수도 있고 몸의 동작 또는 떠오르는 상징적 이미지일 수도 있습니다. 말하면서 생각나는 것이 있으면 그대로 말하면 됩니다. 예를 들면, … (*로버트와 조율하며*) … 로버트, 내 진정한 소명은… 그리고 내 센터의 반응을 기다립니다. 여기(머리를 가리키며)가 아니고 바로 여기(배의 센터를 가리키며)입니다. 로버트 내 진정한 소명은 … 폭력을 치유하는 것입니다.

딜츠: B인 저는 스테판에게 모든 주의를 집중할 것입니다. 그가 해준 말이 저에게 깊은 감명을 주었습니다. 그의 소명에 저는 감동하고 깨어납니다. 저는 그것을 흡수하고 그에게 반영해 줍니다. 그가 했던 말에 몸으로 공명한 뒤에 다음과 같이 말해 줍니다. *스테판, 이해했습니다. 당신의 진정한 소명은 폭력을 치유하는 일이라는 것을 알고 있습니다.*

길리건: (숨을 들이마시기 위해 잠시 정지한다.) 이때 A는 B의 말을 축복처럼 받아들입니다. 숨을 들이 마시며 A가 했던 말이 여러분을 더 깊은 곳으로 안내합니다.

한 사람이 이렇게 진행하고 난 뒤, 다음은 B가 자기 소명을 말합니다.

딜츠: 내 센터에서 소명이 나오도록 말합니다. (로버트가 멈추어서 호흡하며 스테판과 조율한다.) 스테판, 내 마음 깊은 곳에서 우러나오는 소명은 … 내게 있는 미스터리에 대한 두려움 없이 계속 나를 열어 놓는 것입니다.

길리건: (가만히 서서 상대방이 한 말을 호흡으로 받아들이고 느낍니다.) 상대방의 소명을 호흡으로 받아들입니다. 소명의 아름다움을 느낍니다…. 그리고 다음과 같이 피드백을 말해주시기 바랍니다. *로버트, 저는 당신의 소명인 그 미스터리에 열려 있는 당신을 느낍니다. 그리고 저는 당신을 지지합니다.*

딜츠: (멈추고, 호흡한다.) 상대가 보내준 지지를 느낍니다.

이렇게 한 순번이 끝났습니다. 이렇게 4~5회 정도를 합니다. 평온하게 마음을 가다듬고 나서 여러분이 자기 센터에서 나오는 소리를 듣고 말하려면 약간의 시간이 걸릴 것입니다.

소명에 대해 말하자면, 굳이 단어를 사용할 필요는 없습니다. 몸의 제스처를 써도 좋습니다. 유명한 무용가 이사도라 덩컨Isadora Duncan은 이렇게 말했습니다. "내가 말로 표현할 수 있었다면 굳이 춤을 추지 않았을 것이다."

길리건: 그래서 센터에서 나오는 것은 반드시 말이 아니라 동작일 수도 있습니다. (스테판과 로버트가 천천히 각자 포즈를 취한다. 팔을 벌리고, 양손을 가슴에 대고, 손가락으로 미래를 가리키는 동작을 예로 보여준다)

딜츠: 이미지일 수도 있고, 여러분의 인지적 마음이 이해할 수 없는 상징일 수도 있습니다. 그냥 여러분에게 떠오르는 상징입니다. 제 소명은 … 하늘

에서 울리는 천둥입니다. 영화 「컬러 퍼플」에서처럼 노래하는 사람들입니다. 이러한 것들은 여러분이 센터에서 나오는 소명을 이야기하려고 공간에 활짝 열린 상태가 되었을 때, 그때 비로소 나오게 되는 상징과 은유들입니다. 더 깊은 곳에서 나와야 합니다.

길리건: 여러분에게 전체적인 느낌을 주도록 모든 과정을 다시 시연해보겠습니다. 기억하시기 바랍니다. *천천히 하는 것입니다.* 이건 오프라 윈프리 쇼가 아니니까요. 파트너에게 당신이 가진 개성으로 감동을 주는 것도 아닙니다. 여러분이 센터와 자기 소명에 깊이 연결하는 것을 느껴 보시기 바랍니다. 아주 깊은 곳에서 나올 수 있도록.

여러분이 감을 잡을 수 있도록 전체 과정을 시연해보겠습니다. 잠깐 시간을 들여서 평온한 상태를 만들어 보겠습니다.

딜츠: 처음 시작 단계는 여러분 척추에 숨이 들어가는 것을 느껴봅니다. 또 여러분 몸에서 현재 이 순간을 느낍니다. 그리고 센터에 있는 자신과 연결합니다. (스테판과 로버트가 눈을 감고 센터링을 하면서 침묵이 흐른다.)

길리건: 자신의 센터와 연결되는 것을 느끼면, 여러분은 자신의 주의를 장에 활짝 열어 놓습니다. 파트너도 포함해서요. (스테판과 로버트가 잠시 침묵 속에서 서로 연결된다. 각자 고개를 끄덕여서 준비되었다고 알려준다.)

로버트, 내 진정한 소명은… 상처를 치유하는 겁니다.

딜츠: *스테판, 잘 알겠습니다…. 상처를 치유하는 당신의 진정한 소명을 존경합니다.*

스테판, 내 진정한 소명은 … (로버트가 장을 향해 천천히 양팔을 벌린다.)

길리건: 네. 로버트 당신의 진정한 소명이 (로버트가 스테판을 동작을 따라한다)… *이것이라는 것을 진심으로 느낍니다. 당신의 소명을 강력하게 지지합니다.*

로버트, 내 진정한 소명은 … (양손을 가슴에 댄 후, 세상을 향해 벌린다.)

딜츠: 스테판, 나는 진정, 진정으로 느낄 수… 있습니다. 당신의 깊은 소명이… (스테판의 동작을 취한다.) 이것인 것을 진심으로 느낄 수 있습니다. 내 모든 존재로 당신의 소명을 지지합니다.

스테판, 내 진정한 소명은… 모든 것을 빛으로 보는 것입니다…. 심지어 어둠마저 빛으로 보는 것입니다.

길리건: 로버트, 나는 당신의 깊은 소명을… 바라봅니다. 모든 것을, 어둠마저도… 빛의 일부로 보는 당신의 소명을 …. 가슴 깊이 당신을 지지합니다. 가슴 깊이 지지를….

(스테판과 로버트는 서로 깊게 조율되어 있다. 잠시 조용히 함께하는 공간을 공유하며 의식이 관중에게 돌아온다.)

딜츠: (장난스러운 웃음으로) 그리하여 스테판과 로버트는 청중에게 말합니다. "여러분, 이제 진정한 소명을 서로 나누어 보시기 바랍니다." (웃음)

여러분이 코치, 치유자 또는 컨설턴트나 친구로서 상대방이 자신의 마음속 깊은 곳을 보여주게 하는 방법은, 여러분이 먼저 상대에게 얼마나 정성스럽게 귀를 기울이는가에 달려있다는 것이 저희가 보여드린 시연의 핵심입니다. 저는 여러분이 여러분의 정성스러운 주의 집중을 언제나, 누구에게나 그리고 어디서든지 해줄 수 있다고 믿습니다. 비행기에 앉아서, 은행에서 기다리면서, 딱딱한 디너 파티에서도 모두 가능합니다. 여러분이 누군가에게 온전하게 집중한 뒤, 상대방의 센터에서 나오는 말을 듣는 것은 놀라운 경험입니다. 상대방은 왜 그런지 모르지만 아주 개인적이고 마음속 깊은 내용도 털어놓을 것입니다. 이것이 이번 실습이 주는 중요한 교훈의 하나입니다.

다른 하나는, 자신의 내면에 온전히 집중하고 귀를 기울이는 집중력으로 자신의 소명과 연결하는 것입니다. 당신의 소명은 무엇입니까? 어떻게 알 수 있고, 어떻게 표현하고, 어떻게 소명에 따라 살면서, 자기 소명을 이루면서 살아 갈 수 있겠습니까?

길리건: 무의식적으로 깊게 끌리는 사람과 이 실습을 하시면 될 겁니다. (웃음)

딜츠: 여러분이 만일 무의식적으로 깊게 끌리는 사람이 없다면, 여러분을 무의식적으로 멀리하는 사람을 찾아보시기 바랍니다. (웃음)

길리건: 여러분이 삶의 미스터리를 간직하고 싶다면, 그 사람을 왜 선택했는지 말하지 마세요! (웃음) 좋습니다. 어떤 사람도 가보지 못했던 그곳으로 떠나보겠습니다. 행운을 빕니다.

세 가지 마음으로 소명을 지지해주기

길리건: 이전 세션에서 이야기한 것에서 더 나아가 보겠습니다. 특히 소매틱, 인지, 장 이 세 가지 마음을 영웅의 여정 개념과 연결하여 이야기해보겠습니다.

딜츠: 이전 두 개의 실습에서 자신의 센터와 연결하고 소명을 들어보는 시간을 가졌습니다. 이 실습에서 자신의 가슴에 와 닿은 문구가 있었을 것입니다. 소명을 느끼셨다면, 다음 단계는 그 소명을 받아들이고 소명과 함께 그 길로만 가겠다고 확언해야 합니다.

길리건: 캠벨은 이것을 첫 번째 임계점을 넘어서는 것이라고 말했습니다. 자신을 소명에서 멀어지게 만드는 에고의 공포와 자기 비난을 뛰어넘어 세상에 발을 내디디고 여정을 시작해야 합니다. 더는 드라마 같은 이야기에, 끝없는 말장난과 에고의 불안에 빠져 있지 말아야 합니다. 여러분은

의식의 더 큰 세계에서 실제로 걸어 나가야 합니다.

여러분이 성공적으로 그 길을 갈 수 있도록 생성적 나가 도와줄 것입니다. 여기서 우리는 여러분이 자신의 힘과 가능성을 어떻게 현실화할 것인가 질문해보아야 합니다. 여러분의 결심과 아이디어 그리고 행동이 이 세상에 진정한 변화를 만들려면 어떻게 자신을 재정비해야 합니까? 이것을 우리는 능력이라고 말할 수 있습니다.

여러분이 누군가에게 코칭을 하거나 치유 작업을 할 때, 고객은 일반적으로 무능력함을 호소하면서 시작합니다. 남자와 여자 모두 똑같이 자신의 무능력(역자 주: impotent가 발기 불능이라는 뜻도 가지고 있음)으로 고생하고 있습니다. (웃음) 다시 진지하게 말씀드리자면, 사람들이 겪는 가장 큰 고통 가운데 하나가 '자신이 한 말과 행동이 변화를 만들어 내지 못한다는 느낌이 들기 때문입니다. 자신의 말과 행동이 본인의 인생에서 원하는 결과를 만들지 못하고 있기 때문입니다.' 그래서 영웅의 여정 임무, 그리고 코칭, 심리치유자의 역할은 무능력 상태를 능력 상태로 변환해주는 것입니다. 내 행동이 성과를 내지 못하는 무능력 상태에서, 내 말과 생각 그리고 행동이 성과를 내는 능력 상태로 전환하는 것입니다.

딜츠: 오바마 대통령은 이렇게 말할 것입니다. "예, 여러분은 할 수 있습니다." (웃음)

길리건: 생성적 나 모델에서는 여러분이 소매틱, 인지, 장의 세 가지 마음을 통합하여 더 높은 의식 상태가 되면 이것이 가능하다고 합니다. 여기서 우리는 간단한 세 가지 방법을 다룰 예정입니다. (1) 자신의 소명을 느끼고 인지적 마음에 명확하고 울림이 있는 의도intention로 각인시킨다. (2) 소매틱 마음에 자신의 소명과 센터를 정렬시킨다. (3) 여러분의 센터를 장에 활짝 열고 자신의 소명을 세상으로 가지고 온다.

딜츠: 다음 실습은 스테판이 개발한 세 가지 마음을 정렬하는 방법입니다. 우리 삶의 원동력과 고유한 생명력을 세상으로 가지고 나올 수 있는 강력한 방법입니다.

실습: 세 가지 마음을 정렬하여 소명을 현실화하기

1. 여러분의 소명을 적어 보시기 바랍니다. 다섯 단어가 넘지 않게 간결하고 긍정적으로 적으시기 바랍니다. 내 진정한 소명은 _____입니다.
2. 방금 적은 자신의 소명을 3~4회 말해봅니다. 각각의 느낌에 주목하시기 바랍니다.
3. 여러분의 손을 센터에 올려놓고 소매틱하게 조율해 봅니다. 여러분의 목표를 다시 한번 말해보시기 바랍니다. 자기 음성이 센터와 공명하는 것을 느끼시기 바랍니다. 여러분의 음성과 센터가 연결되는 것을 느끼도록 아주 천천히 소명을 말씀하시기 바랍니다. 처음 소명을 말할 때와 어떤 차이가 있었는지 느껴봅니다.
4. 여러분의 손을 센터에 올려놓고 소매틱하게 조율합니다. 다른 한 손으로 미래를 가리킵니다. 당신의 에너지가 센터와 연결되고 동시에 손가락을 통해 또 저 너머로 확장되는 것을 느낍니다. 미래로 확장하는 동안 센터에서도 똑같은 공명을 유지합니다. 소명을 다시 말해봅니다. 이번에는 어떤 차이가 있는지 느껴봅니다.
5. 세 가지 마음이 공명하면서 정렬하는 것을 느꼈다면, 이제 당신의 소명을 실현하는 다짐의 명상을 하면서 그 상태를 그대로 유지합니다.

길리건: 실습의 첫 단계는 자신의 소명을 확인하고 말해보는 것이었습니다. 종이 한 장을 가지고 와서 공개적인 선언문을 만듭니다. '내 진정한 소명

은 X입니다.' 또는 '내 진정한 소명은 X를 하는 것입니다.' 예를 들면, '내 진정한 소명은 이 세상에서 사랑하는 존재가 되는 것입니다.' '내 진정한 소명은 정치권에 정직의 가치를 일깨우는 사람입니다.' '내 진정한 소명은 사회 정의를 구현하는 일입니다.' 잠시 시간을 들여서 센터링한 다음, 당신 내면의 깊은 목소리를 들어 봅니다. 기억하시기 바랍니다. 당신의 소명은 이성적인 에고에서 오는 것이 아니라 내면 깊숙한 센터에서 나옵니다. 떠오르는 것은 무엇이든 적습니다. 다섯 단어나 그 이하로 적습니다. 그리고 잠시 앉아서 쓴 글을 바라봅니다. 그저 무심히 바라봅니다. 자신이 쓴 선언문을 다시 보고 무언가 새로운 것이 떠오르는지 지켜봅니다. 몇 분 정도 4~5개의 문장, 즉 '내 진정한 소명은 _____ 입니다'를 만들어 봅니다.

딜츠: 계속 진행하기에 앞서, 몇 개의 문장을 적고, 소명을 떠올려 봅니다.

(잠시 멈춤)

길리건: 이제 나머지 실습을 진행해보겠습니다. 그다음에는 여러분이 파트너와 함께 직접 연습해보는 시간을 갖겠습니다. 자신의 의도를 현실화하기 위하여 세 가지 마음을 통합하는 과정은 로버트의 표현에 따르면 '자신의 실행을 통해서 루머를 현실로 만들기'라고 합니다.

마르코스와 데모

길리건: 환영합니다. 마르코스. 아주 짧은 시간 안에 당신이 어떻게 자기 소명을 현실에서 말할 수 있는지 도와주려고 합니다. 그 첫 번째 단계로 조금 전에 적은 자신의 소명 하나를 골라서 크게 말씀해주시겠습니까?

마르코스: 네. *제 진정한 소명은 고통을 줄여주는 것입니다.*

길리건: *당신의 진정한 소명은 고통을 줄여주는 것입니다.* 좋습니다. (숨을 깊이 들이마신 뒤, 청중에게 말한다.) 어떤 사람이 자신의 소명을 이야기할 때, 그 사람이 자신의 소명을 영혼에서 이야기할 때, 코치인 여러분은 그 소명의 말을 자신의 몸에 호흡으로 들이마셔야 합니다. 여러분 존재의 가장 깊숙한 곳으로 받아들여야 합니다. 호흡으로 들여 마시고 깊은 차원에서 여러분을 건드려 깨우도록 해야 합니다. 여러분은 상대방의 영혼을 받아들여서 여러분 내면 깊은 센터로 가져와야 합니다. 그리고 그 영혼의 힘과 아름다움을 느끼고, 그 영혼을 통해 여러분과 상대방을 연결하기 바랍니다.

(마르코스에게) 좋습니다. 마르코스, 이번 실습에서 당신의 짧지만 중요한 선언문 '*내 진정한 소명은 사람들의 고통을 없애주는 것입니다*'를 세 가지 마음 상태에서 각각 크게 여러 번 외치시기 바랍니다.

처음 몇 번은 센터링하거나 장으로 확장하지 않은 상태로 평범한 상태에서 그냥 말해보시기 바랍니다. 이런 상태에서 말했을 때, 말하면서 어떤 느낌이 드는지 느껴보시기 바랍니다.

(청중에게) 상대방의 말을 수용하는 장에 있는 여러분 모두 그리고 저와 로버트는 마르코스의 말을 듣고 수용해주는 입장에 있습니다. 마르코스가 자기 소명을 각각 말할 때, 우리가 감동하는지 그렇지 않은지 느껴봐야 합니다. 자신의 소명이 이뤄지길 원한다면, 자기 소명이 다른 사람을 감동시켜야 합니다. 우리는 다른 사람의 도움이 필요합니다. 만약 제가 아주 작은 목소리로 연약하게 센터링하지도 않은 상태로 제 소명을 말한다면, 여러분은 전혀 감동하지 않을 것입니다. 또 제가 무언가 중요한 일을 하고 있다는 느낌을 받지도 않을 것입니다. 자, 그러면 우리는 수용적인 상태로 서서, 영웅이 자신의 영혼으로 우리에게 감동을 전달해주는

지, 또 어떻게 전달하는지 느껴보고, 그에게 피드백을 해주겠습니다.

(마르코스에게) 좋습니다. 첫 번째로 선언문을 말한 뒤에, 두 번째를 시작합니다. 두 번째는 당신이 센터를 찾을 수 있도록 매우 직접적으로 코칭하겠습니다. 그러면 선언문을 말하기 전에 자신의 센터와 깊게 연결된 것을 느낄 것입니다. 그리고 선언문을 낭독할 때 말을 아주 천천히 하도록 요청할 것입니다. 평상시 말하는 속도보다 4~5배 정도 천천히 말하라고 요청하겠습닙니다. 왜냐하면 여기서 우리가 주목하는 것은 센터의 떨림과 비교해서 여러분 목소리의 떨림을 느껴 보는 것입니다. *이것이 생성적 의식에서 중요한 부분 가운데 하나입니다. 즉 여러분이 센터와 연결한 상태로 생각하고, 말하고, 행동하는 것을 배우는 것입니다.* 이 실습에서 저는 아주 말도 안 되게 천천히 말하라고 요청을 드릴 것입니다. 자신의 센터와 정렬한 상태에서 음성의 비언어적 떨림에 더욱 집중하고자 합니다. 이렇게 하면 어떤 변화가 있을지 알게 됩니다. 여러분에게 어떻게 느껴지는지, 수용의 장에 어떤 효과가 있는지, 이 관점에서 보고자 합니다.

세 번째에서는, 우리의 센터에서 공명하는 소명을 장으로 옮겨 가도록 요청드릴 것입니다. 여러분 내면에 있는 에너지와 의도를 안에서 바깥세상으로 꺼내 오는 것입니다. 이때 저는 오페라 가수처럼 말하라고 요청할 것입니다. (손과 팔을 센터에서 세미나룸을 향해서 물결치듯 뻗는다.) … 투우사처럼 … 올레! (망토를 황소에게 흔드는 투우사처럼 극적인 동작을 한다.)

이 각각의 단계에서 어떻게 우리의 센터를 외부의 장으로 확장하고 우리의 에너지가 아름답고 예술적으로 발산될 수 있는지 보려고 합니다. 이 실습에서 여러분의 에너지가 어디에 묶여 있는지, 어느 부분에서 세상으로 나아가지 못하고 있는지 보게 될 것입니다. 그곳이 바로 여러분의 의도가 현실로 전환되지 못하고 있는 부분입니다. 여러분이 그 에너지를 센터에서 세상으로 활짝 열 수 있을 때, 여러분과 장에서 그 놀라운 효과를 볼 수 있을 것입니다. 준비되셨습니까?

마르코스: 네.

길리건: 이 시간이 무엇보다도 자신을 위해 스스로 학습하는 경험이 되기를 바랍니다. 이 자리는 다른 사람을 위한 자리가 아닙니다. 자기 자신과 연결하는 연습 기회로 활용하시기 바랍니다.

좋습니다. 시작하겠습니다. 자신의 선언문으로 돌아가 보겠습니다. '제 진정한 소명은 다른 사람들의 고통을 줄여주는 것입니다.' 잠시 시간을 가지고, 준비가 되었으면 크게 선언문을 말씀하시기 바랍니다. 그리고 잠시 멈춘 뒤에, 어떤 느낌이 들었는지 느껴보시기 바랍니다. 그리고 다시 해 봅니다.

마르코스: 처음은 센터링 없이 하는 거죠?

길리건: 네. 맞습니다. 처음에는 센터링하지 않고 하시기 바랍니다.

마르코스: 제 진정한 소명은 다른 사람들의 고통을 줄여주는 것입니다. 제 진정한 소명은 다른 사람들의 고통을 줄여주는 것입니다. 제 진정한 소명은 다른 사람들의 고통을 줄여주는 것입니다. 제 진정한 소명은… 다른 사람들의 고통을 줄여주는 것입니다. 제 진정한 소명은 다른 사람들의 고통을 줄여주는 것입니다. 제 진정한 소명은 다른 사람들의 고통을 줄여주는 것입니다.

길리건: 잘하셨습니다. 여기까지 하겠습니다. 잠시 멈추어서 자신의 내면을 느껴 보시기 바랍니다 …. 해보니 어떠셨습니까? 연결되었습니까? 아니면 별로 연결되지 않았나요? 아니면 다른 사람을 의식했습니까?

마르코스: 별로 연결되지는 않았던 것 같습니다.

길리건: 네. 지금 방식으로 말했을 때는 연결되는 느낌이 없었다는 거죠. 네, 그랬을 것 같습니다. 괜찮다면 코치로서 어떻게 들었는지 제 경험을 공유하려고 합니다. 당신의 소명은 당신에게 매우 중요해 보입니다. 강렬한 감정이 당신의 소명과 연결되어 있습니다. 옆에서 지켜보니 감정이 열리기 시작하다가 곧바로 주저하는 모습이 보였습니다. (열리고 닫히는 동작을 반복적으로 몇 번 보여준다.) 그걸 보고 있으니 내 안에서 당신을 돕고 싶은 마음이 솟아납니다. 사실 심리치료사로서 어떤 것을 보더라도 사람들을 돕고 싶은 마음이 듭니다. (웃음)

센터링한 몸과 마음의 상태에서 말하면 어떤 변화가 있는지 보겠습니다. 첫 번째 상황에서 빠져나와 분위기를 전환하기 위해 먼저 뒤로 물러섰다가 몸을 흔들어주시기 바랍니다. 준비되면 앞으로 이동하겠습니다.

(마르코스가 그대로 따라 한다.)

길리건: 숨을 깊이 들이마십니다. (마르코스가 호흡한다.) 눈을 감고 제 말을 따라 해주시기 바랍니다. 몇 번 더 심호흡을 합니다…. 좋습니다…. 단순하게 자신을 느껴보시기 바랍니다…. 좋습니다. 이제 자신의 센터로 돌아갈… 시간입니다…. 좋습니다…. 다른 모든 것을 놓아버립니다…. 좋습니다…. 척추를 따라 이완합니다. 센터에 조율하시기 바랍니다…. 좋습니다…. 만약 당신이 심신의 안녕을 느끼기 위해, 연결되는 느낌을 갖기 위해, 센터링하기 위해서… 자신이 해오고 있는 자신만의 방식이나 방법 또는 특별한 경험이 있으면 그 방법을 사용해도 좋습니다…. 그 방법을 사용하세요…. 센터에 조율하기 위해 도움이 된다면 제가 지금 했던 것을 원하는 방식 대로 사용해도 좋습니다…. 센터를 느끼셨다면… 한 손을 거기에 갖다 놓습니다…. 이렇게 하면서 당신의 주의를 이성적 사고 저 아랫부분에 집중합니다. 당신의 걱정과 염려가 없는 아래 부분으로… 당신

의 베이스로 돌아오시기 바랍니다. (마르코스가 손을 가슴에 가져다 놓는다.) …. 좋습니다. 아주 잘하고 있습니다…. 호흡을 통해 이 연결을 느끼시기 바랍니다. 당신의 마음과 센터의 연결을, 자기와 센터의 연결을 느껴보시기 바랍니다….

좋습니다. 이제 소명을 다시 이야기해보라고 요청드리겠습니다. 눈을 감으시고, 손이 센터와 교감하는 상태를 유지하고 당신의 첫 번째 주의를 센터의 에너지와 연결한 상태를 유지하시기 바랍니다. 그리고 평상시보다 아주 천천히 말하라고 요청드릴 것입니다. 어떻게 당신의 음성이 센터의 진동 에너지와 연결되고 또 그 에너지를 표현하는지 알아보겠습니다. 당신의 목소리가 센터와 연결이 끊어졌다는 생각이 들면, 더 천천히 말씀하시기 바랍니다. 다시 센터로 숨을 들이마시고, 말하기 전에 더 깊게 연결합니다. 이런 식으로 말하면 될 것입니다. (스테판이 느리고 질질 끄는 소리로 말한다.) 내… 진정한… 소명은…. 이렇게 비언어적인 진동으로 연습해보시고, 이 진동을 센터와 연결해보시기 바랍니다. 준비가 다 되었으면 우리의 실험을 시작해보겠습니다.

마르코스: 내… 진정한… 소명은… 다른… 사람의… 고통을… 경감하는… 것입니다.

길리건: 좋습니다. 내면에 어떤 느낌이 들었는지 다른 차이가 있는지 느껴보세요. 다시 한번 해보겠습니다. 이번에 몸에서 일어나는 진동을 느껴보시기 바랍니다. 그리고 즐기면서 놀듯이 이 진동을 세상으로 확장해보겠습니다. 이 방 뒤쪽 벽까지 퍼져나가도록 해보시기 바랍니다. 조금 전에 했던 것을 보면, 우리가 사는 세상 밖으로 진동이 뻗어 나가는 것이 아니라 아래쪽 바닥을 향해 있었습니다. 자, 다시 한번 해보겠습니다.

마르코스: (더 큰 공명으로 이야기한다.) 내… 진정한… 소명은… 다른… 사

람의… 고통을… 경감하는 … 것입니다.

길리건: 그거예요. 바로 그것입니다. 좋습니다. (마르코스는 센터와 연결한 상태에 있다. 숨 쉬고, 센터와 깊게 연결하고 있는 것처럼 보인다.) 그 알아차림으로 호흡하고… 그런 방식으로 자신의 의도와 연결했을 때, 얼마나 달라지는지 느껴보시기 바랍니다. 이성의 세계에서 나오는 언어와 사회적 가면을 벗어버리고 당신의 소매틱 에너지, 당신 몸의 근원과 연결하면 어떻게 되는지 느껴보시기 바랍니다. 좋아요. 마르코스…. 준비되면 호흡하시고 이제 밖으로 빠져나옵니다.

　(마르코스가 심호흡하고 강연장을 다시 바라본다. 그가 더욱 이완하고 센터링하고 있는 것처럼 보인다.)

　지금 해보았을 때 어떤 느낌이 드셨습니까?

마르코스: 어 …. (웃는다. 말을 잘 이어가지 못한다.)

길리건: (대답으로 웃어주면서) 어떤 것이라도 좋습니다. (웃음)

마르코스: 아주 깊은 경험이었습니다.

길리건: 예, 아주 강렬하고 깊은 경험이었다는 것을 충분히 느낄 수 있었습니다.

마르코스: 제 안의 아주 깊은 어떤 것과 진동이 연결된 것을 느낄 수 있었습니다.

길리건: 제 안에서도 느낄 수 있었습니다. 이번에는 당신이 실제로 공간을 창조하고 있었다는 것을 느낄 수 있었습니다. 또 아주 큰 에너지 공간이 당신 주위에 열렸고, 그 공간이 당신에게서 퍼져 나가는 것을 느낄 수 있었습니다.

마르코스: 예, 저도 느꼈습니다….

길리건: 느낄 수 있어서 저는 아주 좋았습니다. 제가 당신을 도와주는 것이 아니라, 당신에게 치유를 받고 싶은 느낌이 드는군요.

(마르코스와 사람들이 웃는다.)

당신이 하는 모든 것을 보면서 저는 감동받았고 그 순간에 몰입했습니다. 그 에너지에 나를 연결하고 싶은 마음이 들었습니다.

(관중에게) 다음 단계에서는, 머리에서 이성적으로 명확하게 이해하려는 것들은 다 놓아 버리고 소매틱 에너지와 소매틱 진동까지 깊게 내려갈 수 있도록 집중할 것입니다. 우리는 그곳을 우리의 베이스캠프로 생각하고 그곳에 머물러야 합니다. 여러분의 인지적인 에고 지성 자기ego-intellect self가 체화하고 소매틱하게 센터링하는 자기에 정렬하면, 그리고 진동과 공명을 통해서 조율하면, 좋은 일이 일어납니다. 이것이 생성적 나를 위한 공식입니다.

(마르코스에게) 좋습니다. 세 번째 단계로 갈 준비가 되셨습니까?

마르코스: 예.

길리건: 지금 당신은 유명한 오페라 스타입니다. 물론, 자신의 센터와 깊게 공명하고, 그 에너지를 세상에 펼치는 과정을 은유적으로 표현한 것입니다. 자신의 목표와 의도를 이 세상에 마음껏 노래하시기 바랍니다. 이번에는 이런 방식으로 말해보겠습니다…. (스테판이 자세를 가수처럼 취하고 팔은 관중을 향해 뻗는다.) *내가 진정 원하는 것은… 다른 사람의 고통을 경감하는 것입니다…*. (크게 제스처를 취하며 말과 에너지가 세상 밖으로 뻗어 나가게 한다.) 이것을 즐기면서 해보시기 바랍니다. 즐거우면서도 진지하게 마치 공을 던지듯이 과장된 동작으로 해보시기 바랍니다. (다시 공을 던지는 듯한 동작을 크게 천천히 한다.) 일단 뻗은 다음에는 놓아줍니다. 당신의 목표와 의도를 세상으로 확장하는 것은 공을 던지는 것과 같습니다. (제스처를 취한다.) …. 그리고 오페라를 부르는 것처럼 합니다. (제스처를 취한다.) …. 또는 많은 관중에게 꽃을 던지는 것처럼 합

니다. (제스처를 취한다.) 당신 안에 있는 센터를 느낍니다…. (센터에 손을 올려놓는다.) …. 그리고 센터를 세상으로 놓아 보냅니다…. (제스처를 몇 번 반복한다.) …. 그렇게 가도록 보내줍니다. 일단 놓아주고 내버려두면 일단 끝난 것입니다. 다시 센터로 돌아오시기 바랍니다…. 그리고 다시 한번 해보시기 바랍니다. 해볼까요?

마르코스: 예.

길리건: 좋습니다. 오른발을 내밀고 서시기 바랍니다. 잠시 시간을 들여서 센터링한 다음 센터에 있는 자기 소명의 의도를 느껴보시기 바랍니다. 자신의 센터와 연결하면, 손을 가져가서 소명을 만져봅니다. 그리고 소명이 세상을 향하도록 열어젖히시기 바랍니다. (손을 휙 펼치는 자세로) 그렇게 하면서 소명을 말합니다.

마르코스: (잠시 조용히 센터링하고 조용히 자신의 의도와 연결한다. 그리고 눈을 뜨고 소명을 말하면서 그의 팔을 앞으로 쭉 뻗는다.) *내가 이 세상에서 가장 원하는 것은 다른 사람의 고통을 경감하는 것입니다!* (다시 편안한 자세로 돌아와 조용히 멈춘다.)

길리건: 좋았습니다. 잠시 멈추어 보시기 바랍니다. 여기서 잠시 코칭을 해 드리자면, 자신의 의도를 놓아 보내는 과정에서 했던 우아한 동작 기억하시겠습니까? (스테판이 동작을 취한다.) 일단 가도록 놓아주고 나면 여러분 근육에서도 공을 던질 때처럼 진짜 놓아주어야 합니다. (시연을 한다.) 뻗어 나간 뒤 놓아주어야 본인이 다시 센터로 돌아올 수 있습니다. 세상을 향해 에너지를 뻗어 나가게 한 뒤 긴장을 하면, 그 과정에서 숨을 쉬지 않게 됩니다. 그러면 내부와 외부의 연결이 끊어집니다. '센터로 내려가서 머물고, 장을 향해 열고, 다시 센터에 돌아오는' 이 에너지의 순환고리가 깨지게 됩니다. 센터를 느낀 뒤, 열어서 뻗어 나가게 한 다음 놓아줍니다.

그리고 센터로 다시 돌아옵니다. 자, 다시 한번 해보겠습니다.

마르코스: (조용히 센터링하고 호흡한다. 그리고 자세를 취한다.) 내가 이 세상에서 진정 원하는 것은…. 다른 사람의 고통을 경감하는 것입니다.

길리건: 호흡하시고… 깊게 호흡하시고… 센터에서 세상을 향해 뻗어가는 에너지를 따라가시기 바랍니다…. 당신의 눈이 자신을 넘어, 모든 사람을 넘어서 무한대로 열립니다…. 센터링 상태를 유지하면서 놓아 보냅니다. 다시 해보시기 바랍니다. 정성스럽게 해보시기 바랍니다. 뻗은 뒤에 놓아 주고 마음이 여기에 머무르게 하시기 바랍니다.

마르코스: *내가 이 세상에서 진정 원하는 것은… 다른 사람의 고통을 경감하는 것입니다.* (호흡한다.)

길리건: 좋습니다. 좋습니다…. 그런데 어느 순간부터 집중력이 떨어지고, 시선이 분산되면서 당신의 의도가 뻗어 나가지 못하고 단절되고 있습니다. 다시 해보시기 바랍니다. 마치 타이거 우즈가 골프공을 치고 나서 하는 것처럼. 계속 뻗어 나가기 바랍니다. 놓아 버린 뒤에 이완하면서도 의도적으로 집중하세요. 쭉 따라가듯이… 다시 해보시기 바랍니다.

마르코스: *내가 가장 원하는 것은… 다른 사람의 고통을 경감하는 것이다.*

길리건: 당신의 심장과 온 마음으로, 그리고 당신이라는 온 존재로 말해보기 바랍니다.

마르코스: *내가 가장 원하는 것은… 다른 사람들의 고통을 경감하는 것입니다.* (그의 에너지가 올라간다.) …. *내가 가장 원하는 것은… 다른 사람들의 고통을 경감하는 것입니다.* (에너지가 증가한다.) …. *다른 사람의 고통을… 내가 가장 원하는 것은… 다른 사람의 고통을 경감하는 것이다.* (청중들이 동시에 손뼉을 친다. 마르코스가 웃으며 얼굴이 빛난다.)

길리건: 와…. 엄청나네요. 아름답습니다. (청중들이 박수갈채를 보내며 응

원한다.) 이게 바로 우리가 원하던 것입니다. 바로 그거예요. 마르코스… 보시는 것처럼(관중을 향해 제스처를 취한다.) 관중도 마찬가지입니다. 축하합니다! (스테판과 마르코스가 서로 껴안는다.) 세 번째 단계에 대한 소감을 말해주시겠습니까?

마르코스: 첫 번째에서 했던 말과 마지막에 했던 말의 느낌이 완전히 달라요. 내면에서 그리고 감정에서도 진동이 있었습니다…. 모든 것이요. 나 자신과 연결한 상태로 놓아주는 것을 느꼈어요. 내가 느끼고 경험해보지 못한 수준의 대단한 것이었어요. (얼굴에 빛이 나며 웃는다.)

길리건: 예…. 이제 당신은 이해했습니다…. 우리 역시 확실히 알게 되었습니다. 당신은 이제 매일 어떤 식으로든지 자기 의도를 이 세상에 정말로 실현할 수 있게 되었습니다. 당신의 소명이 정말 현실이 되길 바랍니다. 정말 감사합니다. 마르코스. (그들은 다시 껴안는다. 마르코스가 박수와 함께 무대를 떠난다.)

딜츠: 그런데 이것은 제가 기업의 팀장이나 임원들에게 그들의 비전을 코칭할 때 사용하는 방법과 거의 같습니다. 이것이 리더십의 중요한 핵심 가운데 하나입니다. 왜 사람들이 당신에게 끌리고 함께 일하기를 원합니까? 마틴 루터 킹 Martin Luther King 목사님 같은 위대한 리더의 동영상을 본 적이 있습니까? (로버트가 연약하고 단조로운 목소리로 땅을 보며 말한다.) "제게는 꿈이 있습니다." …. (청중이 웃는다.)

길리건: 다시 한번 그가 말합니다…. "제게는 꿈이 있습니다." …. 이번에는 뒤로 빼며 말합니다. (스테판이 어깨를 으쓱하며 무관심해 보인다.), "아, 뭐… 아니면 말고요." (웃음)

딜츠: 센터링한 자기 의도를 세상의 장으로 확장할 수 있다는 이 개념은 선생님이나 코치 또는 리더들에게 정말 강력한 개념입니다. 영웅의 여정뿐

만 아니라 다양한 종류의 커뮤니케이션 능력에서도 그렇습니다. 이것은 '힘을 세상에 내보내는' 것입니다. 어떤 사람이 '주절주절….' 이야기하면 바로 지루해집니다. 그런데 어떤 사람은 같은 말을 하는데도 여러분의 가슴을 흔들고 깨어나게 하고 또 여러분의 의식 수준을 높여줍니다. 어디에서 이런 큰 차이가 생기는 것일까요? 바로 이번에 했던 연습이 이 질문에 대한 대답입니다. 센터링한 자신의 의도가 확장하며 말하는 것, 이것이 여러분의 말과 소명을 생기 있게 만듭니다.

길리건: 같이 연습할 사람을 찾아 직접 연습해보겠습니다.

자신의 센터와 연결을 유지하기 위한 도전

길리건: 우리가 마지막에 했던 연습이 이번에 진행하는 연습과 서로 연결되어 있습니다. 여러분이 코칭할 때, 코칭받는 사람이 자신의 센터와 연결하고, 그 연결을 유지할 수 있도록 특별한 관심을 계속해서 기울여야 합니다. 그래서 상대방의 비언어적 상태를 관찰하고 어디에 긴장이 묶여 있는지 보아야 합니다. 제가 고객이고 로버트가 코치라고 할 때, 로버트는 제게 생성적 상태로 들어가라고 말하는 동시에, 제 비언어적인 상태를 잘 살펴야 합니다. 생성적 상태로 들어가려는데 제가 긴장하는 모습을 보이면 바로 이완된 상태를 유지하도록 이끌어주어야 합니다. (스테판이 장난스럽게 아주 긴장하는 모습을 보인다. 로버트가 진정시키기 위해 나선다. 말이 아닌 몸으로 스테판을 이완시키고 조율된 자세로 유도한다.)

딜츠: 예. 그겁니다…. 아주 좋습니다. (스테판이 거의 술에 취한 사람처럼 퍼진 자세로 있자 더 큰 웃음이 터진다.)

길리건: 좋습니다. 아주 기분이 좋습니다. 로버트를 제 코치로 고용했는데 비용이 너무 비싸서 5분만 고용하기로 했습니다. (웃음). 다시 진지하게 말하자면, 조약돌을 집어서 몸을 통과해서 떨어뜨린다고 상상해보시기 바랍니다. (조약돌을 정수리에서 몸으로 떨어뜨리는 동작을 취한다.) 몸과 마음의 연결이 열려 있고 생성적이어서 몸을 통해 흐르듯이 내려갈까요? 아니면 어떤 지점에서 막히거나 걸리게 될까요? (이를 악무는 소리를 낸다.) 그 지점이 바로 생성적인 생명의 힘이 막히거나 비생성적인 곳이라고 할 수 있습니다.

딜츠: 그곳이 바로 채널이 완전히 열리지 않은 곳입니다. 지금 우리가 하는 것은 '여러분의 채널을 더 활짝 여는' 훈련을 하는 방법입니다.

길리건: 코치가 마주하게 되는 첫 번째 도전은 고객이 소매틱하게, 즉 몸과 센터가 정말 연결되어 있는지 확인하는 것입니다. 두 번째 도전은 고객이 자신의 주의를 세상을 향해 뻗어 나갈 때, 센터와 연결을 잃지 않고 계속 유지하도록 하는 것입니다. 많은 사람이 성과를 내야하는 상황에서 빠져나오면 센터를 찾을 수 있습니다. 그렇지만 다른 사람과 엮이는 순간 다시 센터를 잃어버립니다. 여러분이 다른 사람에게 코칭하면서 이 실습을 하는 경우, 이런 상황을 자주 보게됩니다…. (세상을 향해 뻗어 나가면서 균형을 잃어버리는 모습을 시연으로 보여준다.)

딜츠: 이렇게 되면, 여러분의 수직축이 무너져 버립니다. 이 수직축은 하늘과 땅이 연결한 것으로 여러분이 세상을 살아갈 때, 단단하게 뿌리내리게 하고, 높은 수준으로 여러분을 열리게 해주는 역할을 합니다.

길리건: 여러분이 취해야 하는 자세는 요가에서 하는 '전사' 포즈입니다. 말 그대로 활과 화살을 잡고 있는 자세입니다. 여러분이 목표를 향해 놓아버리기를 할 때도, 이완된 긴장을 유지해서 여러분이 뿌리내리기를 하고, 센

터링해야 합니다. 이렇게 여러분의 의도가 땅속으로 뿌리내리기가 됩니다.

딜츠: 진정으로 여러분의 발을 느끼시기 바랍니다.

길리건: 장에는 험악한 폭풍우가 많이 있습니다. 영웅의 여정을 가는 데는 당신의 성공을 바라지 않는 심술쟁이들도 아주 많습니다. 여러분이 부정적인 장에서 첫 번째 주의를 잃어버리면 여러분은 큰 곤란에 빠지게 됩니다.

딜츠: 만약 스테판이 저에게 돌진하는 부정적인 폭풍우라고 하면 (스테판이 로버트에게 위협적으로 다가선다.) 제 첫 번째 주의를 로버트에게 주는 대신, 저 자신의 센터에 두어야 합니다. (스테판이 로버트를 밀려고 할 때, 로버트가 정렬과 센터링을 하면서 스테판 너머를 바라보며 이완되고 열려 있는 상태를 유지한다.) 좋습니다. 저는 흔들리지 않았습니다. 자세를 가다듬고 센터를 유지하며 몸의 가로축이 바르게 서 있습니다. 따라서 저는 제게 다가오는 이 문제에 저 자신을 빼앗기지 않았습니다.

길리건: 로버트를 공격했을 때, 흥미로운 것을 느꼈습니다. 센터링되어 있는 장이 그를 둘러싸고 있다는 것이 느껴졌습니다. 힘의 장 같은 것이었습니다. 내 안에서는 '이 사람을 공격할 생각조차 하지 마!' 이렇게 말하는 것 같았습니다. 그의 사나움 때문이 아니었습니다. 이것은 로버트의 다른 한 부분으로 나중에 찾아보도록 하죠. (웃음) 그것은 부드럽게 진동하며 뻗어 나오는 로버트의 에너지장을 제가 느꼈기 때문입니다. 합기도에서는 "열어 주지 않았다."라고 표현합니다.

실습: 액티브 센터링 active centering

딜츠: 센터링을 유지하는 다른 실습을 해보겠습니다. 우리는 이것을 '액티브 센터링'이라고 부릅니다. 영웅의 여정에서 여러분의 소명은 자기 내면

에서 또는 여러분 주위에 있는 다른 사람들의 강한 저항에 부딪히게 됩니다. 따라서 가장 큰 도전은 부정적인 폭풍우가 당신에게 몰아치더라도 소명에 대한 결단과 이것을 계속 유지해나가는 방법을 찾는 것입니다. 이것이 영웅과 리더 모두가 갖춘 강력한 특징입니다. 앞으로 나아가는 것이 힘들어질수록 센터링에 머물러야 합니다. 이번 연습은 우리의 소명을 우리 세포에 깊이 새기고 땅에 단단히 뿌리내리기 위한 과정입니다.

예를 들면, 무예(합기도, 가라테, 유도, 쿵푸 등)를 수련한 사람들은 치열하게 대련할 때조차 센터링과 침착함을 중요하게 생각합니다. 스테판이 앞서 이런 이야기를 했습니다. "센터를 적에게 내주면 이미 그 시합에서 진 것이다." 센터를 잃어버리고 당황하는 순간, 그 사람은 내면의 자원을 모두 잃어버리고 자신에게 불리한 동작들이 나옵니다.

센터링하는 두 가지 방법은 뿌리내리기grounding와 흐르기flowing가 있습니다. 뿌리내리기는 우리의 센터를 한 지점으로 뿌리처럼 굳건하게 내려 고정하기입니다. 우리에게 가해지는 어떤 반대의 힘에도 '굴복하지 않고' 서 있을 수 있습니다. 흐르기는, 어떤 힘이 몰아쳐 오더라도 그 힘을 맞이해서 함께 움직이는 것입니다. 센터링하고 있으면 그 힘의 영향력에서 벗어나 그 주위를 빙글빙글 돌면서 그 힘의 옆이나 뒤에 위치하게 됩니다. 이 두 가지 기술은 우리가 처한 환경에 따라 적절하게 사용 가능한 유용한 전략입니다.

다음은 이 연습의 개요입니다.

1. 여러분이 센터링하지 못하고 무기력했던 과거 상황을 기억하고 떠올려봅니다.
2. 조금 전 상황에서 빠져나옵니다. 이제 여러분은 정렬하고 이완하고 센터링한 내면의 상태로 들어갑니다.

3. 파트너에게 다양한 각도(어깨, 허리, 앞, 뒤, 옆 등)에서 다양한 방향으로 밀거나 당겨 달라고 요청하시기 바랍니다. 그때 여러분은 센터링한 상태와 뿌리내린 상태로 균형을 유지합니다. 정신적으로 그리고 육체적으로 모두 그런 상태를 유지합니다. 상대에게서 오는 압력을 맞이하여 힘차게 미러링하고 그 압력이 여러분의 센터와 발을 통해 땅속으로 가도록 합니다. 무릎은 자연스러운 상태로 이완하시고 배로 숨을 들이마십니다. 그 상태로 머무를 수 있을 때 더 자신감 있고 편안해집니다. 파트너에게 더 세게 밀거나 당겨 달라고 해서 강도를 높여 볼 수도 있습니다. 흐르기를 연습할 때는 파트너가 밀거나 당기면 그 자리에 서 있지 말고 공간에서 움직입니다. 원을 돌며 움직이다가 파트너의 약간 뒤쪽이나 옆에 멈추어 섭니다. 뿌리내리고 서서 센터와 연결된 상태를 유지합니다.

4. 준비되면 센터링 상태를 유지하고 과거의 힘든 상황으로 다시 들어갑니다. 이번에는 느낌이 어떻게 다른지 느껴보시기 바랍니다. 내면의 자원으로 그 상황을 더 잘 다룰 수 있을 것입니다.

딜츠: 우리는 자신의 소명과 연결하고 자신의 센터와 연결해서 여러분이 자신의 소명에 따라서 이 세상을 살아가는 연습을 했습니다. 이제 여러분이 자신의 소명 그리고 센터와 연결하기 어려운 상황에서 어떻게 해야 하는지 더 들어가보겠습니다. 당신을 방해하는 외부 세계의 에너지가 있다고 가정해보겠습니다. 스테판이 말한 강력한 부정적인 폭풍우 말입니다. 여러분이 자신의 영혼을 이 세상에 펼쳐 보이려고 하면, 아마 이 폭풍우의 좋은 먹잇감이 될 것입니다.

길리건: 물론, 많은 사람이 자기 영웅의 여정을 포기하는 주된 원인이 이것

때문이기도 합니다. 많은 사람이 이런 말을 합니다. "나는 진짜로 내 삶을 살고 싶어." 문제는 우리를 공포에 질리게 하고 위축시키는 수많은 '하지만'이 있다는 것입니다: '*하지만* 아마 나는 상처 입을지 몰라…. *하지만* 사람들이 날 좋아하지 않을 거야…. *하지만* 그건 너무 어려울 것 같아.'

딜츠: 이런 저항과 혼란은 대부분 어린 시절 만들어진 프로그램이 원인입니다. 어렸을 때 여러분은 자신의 생명 에너지를 표현했을 것입니다. 그러면 누군가 그랬죠. "쉿! 아이들은 어른들이 하는 말을 얌전히 들어야 해요. 자기 속 마음을 말하면 안 돼요." 아주 어린 시절부터 이런 이야기를 들었습니다. "네 고유한 생명력을 내보이지 마라!" 문제는 어떻게 하면 이런 혼돈 속에서도 센터링한 자기 소명의 느낌을 유지할 수 있을까입니다. 이 혼돈 상황은 여러분 가정에서, 여러분 직장 동료 또는 직장 상사에게서 아니면 여러분의 의사에게서… 찾아올 것입니다.

길리건: … 그렇지 않으면, 여러분 자신의 마음에서 올 수도 있습니다. 여러분은 이런 생각을 할지도 모릅니다. '오, 세상에! 만약 이런 상황이 오면 어떻게 하지…? 어떻게 하지…?" 사람들이 처음으로 센터링을 경험하면 이렇게 흥분해서 말합니다. "와 대단한데! 평생 센터링한 상태로 살아야겠어! 다시는 결코, 결단코 센터를 잃지 않을 거야!" 그런데 이 말씀을 드려야 할 것 같습니다. "여러분은 매일 하루에 적어도 백 번은 센터를 잃게 될 겁니다." 그래서 어떻게 하면 우리가 잃어버린 센터를 다시 찾을 수 있을지 살펴보겠습니다. 센터를 놓아 버리고 다시 찾고, 놓아 버리고 다시 센터와 연결하고.

딜츠: 제 센터를 강하고 유지하고 싶은데, 스테판이 공격적으로 다가온다고 가정해봅니다. (스테판이 손을 로버트의 어깨에 올리고 밀기 시작한다.) 내가 몸이 굳으면(로버트가 뻣뻣하게 경직되고 거의 넘어지려고 한다.)

내 센터를 상대에게 내어 주게 됩니다. 몸이 뻣뻣하게 경직되고 긴장하면서 동시에 센터링을 유지할 수는 없습니다. 진정한 힘은 근육에서 나오는 힘이 아니라 정렬하고 센터링한 생명력에서 나옵니다. 이 생명력은 살아있는 모든 존재 안에 있는 것입니다. 나무처럼 유연하고 뿌리내리기 한 상태가 우리의 목표입니다. 또 센터링은 우리가 인지적 마음으로 하는 것이 아닙니다. 센터링할 때, 만약 머리에서 하려고 하면 우리는 자신의 몸을 떠나게 됩니다. 몸이 뿌리내리기를 할 수 없게 됩니다. 아마도 공황발작이 이와 비슷한 경우입니다. 공황 발작의 신체반응을 관찰해보신 적이 있다면 아실 것입니다. 그 사람의 몸은 갇히고 뻣뻣해지는 것을 알 수 있습니다. 그리고 그 사람의 주의는 머리(이성)라는 단단한 상자 속에서 길을 잃어버립니다. 센터링은 이러한 부정적 상태에 해독제가 됩니다. 다시 한번 말씀드리면, 원칙은 이렇습니다. 여러분의 주의 집중을 내려 놓고, 이완하고 내려 놓습니다.

카르멘과 시연

딜츠: 다음은 시연을 먼저 보여드린 뒤, 여러분이 직접 실습해보는 시간을 가지려고 합니다. 소명과 연결하는 데 어려움이 있으신 분 가운데 직접 나와서 코칭을 받아 보고 싶은 분이 있습니까? (로버트가 관객석에 있는 카르멘을 선택해서 그가 무대로 올라온다.)

좋습니다. 이렇게 시작해볼까요? 당신이 소명에서 멀어지는 부분에 관해 조금 이야기해줄 수 있겠습니까? 어디에서 그런 일이 벌어집니까? 내면에서, 외부에서, 정확히 어떤 일이 일어납니까?

카르멘: 제 인생에서 뭔가를 하려고 하면 부정적인 생각이 떠올라서, 얼어

붙는 느낌이나 감각이 있습니다.

딜츠: 어떤 상황에서 그런 것들이 일어납니까?

카르멘: 회사에서요.

딜츠: 회사에서요. 미팅이나 프리젠테이션 같이 신경 쓰이는 상황이나 장소가 있습니까?

카르멘: 어떤 미팅에서입니다.

딜츠: 어떤 특정한 미팅이 있다는 것이군요. 그때 어떤 사람이나 특정한 유형의 사람이 있습니까?

(카르멘이 끄덕인다.)

 (관중에게) 실습을 시작하기 전에, 그 사람이 센터를 잃어버리고 부정적 장에 휩싸인 어떤 특정한 상황을 확인해야 합니다. 저는 이전에 이런 사람을 코칭한 적이 있습니다. 그는 회사 이사회에서 프리젠테이션할 때마다 회의실의 긴장감이 자신을 무겁게 짓눌러서 자기 자신이 한없이 작아진다고 하소연했습니다. 이런 것이 바로 소명과 센터의 연결을 잃어버린 구체적인 상황입니다.

 (카르멘에게) 카르멘, 당신 회사에서, 어떤 미팅을 진행할 때, 특정한 사람들이 있다는 것을 충분히 이해했습니다. 그곳이 바로 당신에게는 도전적인 상황이죠. (카르멘이 끄덕인다.)

 좋습니다. 어떻게 그 상태를 변화시킬 수 있을지 진행해보겠습니다. 먼저, 그 도전적인 상황 속으로 들어가 가볍게 경험해보겠습니다. 우리는 이것을 '독 맛보기'라고 부릅니다. "준비되면 한 발짝 앞으로 그 상황 속으로 들어가서 어떤 느낌인지 이전 경험을 기억해서 느껴보시기 바랍니다. (카르멘이 앞으로 이동한다.)

 그 상태에 있을 때… 그냥 앞에 보이는 것을 보고, 들리는 것을 듣고, 느

꺼지는 것을 느낍니다." 준비되면 감지한 것을 알려주시기 바랍니다.

카르멘: (긴장이 고조된다.) …. 회사에서, 그 상황에 있어요.

딜츠: 예. 다시 그 상황을 마주했군요. 몸에서 긴장감이 느껴지나요?

카르멘: 예, 아주 많이요.

딜츠: 스테판이 말한 것이 이것입니다. 코치는 상상의 조약돌을 고객의 몸과 마음을 통해 떨어뜨립니다. 이것을 통해 어디에서 에너지가 막히고 있는지 감지합니다. 채널이 막혀 있는 곳이 어디입니까? 고객에게 확인해보세요 …. *카르멘, 수축되고 쪼이는 느낌이 어디에 있나요?*

 (카르멘이 가슴과 어깨를 가리킨다.)

 감사합니다. 이 혼란을 단어로 표현해보세요…. 이 요동치는 혼돈이 느껴지는 곳에서는… 어떤 부정적인 메시지를 전달하고 있는 것일까요?

카르멘: 그들이 내 얘기를 듣지 않아요.

딜츠: 왜 그들이 당신의 얘기를 듣지 않나요? 그들이 당신에 대해 뭐라고 말하고 있죠? 당신에게 그들이 무슨 메시지를 주고 있습니까?

카르멘: 저는 변화와 혁신을 가져오고 싶어요.

딜츠: 당신은 변화와 혁신을 가져오고 싶군요. 그것이 당신의 소명이군요. 그들의 반응은 어떤가요? "그런 건 여기서 필요 없어." 아니면 "무슨 그런 실력으로." 이렇게 말하나요?

카르멘: "우리는 이해할 수 없어."

딜츠: "당신 말이 이해가 안 돼요, 그건 말이 안 된다고." 이렇게 말하는군요. 그런 말을 들으면 어떤 감정이 생기나요?

카르멘: (카르멘의 감정이 더 고조되어 불편해 보이고 고개를 끄덕인다.) 예.

딜츠: (청중에게) 여러분이 명확하게 보시는 것처럼 카르멘은 회사에 있던 그때 상황으로 들어갔습니다. 그리고 자신의 센터를 잃어버립니다. 카르

멘의 채널이 점점 작아지는 것 같습니다. 그녀의 영혼도 장을 향해 열려 있지 않고 위축되어 있습니다. 어떻게 이 상황을 변화시킬지가 우리 앞에 놓인 도전 과제입니다.

(카르멘에게) 카르멘, 한 발 뒤로 물러서서 상황에서 벗어나시기 바랍니다. (카르멘이 뒤로 물러나 호흡을 한다.) 좋습니다. 이제 자신의 소명과 조율해보겠습니다. 이전에 했던 센터링 연습을 기억하시기 바랍니다. 당신의 소명을 이야기해봅니다. 시간을 갖고 소명을 충분히 느끼고 난 다음, 당신의 소명을 큰소리로 말합니다.

카르멘: *내 소명은 커뮤니케이션의 길을 가는 것이다.*

딜츠: 예. 좋습니다. 이 말을 했을 때 센터링된 느낌이 있습니까? 특히 제가 당신을 살짝 밀었을 때는? (로버트가 아주 약하게 카르멘의 어깨를 밀어 본다.)

카르멘: 아니요.

딜츠: 센터에서 나온 것 같지도 않고 그런 느낌도 아니었습니다.

길리건: 아주 일반적인 상황입니다. 누군가 어떤 사람의 문제 상태를 건드리면, 그 사람은 센터를 잃어버립니다. *이것이 힘든 도전적인 상황이 불가능한 문제로 변하는 이유입니다.*

딜츠: 좋아요. 카르멘, 시간을 좀 갖고 당신의 센터를 찾아보도록 하죠. 기억하시죠. 센터링은 내려 놓는 것입니다. 중력의 중심을 낮추는 것입니다. 땅으로 가깝게 가져가는 것입니다. 이렇게 하는 방법의 하나는 무릎을 뻣뻣하게 고정하지 말고 살짝 구부립니다. 좋습니다. 양 무릎을 굽히고 호흡합니다. 그리고 센터를 향해 자신을 아래로 내려 놓습니다.

좋습니다. 더 좋아졌습니까? (카르멘이 고개를 끄덕인다.) 이번에 해보려고 하는 것은 외부에서 오는 에너지를 받아들이고 교감하는 법을 배워

보려고 합니다. 제가 여러 방향에서 당신을 살짝 밀어 보려고 합니다. 그러면 외부의 힘을 어떻게 자신의 센터로 흡수할 수 있을지 보시기 바랍니다. 어떻게 센터링 상태를 유지하고 더 나아가 유연한 상태를 유지할 수 있는지 지켜보시기 바랍니다.

맨 처음 해보려고 하는 것은 제가 살짝 밀면 당신이 어떻게 에너지를 받아들이는지 보려고 합니다. (로버트가 카르멘을 살짝 밀면서, 그녀가 어떻게 받아들이는지 살펴본다.) 음, 제가 이렇게 할 때(가볍게 카르멘을 민다) 우리 둘 사이에 별로 연결되어 있다는 것이 느껴지지 않습니다. 그냥 당신의 센터를 나에게 내주는 느낌이었습니다. 당신의 존재가 느껴지지 않았어요. 마치 당신이 사라진 느낌입니다. (카르멘이 끄덕인다.) 이것도 외부 힘에 반응하는 하나의 방식입니다. 그냥 포기해버리고 외부 힘이 당신을 지배하도록 놓아두는 것입니다.

다른 반응은 근육의 저항 방식입니다. 내가 당신을 밀면 당신은 버티고 밀쳐낼 수 있습니다. 다시 한번 해보죠. (로버트가 카르멘을 밀자, 그녀가 긴장한다. 로버트가 힘을 빼자 카르멘이 균형을 잃고 쓰러진다.) 여기서 봤던 것처럼, 여러분이 저항하면, 이것 또한 자신의 센터를 저에게 넘겨주게 됩니다. (카르멘이 웃으며 끄덕인다.)

수동적이든 복종하든 또는 완강한 저항을 하든, 모두 외부 힘에 의해 센터를 잃게 됩니다. 그렇지만 합기도와 같은 전통에서는 우리에게 중도 middle way를 가르치고 있습니다. 즉 중도라는 것은 유연한 센터를 이용해서 에너지를 주고받으며 여러분 자신과 여러분 너머에 있는 것과 동시에 연결한 상태로 있는 것입니다. 저를 따라서 힘차게 해보시면서 어떻게 하는 것인지 알아보겠습니다. 예를 들어, 제가 당신의 어깨를 건드리면 (로버트가 어깨를 건드린다.) 그 손을 받아들인 뒤에 뻗어서 파도처럼 저에게 돌려줍니다. 이완하고 센터로 끌어와서 다시 뻗어서 상대에게 돌려주시기 바랍니다. 마치 주거니 받거니 춤을 추듯이 하시기 바랍니다.

NLP에서는 미러링에 관해 이야기합니다. 이것은 쌍방향으로 오고 가는 관계의 프로세스입니다. 카르멘이 나를 밀쳐내지 않고 나를 맞이하면 저는 그녀를 느끼고 그녀 또한 저를 느낄 수 있습니다.

(카르멘에게) 이번에는 당신이 제 에너지를 받아들여서 당신의 발 아래까지 끌어오는 것을 해보겠습니다. 여기서 알게 되는 사실은 제 에너지가 당신을 밀어내거나 당신이 제 에너지에 저항하느라 에너지를 잃어버리는 대신, 실제로는 제 에너지가 당신의 에너지와 합쳐져 당신을 더 강하게 만든다는 것입니다. 당신의 센터로 밀려오는 에너지를 이용해 자신의 센터를 강화하고 자신을 더욱더 단단하게 뿌리내리게 합니다.

좋습니다. 양 무릎을 좀 구부리고 에너지가 다리를 타고 땅으로 갈 수 있게 합니다. 에너지를 맞이하고, 받아들여서, 센터를 통해 에너지를 내려보냅니다…. *바로 그거예요*…. 좋습니다…. (로브트와 카르멘의 에너지와 움직임이 정지된 춤처럼 섞이면서 그들이 미소 짓는다.) 애쓰면서 하는 것 같습니까?

카르멘: 아니요.

딜츠: 애쓰지 않아도 힘이 있는 것을 알 수 있습니다. 근육의 힘이 아닌 파워가 있습니다. "이것이 바로 센터링이 주는 힘입니다." (로브트와 카르멘이 계속 연습하다가 어느 순간 카르멘이 약간 균형을 잃는 듯 보인다.) 좋습니다. 바로 거기입니다. 느끼셨나요? (카르멘이 고개를 끄덕인다.) 조금 전 센터에서 머리로 움직이기 시작했습니다. (카르멘이 웃으면서 고개를 끄덕인다.) 이것이 소매틱 코칭이 필요한 이유입니다. 소매틱 패터닝 somatic patterning에서는 이 기술을 익혀야 합니다. 이것은 이성적인 생각이

아니라 소매틱(몸)과 관련한 것입니다. 다시 해보겠습니다. (로버트가 카르멘을 민다.) …. 그거예요…. 바로 그거예요.

길리건: 두 눈을 이완합니다. 카르멘… 두 눈을 이완합니다…. 좋습니다.

딜츠: (카르멘이 균형을 살짝 잃는 듯이 보인다.) 거기에서 센터를 다시 잃었습니다. 느낄 수 있었습니까? (카르멘이 고개를 끄덕인다.) 좋습니다. 더 천천히 해보겠습니다. 그래야 당신의 센터를 느낄 수 있고 여기서 (로버트가 계속 민다) 전해오는 에너지도 느낄 수 있습니다. 좋습니다…. 지금 당신이 자신의 센터를 중심으로 어떻게 움직이기 시작하는지 느껴지십니까?

카르멘: (웃는다.) 예!

딜츠: 좋아요. 잠시 멈춰보겠습니다…. 당신 안에는 변함없는 센터가 있다는 것을 느끼기 시작했습니다. 센터에는 위대한 힘과 놀라운 유연성이 모두 있다는 것을 발견할 수 있습니다. 센터에 들어가서 머물러 앉으시기 바랍니다. 우리는 이것을 '캥거루 꼬리 또는 공룡 꼬리'라고도 부릅니다. 당신은 에너지 가득한 이 꼬리를 당신 뒤에서 느낄 수도 있고 그 위에 앉을 수도 있습니다. (시연을 보여준다.)

길리건: 카르멘에게 어떤 경험을 했는지 한 번 들어보겠습니다.

카르멘: 로버트가 저를 밀 때, 제 센터에서 반응하도록 맡겼어요. 제 몸이 알아서 스스로 대응하는 것 같은 느낌이었습니다. 마치 자기 자신만의 고유한 방식이 이미 있는 것처럼요. 제가 애써서 무엇을 할 필요가 없었어요. 마치 춤추는 것 같았습니다.

길리건: 그것이 바로 '생성적 소매틱 마음'이 열리는 것입니다. 아마 여러분도 그녀의 눈이 매우 다른 방식으로 움직이는 것을 알아챘을 것입니다. 부드럽게 집중되고 시야가 넓어지고, 로버트를 넘어서 더 큰 장을 바라보

게 되었습니다. (카르멘이 끄덕인다.) 센터링하기 위해서는 시선을 한 곳에 집중하는 것이 아니라 주위의 장으로 확산해야 합니다. 더 큰 공간을 향해 자신을 열어야 에너지가 내 몸으로 들어와서 통과하고 다시 나를 넘어서 나가게 됩니다.

딜츠: 우리는 이제 소매틱 세계에 들어가는 첫 단추를 채운 것입니다. 이번엔 두 번째 단추를 얘기하려고 합니다. 그것은 문제 상태problem state의 한 측면인 '부정적 최면'의 말들과 관계가 있습니다. 다시 춤을 추기 시작합니다…. (로버트와 카르멘이 액티브 센터링 과정으로 움직입니다. 로버트는 말과 손으로 카르멘의 센터를 흔들려고 한다. 카르멘은 불안정한 상황에서 센터를 유지하려고 한다.) …. 제가 다음과 같은 말을 할 때, 당신이 어떻게 센터를 유지하려고 하는지 주의를 기울여 보시기 바랍니다: *당신은 말도 안 되는 소리를 하고 있어요…. 당신을 도저히 이해하지 못하겠어요. 당신은 지금 전혀 말이 안 되는 얘기를 하고 있다고요. 당신 말이 이해가 안 돼요…. 지금 도대체 무슨 말을 하는 거예요? …. 이해가 안 돼요…. 당신 말에 집중이 안 돼요.* (카르멘이 우아하게 움직인다. 마치 바람 속에 있는 대나무처럼 센터링하고, 이완하고 있는 것처럼.)

좋아요, 카르멘… 아주 좋습니다. (로버트와 카르멘이 웃는다.)

(청중에게) 이해하셨겠지요: 언어라는 에너지를 추가했습니다. 이 에너지는 여러분들을 날려버릴 수도 있습니다.

네, 이제 마지막 부분입니다. 때때로 여러분은 이 에너지를 피하고 싶을 수도 있습니다.

첫 번째 전략은 에너지를 받아들이고 흡수해서 자신의 다리를 통과해 땅으로 가져가는 것이었습니다. 그렇게 해서 여러분이 더 강력하게 뿌리내리기를 할 수 있습니다. 여러분은 다른 사람의 부정적 에너지나 긍정적 에너지를 받아들여 자신을 더 강하게 하는 방법을 배웠습니다. 그 에너지를 미러링하고, 그 힘을 느낍니다. 캠벨이 말한 것처럼, 궁극적으로 그 에너지는 좋은 것도 나쁜 것도 아닙니다. 단지 에너지일 뿐입니다. 그 에너지를 사용해 나를 더욱 튼튼하게 뿌리내리기 할 수 있습니다.

두 번째로 할 수 있는 것은 센터링한 채, 나에게 다가오는 에너지를 옆으로 비껴서 피하는 것입니다.

길리건: 이것은 전형적으로 합기도에서 '전환'이라고 부르는 동작입니다. 도망가는 것이 아닙니다. 그렇다고 그 에너지를 막거나 에너지에 부딪혀 으스러지는 것도 아닙니다. 에너지를 받아들이고 에너지와 함께 돌면서 섞인 뒤에 그 에너지와 합류하는 것입니다.

딜츠: 사람들이 인식한 위협과 공격에 대한 우리의 일반적인 반응은 생존 전략입니다. 즉 싸우고fight, 도망치고flight, 얼어붙는freez 것입니다. 지금 우리가 배우려고 하는 것은 네 번째 전략인 흐르기flow입니다. 제가 다가오는 에너지의 옆으로 돌아설 때, 저는 그 에너지 주위로 원을 그리고 돌기 시작하면서 그 에너지의 뒤에 가까이 서 있습니다. 안전하고 호기심을 가지고 그 에너지와 함께 걷습니다. (로버트가 몇 차례 시연을 보인다.)

(카르멘에게) 좋습니다. 제가 당신을 다시 밀겠습니다. 저를 맞이하지만, 투우사처럼 저를 지나가도록 하세요. 센터를 유지한 채, 옆으로 돌면서 움직이세요. (로버트가 손을 뻗어 카르멘을 향해 움직인다. 카르멘이 돌 때, 로버트와 그녀의 등이 충돌한다. 로버트와 카르멘이 웃는다.) 이렇게 배우는 것입니다. (로버트와 카르멘이 웃는다.) 우리가 소매틱 코칭을 하는 이유가 바로 여기에 있습니다. 이런 것을 자동 반응으로 몸 깊이 새겨 넣으면, 생각하면서 할 필요가 없어집니다. 자, 다시 해보겠습니다. 이번에는 제 앞쪽이 아니라 옆으로 움직여 보세요. (카르멘이 이번에도 로

버트 앞으로 회전을 해서 다시 부딪힌다.)

길리건: 카르멘, 투우사를 생각하세요. 옆으로 빠지면서 황소가 지나가게 해야 합니다. 제가 한 번 보여드리겠습니다. (카르멘 뒤에 스테판이 선다.)

딜츠: 좋습니다. 제가 이번에는 황소가 되겠습니다. (웃음)

(로버트가 천천히 카르멘에게 다가간다. 스테판이 동작을 보여주며 그녀를 옆으로 움직이게 한다. 로버트가 지나가자 카르멘이 미소 짓는다.)

그거에요. 잘했어요. (박수)

좋습니다. 다시 한번 해보겠습니다. 이번에는 제가 말도 몇 마디 해보겠습니다. 준비되었습니까? 투우사처럼 당신에게 오는 에너지를 끌어당기기 위해 센터링하고 준비합니다. 그리고 에너지가 흘러가도록 비켜섭니다. 준비되면 저에게 알려주시기 바랍니다. (카르멘이 고개를 끄덕인다. 로버트가 그녀를 향해 움직인다.) 당신을 이해할 수 없어요. 당신은 말이 안 되는 이야기를 하고 있어요, 당신을 이해할 수 없어요.

(카르멘이 우아하게 옆으로 미끄러지듯 간다. 로버트가 오른쪽으로 지나간다. 로버트가 놀란 표정을 짓자 카르멘은 흥겨워진다. 관중은 웃으며 카르멘을 위해 손뼉을 친다. 로버트가 웃으며 카르멘에게 축하해준다.)

흥미롭지않습니까? (카르멘이 끄덕인다.) 좋습니다. 다시 해보죠. 이번에는 다른 각도와 다른 방향으로 갈 것입니다. 옆으로 도는 춤을 생각하고 투우사처럼 과장된 동작을 즐겨보세요. 지금 서 있는 외줄 같은 길에서 벗어나 이제 안전하고 호기심 넘치는 공간에 머무르세요. 당신이 얼마나 긍정적으로 반응할 수 있는지 느껴보시기 바랍니다.

(로버트가 다른 방향에서 다가간다. 카르멘이 비켜서며 회전한 뒤, 로버트의 바로 뒤에 서서 로버트가 계속 가는 방향으로 따라간다. 그녀는 이제 자신감으로 로버트를 이끌고 있다.)

보세요. 공격을 맞이해서 그 길을 비켜서면 자유롭습니다. 어떻게 안전하게 하나가 될지 호기심이 생기게 됩니다.

(카르멘이 활짝 웃으며 아주 행복해 보인다.)

여러분, 이제 여러분이 회사에서 힘든 순간으로 들어가 보시기 바랍니다. 호흡하시고 눈을 감으시기 바랍니다. 호흡하면서, 두 눈을 감은 채 센터와 연결된 상태로 여러분의 그 오래된 감정을 … 느껴보시기 바랍니다. 이 새로운 센터링 공간에서. (카르멘이 센터링하고 이완된 모습을 하고 있다.) 어떤 것을 생각하고, 특별히 어떤 것을 할 필요도 없다고 생각하세요. 그때 그 상황에서 어떻게 옛날과 다르게 있을 수 있는지 느껴보시기 바랍니다.

(청중에게) 여러분은 기존의 카르멘이 보여준 소매틱 상태와 지금은 큰 차이가 있음을 아마 눈치챘을 것입니다. (카르멘에게) 카르멘, 지금 여기 있으면서 어떤 것을 느끼고 있나요?

카르멘: 완전히 달라요. 내가 가치 있는 말을 한다는 느낌이 들어요. 사람들도 제 이야기를 듣고 싶어 하는 것 같아요.

딜츠: (부드러운 목소리로) 예, 당신은 소중한 이야깃거리가 있으며, 사람들도 그 이야기를 듣고 싶어 합니다 …. (청중에게) 지금 여러분은 카르멘에게서 심층적인 변화reprogramming가 일어난 것을 볼 수 있습니다. 새롭게 인식을 재정립하는 모습이 강력해 보입니다 …. (카르멘에게) 예전의 그때 상황에 새로운 마음가짐으로 들어갈 수 있다는 사실이 놀랍지 않습니까? 카르멘, 당신의 소명을 지금 자신의 느낌으로 어떻게 표현할 수 있을까요?

카르멘: (강력하고, 명확하고 일치된 목소리로) 제 소명은 커뮤니케이션의 길을 걷는 것입니다.

길리건: 브라보. (큰 박수갈채. 카르멘이 인사하고 무대를 떠난다.)

딜츠: 좋아요. 실습 과정을 다시 살펴보겠습니다. 첫째로, 지금 어떤 도전적인 상황에 처해 있는지 확인했습니다. 당신은 소명을 확장할 때, 어디에서 어려움을 겪고 있습니까? 그 상황이 가혹하고 혼란스럽게 느껴질 수 있습니다. 코치에게 그 힘든 상황에 대해 구체적으로 이야기합니다. 그리고 그 상황에 들어가 생생하게 경험합니다. NLP 용어로는 현재 상태에 개입associate한다고 말합니다.

먼저 그 상황에서 벗어나서 액티브 센터링 과정을 시작합니다. 양 무릎을 부드럽게 했던 것을 기억하실 것입니다. 무릎이 뻣뻣하게 고정되는 순간 여러분은 자신의 센터를 잃어버리게 됩니다. 코치가 다가오면 여러분은 센터링한 상태로 그 에너지를 맞이하고 흡수하고 반영해 돌려보냅니다…. 유연한 상태를 유지하면서… 맞이하고 흡수하고 그리고 반영해서 돌려보냅니다.

길리건: 이완하면서 센터링한 상태로 에너지를 맞이하는 것을 기억하시기 바랍니다. 만약 여러분이 공격적이거나 초조한 마음으로 그 에너지를 맞이하면 공격자의 공격성은 더 커질 것입니다. 여러분이 센터링한 이완 상태로 받아들이면 공격성은 소멸합니다. 이것이 합기도가 우리에게 주는 기본 통찰입니다.

그런데 로버트가 "에너지를 맞이하세요."라고 말할 때 그것은 여러분의 에너지를 확장하여 밖으로 발산하라는 것입니다. 에너지를 차단하지 않고 에너지와 충돌하지 않습니다. 또한 수동적으로 무너지는 것이 아닙니다…. 여러분은 자신의 에너지를 다가오는 에너지 너머로 뻗어나가게 합니다. 다가오는 에너지를 받아들이고 춤추는 것처럼 반영해서 돌려보냅니다. (합기도 동작을 시연으로 보여준다.) 보시다시피 제 양손은 열려 있습니다. 저는 손가락을 통해 에너지가 흐르는 것을 느끼고 있습니다. 제

눈은 전체 공간을 넓게 보고 있으며, 제 에너지가 눈을 통해 뻗어나가고 있습니다. 제 센터는 조율되어 있고 열려 있습니다. 저는 '싸우기와 도망치기'라는 위축 상태에 있지 않습니다. 정반대로, 모든 것이 '흐르는flow' 상태에 있으며 다가오는 모든 것과 섞이면서 그것을 긍정적으로 활용할 수 있습니다. 이것은 내게 자신감과 자유 그리고 부정적 에너지를 긍정적 에너지로 해석할 수 있는 능력을 주고 있습니다. 우리는 이것이 영웅의 여정에서 영웅이 가져야 하는 중요한 기술이며, 또한 영웅이 공헌하는 바라고 생각합니다.

딜츠: 여러분은 다가오는 에너지에서 도망치거나 싸울 필요가 없습니다. 캥거루의 꼬리에 앉으시기 바랍니다. 채널을 열어 놓으시기 바랍니다. 기억하시기 바랍니다. *우리 몸에 필요한 것은 이완 말고는 아무것도 없습니다. 마음에 걸릴 것이 아무것도 없습니다.*

이제는 여러분이 역경에 처했을 때 액티브 센터링의 소매틱 기술을 사용하는 법을 배우게 될 것입니다. 여러분이 아주 중요하고 흥미로운 교훈을 얻게 될 것이라고 저희는 확신합니다. 어떤 사람의 몸은 인내심을 가지고 좀 더 유연하게 흐르도록 도와주어야 합니다. 어떤 사람은 프레즌스 상태가 되도록 해주어야 합니다. 사람마다 각각 자신만의 프로세스가 필요합니다.

최근 한 은행의 부사장과 이 작업을 했습니다. 액티브 센터링을 하면서 그녀의 등 아래쪽을 건드리면 그녀는 아주 단단하게 굳어버렸습니다. 그녀는 자신의 등에 취약한 반응 패턴이 있었습니다. 그녀는 센터링한 상태에서 이완하는 법을 배우고, 회사에서 어떻게 사람들과 소통해야 하는지 알게 되었습니다. 흥미로운 것은, 그녀는 항상 사람들이 자기 등 뒤에서 일하면 걱정했습니다. 뒤통수치는 사람이 두려웠던 것입니다. 그녀가 센터링한 다음부터, 이런 것들이 긍정적으로 바뀌었습니다. 그래서 액티브 센터링을 하면서 사람마다 각각 다른 배움, 다른 개선점을 찾게 됩니다.

여러분이 코치로서 고객과 함께 몸을 움직이면서 고객이 센터 상태를 유지할 수 있겠다는 판단이 서면, 어려운 상황에서 들었던 '부정적인 최면'의 말을 추가합니다. 고객이 이런 부정적인 말을 듣고 이 에너지를 어떻게 긍정적으로 흡수해서 놓아 보낼 수 있는지 탐색해보도록 해야 합니다. 그리고 뿌리내리기를 한 상태를 유지하면서 그 에너지를 흡수해서 땅으로 내려 보내고, 에너지가 돌격해 오는 그 길에서 벗어나야 합니다. 원을 돌면서 투우사가 된 것처럼 춤을 즐기시기 바랍니다.

그리고 코치는 상대방의 두 눈을 감게 합니다. 그리고 호흡하고 센터링하게 합니다. 다시 원래 상태로 돌아와서 지금까지의 경험에서 어떤 변화와 전환이 일어났는지 성찰하는 시간을 갖도록 합니다. 카르멘이 경험했던 것처럼, 분명 아주 심오하고 긍정적인 변혁이 있었을 것입니다. 재미있는 것은 의식적으로 변화하려는 생각을 하지 않았는데도 문제의 변환이 일어납니다. *여러분이 그 문제와 얽혀 있던 상태가 변화되면, 문제는 변형됩니다.* 그리고 마지막으로, 새로운 존재감으로 그 상황에 서서 '소명'을 말하는 아주 중요한 마지막 단계로 이동합니다.

이 코칭 실습은 대략 10분 정도 소요됩니다.

생성적 소매틱 상태

길리건: 이번 세션에서는 여러분이 자기 영웅의 여정을 실현하기 위해서, 자기 내면에서 그리고 다른 사람에게서 어떻게 생성적 소매틱 상태를 만

들 수 있는지 집중적으로 다루겠습니다. 여러분이 무언가 새로운 것을 창조하고, 무언가를 치유하고 또 변혁을 원한다면, 여러분은 생성적인 상태에 있어야 합니다. 생성적인 상태는 세 가지 마음에서 나타나야 합니다. 소매틱 마음, 인지적 마음 그리고 장의 마음입니다. 생성적 소매틱 마음을 개발하기 위해서는 정렬과 센터링 원칙을 이용합니다. 정렬과 센터링을 해야 이완, 집중, 유연성, 개방성 그리고 감각적 지능과 같은 소매틱 의식이 가능합니다.

센터링을 다른 말로 표현하면 몸과 마음의 통합입니다. 인지적 마음이 소매틱 기반 안에서 통합되는 것입니다. 이것이 가능하려면, 근육에 갇히지 않고 생각할 수 있어야 합니다. 근육에 갇히면 소매틱 기반과 멀어지게 되고 체화하지 않은 지성으로 추락하게 됩니다. 근육의 긴장 없이 생각할 수 있는 능력이 생성적 의식에서 핵심입니다. 이 능력은 명상, 생성적 트랜스, 큰 성과를 내는 스포츠 예술(음악, 글쓰기), 애정관계, 비즈니스 등에서 꼭 해야 하는 연습의 기본 요소입니다. 이 연습이 영웅의 여정에서 중요한 부분입니다. 이 모든 연습이 상자에 갇힌 생각에서 벗어나고, 지금까지 시도해보았던 모든 것을 뛰어넘어 창조하는 도전을 마스터하는 일과 관련이 있습니다. 지금 우리가 하려는 것은 여러분이 어떻게 자신의 의식을 조직하고 훈련해서 이런 일이 가능한 상태로 만드느냐 하는 것입니다.

여러분이 생성적 소매틱 상대에 있지 않다면, 여러분은 필연적으로 '싸우기, 도망치기, 얼어붙기'로 세상에 반응하며 살아가게 됩니다. 항상 현재 상황에서 조금 개선하는 보수적인 상태에 머무르게 됩니다. 만약 여러분이 완전히 새로운 어떤 것을 창조해야 하는 상황이 발생하면, 아쉽게도 이런 상황은 살다보면 필연적으로 발생하게 됩니다만, 아마도 여러분은

'타이타닉 위에서 갑판의 의자만 재배치하고 있는' 처지가 될 겁니다.

딜츠: 갑판에 있는 의자를 재배치한다고 배가 빙산에 충돌하는 것을 방지할 수는 없습니다.

길리건: (눈이 빛나며) 과학적인 분석에 따르면, 체화하지 못한 의식의 마음이 나타내는 근육 패턴은 변비라는 의학적 상태와 정확하게 일치한다고 합니다. (웃음) 사람들이 이것을 할 때 (스테판이 변비에 걸린 자세를 취한다) 이렇게 말합니다. "지금 생각하고 있는 거 안 보여요?" 그러면 여러분은 이렇게 말할 것입니다. "그래 보이지 않는데." (웃음) 이러한 긴장과 닫힌 자세로 변혁의 기회가 있다고 생각하십니까?

딜츠: 창조성은요?

길리건: 아주 좋지 않습니다. 그래서 여러분이 생성적 수준에서 살아가려면, 의식의 미세한 수준에 접속할 수 있어야 합니다. 그러나 당신이 이걸 하고 있다면 (다시 변비 자세를 취한다), 이 자세로는 여러분이 창조적인 무의식에 접근할 수 없습니다. 마치 신경 시스템에 이런 메시지를 보내는 것과 같습니다. "그 상태로 얼어붙어 있어! 흐르기를 멈추고, 어떤 새로운 것도 받아들이지 마라!"

딜츠: 우리는 이것을 *신경 근육이 잠겼다*고 말합니다. 채널이 수축한 것입니다.

길리건: 우리는 자신의 몸과 마음이 가진 고유의 전체성wholeness을 상실하고 센터를 잃어버려서, 자신이 가진 내면의 지능에 접속할 수 없게 됩니다. 장은 수축합니다. 따라서 우리는 이성적 에고의 좁은 한계 너머의 공간과 연결되었다고 느낄 수 없습니다. 여러분은 의식의 마음보다 훨씬 큰 지능에 접속하는 방법을 잃어버리게 됩니다. 그렇지만 이 지능과 접속해야 여러분이 흥미롭고 생성적인 일들을 할 수 있습니다.

여기 계신 분 중에서, 자기 내면에서 이런 소리가 들리는 분이 몇 명이나 있습니까?: '너는 충분하지 않아?' (잠시 뒤에 몇몇이 손을 든다) 아마도, 여러분 마음 안에서 갈등이 서로 싸우고 있을 것입니다. 한쪽에서는 '그래요, 맞아' 이렇게 말하고, 다른 한쪽에서는 '쓸데없는 소리, 인정하지 마' 이렇게 말하고 있습니다. (스테판이 한 쪽 팔을 올리고 나서 급하게 다른 한 쪽 팔로 반대쪽 팔을 말리려고 한다.) (웃음) 당신은 충분하지 않다고 말하는 내면의 소리가 옳다는 것을 인정하시기 바랍니다. 여러분의 의식적 마음으로는 충분하지 않습니다. 여러분의 의식적 마음은 깊은 의식의 모함母艦과 연결해야 합니다. *생성적 의식을 통해서 이것이 가능합니다.*

여러분이 매번 이렇게 할 때마다(스테판이 몸을 움츠린다.), 좋은 일이 일어나게 만드는 더 큰 의식과 여러분은 서로 멀어져갑니다. 몸-마음을 센터링하는 이유는 의식의 깊은 장과 연결한 상태로 머물기 위해 여러분의 베이스를 훈련하는 것입니다. 여러분의 작은 마음을 큰마음에 '연결'하는 것입니다. 이것이 가능해지면 좋은 일이 일어날 것입니다. 그렇지 못하면, 나쁜 일이 쉽게 일어날 수 있습니다.

이 맥락에서 잠깐 화제를 역사적 큰 주제인 '죄'로 돌려 보겠습니다. 꼭 일요일까지 기다렸다가 우리 모두는 죄인이라고 말할 필요는 없겠죠. (웃음) 우리가 '죄'라고 부르는 것 또는 다른 맥락으로 보면 '신경증'이나 '증상'으로 말하는 것에서 부정적 의미를 제거하고 보면, 이것은 무언가 새로운 것을 창조히려는 인간이 가진 기본적인 의식의 상태라고 할 수 있습니다. 이것을 부정적으로 만드는 것은 인간과 그것 사이의 부정적인 관계일 뿐입니다. 죄와 증상이라는 것은 몸과 마음이 센터링이 안 되어 있거나, 생성적 관계의 연결이 안 된 핵심적인 인간의 상태일 뿐입니다.

예를 들어, 옛날 가정에서 자주 얘기한 7대 죄악을 살펴보겠습니다. 누가 오늘 경험한 7대 죄악을 얘기해주시겠습니까? 오늘 점심 때 무엇을 하셨습니까?

청중: 식탐이요. (웃음)

딜츠: 좋습니다. 식탐도 그중 하나죠. 다른 것은 무엇이 있을까요? 오늘 이 늦은 시간에 많은 분이 빠져 있는 것은 어떤 죄의 상태일까?

청중: 게으름이오! (웃음)

길리건: 좋습니다. 여러분은 게으름이라는 죄의 상태를 즐기고 있습니다. 또 오늘 어떤 죄의 상태를 경험하셨습니까? 색욕은 어떻습니까? (웃음) 탐욕은요? … 시기는요? … 교만은요? … 분노는? (손들이 제각기 올라간다. 웃음과 미소가 청중 사이에 퍼진다.)

보시는 것처럼, 이런 죄는 아주 일반적인 경험입니다. 너무나 일반적이기 때문에, 인간의 의식이 기본적으로 경험하는 상태일 뿐이라고 말할 수 있습니다. 그런데 이런 죄는 절반만 인간입니다! 이 죄는 '심층 구조deep structure'입니다. 무의식이 우리에게 인간이 되라고 건네준 '심층 구조'입니다. 이런 죄를 온전한 인간으로 만들려면 또 이 죄를 생성적이고 긍정적으로 만들려면, 우리는 이 심연의 구조를 인간으로 만들어야 합니다. 이 죄와 창조적이고 긍정적인 관계를 맺어야 합니다. 만약 우리가 온전한 인간의 의식을 그 죄에 비추어주면, 이 죄는 반절만 인간인 상태에서, 즉 생성적 인간의 가치가 없는 상태에서 중요한 가치를 지닌 온전한 인간 상태로 변혁이 일어납니다.

일전에 어떤 사람이 제게 질문했습니다. "저, 이 생성적 소매틱이 중독도 치유할 수 있을까요?" 중독은 다른 증상이나 '죄'처럼 인간의 센터가 없는 상태로 체험한 깊은 소매틱 경험입니다. 만약 센터링하게 되면 문제는 해결책으로 바뀌게 됩니다.

딜츠: 명확히 말하자면, 증상, 즉 문제는 센터링되지 않은 깊은 소매틱 상태입니다. 제가 어떤 것에 중독된 사람을 코칭할 때, 음식, 흡연 등 어떤 종류의 중독이든지, 이런 감정 표현을 자주 듣게 됩니다. "내 안에 블랙홀이 있어서 어떤 것으로도 그걸 채울 수가 없어요." 이것은 자신의 센터를 느끼지 못하고 있다는 표현 방식입니다

길리건: 그래서 제가 공식 하나를 제시하겠습니다.

죄 + 센터링 = 은혜

아니면, 약간 다른 전통에 따르면 아래와 같이 표현합니다.

증상+센터링 = 내적 자원/솔루션

이것이 생성적 소매틱 상태를 만들어야 하는 중요한 가치 가운데 하나입니다. 이것을 통해 여러분은 부정적 경험을 긍정적인 것으로 완전히 탈바꿈할 수 있습니다. 간단한 예로, 나태한 상태로 잠시 머물러 있어 보시기 바랍니다. 아주 깊은 게으름… 그 상태에 머무르시기 바랍니다. (청중 사이에서 약간의 변화가 있다.) 많은 분이 이미 바꿀 필요가 없는 상태에 머무르고 있는 것 같습니다. (웃음)

딜츠: 다시 진지하게 돌아와서, 여러분 그 상태에 푹 빠져 보시기 바랍니다. 판단하고 바꾸려는 마음을 그냥 놓아버리고 그저 호기심으로 지켜보세요.

길리건: 죄의 상태에 있을 때 어떤 느낌이었는지 찾았다면, 이번에는 반대로 아주 천천히 센터링한 상태의 느낌을 잘 찾아보시기 바랍니다. 그리고 호기심으로 미묘한 전환 과정을 느껴보시기 바랍니다. 이때 느끼는 자세와 호흡 그리고 센터링 상태로 게으른 경험의 한 가운데를 가득 채우시기

바랍니다. 이 미세한 변화를 호기심으로 계속 바라보세요. 판단은 내려놓고 센터링한 생성적 소매틱 경험으로 죄의 상태를 한 단계 업그레이드하시기 바랍니다.

딜츠: 이렇게 할 때, 어떤 전환이 일어나는지 알아차리기 바랍니다. 여러분이 자기 자신을 어떻게 느끼는지… 여러분이 어떻게 사물을 느끼는지… 여러분 내면에서 경험이 어떻게 달라졌는지 알아차리기 바랍니다.

길리건: 그렇게 하면서 이런 것들을 생각해보시기 바랍니다, 이 상태를 무엇이라고 부르지? 이 상태를 가장 잘 표현하는 말은 무엇이지? 아직도 '게으름'인가? 아니면 다르게 불러야 하나? 이 상태를 뭐라고 불러야 하는지 말해줄 수 있는 분이 있습니까?

관중석에서: 명상 … 조율… 깊은 알아차림….

길리건: 정말 환상적인 대답입니다. 다시 의식을 세미나실로 가져오겠습니다…. 오신 것을 환영합니다. 잠깐의 실습이지만 소매틱하게 센터링한 상태를 부정적 상태로 가져갔을 때, 어떤 일이 일어나는지 감지하셨기를 바랍니다. 즉 게으름의 본성 자체가 변하기 시작합니다! 다음 단계를 진행하다 보면, 여러분은 이 원리를 다양한 형태의 문제에 적용해볼 수 있습니다. 어떤 사람이 금연을 하고 싶다고 합시다. 그녀는 이렇게 말할 것입니다. "담배를 끊고 싶어요. 그런데 내 안에 있는 무언가가 담배를 피우고 싶어 해요."

딜츠: 이것이 몸의 충동입니다.

길리건: 우리 프로그램의 다음 세션에서 다룰 예정입니다만, 우리는 이 문제를 호기심으로 접근합니다. 이 증상에서 우리는 어떻게 긍정적 의도를 찾아 지지해줄 수 있을까요? 우리는 이런 가정에서 진행합니다. *밖으로 표출되는 모든 증상은 치유하고 변혁하고자 하는 시도로 나타난다. 그 증*

상을 생성적 상태로 가져가면, 이 증상은 긍정적인 형태로 변한다. 그래서 여러분이 고뇌와 중독 그리고 분노 상태에 빠진다는 것은, 여러분 의식에 있는 그 무엇이 치유하거나 변혁하려고 한다는 사실입니다. 이 증상이 가진 인간의 선함과 선물이라는 측면이 표현되게 하려면, 우리는 이 증상을 생성적 인간 의식으로 받아들여야 합니다.

센터링은 생성적 상태의 필수적인 요소입니다. 자신이나 다른 사람의 부정적인 문제를 다룰 때는 그 문제를 없애려고 하거나, 거칠게 다루지 마시기 바랍니다. 그 대신 여러분은 자신의 생성적 상태를 만들어서 그 도전을 맞이하기 바랍니다.

예를 들면, 흡연자들이 센터링하도록, 자기 자신을 호기심으로 보도록 도와주어야 합니다. 흡연자에게 문제가 되는 기본적인 소매틱 패턴을 계속 몸으로 반복해서 표현해보라고 합니다. 예를 들면, 흡연자에게 눈을 감은 채 담배를 손으로 들어 올리고 연기를 내뿜는 행동을 천천히 반복하게 합니다. 이 동작을 반복적으로 하게 합니다. 그 동작을 아주 천천히 하면서 센터링하고, 동작을 우아하게 하도록 합니다. 문제를 우아한 동작으로 표현하는 것은 진정 변혁으로의 전환이 일어나는 것입니다. 흡연자에게 문제의 패턴을 센터링한 우아한 춤으로 반복해서 하게 하고, 이런 질문을 자신에게 던져보라고 요청합니다. "내 무의식이 내게 무엇을 전달하려는 걸일까?" "그게 뭐지?" 센터링하고 리드미컬한 상태에서 이 질문을 계속 자신에게 던지다 보면, 여러 종류의 좋은 알아차림이 일어날 수 있습니다.

딜츠: 아이러니하게 제가 코칭한 많은 흡연자에게서 찾은 흡연의 긍정적인 의도는 흡연이 그들에게 숨을 쉬어야 한다고 상기시켜주는 것이었습니다.

길리건: 또 어떤 흡연자는 자신만의 시간을 갖는 것이었습니다.

딜츠: 제가 아버지의 금연을 도와 드릴 때였습니다. 제 아버지는 흡연이 유일하게 자신의 일생에서 오직 자신만을 위해 한 일이었다고 했습니다. 가족을 위한 것도 아니고, 일을 위해서도 아니고, 흡연은 오직 자신만을 위한 일이었습니다. 매우 슬픈 일입니다. 흡연이 자신을 위해 한 유일한 것이라는 사실이. 그렇지만 그것이 그가 얻은 깨달음이었습니다.

길리건: 만약 그것이 떠오른 긍정적 의도였다면, 그 긍정적 의도와 필요에 대해 감사하시기 바랍니다: *오직 자신만을 위해 무언가를 한다는 것은 정말로 정말로 중요한 것입니다.*

딜츠: 알게 되어 기쁘지 않습니까?

길리건: 여러분이 흡연하는 패턴이 자신만을 위한 시간을 갖는 것처럼, 무언가 아주 긍정적인 의도가 있다는 것을 진정으로 이해하고 그것에 감사할 수 있게 된다면, 담배를 피우지 않고서도 센터링을 통해 자신의 기본적인 욕구를 만족시킬 모든 다른 방법에 호기심을 가질 수 있습니다. 여러분이 긍정적 의도를 찾기만 한다면, 여러분의 중요한 욕구를 만족시킬 다양하고 새로운 방법을 찾을 수 있습니다.

딜츠: 그래서 여러분은 연결하고, 센터링하고, 그 고정된 문제의 형태를 뛰어넘어 열려고 합니다.

길리건: 여러분이 센터링하고 있지 않으면, 아마도 긍정적 의도가 무엇일까 하는 이 질문에 대한 의미 있는 대답을 듣지 못할 수도 있습니다. 내 깊은 의식에서는 무엇을 치유하고 창조하려는 것일까? 이 부정적 형태의 문제를 넘어서 어떻게 다른 방식으로 창조할 수 있을까?

딜츠: NLP를 공부한 많은 사람이 생성적 상태로 만들기도 전에 긍정적인 의도를 찾으려고 합니다. (로버트가 초조한 상태를 연출한다.) "흡연의 긍정적인 의도가 뭐지? 그게 뭘까? 그 의도가 뭔지 모르겠어." (로버트가 다

시 진정된다.) 여러분이 가장 먼저 생성적인 상태와 센터링 상태를 만들지 못한다면, 여러분은 도움이 되는 답을 찾을 수 없습니다.

여러분이 센터링 상태가 되면, 그 증상을 생성적인 공간으로 가지고 와서 긍정적 의도를 물어볼 수 있습니다. 이렇게 해야 긍정적 의도가 떠오릅니다. 이렇게 해야만 다양한 방법이 여러분에게 떠오를 것입니다. 여러분, 센터링하지 않은 상태에서 답을 찾아 쫓아다니기보다는 센터링한 상태에서 질문하기 바랍니다.

나를 통과해 흐르는 것과 함께하는 법 배우기

길리건: 그래서 영웅의 여정으로 가는 길은 바로 여러분의 몸을 통과해서 가는 길입니다. 이것이 여러분 인생에 근원적 변화를 가져오기 위해서 연결해야 할 첫 번째 마음가짐입니다. 우리는 흔히 센터링이 간단한 프로세스라고 하지만 절대 쉽지 않습니다. 여러분은 아마도 이렇게 말할 수도 있습니다. "센터링이 그렇게 중요하다면 왜 센터링하는 사람이 그렇게 없나요?" 아마도 무시하는 면이 있는 것 같습니다: 소비주의와 근본주의가 지배적인 문화에서는 자신의 센터를 찾는 것은 금기시합니다. 제 말은, 만약 여러분이 깊게 센터링하고 있다면, 여러분 가운데 얼마나 많은 사람이 텔레비전을 구매하겠습니까? (웃음)

또 다른 이유는, 여러분이 자기 내면의 깊은 자기로 돌아가는 길은 전형적으로 부비트랩이라는 위장 폭탄을 건드리는 일이기 때문입니다. 즉 여러분은 자기 센터에 갇혀 있던 다양한 경험을 생각지도 못하게 만나게 될 것입니다. 캠벨은 이런 상황을 임계점을 건너고 악마들과 전투를 치룬다는 말로 설명했습니다. 그러나 걱정할 필요는 없습니다. 앞으로 우리는 이런 장애물을 다룰 수 있는 많은 기술을 배우게 될 것입니다. 먼저, 센터링할 때, 두 가지 수준이 있다는 것을 주목하기 바랍니다. 첫 번째 수준은 콘텐츠가 없는, 열려 있는 공간으로, 우리의 삶은 이 열린 공간으로 흘러갑니다. 불교 용어로는 텅 빈 공간이라고 할 수 있습니다. 신경정신과적 용어로는 변환기라고 합니다. 이것은 정보/에너지 패턴을 한 영역에서 다른 영역으로 전환해주는 역할을 합니다.

딜츠: 앞서 말씀드린 열린 채널을 생각해보기 바랍니다. 센터는 열린 채널입니다. 여러분이 자유롭고 창조적인 방식으로 머무를 수 있는 곳입니다.

길리건: 두 번째 수준은 어떤 특정 시점에서 그 채널을 통과하는 콘텐츠(내용)입니다. 우리는 열린 채널, 즉 센터를 가지고 있습니다. 어떤 것들이 이 열린 채널을 통과하게 됩니다. 그것은 여러분의 인지적 의식입니다. 생성적 의식의 주요 임무 가운데 하나가 이 두 가지 수준을 구별하는 것입니다. 명상하거나 센터링하는 것은 인생이라는 강물이 당신의 몸 안에서 흘러가는 것처럼 그 열린 채널에 어떤 것이 지나가는 그때, 당신에게 어떤 일이 생기는지 관찰하는 것입니다. 명상과 센터링은 흘러가는 그것에 반응하지 않고 프레즌스presense 상태에 머무는 연습을 하는 것입니다. 여러분은 자신이 겪는 경험이나 사람 그 자체가 되는 것이 아니라, 그것 또는 그 사람과 '함께 있는' 방법을 배워야 합니다. 그렇게 되면, 여러분은 창조적이고 사랑스럽고 긍정적인 방식으로 행동하는 자유를 얻게 됩니다.

딜츠: 불교에서는 구름과 하늘의 관계에 관해 이야기합니다. 만약 내가 나를 구름이라고 규정하면, 내가 경험하는 혼란스럽고 폭풍우 치는 그 콘텐츠에서 길을 잃을 수 있습니다. 그러나 내가 센터링하고 구름층 너머에 있는 하늘이라는 장에 열려 있게 되면, 내 생각, 즉 구름이나 콘텐츠가 아

무런 문제를 일으키지 않고 그냥 흘러갑니다. 하늘은 이렇게 말하지 않을 겁니다. "흐린 구름은 모조리 없애고 영원히 맑은 날씨만 만들거야." 나는 다양한 구름이 있다는 것을 알아차리고 그 구름이 그냥 흘러가게 놓아둘 것입니다.

길리건: 우리가 센터에 대해서 생각할 때, 우리는 체화하고 조율한 알아차림을 생각해야 합니다. 뭐가 있든 상관없이 그것에 열려 있어야 합니다. 그 대상을 들이마시고 내쉬기를 할 것입니다.

딜츠: 만약 이것이 안 되어 있다면, 어떤 일이 일어났을 때, 그 일어난 일이 무엇이든 여러분은 거기에 사로잡힙니다. 자기 인생에 반응하는 삶을 살기 시작합니다. 여러분은 '싸우고, 도망치고, 얼어붙게 되는' 이런 반응 속에서 길을 잃어버립니다. 분노, 두려움, 절망이라는 부정적 에너지가 올라오면 그 속에서 자신을 잃어버리게 됩니다.

길리건: 자신이 센터링되지 않은 상태에 있으면, 문제가 나를 집어삼킵니다. 여러분은 그 문제 속에서 자신을 잃어버립니다. 여러분이 센터링한다면, 여러분은 그 문제를 긍정적으로 받아들일 수 있습니다. 차 한 잔을 마시면서 긍정적이고 현명한 방식으로 그 문제와 연결할 수 있습니다. 그리고 여러분은 그 문제가 행복하게 자신의 갈 길을 가도록 보내주면 됩니다. 이렇게 연결을 통해 서로 도움을 주고받습니다. 센터링을 통해서, 우리가 높은 의식 상태가 되고, 문맥이 되고, 변혁하는 데 필요한 경험이 찾아갈 둥지 같은 것이 된다면 …. 여러분 의식에 변혁이 생기게 됩니다.

센터에서 문맥과 콘텐츠 수준의 중요한 차별성은 저희 두 명의 중요한 멘토 가운데 한 사람인 버지니아 사티어 Virginia Satir가 사용하는 기교의 예를 보면 아주 잘 나타나 있습니다. 그녀는 관계가 단절되거나 충돌하는 가족 문제를 다룰 때 그 가족에게 두 가지 질문을 연속해서 합니다. 첫 번째 질문은 "그것에 대해 어떻게 생각하십니까?"입니다. 두 번째 질문은 "자신이 그렇다고 느끼시는 것에 대해서는 어떻게 생각하세요?" 첫 번째 질문은 콘텐츠에 대한 질문입니다. 코치 또는 심리치유자에게 이 질문은 그렇게 중요하지 않습니다. 첫 번째 질문에 대한 대답은 화, 행복, 두려움 등 이런 것이 나올 수 있겠죠. 정말 중요한 것은 두 번째 질문에 대한 대답입니다: 당신이 지금 하는 경험과 당신의 관계는 어떠한가요? 그 감정과 괜찮게 지내고 있습니까? 아니면 그 경험에 대해 거칠고 폭력적으로 다룰 필요가 있습니까? 중요한 것은 콘텐츠가 아니라 그 콘텐츠와 나와의 관계입니다. 이것이 두 번째 질문에 관련된 것입니다.

딜츠: 두 번째 질문에 대한 감정은 여러분이 첫 번째 감정과 어떤 관계를 가지는지를 결정합니다. 만약 내가 화 나는데, 이 화난 감정을 두려워하거나 또는 수치스럽게 생각한다면, 그때는 화가 진짜 문제가 됩니다.

길리건: 경험하는 것 자체가 문제 되지는 않습니다. 당신이 한 경험과 당신과의 관계에 따라, 그것이 진짜 당신의 문제가 될 수도 있고 자기 내면의 자원이 될 수도 있습니다. 만약 당신이 누군가 죽이고 싶은 강한 환상이 생긴다면 이것은 문제가 아닙니다. (웃음) 진심입니다 …. 이런 감정은 인생을 살다보면 잠깐씩 느낄 수 있는 것입니다. 그러나 만약 근육 차원에서 이 경험에 갇히고 실행하려고 한다면 그때는 문제가 됩니다. 그러나 센터링한 상태에서 그런 생각을 한다면 그건 하나의 유용한 정보에 지나지 않습니다. 결과적으로 어떤 상황을 어떻게 취하고 있는가의 문제라고 할 수 있습니다.

제 고객 한 분은 어렸을 때 '항상 긍정적이고 밝게'라는 가훈의 가정에서 자랐습니다. 그래서 이 사람은 이렇게 걸었습니다. (부자연스럽게 미소 짓고 낮은 목소리로 말한다.) "안녕하세요, 오늘 어떠신가요?" (웃음)

딜츠: (부자연스럽게 미소 지으며 머리는 "아니요."라고 흔들며) 저 오늘 아주 좋아요, 스테판.

길리건: (큰 소리로 진실하지 않게) 이 이상 행복할 수 없을 정도로요!

딜츠: (비꼬는 투로) 인생은 너무 멋져요. 그렇지 않나요? (웃음)

길리건: 이 가족은 제가 만나본 가족 가운데 가장 비참한 가족이었습니다. (웃음) 그래서 저는 그녀가 자신의 센터와 연결하도록 도와주었습니다. 그녀가 의식의 마음에 쓰고 있는 에고라는 마스크를 쓰기 이전 상태에 있는 센터와 만나게 했습니다. 에고라는 마스크 저 아래 깊은 곳에 있는 센터와 만날 수 있도록 했습니다. 몇 주 뒤에 그녀가 방문했을 때, 저는 "어떻게 지내셨습니까?'하고 인사했습니다.

그녀는 이렇게 대답했습니다. "가장 이상한 한 주를 보냈어요." 여러분이 트랜스 작업을 했다면, 이 말은 아주 좋은 징조입니다. 이 말은 여러분이 트랜스를 통해 창조적 무의식이, 에고 정체성이 가진 일반적인 틀과는 '다른' 그리고 '이상한' 새로운 경험을 선사했다는 뜻이기 때문입니다. 어쨌든, "한 주 내내 우울한 느낌이었는데…. 이렇게 우울한 적이 없었는데요…. 그런데 더 이상한 건, 제가 슬퍼서 기분이 너무 좋아졌어요." (웃음) 그녀가 물었습니다. "선생님 말이 안 되죠, 그렇죠?"

제가 말했습니다. "말이 됩니다." 제 조상은 아일랜드인입니다. 아일랜드 사람이 믿는 것은 딱 한 가지 감정입니다. 상황이 아무리 좋다고 해도, 영국군은 항상 5분 이내에 온다…. 그러고는 모든 것을 다 가져가 버린다. (웃음)

이 사례를 보면, 이 여성은 두 가지 수준의 센터를 느끼고 있습니다. 콘텐츠 수준에서 그녀는 슬퍼합니다. 그러나 문맥 차원에서는, 그녀는 행복합니다. 왜냐하면 그녀가 그동안 표현하지 못하게 했던 감정을 표현하도록 했기 때문입니다. 이 두 번째 마음이 생성적인 인지적 마음의 기본입니다. 이 내용은 다음 세션에서 다룰 내용입니다.

딜츠: 이 두 번째 마음을 구성하는 원칙이 스폰서십입니다. 스폰서십은 스테판이 생성적 능력을 설명하기 위해 사용한 용어입니다. 이 생성적 능력이라는 것은 어떤 것이든 대상을 있는 그대로 수용해주고, 그것이 존재할 환경을 만들어주며, 그 대상과 창조적이고 존중하는 관계로 연결하는 능력을 말합니다. 이렇게 되면, 이 콘텐츠는 통합과 변혁을 거쳐 콘텐츠가 가진 긍정적 잠재력을 최대한 창조적으로 펼칠 수 있습니다.

길리건: 지금까지 우리는 첫 번째 생성적 마음인 소매틱 기반을 만드는 방법을 다루었습니다. 이것을 통해 우리는 조율하고 센터링한 인간으로 매 순간 창조적으로 살아가면서, 삶을 긍정적이고 자기 의지에 따라 살아가게 됩니다. 여러분이 이 기반을 잃게 되면, 두려움과 분노에 반응하는 방식으로 자기 생명의 흐름을 막아버린다고 강조했습니다. 채널이 막히면 여러분 자신의 깊은 소명의 길에서 멀어집니다. 여러분이 자신의 위대한 인생 여정을 펼쳐나가는 것이 아니라 중요하지도 않은 일일 드라마 속에서 자신을 잃어버립니다.

딜츠: 그래서 영웅은 인생이 어렵다는 것을 알고 있습니다. 그렇지만 그것은 문제가 되지 않습니다. (웃음) 알게 돼서 좋지 않습니까?

길리건: 다음 세션에서 저희는 소매틱의 전체성을 확보하는 방법을 알아볼 것입니다. 소매틱의 전체성은, 무엇보다도, 어떤 일이 자신에게 닥치더라도 그것을 통제하려 하지 않고 오히려 그 경험이 지닌 긍정적 의도와 선함 그리고 선물에 눈뜨고 그것들을 활용할 수 있게 하는 자기 안의 보금자리를 만들 수 있게 해줍니다.

결론: 여러분의 채널을 열어 놓으시기 바랍니다.

딜츠: 오늘 세션을 시작했던 것처럼, 지금 이 시간은 간단한 명상으로 마무리하려고 합니다. 편안한 자세로 몸과 마음을 가다듬어보시기 바랍니다. 편안한 자세를 위해 얼마나 자세를 많이 바꾸어야 했는지 떠올려 보시기 바랍니다! (웃음) 무섭지 않은가요? 여러분이 불편한 자세에서 편한 자세로 바꾸어서 아주 좋습니다. 저희가 이 말을 훨씬 전에 해야 했는데요! (웃음)

길리건: 잠시 몸과 마음을 가다듬습니다….

딜츠: 고대의 지혜를… 기억하시기 바랍니다. 바로… 이완하고… 내면의 공간, 내 안의 공간을 찾으시기 바랍니다.

길리건: 수행하는 자기는 그냥 놓아주시기 바랍니다.

딜츠: 잠시…. 정말로 하늘이 되어 보시기 바랍니다…. 어떤 구름이 와도 모두 품어주는….

길리건: 여러분은 대지가 될 수도 있습니다…. 인류 조상이 사는 깊은 그곳에 뿌리를 두고.

딜츠: 하늘이 되는 동시에… 저 구름 너머에는 태양이 언제나 빛나는 곳이 있습니다. 여러분이 빛입니다.

길리건: 그 편안한 곳에서… 이 핵심적인 생각으로 돌아가 보겠습니다…. 바로 영웅의 여정… 우리 삶의 길이 되어 주는 그 여정을….

딜츠: 마무리로 저는 「이 날을 보라」라는 무명 시인이 쓴 시 한 편을 여러분과 공유하고자 합니다.

> 이 날을 보라,
> 이 날이 인생이고, 인생 중의 인생이니.
> 이 날의 짧은 시간 속에
> 모든 존재의 진실이 있고,
> 성장의 기쁨이 있고,
> 성취의 호화로움이 있고,
> 행동의 영광이 있네.
> 어제는 추억일 뿐이고,
> 내일은 상상일 뿐이니.
> 잘 산 오늘이
> 행복한 어제의 추억을 만들고
> 희망찬 내일의 상상을 만드니.
> 그러므로 오늘을 볼지니!

길리건: 그리고 이 날, 우리는 여러분이 영웅의 여정으로 살아갈 수 있는 작은 씨앗을 뿌리기 시작했습니다. 그 여정은 자신과 세상을 치유하고 생성적으로 변혁하는 삶이 길 위에 펼쳐지면서 의식이 열리는 과정입니다. 그리고 이 날, 우리는 영웅의 여정이라는 몇 가지 간단한 개념들을 다루었습니다. 이성적 에고 깊은 아래 부분과 그 이전에 그리고 의식적 마음 깊은 아래 부분에는 어떤 의식이 있습니다. 심지어 사고하는 마음이 생기기 이전부터 그 의식은 존재하고 있었습니다. 우리는 원본의 프레즌스라고 부릅니다. 그것은 고유한 인간의 영혼, 즉 당신입니다.

딜츠: 마사 그레이엄이 말했던 그 생명력, 그 활기를… 이 영웅의 여정은 단지 수행하기 위한 것이 아니라… 그날들을 뒤돌아보고 이렇게 말할 수 있어야 합니다. "정말 좋은 날이었어. 잘 살아온 날들이야." 삶 전체를 돌아보고 이렇게 말할 수 있어야 합니다. "좋은 삶이었어. 잘 살아온 인생이야."

길리건: 감사와 열림의 현장에 있는 여러분은 느낄 수 있을 것입니다. 언젠가 이날을 돌아보며, 특별히 감사하고 기억하고 싶은 오늘의 배움을 느낄

수 있을 것입니다. 아마도 여러분이 알게 된 자신의 소명에 대해서 말입니다. 여러분 가슴에서는 어떤 길을 진정으로 가고 싶어합니까?

딜츠: 채널을 열 수 있겠습니까? 여러분의 가슴과 마음을 그 길을 향해 열 수 있겠습니까?

길리건: 여러분이 그 길을 걷기 시작할 때, 여러분이 임계점과 마주할 것이라는 것도 이야기했습니다. 그 임계점은 새로운 영토로 발을 내딛도록 부름을 받은 곳입니다. 여러분이 이전에 가보지 않았던 곳입니다. 여러분이 여정을 가다보면 앞으로 얼마간은 다음 한 발을 내딛기 힘든 곳들을 만날 수도 있습니다…. 여러분의 감각이 마비되고 좌절하는 그런 힘든 곳을 말입니다. 이런 것들은 어떤 중요한 여정에서도 예상할 수 있는 것이며 피할 수 없는 것입니다. 그런 때가 오면, 여러분은 우리의 집과 같은 센터로 어떻게 돌아올 수 있을지 알 수 있겠습니까? 여러분 마음을 그 문제에 빼앗기지 않고, 그 대신 여러분 마음과 함께 집으로 와서 당신 안에 있는 센터에 함께 머무를 수 있겠습니까?

딜츠: 오늘 저녁 시간 잘 보내시기 바랍니다. 주기적으로 이 저녁 시간에 여러분의 센터를 느끼고 머무는 시간을 보내셨으면 합니다. 여러분의 센터와 조율하시기 바랍니다. 여러분이 센터를 점점 더 많이 감지할 수 있는지, 언제 어떻게 여러분이 센터에 더 가까워지는지 지켜보시기 바랍니다. 그리고 언제 어떻게 여러분이 센터에서 더 멀어집니까? 여러분은 자신의 집인 센디로 어떻게 돌아올 수 있습니까…. 언제, 어디서, 어떤 방식으로든지.

길리건: 밀턴 에릭슨의 전통에 따라서, 여러분이 오늘 밤 여러 개의 꿈을 꾼다는 것을 짚고 넘어가고자 합니다. 과학자들은 우리가 하루 밤에 여섯에서 일곱 가지의 꿈을 꾼다고 합니다. 그 꿈 가운데 하나를 편안하게 여러분 영웅의 여정에 관한 의미 있는 꿈으로 꾸시기를 바랍니다.

딜츠: 여러분의 영웅의 여정에 관한 꿈은 적어도 두 가지는 꾸어야 한다고 말할 분도 있을지 모르겠습니다.

길리건: 그렇지만 한 개로만 제한하겠습니다. (웃음) 잠깐 생각해보았더니, 우리의 그 꿈은 세 번째 꿈이어야 합니다.

딜츠: 여러분 가운데 이것을 거부하거나 다섯 번째 꿈에서 영웅의 여정 꿈을 꾸겠다고 하는 분도 있을 것입니다. 그렇지만 저희는 세 번째 꿈이어야 함을 강조합니다.

길리건: 여러분 가운데 우리를 공개적으로 거부하고….

딜츠: … 여러분의 소명에 관한 꿈을 세 개나 꾸는 분도 있겠죠.

길리건: … 그러나 세 번째 꿈이어야 합니다.

딜츠: 그리고 꼭 단 하나의 꿈이어야 합니다.

길리건: 오늘 밤 누가 얼마나 많은 꿈을 꾸었는지, 또 누가 일등했는지 알려 주세요.

딜츠: 그리고 어떤 꿈이….

길리건: 여러분의….

딜츠: 소명인지….

길리건: 얼마나 많은 꿈을 꾸든지, 그 꿈이 무엇이든 상관없이… 여러분이 밤새 멋지고… 깊은… 그리고 평화로운… 꿈을 꾸기를 마음속 깊이 진심으로 바랍니다.

딜츠: … 그리고 기분 좋게 깨어나고 재충전해서.

길리건: 다시 시작할 때는, 자신의 모든 소매틱 마음으로 우리의 남은 여정을 시작할 수 있기를 바랍니다. 더불어 인지적 마음과… 장의 마음도 함께 트리니티(역자 주: 삼위일체, 즉 소매틱 마음, 인지적 마음, 장의 마음을 말함)와 정렬한 미스터리를 탐험하게 될 것입니다.

딜츠: 그래서 세상으로 나아 갑시다⋯.

길리건: ⋯ 영웅의 여정이 전하는 신성한 메시지를 세상에 전파하시기 바랍니다.

딜츠: 나아갑시다. 그리고 센터링합시다. (웃음과 박수)

Day 2

생성적 인지 의식

길리건: 여러분, 좋은 아침입니다. 여러분 모두 오늘 하루도 아주아주 좋은 날이 되기를 바랍니다.

딜츠: 그리고 지금 가장 관심 있는 질문은 물론 이것입니다. 세 번째 꿈이었습니까? (웃음) 아니면 꿈을 한 개만 꾸라는 우리의 요청을 강하게 거부하고 최소한 두 개의 꿈을 꾸셨습니까? (더 큰 웃음)

어제 우리는 영웅의 여정에서 '소명' 개념을 다루었습니다. 소명은 여러분 안에 여러분이 이 세상에 나오면서 가지고 온 자신만의 고유한 에너지가 있다는 것입니다. 우리 모두는 인생이라는 여정에서 모두 상처받고, 자신의 가정과 문화가 물려준 상처를 짊어지고 살아갑니다. 영웅의 여정은 자기 재능을 다른 사람과 공유하고, 자신과 다른 사람의 상처를 치유하는 과정입니다. 오늘 세션은 몇 개의 글로 시작해보겠습니다. 첫 번째 글은 오늘 진행할 내용과 밀접한 관계가 있는 글로, 넬슨 만델라Nelson Mandela가

취임식에서 인용했던 마리안느 윌리엄슨Marianne Williamson의 글입니다.

우리 안의 깊은 두려움은 우리가 부족하기 때문이 아닙니다. 우리의 깊은 두려움은 우리가 측정이 불가능할 정도로 강력하다는 것입니다. 우리가 가장 겁에 질리는 것은 빛 때문이지 어둠 때문이 아닙니다. 우리는 자신에게 질문합니다. 현명하고, 멋지고, 재능 있고, 경이롭고자 하는 나는 누구입니까? 실제로 그렇지 않으려는 우리는 누구입니까? 여러분은 신의 자녀입니다. 작게만 보는 것은 세상을 위해 봉사하는 것이 아닙니다. 당신 주위 사람들이 불안하지 않도록 하기 위해 움츠러드는 것에는 어떤 깨우침도 없습니다. 우리는 모두 어린이들처럼 빛나야 하는 존재입니다. 우리는 모두 우린 안에 있는 주님의 영광을 세상에 펼치기 위해 태어났습니다. 우리 가운데 몇몇만 그런 것이 아니라 모든 사람이 그렇습니다. 우리가 우리 자신의 불빛을 빛나도록 허락한다면, 자신도 모르는 사이에 우리도 다른 사람을 우리처럼 빛나도록 허락해주는 것입니다. 우리가 우리의 두려움에서 해방되었듯이, 우리의 존재가 저절로 다른 사람을 해방해줄 것입니다.

(『사랑의 기적』: "기적의 수업" 원리에 대한 생각, 1992)

딜츠: 이 아름다운 기도는 영웅의 여정에 관한 중요한 것을 이야기하고 있습니다. 즉 여러분의 빛을 빛나게 하고 자신과 다른 사람을 두려움에서 해방시키라는 것입니다.

두 번째로 D. H. 로렌스Lawrence의 짧은 글을 읽어드리겠습니다.

우리가 에고라는 유리병에서 나올 때,
인격이라는 우리에서 맴돌고 있는 다람쥐처럼 탈출해서
숲으로 다시 돌아가면,
우리는 추위와 공포에 떨게 될 것입니다.
하지만 우리는 우리 자신을 모르기 때문에
우리에게 어떤 일이 생길 것입니다.

차갑고 쉼 없는 인생이 몰려옵니다.

열정은 우리의 몸을 강인함으로 팽팽하게 할 것입니다.
새로운 힘으로 발을 힘차게 구를 것입니다.
오래된 것은 떨어져 나갈 것입니다.
우리는 웃을 것입니다.
관습은 타버린 서류처럼 돌돌 말릴 것입니다.

딜츠: 우리 모두 갇혀 있던 우리를 떠나 다시 숲으로 돌아가는 하루가 되었으면 합니다.

길리건: 아름다운 문장입니다. 로버트. 오늘은 생성적 인지의 원칙인 스폰서십을 다루도록 하겠습니다. 이 원칙은 티베트 불교 서적에서 발견할 수 있습니다. 인간 의식이 줄 수 있는 가장 위대한 선물은 부정적인 에너지를 긍정적인 에너지로 바꿀 수 있는 능력이라고 그 원칙은 강조합니다. 부정적인 패턴과 연결해서, 이 패턴을 인간에게 가치 있는 형태로 변환하는 능력이라고 강조합니다. 그런 능력이 우리에게 있다고 믿습니까?

딜츠: "아멘." 형제자매님! (웃음), "믿습니다." (더 큰 웃음)

길리건: 여러분에게 가능하다는 아주 강한 믿음이 있다면, 자신이 살아가는 일상의 방식을 변화시킬 수 있다는 것을 알고 있습니까? 여러분이 조금만 시간을 내고, 조금만 주의를 기울이면 어떤 것에도 열려 있을 수 있고, 의식이라는 우리의 선물을 통해 어떤 것도 변화시킬 수 있다는 것을 알고 있습니까? 이 가능성에 대한 믿음이 스폰서십sponsorship 과정의 기반을 이루고 있습니다. 700년 전 수피교도 시인 루미Rumi의 아름다운 시를 한 번 감상하겠습니다.

인간 내면의 존재는 정글입니다.
어떤 때는 늑대가 지배하고, 어떤 때는 멧돼지가 지배합니다.
숨 쉴 때 조심하기 바랍니다.

어떤 순간은 부드럽고, 인자합니다.
마치 요셉처럼.
하나의 성격에서 다른 성격으로 변해갑니다.
다음 순간에는 사악한 성격이
은밀하게 움직입니다….
가슴에서 새로운 종족이,
어떤 때는 악마가, 어떤 때는 천사가, 어떤 때는 야생 동물이,
일어나는 순간마다.
그런데 이 놀라운 정글에는 당신을 항복하게 하는 것들이 있습니다.
그래서 무엇인가 쫓거나 훔치고 싶다면 그들의 것을 훔치기 바랍니다!

길리건: 이 시에서는 인지적 마음의 두 가지 수준 사이에 있는 중요한 구별점을 말하고 있습니다. 어제는 소매틱 센터의 두 가지 수준에 관해서 이야기했습니다. 즉 콘텐츠와 그 콘텐츠가 속한 공간이라는 두 가지 차원에 관한 이야기였습니다. 같은 이치로 오늘은 생성적 인지의 마음에 관한 이야기를 하겠습니다. 생성적 소매틱에서 우리가 '몸 중의 몸'을 창조했다면, 이번 생성적 인지 마음에서는 '마음 중의 마음'을 열어보겠습니다. 이것은 또 다른 문맥을 하나 더 추가하는 것입니다.

딜츠: NLP에서는 하나의 마음을 포함하면서 그 마음을 초월하는 것을 말할 때, 그것을 '메타 마음meta mind'이라고 합니다.

길리건: 생성적 마음에서, 한 사람의 정체성은 그 사람이 가진 모든 패턴을 포함하는 장의 수준을 말합니다.

딜츠: 그레고리 베이트슨Gregory Bateson이 말했듯이, 정체성은 연결하는 패턴의 수준에 있습니다.

길리건: 이 생성적 메타 마음의 수준은 우리가 일반적인 에고 수준의 마음이라고 부르는 것과는 확연하게 다릅니다. 일반적 에고 수준의 마음은 정체성이 한 곳 또는 장의 한 부분에 있습니다. 로버트와 내가 하나의 장에

함께 있다면, 일반적인 마음은 이렇게 말할 것입니다. "*나*는 여기 있고, 저 사람은 *내가 아니야*. 내 정체성은 *여기 있고*… 나는 *저기 있지 않아*."

이 수준의 정체성에서는 우리가 서로 다르며, 이것은 필연적입니다만, 나와 다른 관점이 내 정체성을 위협한다고 생각합니다. 그러면 '내 자기 my self'를 보호하기 위하여 나는 상대를 제거하고 이 차이를 없애려고 할 것입니다. (스테판이 좀비가 된 도끼 살인마처럼 다가간다.) "나는 죽여야 해, 죽여야 해." (큰 웃음이 터진다.) (스테판이 동작을 계속하며 웃는다.) 나는 내 정체성에 위협이 되는 끔찍한 위협을 모든 방법을 동원해서 함께 있는 장에서 제거하려고 합니다.

지금 우리는 웃고 있습니다만, 세상에서 실제 일어나는 상황은 전혀 재미있지 않습니다. 근본주의라고 불리는 이것은 불행하게도 오늘날 지구상에서 가장 만연해 있는 이데올로기입니다. "내가 옳고 그 사람은 이단이야. 그는 없어져야 해." (로버트에게, 마피아가 사람을 때리려는 듯한 목소리로) 개인적인 감정은 없어. 그저 비즈니스일 뿐이라고. (웃음)

딜츠: 우리가 일반적인 에고의 정체성보다 높은 생성적 차원에 이르게 되면, 서로 적대시하면서 대립하기보다는 서로 보완하는 관계가 됩니다. 우리가 생성적 장 수준의 정체성을 갖게 되면 우리는 우리 모두를 포함한 그 이상을 수용할 수 있는 세 번째 정체성을 갖게 됩니다. 이전에도 예를 든 것처럼, 수소 원자 두 개와 산소 원자 한 개가 모여 물이 되는 것과 같습니다. 물은 수소도 아니고 산소도 아닙니다. 그러나 두 원자와 관계없이 물이 존재할 수 없습니다. 물은 원자의 상호작용으로 생겨나는 것입니다. 이것이 생성적 상태입니다. 물은 더 낮은 수준에 있는 모든 요소를 조화롭게 품을 때 생성될 수 있습니다.

길리건: 물론 이것은 사람에게는 그대로 적용됩니다. 여러분이 사랑에 빠져

보셨다면….

딜츠: … 아니면 사랑에 빠진 사람을 알고 있다면…. (웃음)

길리건: 여러분은 애정의 첫 번째 단계인 로맨틱 단계에서 이것을 볼 수 있을 것입니다. 그리고 한 사람과 한 사람이 만나 하나가 됩니다. 그래서 사랑은 '둘이 하나가 되어 그 뒤로 영원히 행복하게 살았습니다'라고 여겨집니다.

딜츠: (로버트가 스테판을 꿈꾸듯이 껴안는다.) 스테판, 내 사랑! (웃음)

길리건: 로버트가 보여준 것처럼, 이 로맨틱한 결합은 문자 그대로 환각 상태입니다. 뇌에서 '우리는 하나라는 트랜스 상태'를 유도하는 화학물질이 분비됩니다. 여러분을 덫에 걸리게 하는 자연의 방식입니다. "자, 이리 와요. 내 귀여운…." (웃음) 물론 모든 약은 효과가 떨어지기 마련입니다. 어떤 시점에 이르면 친밀감의 두 번째 단계에 들어갑니다. 이 단계에서는 하나라는 생각보다는 다르다는 것이 더욱 뚜렷하게 드러납니다. 파트너의 귀여웠던 모든 것이 당신을 죽도록 괴롭힙니다. 모든 애정 관계에서 이 '둘로 쪼개짐two-ness'으로 가는 것은 필수적인 단계입니다. 우리는 비록 서로 사랑하지만 우리 각자는 서로 매우 다르다는 것을 깨달아야 하는 도전에 직면합니다.

딜츠: 분화differentiation의 과정은 필요하며 그리고 본질적입니다.

길리건: 분화는 하나의 입장position만을 자신과 동일시하는 상태에서, 여러 입장을 수용하는 장과 자신을 동일시하는 상태로 전환할 수 있게 합니다. 이것이 애정의 세 번째 단계입니다. 성숙하고 창조적인 사랑을 만끽하기 위해서는 나와 너를 포함하고 또한 나와 너를 넘어서는 '우리'라는 장 의식을 가질 수 있어야 합니다. 우리의 다름은 사라지지 않습니다. 어떤 의미에서 우리의 다름은 더욱 확연하게 드러납니다. 그런데 이 다름을 수용하기 위해 나타나는 공간이 있습니다. 장 의식은 에고 의식보다 더 높은

차원의 의식입니다. 장 의식은 '나'와 '너'를 안내하고 수용해주는 '우리'라는 개념의 생성적 대인관계의 기초가 됩니다. 이와 더불어 장 의식은 메타 공간의 알아차림이 내 생각, 행동, 느낌 그리고 내 존재가 머물 공간을 만드는 생성적 대인관계의 기본입니다. 장 의식은 경쟁이 아닌 상호보완적 관계입니다. 또 '이것 아니면 저것'이라는 양자택일 개념이 아니라 '함께/모두'를 지향합니다. 우리가 곧 알게 되겠지만, 장 의식은 생성적 결과를 창조해내는 데 아주 의미 있는 역할을 합니다.

우리가 문제를 볼 때, 일반적으로 두 입장 사이의 충돌로 바라봅니다. 이 충돌에는 폭력이 개입되는데, 한 입장이 자신의 견해를 공고히 하기 위해 다른 입장을 제거하려고 합니다. 전형적으로 볼 수 있는 사례가 이상적 자기와 현실 사이에 존재하는 큰 간격입니다. 여기서 이상적 에고는, 로버트가 이전에 얘기했던, 내가 원한다고 생각하는 것, 내가 그래야만 한다고 생각하는 것을 말합니다. 예를 들면, 나는 건강하고 싶은데, 매일 젤리 도넛 12개를 먹는 현실입니다. 현실과 이상적 자기와의 차이입니다.

에고 정체성이 이 문제를 해결하는 전형적인 방식은 문제가 되는 현실을 '없애버리는 것'입니다. 젤리 도넛을 그만 먹어! 겁먹을 것 없어! 너에게 반대하는 사람은 다 공격해!

딜츠: 그래서 여러분은 그 현실을 통제하고, 최소화하고, 제거하려고 합니다.
길리건: 만약 그것이 가능하다면 정말 멋진 일입니다! 가끔은 '안 돼'라고 이야기하거나 그 상황을 무시하는 방법이 실제로 효과가 있기도 합니다. 만약 그렇다면 계속 그렇게 하면 됩니다. 그런데 만일 문제가 계속해서 발생한다면, 그리고 문제를 없애려고 했는데 그렇게 되지 않는다는 것을 다행히 인식할 수 있다면, 그럼 대안은 무엇입니까? 이 물음에 대한 우리의 대답은 '스폰서십'입니다.

스폰서십

딜츠: 스폰서십은 생성적 공간으로 들어가는 것입니다. 이 생성적 공간에서는 그 어떤 것도 안전하고 기술적으로 포용해주기 때문에 새로운 것, 긍정적인 경험 그리고 현실이 피어납니다. 구름을 포용해주는 하늘과 같은 이치입니다. 새롭고 긍정적이면서, 그 어떤 것도 모두 일어날 수 있는 공간으로 들어가는 것입니다. 포용해주는 환경 안에서 변혁이 가능해집니다. 우리가 다루는 핵심적인 원칙은 다음과 같습니다. 센터링되지 않은, 스폰서링받지 못한, 그리고 통합이 되지 않은 모든 에너지는 문제가 됩니다. 어떤 에너지가 연결되지 못하고, 거절당하고 센터링되지 않은 상태가 문제입니다. 문제를 다른 말로 그림자라고 부릅니다.

만약 여러분이 어떤 감정 때문에 힘들어 한다면, 여러분은 자신이 그 감정에 센터링하고 있지 않다는 것을 알 수 있습니다. 여러분은 그 감정을 싫어하고 원하지 않습니다. 그 감정은 여러분 안에 있는 다른 에너지와 통합하지 않은 상태로 있습니다. 이 감정은 언제나 순수하고 원시 형태로 존재합니다. 따라서 스폰서십은 있는 그대로를 환영해주고, 그 감정을 포용해주는 형태로 센터링해주어야 합니다. 그 감정이 다른 에너지와 통합하고, 여러분의 여러 가지 다른 모습과도 통합하면 변혁이 일어납니다.

길리건: 예를 한 번 들어보겠습니다. 저는 남부 캘리포니아 샌디에이고에서 살고 있습니다. 몇 년 전에 지는 금요일 오전 슈퍼비전 그룹을 진행했습니다. 여섯 명 정도의 심리치료사들이 와서, 세 시간가량을 그들이 어려워하는 상담 사례를 저와 함께 검토했습니다. 제 학생 가운데 한 명은 제 사무실에서 20마일 떨어진 큰 군부대 근처에서 일하고 있었습니다. 제 제자에게 스물여섯 살의 해병대 장교가 다음과 같은 이유로 찾아왔다고 합

니다. 해병대 장교가 어렸을 때, 그녀와 그녀의 언니는 옆집 사람에게 지속해서 성적 학대를 당했다고 합니다. 그런 일이 일어날 때마다 가해자는 이렇게 말했다고 합니다. "다른 사람에게 말하면 네 언니를 죽여버릴 거야." 그녀는 이 일을 잊지 않았지만, 그가 언니에게 무슨 짓을 할지 몰라서 신고할 수도 없었습니다.

그래서 트라우마를 겪은 많은 사람이 그러는 것처럼, 그녀는 영웅의 여정과 멀어졌습니다. 그녀는 해병대에 입대했는데 그녀의 주특기가 무엇인지 아시겠습니까? 그녀는 소형 무기 폭파 전문가가 되었습니다. 바로 이라크에 있다는 대량 파괴가 가능한 소형 무기들입니다. 그런데 이런 무기들은 계속 미국에 있었습니다. (웃음) 누가 생각이나 했겠습니까?" 충격적이었습니다. (더 큰 웃음) 어쨌든 그녀는 이런 소형 폭탄에 접근 가능한 권한을 부여받았습니다. 그 뒤로 어떤 판타지가 그녀에게 생겼는지 아십니까? 사랑과 평화와 용서일까요? 아닙니다. 물론 아닙니다…. 그녀는 소형 폭탄 한 개를 가지고 우리가 아는 그 사람을 찾아가는 그런 강렬한 판타지에 빠져 있었습니다. 사실 그녀는 그렇게 하고 싶지 않았습니다. 그의 목숨을 빼앗고 싶지 않았습니다. 그러면 자기 인생도 한 방에 끝날 것을 알기 때문입니다. 그러나 그 판타지는 너무나 강렬했습니다.

그래서 그녀는 이 상담소를 찾아와 내 학생인 심리치료사에게 이야기 했던 것입니다. 치료사가 그 판타지를 들었을 때, 매우 긴장하고 겁에 질렸습니다. (스테판이 긴장하고 놀란 것처럼 연기한다.) 그리고 이완… 하라고 암시를 주었습니다. 이완하세요…. 해변의 한 장면을… 떠올려보세요. 모든 것을 떠올려 보세요. 판타지만 빼고! (아주 긴장하고 이완되지 않은 음성으로 청중에게 말한다. 웃음)

확실히 그녀는 우리가 말한 소매틱 센터링 연습을 잊어버렸습니다. 당연히 고객은 더 불안했습니다. 다행히 그녀는 이 상담 사례를 함께 도와줄 지지 그룹이 있었습니다. 우리는 그녀가 어떻게 해야 하는지 토론하기 시작했습니다. 곧이어 스트레스를 받은 것 같은 그 학생 치료자가 말했습니다. "죄송합니다. 이 상담 건을 더 잘 진행하고 싶은데, 자꾸 이 상황에 압도당합니다."

"걱정하지 마요. 그 고객을 우리 수퍼비전 그룹에 모셔오는 것은 어떨까요?" 제가 말했습니다. "함께 그 고객을 한두 번 정도 인터뷰해보죠. 그런 다음 상황을 지켜봅시다." 그녀는 좋은 아이디어라고 생각했습니다. 고객도 좋다고 했습니다. 그래서 다음 금요일에 저는 대기실에서 그들을 만날 수 있었습니다. 이 여성은 매우 흥미롭게도 정신이 나가 있는 것처럼 보였습니다. 제 말은 그녀를 단단하게 땅에 뿌리내리게 하거나 이끌어줄 인간 센터human center가 없는 트랜스 상태에 있다는 뜻입니다. 그녀는 정신 사나운 머리를 하고 있었으며, 이는 몇 개 빠져 있고, 알이 매우 두꺼운 안경을 쓰고 있었습니다. 그녀는 얼굴에 약간 이상한 미소를 띠고 있었습니다. 저는 속으로 생각했습니다. "그래, 그녀는 할 수 있을 거야. 그녀가 와서 다행이야." (작은 웃음). 우리는 제 사무실로 자리를 옮겼습니다. 저는 고객과 세션 초반에는 몇 분 동안 침묵의 센터링하는 시간을 갖습니다. 저는 이렇게 말했습니다. "자, 오늘 여기서 자신을 위해 매우 중요한 것을 하려고 합니다. 우리 내면의 가장 깊은 곳에 연결하는 침묵의 시간을 잠시 가져 볼까요?" 이 시간에 고객은 안정을 좀 취할 수 있고, 저는 스스로 '명상적인 만트라meditational mantra'에 조율하는 시간을 가질 수 있습니다. 그 만트라는 이런 것입니다. '여기서 무언가 치유가 일어납니다. 그녀의 영혼에서 어떤 것이 이 세상에 나오려고 합니다. 제가 그것을 감지하고, 받아들여서, 그녀가 영적으로 깨어나도록 돕게 해주세요.'

딜츠: 우리가 말씀드린 것처럼 판타지의 이면에는, 에너지의 이면에는, 그리고 증상의 내면에는 긍정적인 의도가 있습니다.

길리건: 다음으로 제가 했던 명상 만트라는 이런 것이었습니다. '어떤 말을 듣더라도 다 일리 있는 말이라고 받아들인다.' '내 의식적 마음은 침묵을 지키고 있으므로, 어떻게 그게 말이 돼라는 말은 하지 않는다.' 스폰서십에서는 모든 경험의 순간을 '일리 있는 것'으로 받아들여야 합니다. 한 영혼이 세상을 향해 나아가는 관점에서 봐야 하기 때문입니다. 제가 거기에 앉아 있는 동안, 그녀의 살인 충동은 그녀의 치유 과정이 시작될 좋은 징조라는 것을 저는 오래지 않아 깨달았습니다. 만약 여러분이 고통받고, 가족 가운데 한 명이 반복적으로 강간당했는데, 어떤 이유 때문에 수년간 아무것도 할 수도 없었다고 생각해보시기 바랍니다. 그런데 어떤 변화가 일어나서 치유 과정이 시작된다면, 그 첫 번째 단계로 무엇을 하겠습니까? 용서? (스테판이 머리를 흔든다.) '그 자식을 죽여 버릴거야!' 아마 이것이 가장 자연스러운 첫 번째 단계일 것입니다. 맞는 말 아닙니까? 스폰서십의 핵심 아이디어 가운데 하나는, 가톨릭 수녀님이 어린 시절 제게 가르친 것과는 다르게, 실행하는 것이 아니라고 생각하는 것입니다. 즉 그 생각을 행동으로 옮기지 않고 생각과 감정을 위한 충분한 공간을 만들 수 있을 것입니다. 생성적 인지의 중요한 개념인 '그것이 되지 않고, 그것과 함께 있는 것'이 가능해야 이 과거의 사건을 긍정적인 경험으로 변형할 수 있습니다.

딜츠: 여러분은 에너지를 스폰서링해야지 그 행동을 스폰서링해서는 안 됩니다.

길리건: 여러분은 되도록이면 에너지가 넘치는 장을 만들고 싶어합니다. 문제를 수용하고 포용할 장을 만들기를 원합니다.

딜츠: 우리는 충동을 스폰서링하는 것이지 어떤 특정한 행동을 스폰서링하는 것은 아닙니다. NLP에서는 "정체성을 행동에서 분리하라."라고 말합니다. 저는 제 힘을 다해 해로운 행동을 못하게 할 것입니다. 동시에, 저는 이 행동을 유발하는 정체성과 긍정적 의도를 지지하기 위해 제 모든 힘을 다할 것입니다.

길리건: 그녀를 보았을 때, 저는 그녀와 라포가 형성된 것을 느낄 수 있었습니다. 그래서 그녀에게 도발적이지만 부드럽게 말했습니다. "당신이 어떤 놈을 날려 버리고 싶어하는 것을 이해합니다…." 그녀는 놀라움에 매혹되어 두 눈을 크게 떴습니다. 그리고 예상했던 것처럼, 그녀는 수줍은 아이처럼 자신의 눈을 숨기며 저를 외면했습니다. 일반적으로 여러분이 어떤 사람의 센터에 있는 무언가를 건드리면, 그 사람이 자신의 센터와 분리하기 전에 몇 초간의 시간이 생깁니다. 그건 좋습니다. 그 사람이 센터와 분리된다고 해도 여러분은 그러면 안 됩니다. 여러분은 존중하고, 이완하면서 연결하고 있어야 합니다. 잠시 뒤, 그녀에게 물어보았습니다. "당신이 가진 기술 가운데 어떤 것을 쓰는 것이 가장 좋을까요?" (몇몇이 웃는다.) 그녀는 아주 재미있어 하는 듯이 보였고 그녀의 눈은 이리저리 움직이기 시작했습니다. 그녀는 시각적으로 다른 판타지를 찾는듯 보였습니다. 그녀가 뭔가 한 개에 꽂힌 것처럼 보였을 때 제가 말했습니다. "맞아요, 바로 그것이에요! 그게 뭐였죠?" 그녀가 나를 보면서 잠시 웃었습니다. 그리고는 다시 눈을 숨겼습니다.

그때쯤, 저는 그녀와 깊은 라포를 맺었다고 느꼈습니다. 그리고 제가 가졌던 저만의 판타지 이미지가 떠올랐습니다. (심리치유자나 코치가 이렇게 고객과 관계의 장에 들어가는 것을 암시합니다.) 핵심은 이런 이미지에 길을 잃거나 고정되지 않는 것입니다. 그리고 창조적인 무의식이 분노를 정당하게 표현할 수 있도록 다양한 방식에 호기심을 가져야합니다.) 저는 한 개를 골라 이야기했습니다. "파이프 폭탄을 그의 엉덩이에 꽂는 것은 어떨까요?" (웃음) 이번에는 그녀가 저를 보았습니다. 그리고 계속 쳐다보면서 매우 몰두해 있는 듯했습니다. 그녀는 이렇게 얘기했습니다. "*선생님은 저랑 말이 통하네요. 무의식적으로 선생님에게 집중하게 되네요.*"

딜츠: 액티브 센터링 연습의 핵심 단계를 기억하시기 바랍니다. *방해하는 에너지를 만납니다. 그렇지만 그 에너지에서 도망치거나, 그 에너지를 반대하지 않고 받아들입니다. 그리고 그 정중한 만남을 통해 여러분이 어떻게 그 에너지와 결합하고 또 그 에너지를 다른 방향으로 전환하여 새로운 패턴과 결과가 나타날 수 있는지 확인해보아야 합니다.*

길리건: 액티브 센터링을 통해 그 에너지를 만나면, 그 에너지가 지닌 상처를 축복해주어야 합니다. 원시성의 경험을 온전한 인간으로 만들기 위해서는 축복이 필요합니다. 그래서 제가 말했습니다. "앞으로 몇 주 동안 당신 안에 떠오를 다른 모든 이미지는 모르겠습니다. 그렇지만 당신에게 뭔가 아주아주 못된 일이 일어났다는 것은 압니다. 무슨 이유인지는 모르지만 어쨌든 당신은 지금까지 치유하지 못하고 있었습니다. 그렇지만 지금은 치유가 시작되었다는 느낌이 듭니다. 이제 당신 안에 있는 존재에게 치유가 시작되었다는 말을 하고 싶습니다. *환영합니다… 환영합니다… 환영합니다…*. 그런데 그 나쁜 놈을 죽이고 싶어 하는 당신 안의 존재가 느껴지면 몸의 어느 부분에서 그 에너지가 강하게 느껴지나요? 그녀가 동작으로 보여주었습니다. (그녀가 강하게 한 손으로 자신의 배를 쳤다.) 제가 그녀와 공감하며 말을 건넸습니다. "그래요. 저도 그곳이 느껴집니다."

저는 그녀의 센터에 있는 존재와 조율했습니다. 그 존재가 그녀의 힘과 지혜의 원천이었습니다. 그리고 그녀에게 이렇게 이야기했습니다: "당신 내면에 있는 존재에게… 이야기하고 싶습니다: 당신은 진실하게 이야기합니다. 당신 안에는 많은 분노가 있습니다. 그 이야기를 들을 수 있어 다행입니다. 당신의 모든 힘이 그 안에 있습니다. 당신의 고통을 이제 치유할 수 있게 되어 감사합니다."

그녀의 눈시울이 붉어졌어요. 그녀의 상처가 축복을 받고 보살핌을 받자 몸의 긴장이 풀렸습니다.

어제 우리가 했던 것처럼, 저는 그녀에게 그 핵심 감정을 센터링하는 방법을 알려주었습니다. 그렇게 하자 핵심 감정을 포용하고 필요한 치유가 일어날 수 있는 안전한 공간을 그녀는 창조할 수 있었습니다. 이렇게 그녀는 자신의 어두운 분노와 상처를 인간적인 자원으로 변환하는 자신만의 여정을 시작했습니다. 그 인간적 자원은 생명을 보호하고, 자신을 지키며, 사회 불의와 폭력에 대항하는 일이었습니다. 그녀가 자신의 복부 에너지와 연결한 경험은 그녀에게 앵커링이 되고, 뿌리내리기가 되고 또 지혜의 창고가 되었습니다.

딜츠: 우리는 이전에 센터링과 스폰서링 그리고 통합 프로세스를 말씀드렸습니다. 어떤 에너지가 문제가 되어 나타나면, 먼저 센터링하고 그 문제를 맞이하시기 바랍니다. 그 문제를 센터로 가져옵니다. 그 문제에게 차 한 잔 하자고 말을 건넵니다. 어떻게 하면 연결을 통해서 그 문제와 당신 둘 모두를 도울 수 있는지 호기심으로 바라봅니다.

우리가 이번에 다룰 내용은 스폰서십입니다. 저는 문제를 맞이하고, 문제와 함께 뿌리내리기를 하고 함께 움직입니다. 그리고 그 문제에게 일종의 축복을 해줍니다. 철학자 알버트 카뮈는 '다른 사람이 내 존재를 알아봐주고 축복해주기 전까지, 나는 아직 완전하게 존재하지 않는다'라고 했습니다. 그렇습니다. 스폰서링은 존재를 알아봐주고 축복해주기입니다.

보통 그 사람의 타고난 선물에 대해서는 그렇게 하기가 쉽습니다. 그렇지만 그 사람의 상처에 대해서는 알아봐주고 축복해주기가 더 어렵습니다. 그러나 우리 영웅의 여정에서 이것은 중요한 도전이자 꼭 필요한 기술입니다: 상처를 치료하는 방법과 '괴물'을 변형하는 방법. 스폰서십은 치유와 변형 그리고 깨어남의 생성적인 관계입니다. 이것이 우리가 이번에 다루려는 내용입니다.

길리건: 스폰서십 절차는 예술과 문화의 핵심적인 과정입니다. 또 온전한 사람이 되는 과정에서도 필요한 핵심적인 절차입니다. 왜냐하면 각각의 과정에서 원시적인 에너지를 온전한 인간의 형태로 바꾸는 것이 필요하기 때문입니다. 스폰서십에서 여러분은 상대의 내면에 있는 그 어떤 것도 모두 인간적인 것으로 보려고 합니다.

딜츠: 스폰서십은 좋은 부모가 되는 원칙과 똑같습니다.

길리건: 어린이가 이 세상에 완벽한 인간으로 오는 것이 아니라는 것은 의심의 여지가 없을 것입니다. 스폰서십은 오랜 시간이 걸리는 절차입니다. 문명의 가장 위대한 업적 가운데 하나가 아이들을 사람처럼 식사하도록 가르치는 일일 것입니다. (웃음) 제 딸은 열여섯 살이 되어갑니다. 제 딸은 이 힘든 도전적 과제에 대해 장기간의 치료를 받았습니다. (웃음) 매일, 하루에 세 번, 일년 365일을 사람처럼 먹는 치료의 시간이 있었습니다. 마침내 조금 개선이 되었습니다. (웃음)

먹는 것이든 그 어떤 것이든, 온전한 인간이 되는 길에는 많은 문제와 방해하는 에너지가 있습니다. 만약 아이가 한 살이면 음식을 얼굴에 묻히면서 온 얼굴을 신나게 범벅으로 만듭니다. 여러분은 자신의 그때를 기억하십니까? (몇몇이 고개를 끄덕이며 웃는다.) 만약 그 아이의 부모라면 희망하건대 이렇게 소리지르지는 않을 것입니다. "정말 못된 아기로구나, 왜 다른 아기들처럼 못하는 거야! 네가 착한 아기라면 어른처럼 먹을 수 있어야지?" 이렇게 말하는 대신, 다음과 같이 생각할 것입니다: 지금 일이 진행되고 있군. 아기는 지금 양육이 필요한 때야. 기쁜 마음으로 보살펴 줘야지.

제 딸은 꽤 사나운 아이입니다. 그 아이는 착하고 긍정적인 전사의 에너지를 가지고 있습니다. 딸이 세 살 때 친구랑 뒷마당에서 놀고 있었습니다. 그 친구가 조의 인형을 가져갔습니다. 조가 방망이를 들었습니다. 다행히 그건 플라스틱 방망이였습니다. 그러고는 방망이로 그 아이의 머리를 때렸습니다. (웃음) 부모의 양육이 절실히 필요한 순간이었습니다. 그렇죠? 문제는 어떻게 그것을 스폰서링하는 것이냐입니다. 어떻게 그 폭력성을 수용해주느냐 하는 것입니다. 그 아이의 재능과 선함을 일깨워 주는 방식으로 말입니다. "네 감정을 참 잘 표현했어! 감정이 생기면 바로 표현해야 해." 이렇게 이야기하실 건가요? (웃음) 아니면 다가가서 아이의 머리를 흔들며 "우리 집에서 그런 짓은 안 돼! 이건 나쁜 짓이라고 나쁜 짓!" 이렇게 소리 지르실 건가요? 물론 이건 아닙니다. 스폰서십의 원칙은 긍정적인 의도와 그 마음의 패턴에 있는 의도를 감지해내고 인정해주는 것입니다. 그리고 그 의도와 연결하여 새로운 가능성이 나타나도록 하는 것입니다. 그래서 먼저 "와, 이 아이는 정말 용맹한 기상이 있구나!" 이 점을 깨닫는 것입니다. 이것은 이 아이가 가진 엄청난 선물입니다. 다만 약간의 작업이 필요할 뿐입니다. 그런 아이의 영혼을 축복해주기 위해서는 연결되어야 합니다. 그리고 어떻게 하면 인간적인 방식으로 표현할지 궁리해보아야 합니다. 이 용맹함을 없앨 필요는 없습니다. 단지 인간적으로 만드는 것입니다.

딜츠: 스폰서링의 핵심은 어떤 것의 이면에 있는 인간의 긍정적 가치를 알아보는 것입니다. 이렇게 하려면 어떤 에너지가 있든지, 어떤 행동이 있

든지 모두 수용할 수 있어야 합니다. 그래야 상대방의 그 에너지와 행동이 왜 일리가 있었는지, 어떤 긍정적인 결과를 내려고 했는지 알 수 있습니다. 일례로, 제 아들이 어렸을 때 제 양육이 필요했던 일이 기억납니다. 그 아이가 자기 여동생 때문에 화가 났습니다. 그래서 공격적으로 달려가서 때리고 밀어 넘어뜨려서 울렸습니다. 부모로서 어떻게 하시겠습니까? 아이를 때리고 이렇게 말씀하시겠습니까? "동생을 때리면 못써! 다른 사람을 때리는 것은 나쁜 짓이야!" (웃음.) 그 대신 저는 긍정적인 의도를 찾아보려고 했습니다. "동생을 때린 이유가 있었니? 왜 그렇게 한 거니?" 이런 내 질문에 그 아이가 저를 바보 아니냐는 듯이 쳐다보면서 대답했습니다. 그 애를 다치게 하고 싶었어요." (웃음.)

지금 이것이 스폰서십의 핵심입니다. 이때가 바로 여러분이 그 에너지를 받아주고 그 에너지와 함께 오래 있어 주어야 하는 상황입니다. "넌 참 나쁜 아이야."라거나 "동생을 다치게 하는 것은 잘못된 행동이야."라고 말하는 대신 "어떤 의도로 동생을 다치게 한 거니?" 이렇게 물었습니다. "갚아 주려고 했어요, 똑같이." "똑같아진다는 것이 무슨 뜻이니? 왜 똑같아져야 하는 거지?" "그러면 공평해져요. 동생이 제 인형을 가져갔어요. 그래서 갚아주려고 했던 거예요."

그래서 제가 말했습니다. "*아하, 공평.* 그거 엄청 중요하지. 공평은 네 인생에서 꼭 필요한 것이라고 아빠는 생각한단다. 공평해지는 방법을 알아보지 않을래? 공평하기 위해서 주먹을 쓰는 대신 말로는 어떻게 하면 되는지 알아볼까? 공평함을 너는 어떻게 이해하니? 어떻게 느끼니?"

이런 관점으로 보게 되면, 우리의 강력한 에너지를 어떻게 인간적 가치를 위해 쓸 수 있는지 탐색해볼 수 있습니다. 여러분은 눈앞에 있는 것을 없애려고 하지 말고 있는 그대로를 인정하고 방향을 재설정해주면서 어떤 다양하고 새로운 가능성이 생겨나는지 관심을 가지고 지켜보아야 합니다.

길리건: 기본 원칙은 이것입니다.

무언가 근본적인 변화를 만들려면, 바꾸려는 시도를 멈추어야 한다.

우리 자신 또는 다른 사람에게서 무언가를 바꾸려고 하는 것은 우리가 이런 메시지를 전달하는 것과 같습니다. '당신의 현재 상태는 좋지 않습니다. 지금 모습은 사랑스럽지 않습니다.' 의도적이든 아니든, 사람의 영혼을 깎아내리는 것은 사람의 변화를 더 어렵게 합니다. 그 대신 우리는 이렇게 말해야 합니다: '네가 한 행동이 일리 있다고 생각해. 동생을 때리고 싶은 마음도 이해해. 네 마음을 충분히 이해하고 너에게 힘이 되어주고 싶어.' 여러분은 '동생을 때리는' 이 근원에는 공정에 관해 얼마나 깊은 관심이 있는지를 호기심으로 보아야 합니다. 모든 증상과 문제의 중심 안에 인간의 어떤 선함이라는 보석이 들어 있는지 궁금해해야 합니다. 스폰서십은 인간에게 내재한 그 선함과 연결하고 그 보석을 풀어 놓아주는 예술입니다.

딜츠: 그것을 풀어 놓아줄 때 비로소 그 사람은 성장하게 됩니다. 이것이 여러분이 한 사람으로서 성장하는 방법입니다. 이 스폰서십은 아마도 많은 여러분에게 꽤 색다른 접근 방법일 것으로 생각합니다. NLP 트레이닝을 받으신 분의 경우, 고객의 증상이나 불편한 감정을 대할 때 이렇게 하도록 배웠을 것입니다. '지금 이 사람은 부정적인 상태에 있어! 여기 변화시킬 기술이 있어, 이 사람이 이 상태에서 빠져나오게 하고, 상황을 변화시키고, 제거할 그런 도구가 내게 있어!' 그렇지만 저는 여기서 여러분에게 기존과는 다른 획기적인 방법을 제안하고자 합니다. '에고 때문에 생긴 원치 않는 감정을 통제할 기술이 여기 있어.' 이렇게 말하는 대신 '여기 이 사람의 영혼을 성장시킬 방법이 있어!' 이렇게 생각하기 바랍니다.

알버트 아인슈타인Albert Einstein은 어떤 문제를 일으킨 생각의 틀로는 그 문제를 해결할 수 없다고 말했습니다. 문제가 둘 사이의 충돌이나 갈등이라면, 그 갈등의 한쪽을 강화하는 방법으로는 문제를 해결할 수 없습니다. 왜냐하면 그 갈등의 다른 한쪽이 위기 상황에 처하면, 긴급한 대책을 세울 것이기 때문입니다. 그 충돌이 한 사람의 내면의 문제이건, 사람 사이의 문제이건 또는 다른 문화나 국가의 문제이건 말입니다. '힘으로 군림하는' 방식으로 문제를 해결하는 것은 갈등을 더 부추기며 새로운 해결책을 만들어 낼 수 없습니다.

길리건: 영웅과 챔피언 사이에는 근본적인 차이가 있다고 말한 것을 기억하시기 바랍니다. 갈등이나 시스템의 한쪽이 다른 한쪽보다 더 우월하다는 것을 확실히 하기 위해 도전과 갈등 상황에서 챔피언은 나와 다른 것을 물리치려고 합니다. 그러나 영웅의 소명은 관계의 역학과 관계의 장을 바꾸는 것입니다. 그러면 이것 아니면 저것이라는 폭력성이 모두 함께라는 보완성을 향해 열릴 수 있습니다. 우리는 장 안에서 더 온전함을 창조하기를 원하는 것이지, 한쪽이 일방적인 통제를 하는 장의 어느 한 부분이 되기를 원하는 것은 아닙니다.

딜츠: 따라서 영웅의 여정에서, 우리의 목표는 자신이 힘들어하는 감정이나 부정적인 에너지를 파괴하고 없애려는 것이 아닙니다. 나 자신이 좀 더 인간적인 사람이 되고 난 뒤, 그 감정과 에너지를 인간적으로 만드는 것입니다. 우리는 처음에 센터링하면서 생성적 소매틱 수준을 열었습니다. 이제 여러분은 생성적 인지 과정인 스폰서십을 추가했습니다. 이 스폰서십에서는 새롭고 긍정적 경험과 결과가 나올 수 있게 상대를 있는 그대로 품어줍니다.

여러분이 문제가 되는 에너지를 물리치거나 억누르기에 성공하면, 여러분은 그 에너지를 다시는 사용할 수 없게 됩니다. 만약 자신의 모든 감정을 억누르는 데 성공하면, 내 몸은 마비되거나 에너지가 사라집니다. 그래서 우리가 주장하는 바는, 그 문제가 품고 있는 에너지가 여러분이 영웅의 여정을 성공으로 이끄는데 필요한 에너지라는 점입니다. 여러분의 여정이 어려우면 어려울수록, 여러분은 자신이 사용 가능한 모든 에너지가 필요합니다. 여러분은 자신의 두려움 안에 있는 힘이 필요할 것입니다. 여러분은 자신의 비판적 판단 안에 있는 힘이 필요합니다. 여러분은 자신의 고뇌와 슬픔 안에 있는 에너지가 필요합니다…. 그뿐만 아니라 당신 안에 있는 기쁨의 에너지, 흥분의 에너지까지 필요할 것입니다. 이 모든 에너지에 접근해서 사용할 수 있어야 여러분은 비범한 일을 해낼 수 있습니다. 따라서 이런 관점에서 보면, 내가 적을 쓰러뜨리는 것은 우리 자신을 쓰러뜨리는 것과 같을 수 있습니다.

스폰서십 연습

딜츠: 이번 실습에서는 삶이라는 더 큰 맥락에서 여러분이 걸어가는 영웅의 여정을 더 깊이 이해하고 음미하기 위하여 스폰서십의 프로세스를 연습해보겠습니다.

길리건: 제가 개발한 과정을 통해, 여러분은 영웅의 여정 관점에서 인생을, 자신 또는 다른 사람의 인생을 이해하게 될 것입니다. 한 사람의 인생에서 그의 과거와 현재 그리고 미래를 인터뷰하는 것은 정말 흥미롭고 유익한 일입니다. 왜냐하면 그 사람의 인생에서 중요한 일들이 그가 이 세상에서 온전히 깨어나기 위한, 자기 영혼의 긍정적인 빛이었다는 것을 깨닫게 되기 때문입니다. 이 과정의 시연을 보여드리고 나서, 여러분도 직접 파트너와 연습해보겠습니다. 인터뷰를 위한 질문은 다음과 같습니다.

실습: 영웅의 여정을 위한 질문

> 1. 당신의 소명은 무엇입니까?
> 2. 자신의 소명이 완수되었다면 그것을 어떻게 알 수 있을까요? (내적/외적 상태)
> 3. 언제 이 소명을 처음 들었습니까? 그 뒤의 추가적인 소명은? (긍정적 초월 경험과 부정적 사건)
> 4. 어떤 방식으로 소명을 거부했습니까? 거부한 결과는?
> 5. 어떤 사람이 여러분의 소명을 위한 모델/인류 조상/스폰서입니까?
> 6. 어떤 사람이 부정적인 사례/경고입니까?
> 7. 어떤 괴물이 여러분이 가는 길을 막고 있습니까? (내면의 상태/습관과 중독/외부 관련된 것)
> 8. 여러분이 가는 길을 지지하고/보살피고/동기부여해주는 자원은 무엇입니까?
> 9. 자신의 영웅의 여정에 헌신하게 하는 것은 무엇입니까?

딜츠: 앞선 실습에서 보셨던 것처럼, 이 인터뷰가 의미 있으려면 그냥 질문하는 것이 아니라 고객이 그 질문에 대답할 수 있는 공간, 즉 컨테이너를 만들어주어야 합니다. 질문 자체보다 중요한 것은 당신의 프레즌스입니다. 최악의 인터뷰는 여러분은 질문하고 상대는 자신의 에고 지능이 만들어 낸 피상적인 대답만 하는 것입니다. 위의 질문에 대한 상대방의 대답이 그 사람의 영혼에서 나오도록 우리는 공간을 만들어야 주어야 합니다. 코치와 치유자로서 또 부모와 매니저로서 여러분의 중요한 역할은 당신 안에 있는 또는 다른 사람 안에 있는 최고의 강점을 꺼낼 수 있는 공간을

만들어주고 유지하는 것입니다. 인터뷰하기 전에, 스테판과 제가 자신의 센터와 연결되는 지점으로 찾아가보겠습니다.

길리건: 그것이 현란하거나 비밀스러운 비법일 필요는 없습니다. 그런 것은 오후 세션에 하겠습니다. (웃음) 그저 이렇게 말하면서 시작하시기 바랍니다: "대화를 시작하기 전에, 먼저 잠시 몸과 마음을 가다듬겠습니다." (로버트와 스테판이 천천히 센터링 과정을 시작한다.)

스테판과 데모

딜츠: 다시 한번 말하지만, 제가 느끼는 저와 스테판 사이의 거리는 제가 느끼는 저와 저 자신과의 거리와 똑같습니다. *그래서 우선 저는 제 자신과 연결해보겠습니다…. 이완하고… 내 주의를 센터로 가지고 옵니다…*. 어제 연습했던 것처럼 여러분은 먼저 자신의 센터에 들어간 다음, 장을 향해 열려야 합니다. 그래야 여러분 파트너도 그 장 안에 함께 머무를 수 있습니다. 여러분이 *다른 사람에게 줄 수 있는 최고의 선물은 바로 여러분의 정성스러운 주의 집중입니다*. 여러분의 가장 정성스러운 주의를 이 인터뷰에 집중합니다.

길리건: 인터뷰를 받는 쪽에서는, 이 인터뷰를 자신의 내면 깊은 곳을 발견하는 기회로 삼아야 합니다. 질문자를 기쁘게 하거나 좋은 인상을 주려는 생각은 놓아버리시기 바랍니다. 여러분을 자기 자신과 깊게 연결하도록 도와주는 질문자의 모든 노력을 감사하게 받아들입니다.

딜츠: 이전처럼 두 명 모두 센터링하고 준비가 되었다면 둘 만의 신호를 보내는 머리를 끄덕입니다…. (잠시 뒤, 로버트와 스테판이 고개를 끄덕인다.)

스테판, 당신 삶을 돌아보고 미래를 볼 때, 당신 인생의 진정한 소명은 무엇입니까?

스테판: (잠시 생각하며) 음, 흥미롭네요…. 어떻게 표현해야 할지 어렵습니다. 제가 경험했던 일을 표현할 적당한 말이 없기 때문입니다. 지금 생각해보니, 이에 대한 가장 적절한 대답을 찾자면 아마도 '*주어진 현실을 넘어서라*'입니다. 나 자신뿐만 아니라 내가 만나는 사람에게도 해당됩니다. 자기 자신 앞에는 무한한 다른 현실이 있다는 것을 사람들이 깨닫도록 도와주고 싶습니다. 그리고 모든 사람이 자신 앞에 있는 다양한 현실 가운데 하나를 선택하고 그 삶을 살 수 있는 능력도 있습니다. *특정하게 주어진 현실에만 묶여 있을 필요가 없습니다. 언제나 저 너머에 무언가가 있습니다*…. 제 소명은 바로 이 개념과 관련한 것이라고 확신합니다.

딜츠: (천천히 그리고 부드럽게) 스테판, 소명을 달리 설명할 단어가 마땅히 없다는 당신만의 그 아름다운 공간, 저는 그 공간이 정말 느껴집니다. 자신과 다른 사람이 제한된 현실을 넘어서도록 도와주고, 다른 사람들이 수많은 현실이 존재한다는 것을 볼 수 있게 도와주는 것이 소명인 것을 잘 들었습니다. 또 당신의 소명은 사람들이 그곳에 갈 수 있도록 도와주고, 그들이 자기가 원하는 현실을 선택할 수 있다는 것을 깨닫게 도와주는 것입니다.

길리건: 음… 네…. 흥미로운 것은, 제가 어렸을 때 이것과 관련한 아주 깊은 경험을 한 것이 떠올랐습니다.

딜츠: 네. 마침 지금 말했던 소명을 처음 들은 순간을 물어보려고 했습니다.

길리건: (멈추어서 생각에 잠기며) 사실은, 그것과 연결된 몇 가지 경험이 있습니다…. 그 가운데 지금 생각나는 것은 뭔가 막혀 있고 음울하고 우울한 상태에 대해 느꼈던 슬프고도 혼란스러운 제 감정입니다. 저는 어렸을 때 모든 사람이 이런 경험을 한다고 생각했습니다. 아마 이런 경험 때

문에 저는 이런 충동이 일어납니다…. 가끔 저는 사람들에게 트랜스에서 깨어나라고 흔들고 싶어요…. "그게 다가 아니라 뭔가 더 있다는 것을 모르겠어요?" 이런 느낌으로 말입니다.

전혀 다른 차원의 기억도 있는데…. (미소) 어린 시절 믿을 수 없을 정도로 놀라운 기억이 있습니다. 제가 여덟 살이나 아홉 살 정도였을 때로 기억합니다. 저는 제 이탈리아인 할아버지와 깊이 연결되어 있음을 느꼈습니다. 저를 매우 긍정적으로 스폰서링해주신 할아버지를 저는 정말 사랑했습니다. 부활절 일요일에 대가족이 모였습니다. 저는 제가 항상 있던 한쪽 구석에 앉아 트랜스 상태에서 사람들에게 어떤 일이 벌어지는지 지켜보고 있었습니다. 할아버지와 텔레파시 같은 것으로 연결된 느낌이 기억납니다. 할아버지가 나를 사랑한다는 느낌이 아주 좋았습니다. 할아버지는 전채 요리 접시를 부엌으로 가지고 와서 다시 채우셨습니다. 할아버지와 아주 깊이 연결되었다고 느꼈던 것이 기억납니다. 그리고 할아버지는 복도를 향해 가셨습니다. 할아버지가 시야에서 사라질 때쯤, 저는 이런 무서운 느낌이 들었습니다. '할아버지와 연결된 느낌이 사라질 것 같아!' 그 순간 저는 제 몸 밖으로 뛰쳐나갔고 할아버지의 몸 안으로 들어갔습니다. 그리고 생각했습니다. '와.' (약간 웃는다.)

할아버지가 부엌으로 걸어가자, 저는 할아버지 눈 바로 뒤에 앉아 있다는 느낌이 들었습니다. 마치 할아버지의 모든 의식을 보고 있는 것 같았죠. 그건 아주 놀라운 경험이었습니다. 그렇지만 할아버지가 채소를 자를 때 저는 아주 깜짝 놀랄 만한 것을 알아차렸습니다. *할아버지는 그 순간 내 존재를 인식하지 못하고 있었습니다. 그 순간 할아버지의 현실에서 저는 존재하고 있지 않았던 것입니다.* 그건 정말 충격이었습니다. 이 공간이 갑자기 나타난 것은 충격이었습니다. 아주 많은 경험이 내 마음속에서 순간적으로 스치듯 지나갔습니다. 그날 늦은 저녁 저와 우리 가족이 할아버지 댁의 계단 아래 서 있는 모습을 저는 보았습니다. 우리는 할아버지에게 잘 가라고 손을 흔들고 있었습니다. 우리는 몇 달 동안 할아버지를 볼 수 없다는 것을 알고 있습니다. 그렇지만 할아버지가 향후 몇 달간 경험하게 될 순간들을 저는 알 수 있었습니다…. 저는 그 대부분 경험에서는 없을 것입니다만. 제 자신의 현실을 넘어서 수많은 현실이 있다는 것을 알게 되는 멋진 경험이었습니다. 저는 샌프란시스코 할아버지 이웃을 조감도로 바라보는 것 같았습니다. 저는 그 이웃들을 모르고 앞으로도 모를 겁니다. 그들은 순간순간 자신들이 경험하는 현실에 있을 것입니다. 제게는 이 세상에는 지속적으로 팽창하는 수없이 많은 현실이 있다는 것을 느꼈던 아주 멋진 경험이었습니다. 그리고 내 모든 인생을 이 일에 바칠 수 있겠구나, 그리고 이 일에 아직 발도 떼지 못하는 상황이라는 것을 느꼈습니다. 그 순간 저는 이렇게 깨달았습니다. *이것을 탐구하는 일에 내 남은 인생을 바칠 거야!*

딜츠: (멈춰서 숨을 들이마시고 부드럽게 대답한다.) 정말 감동적인 이야기입니다…. 아홉 살 소년을 느낄 수 있었습니다. 정말 스테판에게 딱 맞는 이야기였습니다. 그 깨어남을 정말 느낄 수 있었습니다…. 아주 강렬한 이야기입니다. 스테판, 당신 삶에 깊게 각인되는 순간임을 알 수 있었습니다.

길리건: 예….

딜츠: 그 이후 다른 소명이 또 있었습니까? 긍정적이고 탁월한 종류의 경험이나…. 아니면 다른 사람들이 자신에게 주어진 하나의 현실 너머에 무수히 많은 현실이 있다는 것을 깨닫게 도와주는 데서 겪은 힘든 역경이 있었습니까?

길리건: 아. 제 의식을 열리게 도와준 중요하고 아주 긍정적인 경험들이 있

습니다.

딜츠: 음….

길리건: 그런데 흥미로운 것은, 제 초창기 시절에는 특히, 기쁨과 환희를 추구하면서 다른 것에는 관조적이 되었습니다. 즉 저와 제 주위에 일어나는 불행한 일은 모두 잘라냈습니다. 이렇게 감정을 배제하는 전략은 긍정적인 측면도 많았지만 부정적인 측면도 없지 않았습니다. 긍정적으로 '초월하는' 경험을 저는 제가 마주하고 다루어야 할 감정적 고통과 상처를 회피하는 데 활용한 것 같습니다. 부여받은 선물로 상처를 숨기는 데 사용했다고 할까요?

딜츠: 음…. 당신은 자신과 다른 사람에게 무한한 현실이 있다는 것을 인식하도록 돕는 것과 더불어, 당신의 여정에는 뭔가… 당신을 위해 진행하는 것이 있었군요…. 어떻게든 당신의 부정적 에너지와 연결되는.

길리건: 예. 이 모든 놀라운 현실을 보는 재능이 있었습니다. 이 현실들은 제 개인사와 관계없이 별도로 존재해 있었을 것입니다만. 모든 사람은 보석을 한 개씩 받습니다. 그 재능은 제게 주어진 선물이라고 생각합니다…. 아시다시피, 빛은 어둠에 있는 어떤 것을 가리고 눈멀게 하는 데 사용할 수도 있습니다…. 저는 폭력적인 알콜 중독자 가정에서 자랐습니다. 하기 힘든 이야기도 많이 있습니다. 여러 가지로 보살핌을 받지 못했습니다. 뒤돌아보면, 저는 어떤 면에서는 제 재능을 잘못 이용했던 것 같습니다. 그때는 도움이 되었다고 생각했는데, 지금은 생각해보니 도움이 안 된 것 같습니다. 이 이야기를 하다 보니, 제 여정이 어떻게 변했는지 볼 수 있어서 흥미롭습니다.

딜츠: 이런 질문이 떠오르는데요. 인생의 소명을 거부한 적이 있었습니까? 그 결과는 또 어떤 것이었습니까?

길리건: (잠시 멈춘다.) 제가 길을 벗어난 것은 크게 두 가지였습니다. 하나는 제 재능을 살리는 삶이 아니라 돈과 명예를 추구했습니다. 이런 삶은 저를 곤경에 빠지게 했죠.

딜츠: 음….

길리건: 다른 하나는 아일랜드 가톨릭계의 좋지 못한 성향인 섹스와 마약 그리고 로큰롤이었습니다. (로버트가 웃는다.) 농담이 아니라, 이런 것에 빠질 때면, 제 삶의 소명에서 멀어져 간다는 느낌이었습니다. 저는 이 두 가지에 제가 정말 주의를 기울여야 했다는 것을 깨달았습니다. 저와 저를 사랑하는 사람에게 큰 고통을 준다는 것을, 제 경험을 통해 알게 되었습니다. 또 자신의 길을 최선을 다해 걸어가는 삶이 얼마나 내게 큰 기쁨과 만족감을 가져다주는지도 제 경험을 통해 알게 되었습니다…. 아시다시피, 삼 년 전에 가슴 아픈 이혼을 했는데 제 핵심적인 삶에서 크게 벗어났다고 느꼈습니다. 그러나 요즘은 이전보다 많이 좋아졌습니다.

딜츠: 음…. 네, 저도 느낄 수 있습니다.

길리건: 내 소명이 무엇인지 느끼는 것은 중요합니다. 자기 소명을 위해서 살아가면서 느끼는 행복과 흥분을 경험하는 것이 중요합니다.

딜츠: 음…. 최근 당신은 어디에서 성장의 위기를 느끼고 있습니까? 다시 말해서, 당신의 길을 방해하는 악마는 무엇입니까?

길리건: (잠시 멈춘다.) 그 괴물 가운데 하나는… 질문을 받고 방금 떠오른 것은, 아내와 이혼으로 겪는 고통입니다. 그 고통이나 분노를 치유해야 한다는 생각…. 다른 괴물은 아무도 사랑해주지 않을 것 같은 느낌이 올라오는 어린 시절 제 안의 두려움입니다. 이것이 나도 모르게 저를 일에 매달리게 하는 것 같습니다.

딜츠: 다음 떠오르는 질문은, 당신의 소명을 위한 롤 모델, 인류 조상, 스폰

서는 어떤 사람들이었습니까?

　　이들 중에서 당신이 얘기한 아픔과 두려움을 치유하는 데 도움이 되는 내적 자원들은 무엇이 있을까요?

길리건: (잠시 멈춘다.) 제가 어렸을 때, 저는 스폰서가 아주 많았다고 생각했습니다. 이십 대에는 에릭슨Erickson, 베이트슨Bateson, 사티어Satir, 존 릴리John Lilly, 그린더Grinder, 밴들러Bandler, 스탠포드 교수님들 같은 수많은 위대한 스승이 있어서 행복했습니다. 저는 최근에는 그때 제가 필요하고 원하는 방식으로 이런 긍정적인 스폰서들과 연결되지 않았다는 것을 깨달았습니다.

딜츠: 음….

길리건: 그런데 저는 티베트 불교에 관심이 많습니다. 특히 달라이 라마Dalai Lama 같은 스승 말입니다. 이런 스승이 제 내면의 아픔과 분노를 치유하는 데 정말 좋은 롤 모델이고 스승입니다. 개인적으로 또 제 직업적으로도 도움이 됩니다. 우리가 지금까지 해온 대화를 통해서도, 현재 내 삶을 위해 좋은 스폰서들이 필요하다고 절실히 느낍니다.

딜츠: 음…. 그 이야기를 들으니 아주 감동적이고 진실함이 전해져 옵니다. 그 말에 개인적으로도 아주 공감합니다. 이것과 관련해 두 가지 중요한 질문이 생각납니다. 첫 번째 질문은 당신이 자기 자신의 길을 가도록 지원하고, 보살펴 주고, 동기부여 해주는 내면의 자원은 무엇입니까? 그리고 그것과 관련해서, 당신이 영웅의 여정의 길을 가도록, 그 여정에 더 깊게 헌신하게 해주는 것은 무엇입니까?

길리건: 사실 저도 그 질문에 대해 깊이 생각해보았습니다. 내게 점점 확실하게 다가오는 대답은 스스로 돌보는 과정과 관련이 있습니다. 바쁜 생활 속에서 어떻게 나를 돌보느냐에 있습니다. 저는 독서가 제 상상력의 문을

열어주는 하나의 큰 자원이라고 생각합니다. 그것을 통해 놀라움과 나 자신을 넘어서는 현실에 들어가는 느낌이 듭니다. 그리고 그 현실이 어떻게 열리는지 호기심을 가지게 됩니다.

그리고 매일 하는 명상과 요가가 있습니다. 명상과 요가는 제게 아주 중요합니다. (잠시 멈추고 웃는다.) 아시는 것처럼, 제 딸 그레이스로 인해 저는 센터에 집중하게 됩니다. (로버트와 스테판이 웃는다.) 아쉽게도, 그레이스는 지금 중국에 있고, 저는 미국에 있습니다. 그렇지만 여전히 중요한 관계입니다. 우리는 매일 이야기를 나누고 있습니다. 주님 스카이프를 주셔서 감사합니다. (로버트가 웃는다.)

딜츠: 당신이 얼마나 자신의 현실을 확장하려고 하는지 알 수 있었습니다. 제 마지막 질문은 미래에 관한 것입니다. 어떻게 당신의 소명이 실현되었다는 것을 알 수 있을까요? 미래를 보았을 때, 당신이 원하는 곳에 있는지 어떻게 알 수 있습니까? 지금 당신에게 미래로 달려가라고 손짓하는 것은 무엇이겠습니까?

길리건: 음, 제 안에서 느껴지는 것은 빛이 뿜어져 나오는 가슴입니다.

딜츠: 네, 빛이 뿜어져 나오는 가슴….

길리건: 이렇게 양팔을 활짝 열어 젖힌 이미지가 느껴집니다. 자유롭게 멋지게 살아가는 느낌이 듭니다. (양팔을 벌린다.)

딜츠: (부드럽게) 정말 그래 보이는군요…. 그 거대하고 활짝 열린 가슴을 존경합니다.

길리건: 감사합니다. 로버트, 당신의 사랑과 스폰서십을 받을 수 있어서 정말 좋았습니다…. (로버트와 스테판이 껴안는다.) (박수)

스폰서십 기술

딜츠: 다음은 여러분이 누군가와 어떻게 하면 신성한 대화를 할 수 있는지 알아보고자 합니다. 어떻게 하면 상대방이 마음속 깊은 곳에서 자신의 꿈, 진실, 소명, 인생의 여정을 말하게 할 수 있겠습니까? 제가 대기업의 CEO를 코칭할 때 중요하게 생각하는 것은 대화의 진정성입니다. 이것은 건강 문제로 고민하는 사람을 코칭할 때도 마찬가지입니다. 여러분도 느끼셨겠지만, 우리가 대화에 쏟는 진실함이 있어야, 상대방 내면의 깊은 진실을 응원하고 환영해줄 수 있는 아름다운 장을 열 수 있습니다.

대화하는 쌍방 모두에게 굉장히 강력한 효과가 있습니다. 인터뷰했던 저에게 스테판이 해준 말은 파장이 되어 아주 깊은 울림을 주었습니다. 스테판이 했던 말뿐만 아니라 그의 말이 나오는 곳, 그리고 그 말의 이면에서 나오는 에너지 모두가 저에게는 감동이었습니다.

길리건: 로버트가 저를 지지해주는 방식도 제게는 아주 좋은 경험이었습니다. 그렇게 안 보였는지 모르겠지만, 로버트와 이야기하는 시간의 반 이상은 마치 그가 없는 것처럼 느껴졌습니다. 로버트의 질문과 질문 방식 덕분에, 저는 제 내면의 흥미로운 곳에 닿을 수 있었습니다. 그리고 나서, 로버트를 다시 바라보았습니다. 로버트가 빛나는 눈으로 환한 미소를 보이며 제 여정을 아주 흥미로워한다고 느끼자 아주 기뻤습니다.

딜츠: 스테판의 책 『사랑할 용기 The Courage to Love』에서는 스폰서십을 하는 기술 몇 가지를 소개합니다. 첫 번째는 자신과 연결하는 내면의 일치성입니다. 두 번째는 내 파트너와 연결하는 것입니다. 이야기를 들어주는 사람으로서, 스테판의 이야기에 완전히 빠져들어 헤매지 않도록 조심해야 하는 순간이 있었습니다. 그래야 스테판의 이야기를 들을 때, 저 자신이 프

레즈스를 유지하고 들을 수 있기 때문입니다. 그래서 저는 저 자신과 항상 연결하려고 노력했고, 또 스테판과의 연결도 유지하도록 신경 썼습니다.

세 번째와 네 번째 스폰서십 기술은 상호 보완성 기술입니다. 상호 보완성 기술은 호기심과 수용성입니다. 호기심은 내 자신의 표현이며, 내 관심의 표현입니다. 그렇지만 호기심은 스테판이 말하는 것, 말하고 싶은 것, 말하려고 하는 것에 대한 수용성과 균형을 맞추어야 합니다. 호기심에만 집중하면, 내가 알고 싶어하는 것만 들으려고 하기 때문입니다. 또 너무 수용적이기만 하면 자신의 프레즌스를 유지할 수 없고, 그러면 앞으로 진행해야 할 내용에 관한 공간을 만들 수 없게 됩니다. 실습에서 여러분이 이야기를 들어주는 사람, 즉 코치가 되면, 다음 네 가지 기술을 몸에 익히는 것이 중요합니다: 자신과 연결하기, 고객과 연결하기, 여러분 내면의 호기심과 궁금증 그리고 상대방이 정말 말하고 싶어 하는 것을 수용하는 기술.

길리건: 파트너와 실습해보는 시간을 갖겠습니다. 여러분이 해야 할 핵심은 다음과 같습니다. *당신 영웅의 여정에 대해 알려주세요…. 그 여정의 과거, 현재 그리고 미래에 대해서. 당신의 악마, 가디언 그리고 내면의 자원에 관해서도 말해주시기 바랍니다. 당신 삶의 마음 깊은 곳에서 나오는 계획에 대해 이야기해주세요.* 우리가 시연에서 했던 질문을 모두 할 필요는 없습니다. 그 가운데 몇 가지만 하셔도 좋습니다.

딜츠: 저희가 시연했던 똑같은 순서로 하실 필요도 없습니다. 대화가 진행됨에 따라 필요하면 더할 수도, 뺄 수도, 아니면 수정해서 해도 됩니다.

길리건: 인터뷰를 하시는 분은 상대방이 여러분에게 공유하는 모든 것을 숨으로 깊이 들이 마신다고 생각하시기 바랍니다. 상대의 그 침묵 요청에 조율합니다: *저는 당신이 전해주는 영웅의 여정, 그 아름다운 트랜스에*

깊이 몰입합니다. 당신의 이야기에 관찰자로 또는 참여자로 당신과 함께 있습니다.

딜츠: 제가 스테판이 하는 이야기를 듣고 있을 때, 말 그대로 그가 해준 아름다운 이야기를 호흡으로 들이마신 순간이 (숨을 들이 마신다) 있었습니다. 그렇게 하고 나니, 스테판이 가진 고유한 생명력과 고유한 에너지 그리고 그의 여정에 깊이 연결되었다는 느낌이 들었습니다. 이것은 스폰서십의 중요한 부분입니다. 그 사람의 깊고 아름다운 영혼의 이야기를 느끼고 반영해주는 것입니다. 마사 그레이엄Martha Graham의 말을 인용하면 이렇습니다. 파트너의 고유한 생명의 힘을 발견하고 그 힘과 연결하라.

길리건: *내 고객은 지금 위대한 여정을 가고 있습니다.*

딜츠: *이 사람은 지금 무언가 엄청난 일을 하고 있습니다. 그것이 무엇입니까? 뭔가 아주 중요한 일이 지금 여기에서 벌어지고 있습니다.*

길리건: 이제 여러분의 파트너를 찾아서, 사람들이 지금까지 경험하지 못했던 새로운 길을 떠나 보시기 바랍니다.

저항과 거부 다루기

길리건: 이 실습은 한 사람의 위대한 모습을 보고 또 느낄 수 있는 방법입니다. 사람들은 살아가면서 긍정적이든 부정적이든 많은 경험을 합니다. 이 경험은 모두 영웅의 여정이 전개되는 큰 그림의 일부분입니다. 인생의 역경과 고뇌를 외면하는 것이 아니라, 여러분은 더 큰 맥락에서 이 역경과 고뇌를 볼 수 있어야 합니다. 어떤 사람의 문제가 아무리 크더라도, 우리 자기의 공간은 언제나 이 문제보다 훨씬 더 큽니다. 우리가 지금 겪는 핵

심적인 경험 한가운데를 보면, 그곳에는 우리를 깨우고, 치유하고, 성장시키려고 하는 우리의 영혼이 자리잡고 있습니다.

딜츠: 여러분이 자신의 여정에 관해 전반적인 감을 잡았다면, 이제 이 여정의 다른 부분과도 만나보겠습니다. 이번에 다루고자 하는 주제는 임계점의 몇 가지 특성과 자기 소명을 거부하는 것에 관한 이야기입니다. 여러분이 여행의 임계점에 도달하면 흔히 저항하게 됩니다. 왜냐하면 우리가 가는 여정의 과정에서 악마와 그림자를 마주쳐야 하는 것을 알기 때문입니다. 안 좋은 소식은 악마가 하나가 아니라 많다는 것입니다.

길리건: (장난스럽게 놀라고 당황하는 행동을 하며) 와, 진짜 대단하네요! (웃음) 영웅의 여정을 가라고 저를 꼬시더니, 이제 와서는 수많은 악마에게 잡힐 거라고 말씀하다니! (더 큰 웃음)

딜츠: (그의 손을 스테판의 어깨에 올리며.) 좋은 소식은 그건 문제가 안 된다는 겁니다. (웃음) 스테판이 조금 전 장난스럽게 보여준 것처럼, 악마 이야기가 나오기만 하면 바로 저항과 의심이 일어나, 이 여정을 갈지 말지 다시 생각하곤 합니다. 어제 카르멘과 한 액티브 센터링에서 우리는 악마와 자신에게 다가오는 외부의 부정적 에너지를 다루었습니다. 이번에는 자신의 내면에서 오는 악마도 포함해보려고 합니다. 그래서 이번 실습에서는 제가 개발한 과정인 '영웅의 여정 출발하기'를 진행해보겠습니다. 이제 여정의 다음 단계로 가는 것입니다. 다음은 우리가 진행할 과정의 요약입니다.

실습: 영웅의 여정 출발하기

여러분이 자기 영웅의 여정을 잘 되돌아보았다면, 여러분은 코치나 파트너와 함께 다음과 같은 형식으로 자신의 여정을 시작하시기 바랍니다. 한 분이 고객이 되고 다른 분은 코치 역할을 해주시기 바랍니다. 우리는 물리적인 시간선timeline과 '만약 ~이라면' 이 두 가지 프레임을 이용하여 어떤 저항이 있는지 확인하고, 그 저항을 변형하고자 합니다. 이 과정을 통해서 여러분은 자신의 임계점을 넘어설 수 있으며 자기 영웅의 여정을 시작할 수 있습니다.

1. 바닥에 시간선을 가상으로 긋습니다. '소명'과 '악마'를 시간선 미래의 위치 중에 원하는 곳을 골라 위치시킵니다.

[그림 2.1] 물리적인 시간선은 과거를 소환하고 미래 모습을 그려 볼 수 있다.

2. 고객 또는 영웅은 현재 상태에 자리를 잡습니다. 악마를 다루어야 하고 소명을 달성하기 위해 넘어야 하는 임계점에 이르렀을 때의 감정을 느껴보게 합니다. 그리고 질문해봅니다. 무엇이 당신을 주저앉히고 있습

니까? 어디에서 저항이 옵니까?

3. 고객 또는 영웅이 느끼는 이 저항을 물리적 형태로 전환할 수 있도록 도와줍니다. 즉 저항의 느낌을 고객 신체를 통해 은유적 형태로 표현해 보게 합니다. (예, 고객의 등을 잡거나 미는 느낌, 고객을 아래로 끌어 잡아당기는 느낌, 궤도에서 끌어내리는 느낌) 고객이 바로 그거야라고 하는 직관적인 느낌이 올 때까지 다양한 롤 플레이를 시도합니다.

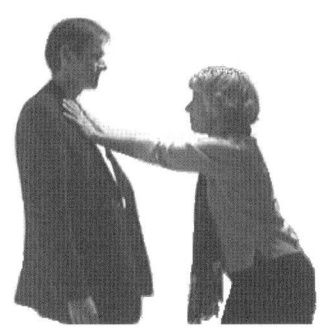

[그림 2.2] 스폰서는 고객이 자신의 저항을 신체적 표현으로 바꿀 수 있게 도와줍니다. 저항을 신체적 은유로 사용해 역할극으로 진행하면, 고객이 자신의 임계점을 넘는 데 도움이 됩니다.

4. 스폰서와 고객이 위치를 바꿉니다. 고객은 이제 자신이 직접 자신의 저항이 되어 봅니다. 바뀐 관점에서 고객은 이런 질문을 할 수 있습니다. 내가 가진 이 저항의 긍정적 의도는 무엇일까? 이 긍정적 의도를 새롭고 더 적절하게 표현하려면 어떤 자원이 필요할까? 신체적으로 나타난 내 저항의 표현을 어떻게 변화시켜야, 저항이 내 인생의 걸림돌이 아닌 긍정적인 가디언이 될 수 있을까?

[그림 2.3] 스폰서와 고객이 자리를 바꾼다.
고객은 자신의 저항이 되어서 그 저항의 긍정적인 의도를 생각합니다.

5. 고객은 자신의 현재 시간선을 떠나 미래 지점으로 이동합니다. 마치 모든 임계점을 극복하고 뛰어넘은 것처럼 상상하며, 자신의 소명이 실현된 미래의 한 지점으로 이동합니다. 고객은 실현된 소명, 그 지점에 서서 성공한 느낌과 센터링한 느낌을 음미해봅니다.

6. 소명이 이루어진 그 지점에서 고객 또는 영웅은 뒤로 돌아서 임계점에서 좌절하는 자신의 현재를 봅니다. 이 지점에서 고객은 자기 자신의 가디언/스폰서가 되어 현재의 나에게 자원과 메시지를 전달합니다.

7. 고객은 다시 현재로 돌아와 미래의 내가 보내준 메시지와 자원을 받아서 현재로 가지고 옵니다. 고객은 이 자원을 이용해 어떻게 이 저항을 자신의 가디언으로 변형할지 음미해봅니다.

8. 이 자원을 가지고 고객은 다시 자신의 소명을 나타내는 시간선 위의 미래 지점으로 걸어갑니다.

딜츠: 이 실습의 중요한 핵심은 '셀프 스폰서십 self sponsorship' 과정입니다. 즉 자기가 스스로 자신의 코치, 자신의 가이드, 자신의 창조적인 그리고 여러분 연민의 리더가 되는 것입니다. 액티브 센터링에서 했던 것처럼, 우리는 소매틱 마음을 가져야합니다. 스테판이 말한 것처럼 여러분이 가진 평범한 에고의 마음은 영웅의 여정을 가는 데 충분하지 않습니다.

우리는 여러분이 걸어가야 할 영웅의 여정을 시각적으로 표현하려고 합니다. 영웅의 여정을 의미하는 물리적 시간선을 사용할 것입니다. 고객은 시간선 위의 한 지점으로 이동합니다. 그 지점은 자신이 이 여정을 계속할 수 있을지 의심하고 저항하는 곳입니다. 그 지점에서 여러분은 무언가가 자신을 붙들고 방해하며 막고 있다고 느낍니다. 여러분을 막아서는 것은 외부에 있다기보다는 대부분 여러분 내면에 있습니다. 스스로 의심하고 저항하는 것이 이 여정에서 반드시 겪게 되는 핵심적인 부분이라는 것을 강조해서 말씀드립니다. 모든 영웅은 다시 생각하고 고민합니다. 예수님도 고민했습니다. '이게 정말 내가 원하는 것인가? 정녕 이것이 내가 가야하는 길입니까?' 우리는 이 의심의 존재에 감사해야 합니다. 이 의심이 우리 여정에 어떻게 긍정적으로 기여할 수 있는지 살펴보아야 합니다.

길리건: 영웅의 여정이라는 큰 틀에서, 조셉 캠벨 Joseph Campbell은 이것을 '소명에 대한 거부'라고 언급했습니다. 누구도 외부와 내면의 큰 장애물 없이 변혁의 길을 쉽게 걸어간 사람은 없었습니다. 여러분은 이 저항 지점에 도달하게 되어 있습니다. 여러분은 이 의심 지점에 도달하게 되어 있습니다. 그것은 여러분이 임계점에 도달하고 있다는 것을 말하며, 여러분이 지금까지 경험하던 곳을 벗어난 새로운 영토에 발을 내딛으려는 순간임을 의미합니다. 여러분은 이 순간을 기대해야 합니다. 동시에, 피할 수 없는 이 지점을 기술적으로 잘 넘어가기 위해, 여러분은 스스로 훈련해야 합니다.

딜츠: 이런 의심은 논리적이거나 언어로 다가오기보다는, 흔히 몸의 긴장, 수축 그리고 공포처럼 소매틱하게 나타납니다. 이런 의심은 또 자주 불분명하고 비이성적으로 우리에게 다가옵니다. 여러분을 붙들고, 방해하고, 막아서는 몸의 느낌으로 다가옵니다. 그래서 우리는 이 저항을 마음뿐만 아니라 몸의 측면에서도 다루어야 합니다.

빈센트와 데모

딜츠: 그래서 이런 저항을 어떻게 변형시킬 수 있는지 경험해보고 싶은 지원자를 모셔보겠습니다. (몇 명이 손을 들자, 로버트가 한 사람을 선택한다.) 성함을 말씀해주세요.

남자: 빈센트입니다.

딜츠: 빈센트, 우선 당신의 소명과 당신의 여정에 대해서 조금 이야기하면서 우리의 대화를 시작해볼까 합니다.

빈센트: 이전 실습에서 저는 제 여정이 열한 살이나 열두 살쯤 무렵 스카우트에서 시작되었다는 것을 알았습니다. 스카우트의 창시자 바덴 파월 Baden Powell의 메시지를 들은 일이 생각났습니다. 그 메시지는 우리가 세상을 이전보다 좀 더 좋은 곳으로 만들어야 한다는 것이었습니다. 어렸을 때 어느 정도 정의롭지 못한 일들을 보았기 때문에 그 메시지를 충분히 이해할 수 있었습니다.

딜츠: 네. 당신은 세상을 좀 더 좋은 곳으로 만드는 것을 자신의 소명으로 느끼고 있군요? 불의를 변혁하고 사회에 정의를 구현하는 것인가요?

빈센트: 무엇보다, 저 자신이 롤 모델이 되어서 다른 사람들에게 그런 삶을 사는 것이 어떻게 가능한지 보여주고 싶습니다.

딜츠: 간디가 말했죠. 당신이 세상에서 보고 싶은 변화, 당신이 그 변화가 되어야 한다…. 좋습니다…. 빈센트, 제가 궁금한 것이 있는데요, 당신은 자신을 나타내는 상징이 있나요? 당신 소명을 나타낼 수 있는 상징이요?

빈센트: 많습니다.

딜츠: 그 가운데 가장 당신에게 울림을 주는 상징을 하나만 골라 보시기 바랍니다. (빈센트는 고개를 들고, 돌리면서 상징을 찾는다.) 위를 쳐다보면서 찾지 말고, 몸에서 느껴보시기 바랍니다. 지성에서 찾는 것이 아니라 몸의 지혜와 지능에서 그 이미지가 나오도록 해보시기 바랍니다. (빈센트가 눈을 감고 생각에 잠긴다.) 좋아요. 뭐가 있는지 느껴보시기 바랍니다. 당신의 상징은 무엇입니까?

빈센트: (눈을 뜬다.) 그려봐도 될까요?

길리건: 그럼요.

(빈센트가 플립 차트에 평화의 상징을 그린다.)

딜츠: 평화를 몰고 오는 사람 같군요. 이름을 붙여본다면 무엇일까요?

빈센트: 정의입니다.

딜츠: 정의. 좋습니다. 정의가 당신의 소명이군요. 이 소명을 꼭 실행해야 하는 어떤 특정한 상황이나 구체적인 문맥이 있습니까?

빈센트: 제게 가장 중요한 것은 그날그날 삶의 순간들입니다.

딜츠: 네….

빈센트: 매일 매일의 관계에서요.

딜츠: 그래서 당신의 소명은 그날그날의 관계에서 평화와 정의를 실천하는 것이군요.

빈센트: 예, 작은 행동을 통해서요.

딜츠: 작은 행동을 통해서. 당신이 본보기가 되고, 그것을 직접 실행하는 롤

모델이 되는 것이군요.

빈센트: 네. 바로 그것입니다.

딜츠: 좋습니다. (청중에게) 빈센트와 저는 먼저 소명이 무엇인지 확인하고, 그 소명과 관련된 문맥을 파악하는 것으로 대화를 시작했습니다. 그다음, 자신의 소명에 대한 저항이 무엇인지 확인해야 합니다. 악마가 무엇이고 임계점이 무엇인지 확인해야 합니다. 이 질문은 상대의 에고 지능에 묻는 것이 아닙니다. 그 대신 우리는 시간선을 만들 것입니다.

(빈센트에게) 빈센트, 당신의 과거와 미래를 생각해볼 때, 미래가 이쪽인가요? (왼쪽을 가리키며) 아니면 저쪽인가요? (오른쪽을 가리키며)

빈센트: (오른쪽을 가리키며) 저쪽이요.

딜츠: 당신의 미래는 오른쪽에 있고 과거는 왼쪽에 있습니다.

(빈센트가 끄덕인다.)

먼저 현재의 지점에 서서 미래를 봅니다. (빈센트가 방향을 잡는다.)

(청중에게) 코치로서, 스폰서로서, 빈센트가 영웅의 여정을 경험할 수 있도록 안내해보겠습니다. (빈센트에게) 당신 앞에 소명이 있습니다…. 당신의 소명이 평화의 상징으로(플립차트를 가리키며) 표현되어 있습니다. 그 소명은 정의와 평화를 이 세상에서, 일상의 아주 작은 것에서 실천하는 것입니다.

당신 뒤쪽은 어렸을 때 정의롭지 못한 경험을 했던 그 과거입니다. 이런 경험 때문에 어느 정도 당신은 이 여정에 빌을 디딜 수 있었습니다. 우리가 걸어가는 여정 앞에는 악마와 임계점 같은 도전이 있다는 것을 알고 있습니다. 자기 소명에 따라 살기 위해서는 때로는 불쾌하고, 익숙하지 않으며, 불안한 경험들을 하게 될 것입니다. 당신이 자기 비전에 이끌려 소명에 따르는 삶을 살아가는 것을 저는 이해합니다. 그렇지만 이 길에 대한 의심과 자신 안의 저항도 있을 것입니다. (빈센트가 고개를 끄덕인다.) 이런 의심과 저항을 어떻게 느끼는지 궁금합니다. 몸에 어떤 느낌이 있는지 느껴보겠습니다.

(빈센트가 잠시 멈추고 깊게 몰두한다.)

그런 저항의 경험을 공유해줄 수 있겠습니까? 몸 어디에서 어떻게 느낍니까?

빈센트: 여기요. (어깨를 만진다.)

딜츠: 여기요? (로버트가 빈센트의 어깨를 만진다.) 좋습니다. 스테판이 함께하겠습니다. 스테판이 빈센트의 저항 역할을 해보겠습니다. 빈센트, 스테판에게 당신의 저항이 당신에게 어떻게 하는지 알려주시기 바랍니다. 예를 들면, 스테판이 당신의 어깨를 눌러야 하는지 (스테판이 빈센트의 어깨를 누른다.) 아니면 어깨를 잡아당겨야 하는지(스테판이 빈센트의 어깨를 잡아당긴다.) 알려주세요. 스테판이 하는 것을 자세히 느껴보고, 실제 경험했던 느낌과 맞는지 아닌지 확인해보시기 바랍니다. 만약 아니다 싶으면… 이렇게 말씀하시기 바랍니다. "아니요. 그렇게 아니고… 이렇게 좀 해보세요…. 네, 그렇게요." 몸을 잘 생각해보면 당신이 스테판에게 어떻게 알려주어야 하는지 알 것입니다. 당신 몸이 이전에 저항을 어떻게 경험했는지 말입니다. 스테판은 당신이 가는 여정에서 괴물 역할을 할 것입니다. 걱정하지 마세요. 스테판은 이 역할을 아주 잘합니다! (웃음)

길리건: 저는 개인적으로 로버트의 악마 역할을 수년간 해왔습니다. (웃음) 참, 빈센트, 내가 당신 앞에 서 있을까요 아니면 뒤에 서 있을까요?

빈센트: (잠시 멈춘다.) 제 뒤에 서 주세요.

길리건: (빈센트의 뒤로 간다.) 이렇게 누르면 되나요? (스테판이 빈센트의 어깨를 여러 방향으로 누르고 당긴다.) 아니면 이렇게인가요?

빈센트: 예. 그렇게요! 엄지손가락으로 좀 더 세게 누르세요! (몇 명이 웃음)

딜츠: 지금 하는 게 좀 웃기죠. 그렇지만 몸이 정확히 어떻게 느끼는지 알고 있다는 것을 당신이 알게 된다면 아주 흥미로워할 것입니다.

　　(청중에게) 이것이 첫 단계입니다. 파트너에게 저항 역할을 어떻게 하라고 알려주시기 바랍니다. 그러면 당신은 자신의 저항과 분리됩니다.

　　(빈센트에게) 이제 스테판이 악마로서 당신에게 어떤 말을 하게 됩니다. 아마도 "멈춰." "안 돼." 또는 "그건 하면 안 돼." 이런 말들일 것입니다. 어떤 악마가 당신에게 어떤 말을 하나요?

빈센트: 아주 많아요.

딜츠: 어떤 말이죠?

빈센트: 무력감.

딜츠: 네. 무력감에 관련된 것이군요. 정확한 표현을 말해줄 수 있나요?

빈센트: "너 혼자서는 안 돼."

딜츠: 네. 악마가 하는 말은 "너 혼자서는 안 돼."입니다. 스테판에게 빈센트 뒤로 가서 빈센트의 어깨를 누르면서, 동시에 이 말을 함께 하도록 부탁하겠습니다.

길리건: (빈센트의 어깨를 누른다.) 너 혼자서는 안 돼! 너… 혼자서는… 안 돼…. 너 혼자서는 안 돼!

딜츠: 좋습니다. 잠깐 쉬도록 하겠습니다. 괜찮나요, 빈센트? 당신이 이전에 느꼈던 느낌과 같았습니까?

빈센트: 네. 그다음 저는 아주 강하게 저항합니다.

길리건: 그것은 우리가 악마를 마주칠 때 우리 모두에게 일어나는 전형적인 현상입니다. 내 깊은 의도와 목적이 무엇이었는지 잊어버립니다. 빈센트의 경우는 '이 세상에 정의와 평화를 구현하고 싶다.'라는 자신의 의도를

잊어버리고 부정적인 감정에 굴복합니다. 우리는 자기 가슴 깊은 곳에 있는 비전을 잊어버리고는 "내 일부분을 없애도 될까요?" 또는 "이것이 나를 박살내려고 하는 건가요?" 이런 식의 상황으로 바뀝니다.

딜츠: 당신의 발목을 잡으려는 이 존재는 어제 제가 말씀드렸던 '내 안의 테러리스트'입니다. 스테판의 자기 관계 모델 self-relations model 에서는 '외계인에게 홀렸다'라고 표현합니다.

길리건: 이 말은 당신을 자신의 센터에서 소외시키는 존재를 일컫는 말입니다.

딜츠: 다음 순서는 빈센트가 스테판과 자리를 바꿔서 직접 자기 자신의 저항이 되어 보겠습니다. 빈센트가 잠시 자신을 고문을 하겠습니다. (몇 명이 웃는다.)

길리건: 완벽하게 자기 자신의 저항이 되도록 몰입해서, 이 저항을 자신의 내면에서 깊이 이해해야 합니다.

딜츠: 지금은 스테판이 당신 역할을 하고 있으니, 이제 스테판을 누르시기 바랍니다. 거친 목소리로 말씀하시기 바랍니다. "너 혼자서는 안 돼!" 진짜로 저항 에너지를 느끼면서, 직접 그 저항이 되시기 바랍니다.

빈센트: (스테판의 뒤로 가서 어깨에 손을 얹고 누른다.) *너 혼자서는 안 돼! 너 혼자서는 안 돼! 너 혼자서는 안 돼!*

(스테판이 불편한 기색을 보인다.)

(스테판에게) 괜찮은가요?

길리건: 네. 이 자세에서 어떤 느낌으로 다가오는지 흥미롭게 체험하고 있습니다. 괜찮아요. 잘하고 있어요.

딜츠: 좋아요. 빈센트, 계속하는데 이번에는 좀 더 천천히 그리고 센터링된 상태에서 해보세요. 이 악마의 긍정적인 의도가 무엇인지 알아보기 위해서 저항 패턴에 센터링과 프레즌스를 추가해보겠습니다. 어제 공식을 기

억하시죠. *증상과 센터링이 만나면 자원이 된다.* 악마에게도 이 공식이 그대로 적용됩니다. 당신은 지금 자신의 저항 역할을 하는데, 이제 센터링된 상태로 바뀌면 악마의 표현이 더 긍정적이고 유익한 방향으로 변하기 시작할 것입니다.

좋아요, 빈센트. 이해되었습니까? 자, 시작해볼까요?

빈센트: 네…. (스테판과 연결할 때 더 센터링되어 있고, 부드럽게 보인다.) 너 혼자서는 안 돼! 너 혼자서는 안 돼! …. (스테판이 숨을 깊게 내쉬고 이완한다.) …. 너 혼자서는 안 돼!

딜츠: 좋습니다. 잠시 멈추겠습니다. 빈센트, 당신이 '빈센트'에게 이렇게 할 때, 악마의 의도가 뭐라고 느꼈습니까?

빈센트: (감동한 듯이) 연결이요.

딜츠: 연결이요. 아주 흥미롭습니다. 이 저항은 매우 부정적으로 보이긴 했습니다만, 연결되기를 원하고 있었습니다.

길리건: 아주 흥미롭네요. 저도 그때 빈센트가 말한 것과 똑같은 느낌이 들었습니다. 최고의 메시지를 받는 느낌이었어요. (약간의 웃음.) 제가 숨을 내쉰 것 들으셨죠….

빈센트: 네. 저도 흥미롭습니다.

딜츠: 센터링이 안 된 에너지는 문제가 되고, 센터링된 에너지는 자원과 솔루션이 된다고 했던 말을 기억하시기 바랍니다. 여기서 한 단계 더 나가보겠습니다. 스테판이 여기 시간선 위의 현재 위치에 머물면서 계속 빈센트 역할을 하겠습니다. 빈센트는 이쪽 미래 위치로 이동해서 자기 인생의 소명과 다시 연결합니다. (빈센트가 미소 짓고 끄덕인다.) 그리고 현재 지점에서 빈센트 역할을 하는 스테판을 보면서 과거의 자신을 인식하기 바랍니다. 그리고 여기 당신의 미래에서 조금 전 그려보았던 평화의 상징이

되었다고 상상해봅니다. (빈센트가 깊게 호흡한다.) 좋습니다. 어제 연습했던 것처럼, 깊게 호흡하고 당신의 소명이 완전히 이루어졌다고 상상으로 느껴보시기 바랍니다. (빈센트가 완전히 몰입하며 진행한다.) 당신은 여기 자신의 미래에서, 이미 이루어진 당신의 소명을 생생하게 느끼고 있습니다.

빈센트: (미소 짓는다.) 행복합니다….

딜츠: 미래에 있는 당신은 아주 감동적으로 보입니다. 당신 내면을 개발하는 것은 아주 멋진 일입니다. 이것을 계속하면서, 이제는 자기 자신의 스폰서가 돼보기 바랍니다. 시간을 거슬러 올라가서 현재에 서 있는 자신의 모습도 돌아보시기 바랍니다. 현재 시점에서 자신이 경험하는 저항도 한 번 보시기 바랍니다. 그리고 현재 위치에 있는 자신과 저항에게 어떤 메시지와 자원을 가지고 돌아가면 좋겠습니까?

빈센트: 자원으로는, 어제 다른 유연한 에너지와 이완이 필요한 것 같아요. 저는 이완이 많이 필요해요.

딜츠: 음…. 당신은 지금 유연한 에너지와 이완이 필요하군요. 잘 알았습니다. 지금 연결하기를 원하는 이 저항에게 어떤 말을 해주고 싶으세요?

빈센트: 음…. 지금까지 해온 것에 대해 감사하다고 말하고 싶어요. 이제 그것 없이도 잘 살아갈 수 있다는 느낌.

딜츠: 그것 없이도요? 그것을 다른 것으로 변형해볼 수는 없을까요? 왜냐하면 악마의 의도는 당신과 연결하는 것이었습니다.

빈센트: (눈에 눈물이 고인다.) 네… 네… 네.

딜츠: 예. 아주 중요합니다.

빈센트: (감동하면서도 약간 혼란스러워 보인다.) 그것과 함께 살아갈 수 있다는 건가요?

딜츠: 예. 그렇게 생각해요. 당신이 그것을 제거하려고 하면, 악마의 의도나, 연결하고 싶어 했던 그 힘마저 잃어버릴 수 있습니다.

빈센트: (뭔가 해방되는 듯한 강한 감정으로 심호흡한다.) 네.

길리건: 여러분은 지금 빈센트에게 일어난 변혁의 순간을 보고 있습니다. *항상 자신에게 문제라고 여겼던 것이 사실은 내 중요한 자원이었다는 것*을 깨닫는 순간입니다.

딜츠: 이제 악마는 가디언이 됩니다. 저항은 연결이라는 가디언이 됩니다. 저항이 가디언이 되려면 다른 방식으로 자신을 표현할 수 있어야 합니다. 어떻게 다른 방식으로 표현할지 그 방법은 미래의 자신에게서 가져와야 합니다. (빈센트에게) 이전에 이완이라는 자원에 대해 말했습니다. 혹시 저항이 연결이라는 가디언이 되도록 도와줄 수 있는 다른 자원이 있을까요?

빈센트: 최근 합기도를 시작했습니다. 계속할 생각입니다….

딜츠: 합기도에서 배운 가장 큰 자원은 무엇인가요?

빈센트: 부정적 에너지를 다른 긍정적인 것으로 변형하는 것입니다.

딜츠: 네, 좋습니다. 당신은 지금 미래의 공간에 와 있습니다. 이곳에서 당신은 자신의 스폰서이기도 하면서, 자기 소명을 생생하게 느끼면서 살고 있습니다. 이제 미래의 이곳에서 시간선의 현재 위치에 있는 저항에게 조금 전 말한 메시지를 전달해주시기 바랍니다. 부정적인 에너지를 자신의 가디언으로 변형시킬 수 있을지 보기 위해서, 이 자원을 저항에게 어떻게 줄 수 있을지 호기심으로 지켜보세요. 저항이 가디언이 되어서 여전히 연결이라는 긍정적인 의도를 가지고 있다는 것을 기억하시기 바랍니다. 좋습니까?

빈센트: 네.

딜츠: 자 계속 해보겠습니다. 센터링하시기 바랍니다. 저항의 긍정적인 의

도, 유연성이라는 에너지 그리고 이완이라는 자원을 모두 진심으로 느끼세요. 이런 자원을 가지고 시간을 거슬러 저항으로 표현했던 당신의 부분 자아에 가져갑니다. (로버트와 빈센트가 스테판이 빈센트 역할을 하고 서 있던 현재 위치로 갑니다.)

이런 긍정적인 에너지와 의도가 저항에 흡수되고 난 다음, 그 부분 자아에서 어떤 변화가 일어나는지 보세요. (빈센트가 자신이 저항 역할을 했던 지점으로 이동합니다.)

변형이 일어난 미래의 그 지점에서 출발하여, 당신 역할을 하는 스테판이 서 있는 현재 지점으로 이동해서 스테판과 연결하시기 바랍니다. 자기 자신과 연결하세요. 이전과 다르게 어떻게 자신과 연결되는지 느껴보시기 바랍니다. 지금 어떤 에너지로 현재의 자신과 만나고 있습니까?

(빈센트가 스테판의 어깨에 부드럽게 손을 올린다. 둘은 조용히 라포를 형성하고 연결된다.) 가디언으로서 당신이 이 새로운 연결을 느끼면서 떠오르는 말이 있습니까? 여전히 "너 혼자서는 안 돼."입니까? 아니면 다른 말이 떠오릅니까?

빈센트: (스테판과 깊게 몰입되어 보인다.) 긴장하지 않아도 돼. 내가 항상 너랑 있으니까.

딜츠: 네. 좋습니다. 연결이 되었군요.

빈센트: 조급하지 않아도 돼. 느긋하게 해도 괜찮아.

딜츠: 멋지네요. 아주 멋집니다. 빈센트.

빈센트: 네. 그렇네요.

딜츠: 이제 역할을 바꿔보겠습니다. 스테판이 여기 새로운 가디언 역할을 하고, 빈센트 당신은 현재 자신의 위치로 가시기 바랍니다. 한때 저항이었지만 이제는 가디언으로 변형된 스테판에게 스폰서십을 받아보겠습니다.

길리건: (손을 빈센트의 어깨에 올려놓는다. 둘은 깊이 몰입한다.) 좋아요, 빈센트…. 긴장을 풀어요…. 혼자 할 필요 없어요.. 이제 내가 당신과 함께 있어요…. 내가 당신이 가는 그 걸음 걸음을 함께하며 당신을 지지해줄게요.

딜츠: (부드러운 목소리로) 조급해하지 말아요, 빈센트.

길리건: 침착하고 조급해 말아요. 빈센트.

(빈센트가 깊이 호흡한다. 가디언의 메시지를 가슴에 새긴다.)

딜츠: 빈센트, 이제 시간선의 제일 처음으로 가보겠습니다. (스테판과 빈센트가 시간선의 시작점으로 이동한다.) 이제 시간선을 아주 천천히 그리고 정성스럽게 가보려고 합니다. 프레즌스와 연결된 이 느낌을 영웅의 여정 각 지점으로 가져가 보겠습니다. 스테판이 가디언이 되어 당신과 한 걸음 한 걸음 함께 걸어갑니다. 각 지점에서 당신이 이완하고 자신에 대한 사랑이 충만할 수 있도록 스테판이 도와줄 것입니다. 어떤 지점에서는 잠시 멈추고 싶을 수도 있습니다. 그러면 그곳에서 잠시 머물면서, 미래에서 가지고 온 자원과 자기 인생의 과거 특정 사건과 통합하시기 바랍니다.

(빈센트와 스테판이 함께 걷기 시작한다. 스테판이 손을 빈센트의 어깨에 가볍게 올려놓는다. 시간선을 걷는 여정이 몇 분에 걸쳐 진행된다. 빈센트가 주기적으로 어떤 지점에서 멈춰 서 그가 가진 자원을 인생의 어떤 시점과 통합한다.)

(청중에게) 보시는 것처럼, 빈센트는 자신의 자원과 소명에 더 깊게 연결되었습니다. 이 사례를 통해 여러분 내면의 악마가 어떻게 가디언이 되는지, 또 저항이 어떻게 자원이 되는지 감을 잡으셨을 것입니다. 우리는 내면의 악마와 저항이 한 사람의 온전함에 얼마나 중요한지 보았습니다. 악마와 저항은 단지 센터링되고 스폰서링받고 통합되기를 원할 뿐입니다. 빈센트가 자신의 분아分我와 분리된 채 살아온 것은 매우 안타까운 일

이었습니다. 왜냐하면 이 분아分我는 빈센트가 자신의 여정을 잘 헤쳐나가기 위해 꼭 필요한 것이기 때문입니다. 악마로서 필요한 것이 아니라, 센터링과 스폰서십을 통해 변형된 가디언으로서 필요한 것입니다. 이 변혁을 이루어 내는 것이 영웅의 여정에서 우리가 넘어야 할 중요한 도전 가운데 하나입니다.

(스테판과 빈센트가 시간선 여행을 마친다.)

빈센트: 멋진 경험이었습니다. (의미심장하게 고개를 끄덕인다.)

딜츠: 실습을 끝내기 전에, 빈센트, 이번 실습에서 어떤 통찰을 얻었는지 궁금합니다. 당신이 꼭 기억하고 싶은 배움이 있다면 어떤 것입니까?

(빈센트가 깊이 몰입한 듯, 말없이 생각에 잠긴다.)

하고 싶은 말이 있습니까?

(빈센트가 심호흡하고 나서 환한 미소를 짓는다.)

네. 호흡이 그 가운데 하나이군요. 공유해주셔서 감사합니다. 좋습니다.

길리건: 다른 것이 또 있나요?

빈센트: 아주 강렬한 느낌이었습니다…. 말로 표현할 수 없는 아주 깊은 경험이었죠.

딜츠: (청중에게) 보시는 것처럼 빈센트에게 믿을 수 없을 정도로 다른 에너지가 나오는 것이 확실하게 느껴집니다. 실습 초반에는 소명 에너지와 저항 에너지 사이에 큰 차이가 있었습니다. 이제는 두 에너지가 아름답게 통합되었습니다. 저항이 부정적 스폰서에서 긍정적 스폰서로 전환되었습니다.

감사합니다. 빈센트. 당신이 걸어가는 영웅의 여정을 함께 공유해주셔서 감사합니다. 사람들이 살고 싶어 하는 세상을 창조하는 소명. 바로 당신의 도움이 필요합니다.

(빈센트는 로버트와 스테판과 각각 포옹한다. 빈센트가 우레와 같은 박

수를 받고 무대를 떠난다. 그가 자리로 돌아가자 친구들이 환호하며 흥겹게 그를 껴안는다. 웃음과 박수가 강연장을 채운다.)

요약: 셀프 스폰서십을 통한 내면의 저항 변형하기

길리건: 여러분이 보신 것처럼 빈센트는 자신의 여정에서 많은 가디언을 즉시 발견했습니다. (웃음) 이번 실습에서 여러분이 생성적 차원의 인지적 자기의 주요 핵심 내용을 파악하셨기를 바랍니다. 즉 정반대 또는 양극단에 있는 것은 깊은 의미에서 보면 서로 연결된 전체의 한 부분입니다. 그러나 처음 이 양극단을 마주하면 적대적 관계로 보일 수 있습니다. 보통 우리가 보이는 반응이 '좋은 것'과 '나쁜 것'이라는 꼬리표를 붙여서 한쪽 편을 듭니다. '음, 이것은 좋은 편이야, 영웅의 여정과 함께 해야 돼. 그리고 이건 나빠, 나빠, 나빠.' 이렇게 생각하고, 이 둘을 폭력적인 대립의 틀에 가두어 둔다면, 여러분이 생성적 나가 될 가능성은 사라집니다. 폭력은 결코 생성적인 해결책이 될 수 없기 때문입니다. 폭력은 창조하는 것이 아니라 파괴하기 때문입니다.

딜츠: 사실, 우리가 나_self_를 이렇게 적대적인 부분들로 편을 갈라놓으면 우리의 의식은 악화됩니다. 우리 안의 자기에서 서로 싸우느라고 얼마나 많은 에너지가 소모되는지 알 수 있습니다. 영웅의 여정에 필요한 모든 생명의 에너지가 '내부의 적'과 싸우느라 모두 소진됩니다.

길리건: 자신에게 나쁜 자기의 꼬리표를 붙이면 여러분은 전혀 인정받는 느낌이 들지 않습니다. '나는 나빠. 거기 있으면 초라할 거야' 이런 느낌이 들게 됩니다. 또 그렇게 행동하기 시작합니다. 그렇기 때문에 '다른 한쪽'을 호기심과 긍정적 의도로 바라보고 센터링한 소매틱 상태에서 이렇게

생각해보시기 바랍니다. *이 한쪽은 내 안에서 어떤 균형을 맞추려고 하는 것일까? 내게 필요한 것은 무엇이고, 필요 없는 것은 무엇이라고 말해주고 싶은 것일까?* 칼 융Carl Jung은 무의식은 언제나 의식의 편견에 대한 보상 작용으로 나타난다고 말했습니다.

딜츠: 이 말은, 무의식은 항상 반대적인 또는 보완하는 에너지를 끌어들여서 의식의 마음에 균형을 맞추려 한다는 것을 의미합니다. 빈센트의 경우에서 알 수 있듯이, 영웅이 걸어가는 길을 막고 있던 저항이라는 부분 자아는 자신의 어린아이 같은 에너지를 보완하고 완성하기 위해 성숙한 가디언을 데리고 왔습니다. 그러나 그 보완하려고 데려온 에너지가 센터링이 안 되었기 때문에 부정적인 방식으로 표현된 것입니다.

실습을 다시 요약해보겠습니다. 먼저 인생 항로를 나타내는 시간선을 그어봅니다. 이 선은 여러분이 여행의 길 위에 있다는 것을 상징적으로 나타냅니다. 여러분은 인생이라는 멋진 여정을 가고 있습니다. 현재의 지점에 서서 지금 여정에서 저항이나 의심을 어떻게 경험하는지 느껴보시기 바랍니다. 즉 여러분을 억누르는 것, 자기 소명을 막는 것이 어떤 것인지 느껴보시기 바랍니다. 소매틱 에너지 차원에서 느껴보시기 바랍니다. 어깨에서 느껴지나요? 긴장감인가요? 밀거나 막혀 있는 느낌인가요? 그 저항이 몸에서 어떻게 표현되는지 알아차려보시기 바랍니다. 코치가 저항 역할을 해주면서, 그 저항 에너지를 물리적으로 표현하시기 바랍니다.

길리건: 코치 역할을 하실 때 이렇게 물어보시기 바랍니다. *당신이 자신의 저항에서 배울 수 있으려면, 제가 어떻게 당신의 저항 역할을 해야 하는지 알려주세요.*

딜츠: 코치에게 어떻게 몸으로 자신의 저항을 표현해야 하는지 방법을 말씀해 주시고, 저항이 하는 행동 그리고 어떤 말을 하는지도 알려주시기 바랍니다.

길리건: 자신의 내면에서 일어나는 대화에서 어떤 것이 핵심적으로 부정적인 말입니까? 자신을 부정적인 트랜스 상태로 빠지게 하는 최면적인 유도에는 어떤 것들이 있습니까? 예를 들면, 이런 것들입니다. *당신은 이 일에 대한 권한이 없어. 사람들이 널 파멸시킬 거야! 네가 도대체 뭐라고 생각하는 거야? 넌 뭔가 부족해! 넌 잘 안 될 거야!*

딜츠: 자기 내면에 악마의 패턴이 일단 형성되면, 고객은 상황을 인식하는 태도가 바뀌고, 저항 에너지에 진입하게 됩니다. 그리고 자신이 자기 자신의 저항이 됩니다.

길리건: 스폰서십의 핵심은 다음과 같습니다. 부정적인 패턴을 인정해줍니다. 그리고 그 부정적 패턴을 받아들이고, 그 패턴과 함께하면서 다음과 같은 호기심으로 바라봅니다. *부정적인 패턴에도 분명 일리가 있다는 것을 알겠어. 긍정적인 의도가 있는 것이 틀림없어. 그것이 무엇인지 찾고 싶어.*

딜츠: 만약 고객이 부정적 형태로 악마 에너지를 받아들였다면, 이제는 더 천천히 프레즌스를 유지하면서 센터링하고 자기 자신과 조율한 뒤에 자신의 저항 역할을 해보도록 합니다. 저항의 긍정적인 의도를 파악하기 위해서는, 지금 자신의 저항을 느끼는 것을 창조적인 춤이라고 생각해야 합니다. 좀 이상하긴 합니다만 대부분 저항은 실제로는 원래 가졌던 긍정적인 의도와는 다르게 정반대로 표현되곤 합니다. 왜냐하면 대부분 긍정적인 의도를 다음과 같이 부정문의 형태로 표현하기 때문입니다. *상처받지 마라. 실패하지 마라, 혼자서 할 수 있다고 생각하지 마라!* 다른 측면에서 보면, 말의 내용은 긍정적인데 반해, 비언어적인 측면, 즉 목소리 톤은 부정적으로 표현하기 때문입니다. 위의 두 경우 모두, 우리의 소매틱 마음은 부정적인 에너지와 암시를 받아들입니다. 무의식이 부정문을 잘 처리하지 못한다는 사실은 최면에서는 오래된 원칙입니다. 그건 마치 이런 경

우와 같습니다. 제가 비언어적으로 여러분과 소통하려고 하면서 이렇게 말합니다. "절대 넘어지지 마라. 내가 왜 넘어지겠어? (로버트가 '안 넘어진다'라는 의미로 머리를 흔들면서 넘어진다. 웃음)

길리건: 때로는 아주 재미있는 상황이 발생합니다. 제가 한 달 전쯤 인도에서 명상 수련에 참여했을 때였습니다. 옷핀 떨어지는 소리조차 들릴 정도로 아주 고요한 명상 시간이었습니다. 어느 날 한 여성 분이 지도를 하는데 조금 권위적이었습니다. 그녀가 "이 방에서는 절대 기침하면 안 됩니다, 기침을 하면 바로 방에서 나가시기 바랍니다."라고 강한 어조로 말했습니다. 그러자 바로 무슨 일이 벌어지기 시작했는지 상상이 됩니까? 기침이 전염병처럼 퍼졌습니다. 그 여자분은 새로 기침하는 사람에게 매번 이렇게 소리쳤습니다. "저기요, 여기서 기침하면 안 됩니다, 방에서 나가주세요." 그리고 진행 요원이 그를 밖으로 안내했습니다. 그런데 사람들이 돌아가며 기침하기 시작했습니다. 기침 소리는 이내 한계점에 이르렀습니다. (웃음)

딜츠: 여러분도 아시는 것처럼, 명상 지도자의 긍정적 의도는 방을 아주 고요하게 유지하는 것이었습니다. 그렇지만 역설적이게도 결과는 반대로 나타났습니다. 긍정적인 의도를 실현하고 싶으면, 자신이 원하는 바를 긍정적인 말로 표현해야 합니다. 여러분이 저항 상태로 들어가서 저항이 직접 되어 보면, 방금 말씀드린 내용을 이해할 수 있습니다.

그런 다음, 여러분은 시간선에서 자신의 미래로 이동하여 셀프스폰서가 됩니다. 여러분은 이미 자신의 소명을 실현한 자신의 모습을 그곳에서 느껴보시기 바랍니다. 잠시 현재의 나에게 특히 내 '저항'에게 줄 수 있는 자원과 메시지가 어떤 것이 있을까 상상해봅니다. 이런 자원과 메시지가 저항에 전달되면 저항이 어떻게 변형될지, 저항과의 관계에는 어떤 변형이 일어날지 주의해서 보시기 바랍니다. 여러분이 현재의 자신과 저항으로 돌아올 때, 여러분은 자원과 함께 기존의 부정문을 대체할 새로운 긍정문의 메시지를 가지고 와서 저항에 전달해야 합니다.

그다음, 여러분은 현재 시점에 있는 자신의 위치로 가고, 코치는 가디언으로 변형된 저항 역할을 합니다. 여러분은 핵심적인 내면의 관계가 지금은 어떻게 긍정적으로 변했는지 느낄 수 있습니다. 여러분은 이제 양쪽에서 서로 싸우고 저항했던 모든 에너지를 통합하고, 자신의 여정을 살아나가는 데 이 에너지를 더 중요한 일에 사용하게 될 것입니다. 마지막으로 코치는 고객과 시간선의 시작점으로 이동해서, 천천히 시간선을 따라 걷습니다. 새로운 인식과 자원을 가지고 삶의 여정 순간순간을 경험하며 지나갑니다.

이제 파트너를 정해서 실습해보시기 바랍니다.

그림자 통합하기

길리건: 여러분은 저항과 그림자를 변형하는 과정이 영웅의 여정을 가는 데 가장 위대한 도전 가운데 하나인 것을 깨달아야 합니다. 또 이것은 생성적 인지 자기의 가장 중요한 기술 가운데 하나이기도 합니다. 이 변형 과정은 문제 이면에 있는 자원과 방해물 안에 숨겨진 보석을 알아 챌 수 있는 능력을 말합니다. 다시 한번 강조하자면, 인간 의식이 우리에게 주는 가장 중요한 선물은 고통과 고뇌를 기쁨과 전일성wholeness으로 전환할 수 있는 능력입니다.

딜츠: 이 과정의 열쇠는 센터링으로 시작합니다. 여러분이 자신의 인지 마

음을 믿기 전에 소매틱 지능에 완전히 연결되어 있는지 확인해야 합니다. 여러분이 센터를 잃어버리고 있으면 부정적 에너지에 압도당하고 종속되기 쉽습니다. 부정적인 장은 매우 강력할 수 있습니다.

예를 들면, 이라크 아브 가립 교도소에 수감된 죄수를 고문한 미군 병사가 재판받을 때, 변호사가 이 병사를 아는 많은 사람을 만났습니다. 부모, 어린 시절 친구, 옛날 상관 그리고 선생들이었습니다. 그들은 한결같이 이렇게 말했습니다. "그는 나쁜 사람이 아니에요." "그는 폭력적이거나 가학적인 아이가 아니었어요." 저는 이 심문이 진짜인가 의심했습니다. 흥미로운 질문을 해보겠습니다. 평범해 보이는 사람이 어떻게 '괴물'이 될 수 있을까요? 여러분이 센터를 잃어버리는 상황에 놓이면 그 장에 있는 거대한 원형의 에너지가 여러분을 쉽게 집어삼킬 수 있습니다. 만일 그 에너지가 부정적이라면 여러분은 아주 고약한 일을 저지르게 되는 것입니다.

센터는 장에서 균형을 잡아주는 아주 중요한 역할을 합니다. 여러분이 자신의 센터를 유지하면 그 장에 있는 에너지는 당신을 통해서 인간적인 모습으로 변합니다. 여러분이 센터를 잃으면 통합되지 않은 장이 폭력과 혼란을 일으키고, 우리는 에너지를 소모하고 길을 잃게 됩니다. 실제 그런 행동하는 것은 '내'가 아닙니다. 여기서 나는 반절만 인간화된 장에서 놀아나는 꼭두각시입니다. 그러나 여러분이 자신의 센터를 유지하면, 여러분은 인간의 프레즌스를 유지할 수 있고, 장에 대해서도 긍정적인 영향력을 발휘할 수 있습니다.

길리건: 다른 방식으로 얘기하자면, 우리가 센터링하고 있으면, 어떤 고정된 틀에 단단하게 묶여 있는 데서 벗어나며, 우리는 자신의 경험과 행동에 더욱 명확하고, 유연하며 동시에 지혜를 갖게 됩니다. 센터링이 주는 장점 가운데 하나는 의식의 안정을 통해 우리가 호기심을 갖고 열려 있게

해줍니다. 여러분이 자신의 언어라는 틀에 단단히 고착된 데에서 벗어날 수 있을 때, 여러분은 비로소 문제 패턴의 깊은 곳에 있는 긍정적 에너지를 느끼고 깨달을 수 있습니다. 그렇지 않으면 여러분은 그 문제를 단지 문제로만 보고 반응하게 됩니다. 우리가 여기서 알아보고자 하는 것은 우리를 방해하는 이 에너지 안에 있는 선함과 선물의 긍정적 씨앗을 어떻게 느낄 수 있는가입니다.

엔지니어 한 명이 제게 찾아왔습니다. 목 위에서 논리적으로만 생각하는 전형적인 사람이었습니다. 부인은 변호사였으며, 인생에 대해 남편과 똑같은 사고방식을 가지고 있었습니다. 소매틱 에너지와는 철저히 분리된 채 살고 있었습니다. 그가 말문을 열었습니다. "고백할 것이 있는데요. 저는 변태성욕자예요." "무슨 의미죠?" 제가 물었습니다. "저는 인터넷에서 포르노를 하루에 다섯 시간, 여섯 시간, 일곱 시간씩 봅니다." 그가 대답했습니다. 제가 그걸 사람들과 공유하면 환희 같은 것을 느껴요. 뭔가 사회적으로 '불법'이나 '나쁜' 에너지 같은 것이요. 그런데 이걸 어떻게 받아들일 수 있겠어요? 또 이런 것이 어떻게 자원이 될 수 있고, 인간이 부여받은 선함과 선물의 표현이 될 수 있나요?

그래요. 표면적 형태로만 보면 자원으로 볼 수가 없습니다. 그가 한 말을 처음 들었을 때, 저는 제 센터를 잃었습니다. "어떻게 해야 하지요?" 그가 이렇게 묻자, 저는 어린 시절 알코올 중독자였던 아일랜드 가톨릭 교구 사제인 매카시 신부님에게 흘린 듯한 느낌이었습니다. (웃음) 이 신부님은 목에 힘줄이 튀어나오게 힘주어 이렇게 말하는 것 같았습니다. 이 사람에게 하루에 찬물 샤워를 다섯 번, 성모송을 다섯 번 암송, 매번 욕구가 올라올 때마다 주기도문을 오십 번씩 암송하도록 시키세요. (더 큰 웃음) 신부님에게 나를 찾아온 고객이 유대인이라고 설명하려고 했습니다.

(웃음) 그렇지만 그게 문제가 되지는 않을 것 같았습니다. 매카시 신부님은 모든 사람에게 똑같은 처방을 주시기 때문입니다.

지금이 우리가 이렇게 말해야 할 때입니다. "저는 부정적인 상자에 갇혀서 나올 수가 없어요. 정신 좀 차리도록 센터링해야 해요." 센터링한 뒤, 의식적으로 이런 질문을 해봐야 합니다. 무엇이 깨어나려고 하는 것일까? 어떤 것을 치유하려고 하는 것일까? 포르노에 대해서는 매우 명확합니다. 그의 의식적 마음은 논리적이고 이성적으로 살아가라고 강요하고 있습니다. 그렇지만 그의 무의식의 마음은 그것보다 더 재미있는 것을 원하고 있습니다.

물론, 많은 사람이 이렇게 이야기할 것입니다. "변태 행동을 받아들이고 격려해줄 수는 없어요!" 매카시 신부님은 우리 모두의 가슴에 살아 있습니다. (웃음) 다시 말하지만, 우리는 포르노를 보려고 하는 표면적인 구조를 격려하는 것이 아닙니다. 그의 성에 대한 심층 구조에 있는 생성적인 선함에 관심을 가져야합니다. 스폰서십을 통해 우리가 심층 구조와 연결될 수 있다면, 새롭고 더 긍정적인 표면 구조들이 나타난다는 것을 깨달을 수 있습니다.

기본적으로 인정해주어야 할 것이 있습니다. *와, 이 사람은 성적 에너지가 아주 강하구나. 그런데 40년이 넘도록 그는 자신의 성적 에너지를 없애려고만 했습니다. 그러나 없앨 수가 없었습니다…. 놀랍지 않습니까? 따라서 우리는 이 성적 에너지를 어떻게 긍정적으로 스폰서링해서 이 에너지를 또다른 방식으로 경험하고 표현할 수 있는지 살펴보겠습니다.*

그래서 제가 그에게 말했습니다. "제가 정확히 당신을 어떻게 도와드려야 할지 잘 모르겠습니다. 그렇지만 당신이 놀라운 성적 에너지를 가지고 있다는 사실을 부정할 수 있는 어떤 심리치료나 최면은 이 세상에 없습니다. 그가 놀라면서 흥미롭게 말했습니다. "네, 그런데 창피해요." 지금 이 순간이 여러분이 스폰서십을 발휘할 때입니다. 센터링하면서, 판단하지 않고 상대방의 에너지를 깊게 받아들입니다. 당신 내면에 있는 한 공간을 마련해서 그 에너지에 내어줍니다. 그리고 여러분이 가진 부정적 조건화는 제쳐두고, 그 에너지를 축복해줍니다. 그 에너지의 긍정적인 면을 그 사람에게 반영해주세요.

(스테판이 아주 부드럽게 집중해서 이야기한다.) 네, 당신이 성적인 면에서 수치심이 많다는 것을 알겠습니다…. 그렇군요. 좋습니다…. 그것을 알게 되어 기쁩니다…. 성적인 측면에서 당신은 또 어떤 사람입니까?

그가 약간 수줍은 미소를 살짝 띠면서 말했습니다. "저는 정말 흥분이 잘 됩니다." 저는 같은 방식으로 반응했습니다. 먼저 센터링하고, 몰입해서 존중의 마음을 전달했습니다. 부정적 조건화는 제쳐두고, 그의 말을 축복해주고 반영해주었습니다. *네, 성적인 측면에서 당신은 아주 흥분이 잘 되는 사람인 것을 이해했습니다…. (잠시 멈춘다.) …. 성적인 측면에서 당신은 또 어떤 사람입니까?*

우리는 이런 식으로 6~7회 정도를 더 진행했습니다. 그는 매번 다른 차원의 성적 정체성을 표현했습니다. *저는 두려워요…. 나체 사진을 보고 싶어요…. 혼란스러워요…. 저는 남자예요….* 매번 저는 그것을 받아들이고 같은 식으로 피드백해주었습니다. 어떤 시점에서 크게 전환하는 순간이 있었습니다. 여러분도 아마 이와 비슷한 것을 경험한 적이 있을 것입니다. 사람은 자신의 내면 깊숙한 곳을 만났을 때, 그 순간 아름다움을 발산합니다. 저는 그 아름다움이 발산하는 것을 보았습니다. 그것을 느꼈습니다. 저는 감격했습니다. 그가 센터를 찾았다는 표시였습니다. 그는 이제 더는 에너지와 단절되지 않았습니다. 그래서 저는 그에게 이렇게 말했습니다. 잠시 눈을 감고 치유의 여행을 떠나 보시지 않겠습니까? 당신 마음 속 깊은 곳에 있는 지혜의 마음을 통해서, 당신의 이 모든 중요한 차원의 성적 정체성을 새롭고 더 만족스러운 형태로 통합해보지 않겠습니까?

이것은 그에게 멋진 경험이었습니다. 그다음 주에 그가 왔을 때 제가 물었습니다. "어떠셨습니까?" "아주 신기하고 흥미로운 한 주를 보냈습니다!" 포르노를 보고 싶은 욕구가 조금도 생기지 않았어요. 그런데 한 주 내내 아내와 싸웠습니다…. (웃음) 사실 우리는 이전엔 전혀 싸우지 않았거든요.

말 그대로 이들은 집에서 따로 지냈습니다. 밤마다 찬바람이 쌩쌩 불었습니다. 그들은 갑작스럽게 열기와 열정으로 한 주를 함께 보낸 것이었습니다. 성적 에너지가 포르노에서 결혼 생활로 방향을 바꾼 것입니다. 그래서 제가 말했습니다. "아내에게 당신과 함께 여기 와서 상담을 같이 하자고 제안해보시겠습니까?"

"아, 아마 안 오려고 할 거예요" 그가 대답했습니다.

제가 이렇게 말했습니다. "아내의 성 만족감에 대해 이야기할 거라고 말씀하세요." (웃음) "그녀가 왔습니다." (웃음) 그 커플은 저와 함께 상담을 마무리했습니다. 두 사람의 정열과 성적 에너지를 어떻게 하면 긍정적으로 또 만족스럽게 표현할 수 있는지 살펴보면서 말입니다.

착한 자기와 나쁜 자기를 긍정적 보완 관계로 전환하기

길리건: 이 사례를 보면, 지난 실습에서 본 것처럼 두 자기가 충돌했다는 것을 알 수 있습니다. 그의 패턴은 논리적인 '머리형' 엔지니어입니다. 이것이 그의 이상적 자기입니다. 여기서는 '착한 자기'라고 하겠습니다. 착한

자아에 우리는 인용부호를 넣었습니다. 사실은 이것이 '착한' 것이 아니기 때문입니다. 그 사람이 자신의 틀로 규정한 것뿐입니다. 그에게는 '포르노에 중독된' 다른 형태의 자기도 있습니다. 이 자기는 '나쁜 자기'로 표현됩니다. 일반적으로 '나쁜 자기'를 제거해야 착한 자기가 영원히 행복하게 살 수 있다고 생각합니다. 저는 이 두 자기가 동전의 양면이라고 생각합니다. 한 면이 각각 다른 한 면을 완성해주는 것이죠. 그들은 깊은 통일체의 한 단면이기 때문입니다. 영웅의 여정에서 중대한 도전은 이 보완적인 부분이 서로 배타적으로 충돌하지 않고 서로 포용하며 균형을 맞출 수 있는 공간을 창조해내는 것입니다. 이것이 가능하기 위해서는 머리 즉 이성에서 빠져나와야 합니다. 센터로 내려가서 대립을 넘어서는 장을 열어서 보완적인 에너지가 흐르도록 허락해주어야 합니다. 지난 실습이 바로 이 과정이었습니다. 저는 '착한 자기'와 '나쁜 자기'가 긍정적 보완 관계의 생성적 나로 어떻게 변화하는지를 하나의 모델로 만들려고 합니다. 다시 한번 말씀드리면, 여러분은 자신의 모든 에너지와 주의를 소진하게 하는 내면의 싸움을 내면의 조화로 변형할 수 있습니다. 이 내면의 조화가 여러분의 깊은 지혜와 개방성이 창조적이고 위대한 여정으로 실현되도록 해줄 것입니다.

실습: '착한 자기/나쁜 자기' 정체성

길리건: 이 변형 모델에 대한 이해를 위해서 로버트와 제가 시연을 해보겠습니다. 그리고 간단하면서도 아주 강력한 이 연습을 여러분이 직접 해보겠습니다. 이름하여 '착한 자기/나쁜 자기' 실습입니다.

1. 두 명이 비언어적으로 각각 센터링하고, 그 센터링이 두 사람 사이의 연결로 확장한다.
2. 파트너 A가 말한다. "나는(착한 자기) _____ 사람입니다." 이 사실을 당신이(이 세상이) 알아주었으면 좋겠습니다."
   "나는(나쁜 자기) _____ 사람입니다." 이 사실을 당신이(이 세상이) 몰랐으면 좋겠습니다."
3. 파트너 B는 이 말을 듣고 비언어적인 스폰서십을 해줍니다. 그리고 말합니다.
   - 당신이 _____ 사람인 것을 알겠습니다(착한 자기).
   - 당신이 또한 _____ 사람인 것도 알겠습니다(나쁜 자기).
   - 둘 다, 당신인 것을 압니다.
   - 당신은 그 이상, 훨씬 더 그 이상인 것을 알고 있습니다.
4. 이번에는 파트너 B가 착한 자기와 나쁜 자기 두 문장을 말하고 A가 피드백을 해줍니다.
5. 두 파트너가 3회에서 5회 정도 교대로 하면서 각각의 진실에 관해 서로 이야기하면서 나누고 구체적으로 공유해 보시기 바랍니다.

스테판과 로버트의 시연

(로버트와 스테판이 마주 보고 앉는다.)

길리건: 이 실습에서 우리가 다루려는 것은 다음과 같습니다: 쪼개진 자기의 전일성은 어디에 있습니까? 자기가 쪼개서 나누어지면 영웅의 여정은 불가능합니다. 이 여정은 존재의 전일성이 필요하기 때문입니다.

딜츠: 실습하기에 앞서, 이제는 여러분 몸에 익어서 평상시에도 늘 하는 그 연습을 하겠습니다. 센터링하고 파트너와 연결할 수 있도록 장을 향해 활

짝 열어 봅니다. 각자 센터에 중심을 두고… 이완합니다…. 센터링과 이완을 통해 몸과 마음을 정렬합니다.

길리건: 마음을 편안하게 집중하고… 센터와 연결합니다…. 그리고 외부를 향해 활짝 열려 있으면서… 자신의 파트너와 연결한 느낌을 가지면서… 동시에 자기 자신과도 똑같이 연결합니다. 지난번 했던 것처럼, 자신이 상대방과 연결되었다고 생각하면, 고개를 서로 끄덕입니다…. (스테판과 로버트가 모두 고개를 끄덕인다.) 다음은 A가, 지금은 제가 A입니다, 두 개의 짧은 문장을 말합니다: *내가 _____ 한(는) 사람이라는 것을 당신이 알았으면 좋겠습니다.*

딜츠: 이 두 개의 문장을 사용해서 당신의 '좋은 자기'와 '나쁜 자기'를 각각 표현하시기 바랍니다.

길리건: 미리 생각하지 마세요. 생각하느라 연결이 끊기면 안 되기 때문입니다. 센터에 연결한 상태에서 어떤 정체성이 먼저 표현되는지 봅니다. 저는 이렇게 말하겠습니다. *로버트, 내가 잘 수용해주는 사람이라는 것을… 이 세상 사람들이 알아주었으면 좋겠습니다.*

딜츠: 저는 이 말을 잘 듣고 느끼면서, 방금 들은 이 말을 수용하기 위해서 제 내면에 공간을 만듭니다.

길리건: 제 두 번째 문장은 *제가 비판적인 사람인 것을… 세상 사람들이 몰랐으면 좋겠습니다.*

딜츠: 이 말도 잘 듣습니다. 다른 한쪽과 마찬가지로 이 말도 받아들입니다. 어떤 판단이나 교정도 하지 않고, 파트너에게 그 어떤 것도 확인하지도 않습니다. 상대가 표현했던 그 두 문장과 함께 있어 주고, 상대방이 한 말을 존중과 친절함으로 수용해주기만 하면 됩니다. 그렇게 하기 위해서는 상대방의 말을 센터로 받아들여야 합니다. 그 두 개의 문장이 귀빈처

럼 들어와 쉴 수 있도록 여러분 마음에 공간을 만들어 주어야 합니다. 상대가 말한 것을 머리가 아닌 경험적으로 듣게 되면, 여러분은 다음 네 가지 문장으로 반응할 수 있습니다. 첫 번째로 이렇게 말합니다: *스테판, 나는 당신을 진심으로 봅니다. 당신이 진심으로 잘 수용해주는 사람이라는 것을 느낍니다. 그리고 그것을 존중합니다.*

길리건: 저는 로버트가 한 말을 호흡과 함께 깊이 최대한 받아들입니다.

딜츠: 다음은 두 번째입니다: *스테판, 당신이 정말 비판적일 때도 있었다는 것을 이해합니다.* (스테판이 호흡을 하면 끄덕인다.) 그다음은 세 번째입니다: *스테판, 당신이 잘 수용해주는 사람이며 또 비판적인 사람인 것도 잘 압니다.* 마지막 네 번째입니다: *스테판, 당신은 그 이상, 훨씬 그 이상이라는 것을 저는 알고 있습니다.*

네 가지 문장은 다음과 같습니다: 당신이 X라는 것을 압니다. 당신이 Y라는 것을 압니다. 당신이 X이면서 Y라는 것도 압니다. 당신이 그 이상, 훨씬 그 이상이라는 것을 압니다.

길리건: 중요한 의미에서, 지금 이 네 가지 문장은 변화를 위한 대화를 할 때 우리가 주의를 기울여야 하는 네 가지 핵심 사항입니다. 바로 (1) 목표(착한 자기), (2) 문제(나쁜 자기), (3) 이 둘의 관계 그리고 (4) 이 둘을 뛰어넘는 생성적 장입니다.

코칭과 치유를 위한 중요한 스킬 가운데 하나는 주어진 순간 어디에 집중해야 할지 알아차리는 것입니다. 생성적인 대화에서는 대화의 초점이 시시각각으로 이동해갑니다.

딜츠: 한 명이 모두 끝나고 나면, 다음으로 B를 맡은 제가 말합니다: *스테판, 내가 X라는 것을 이 세상 사람들이 알아주었으면 좋겠습니다. 내가 Y라는 것을 이 세상 사람들이 몰랐으면 좋겠습니다.* 그러면 스테판이 저에게

네 가지 문장으로 반영해줄 것입니다.

길리건: 이렇게 하는 것이 실습 1회입니다. 저희가 2회를 시연으로 보여드리겠습니다. 여러분은 4~5회 정도 진행하시기 바랍니다. 몇 회 정도는 해야 비로소 깊이 있게 체험할 수 있습니다. 여기서 주의할 점은 여러분이 지금 하는 말은 지적인 정보를 전달하는 것이 아닙니다. 우리가 실습에서 진행하는 것은 말로 표현된 정체성의 경험적 에너지와 만나고 이 정체성을 서로 공유하는 것입니다. 이 실습은 여러분이 상대방의 핵심적인 정체성 센터를 만나는 것입니다. 그리고 이 정체성을 센터에서 연결의 장으로 끌어내는 연습을 하는 것입니다.

그런데 제가 (한 손을 입에 대고 다른 곳을 보며 중얼거린다.) *로버트, 저는 제가 비판적인 사람인 것을 세상 사람들이 아는 것이 싫어요…*. 이것은 제대로 된 실습이 아닙니다. 이렇게 해서 정체성의 에너지에 접속할 수 있을지는 모르지만, 정체성의 에너지가 내면에 갇힙니다. 센터에 있는 것을 장으로 내보낼 수 있어야 치유가 일어나고 힘이 생깁니다. "내 이름 아래 둘 또는 그 이상이 모이면 언제나 치유가 일어난다." 이렇게 말한 사람인 누구입니까? 조지 부시인가요? 아니면 로버트 딜츠? (웃음) 좋습니다. 바로 예수님입니다. 그러나 예수의 삶은 사실 로버트를 모델링한 것입니다. (웃음)

딜츠: 스테판의 착한 자기가 얘기했는지, 나쁜 자기가 얘기했는지 모르겠습니다…. (웃음) 그렇지만 찾게 될 겁니다. 잠시 자세를 바로 가다듬고… 잠시… 스테판이 준비되면 시작하겠습니다.

길리건: 로버트, *내가 행복을 추구하는 사람이라는 것을…. 이 세상 사람들이 알아주었으면 좋겠습니다. 내가 절망하는 사람이라는 것을…. 이 세상 사람들이 몰랐으면 좋겠습니다.*

딜츠: 스테판, 알겠습니다…. 알게 되어 기쁩니다…. 당신의 멋진 행복을 보게 되니…. 아주 좋습니다. 그리고 당신이 절망한다는 것을 알고 가슴이 뭉클합니다. 알겠습니다. 당신은 행복하기도 하고 절망하기도 합니다. 당신은 훨씬 그 이상의 존재라는 것 또한 알고 있습니다.

(스테판이 잠시 눈을 감는다. 심호흡하고 가슴에 손을 가져간다.)

스테판, 내가 열려 있고 능력 있는 영혼이라는 것을… 이 세상 사람들이 알아주었으면 좋겠습니다. 내가 아이처럼 길을 잃는 사람이라는 것을… 이 세상 사람들이 몰랐으면 좋겠습니다.

길리건: 네, 로버트…. 알겠습니다. 당신의 영혼은 열려 있고… 아주 유능합니다. 그리고 당신 안에는 가끔 길 잃은 어린 존재가 있음을 봅니다. 이 두 가지를 모두 볼 수 있어서 기쁩니다. 동시에 이런 부분 모두를 뛰어넘는… 당신 안의 놀라운 공간을 느낄 수 있습니다.

(로버트가 잠시 눈을 감는다, 심호흡하고 그의 센터에 손을 가져간다.)

로버트, 나는 당신이 내 안의 사랑을 보기 바랍니다…. 내 안의 고통은 보지 않았으면 합니다.

딜츠: 스테판, 나는 당신의 사랑을 봅니다…. 아주 아름답습니다. 스테판, 당신의 그 고통이 느껴집니다. 그 고통에 가슴이 뭉클합니다. 당신의 사랑과 고통이 동시에 있는 것을 느낍니다. 당신 안에는 그 이상이 훨씬 그 이상이 있다는 것을 압니다.

(스테판이 눈을 감고 받아들이는 동안 잠시 멈춘다.)

스테판, 내가 담대하고 인자한 마음이 있다는 것을 당신과 세상 사람들이 알아주었으면 합니다. 그렇지만 내 가슴에 따라 한 일들 때문에, 내가 사랑하는 사람들에게 준 상처는 당신과 세상 사람들이 몰랐으면 좋겠습니다.

(로버트와 스테판이 함께 라포를 형성하고 호흡하면서 잠시 멈춰 서있다.)

길리건: 당신의 열려 있고 인자한 마음을 진심으로 느낍니다. 그리고 당신이 한 행동이 다른 사람에게 고통을 주었다는 것도 느낍니다. 더불어서, 당신의 이 두 마음을 동시에 느끼고 지지를 보냅니다. 그리고 당신과 당신을 둘러싼 곳에서… 더 큰 공간을 봅니다…. 이 모든 것을 포용하고, 그 이상, 훨씬 그 이상을 포용하는 그 공간을 느낍니다.

(스테판과 로버트가 조용히 연결하고 존경과 사랑으로 손을 모으고 서로 인사를 한다. 청중은 이 장면에 감동한다.)

좋습니다. 다음은 실습입니다. 보시는 것처럼 간단한 실습입니다. 여러분이 깊고 의미 있는 실습을 하려면, 말 이면에 있는 깊은 에너지에 접속해서 이 에너지를 공유하고 축복하려는 의지와 능력이 있어야 합니다. 언어 이외의 비언어적인 부분이 잘 열릴 수 있도록, 우리는 천천히, 정성스럽게 진행하고 또 중간중간 정지해주어야 합니다.

딜츠: 우리는 2회를 진행했습니다. 파트너를 찾아서 4~5회를 하시기 바랍니다. 먼저 각각 센터링하고 파트너와 관계의 연결 작업을 합니다. 말이 호흡과 느낌의 파도를 타야 합니다. 어루만지듯 말하고, 놓아주고 또 말이 잘 전달되게 하고, 파트너에게 해준 대로 파트너에게 그대로 돌려받으시기 바랍니다. 이런 행동과 말을 통해 자기 내면의 신성한 공간으로 깊게 들어갑니다.

원형 패턴archetypal pattern을 스폰서링해서 변형하기

길리건: 실습을 하다 보면, 정체성의 핵심 부분을 어떻게 하면 빨리 찾을 수 있을지 또 어떻게 그 정체성이 서로 반복하고 있는지 느낄 수 있을 것입

니다. 여러분이 생성적인 사람이 되기 위해서는, 좋고 나쁨의 고정된 구분을 놓아버려야 합니다. 그 대신 정신의 다양한 측면을 스폰서링하는 것이 얼마나 어려운지 알아차리고, 그 다양한 측면을 인간화해서 자신의 '만다라'로 만들어야 합니다. 자신의 만다라에서는 각 부분이 더 큰 전체에 속하게 됩니다. 생성적 나에 도움이 되는 것은 전일성입니다. 만약 여러분이 내면의 여러 자기들 가운데 어떤 자기를 '나쁜 자기'로 규정하고 수용소에 가두어 놓으면, 여러분 자신의 전일성을 실현할 수 없습니다. 이것이 우리가 핵심적으로 강조해서 주장하는 내용 가운데 하나입니다.

스폰서십의 주요한 임무는 아직 인간화되지 않은 에너지나 패턴을 온전한 인간 의식으로 깨어나게 하는 것입니다. 즉 무의식이 여러분에게 주는 것은 절반만 인간입니다. 그것을 완전히 인간화하려면 인간의 프레즌스가 필요합니다. 이 인간의 프레즌스는 원래 여러분의 외부에 있습니다. 즉 가족, 선생님, 내게 영향을 끼친 사람들입니다. 그런데 우리가 성숙해지면서 셀프 스폰서십이 가능해집니다. 여러분이 프레즌스가 없다면, 여러분은 자신의 무의식에서 길을 잃고 온전한 인간이 되지 못합니다.

온전한 인간으로 만드는 데 있어, 우리는 하나의 경험을 두 가지 측면으로 구분합니다. 원형의 경험과 개인적 경험입니다. 원형의 경험은 수많은 세대를 거쳐 내려온 인류 조상의 패턴입니다. 인류가 처한 도전적 상황에서 인류가 축적한 심층 구조를 말합니다. 예를 들면, 우리는 자기 자신을 넘어서 누군가를 또는 무엇을 사랑하고 교감해야 하는 도전에 직면합니다. 운 좋게 우리가 처음 이런 도전을 마주하는 것은 아닙니다. *모든 인간은 시간을 거치면서 이런 도전에 직면해왔습니다.* 여러분의 할아버지, 그 할아버지의 할아버지 또 그 할아버지의 할아버지로 거슬러 올라가 보면 모두가 교감 형성을 위한 도전을 맞이했습니다. 원형archetype 개념에서는 한 사람이 그런 경험을 하면 아주 작은 경험의 흔적이 생성적 장에 기록됩니다. 오랜 시간에 걸쳐 아주 많은 흔적이 일반적인 패턴으로 축적됩니다. 이 패턴은 인류 조상의 심층 구조나 교감을 이루기 위한 청사진이 됩니다. 어떤 사람이 이런 도전에 처해 있을 때, 특히 개인의 여정에서 경험해보지 못한 도전인 경우에, 여러분은 자신의 생성적 장을 통해 원형의 패턴에 접속해서, 여러분은 이 도전에 맞서기 위한 자원을 얻을 수 있습니다.

계속 강조하는 것처럼, 원형 그 자체는 포괄적이어서 셀 수 없이 많은 방식으로 개인마다 다르게 표현됩니다. 여러분은 아주 다양한 방식으로 교감을 경험하고 표현할 수 있습니다. 따라서 여러분에게 주어진 도전 과제는 꿈틀거리는 원형 패턴에 조율해서, 개인에게 가장 유익하고 고유한 방식으로 자신을 표현하는 것입니다. 여러분이 자신을 이렇게 표현할 수 없다면, 여러분은 인류 조상의 지혜가 전해주는 지혜와 에너지가 없는 삶을 살게 됩니다. 또는 이런 원형 패턴의 힘이 여러분을 압도하고 지배해서, 개인의 자기를 잃어버립니다. 칼 융은 이것을 '원형의 인플레이션'이라고 표현했습니다.

여러분이 이것을 통해 원형의 수준과 개인의 수준에 차이가 있다는 것을 이해하셨으면 합니다. 생성적 인지 마음이 하는 역할은 원형 패턴을 스폰서링해서 개인에게 유익하고 의미 있는 형태로 전환하는 것입니다. 다음 실습에서 우리는 이 내용을 다루겠습니다.

실습: 원형의 전환을 체험해보기

다음 실습은 시스템 NLP 과정인 공간 분류spatial sorting, 소매틱 신택스

somatic syntax, 기질 형용사characterological adjectives 개념을 공통된 원형에 적용한 것입니다. 또한 이번 실습은 캐롤 피어슨Carol Pearson과 주디스 디로지어Judith Delozier의 작업에서 우리 프로그램 전개상 중요한 부분을 살펴보기 위해 차용했습니다. 이 개념은 우리 삶을 구성하는 인생 전환기 사이클을 추적하고 관리하는 데 유용하게 사용할 수 있습니다. 이 개념은 거대하고 알 수 없는 잠재적 위험을 상징하는 용의 원형을 중심으로 구성되었습니다. 인류의 삶에서 공통으로 나타나는 용은 죽음, 청소년기, 노년, 폐경기, 이직, 퇴직, 상실과 다양한 인생의 전환기를 상징합니다. 이 과정과 관련한 다른 원형은 우리가 다양한 각 단계에서 이 위험하고 신비스러운 용과 맺는 인간관계를 상징합니다.

1. 용이 무엇인지 정의한다. 현재 여러분이 처해 있는 인생의 전환기 문제가 어떤 것인지 확인한다. 인생 전환기와 관련된 중요한 문맥이나 환경적 요소들을 포함해야 한다. 예를 들면, 내 인생 전환기 상황과 관련해 중요한 사람들이 나에게 보이는 반응이나 그 환경에서 나타나는 구체적인 문제를 말한다.
2. 용과 관련하여 공간 앵커를 만든다. 용을 중심으로 아래의 원형을 공간적으로 분류한다.
   - 천진난만한 사람(용의 존재를 모른다.)
   - 고아(용에게 압도당하고 소진된다.)
   - 순교자(용에게 박해받는다.)
   - 방랑자(용을 피한다.)
   - 전사(용과 싸운다.)
   - 마법사(용을 받아들인다.)

3. 객관적인 상태(메타 포지션)에서 현재 자신이 용과의 관계 중에 어떤 원형의 전환 상태(고아, 전사 등)에 있는지 파악한다. 어떤 문화권에서는 용이 행운을 상징하기도 한다.

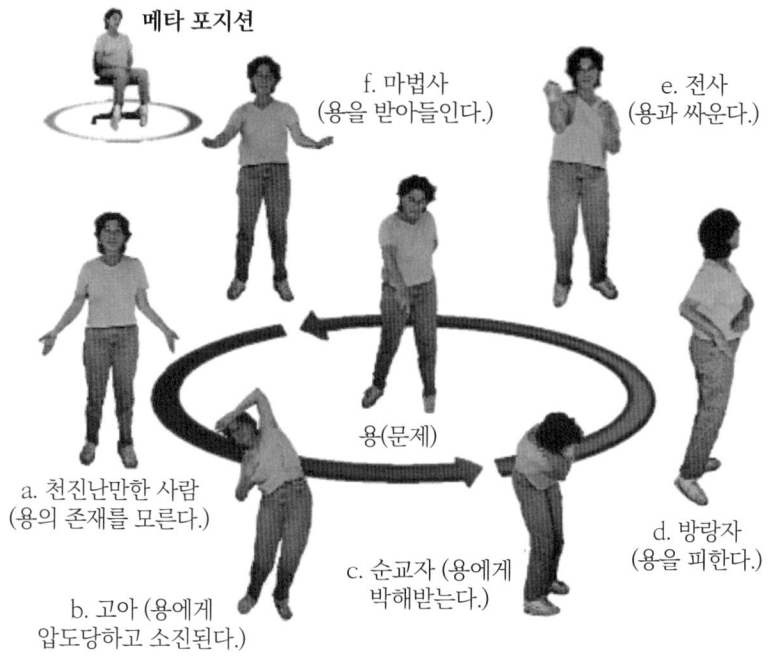

[그림 2.4] 원형의 전환 사이클

4. 자신을 나타내는 원형이 있는 위치로 이동해서 그 상태의 감정을 충분히 느낀다. 그 공간과 관련된 몸의 자세와 움직임(소매틱 신택스)을 만든다.
5. 원을 돌기 시작해 나머지 다른 위치로 이동하면서 마법사의 공간(수용)까지 간다. 각 공간에서 그 원형과 관련된 몸 자세와 몸 동작(소매틱 신택스)을 취한다. 자신의 현재 상황과 가장 유사한 그 공간에서 이 과정을 마무리한다. 전환 사이클의 다음 단계에 대해 충분히 이해하고 이

원을 돌아야 한다.
6. 메타 포지션으로 이동한 뒤, 진행하면서 발견한 것과 배운 점을 성찰해 봅니다.

딜츠: 이 실습을 하기 위해서 원을 그리며 돌 수 있는 작은 공간을 마련하시기 바랍니다. 이 실습은 여러분이 자신의 삶에서 중요한 도전에 대한 반응을 직접 몸으로 탐험해보고 인지적으로 스폰서링하는 과정입니다. 영웅의 여정에서 만나는 이런 도전을 '용'이라고 부릅니다. 우리는 여러분이 현재 이 용에게 어떻게 반응하는지 앞으로는 어떻게 다르게 반응할지를 알아가는 과정에 있습니다. 우리는 전형적인 반응 모드로 다른 형태의 원형 패턴을 강조할 것입니다.

길리건: 원형의 패턴은 [그림 2.4]에 나와 있습니다. 첫 단계는 천진난만한 사람 단계로 용의 존재를 모릅니다. 두 번째 단계는 고아 단계로 용에게 압도당하고 에너지가 소비되어 모든 것을 잃어버립니다. 다음은 순교자 단계로 용에게 박해를 당합니다. 그리고 방랑자 단계는 용을 피해서 숨어버립니다. 다섯 번째 단계는 전사 단계로 용과 대항하고 싸움을 합니다. 마지막은 마법사의 단계입니다. 용을 받아들이고 자신이 사용할 자원으로 변형합니다. 이 원형은 캐롤 피어슨Carol Pearson의 책, 『내 안에 6개의 얼굴이 숨어있다The Hero Within: Archetypes We live by』(1989)에서 제시된 것입니다.

딜츠: 쥬디스 디로지어가 개발한 소매틱 신택스는 우리가 사용하는 주요 과정 가운데 하나입니다. 소마는 그리스어로 몸을 말합니다. 소매틱은 몸 또는 몸의 마음을 말합니다. 신택스는 언어와 관련이 있지만 단지 단어의 배열을 말하는 것은 아닙니다. 소매틱 신택스는 실습 과정에서 사용하는 소매틱 패턴이 어떤 것인지 확인하고 어떻게 다른 방식으로 그 배열을 바

꿀 수 있는지를 알아가는 것입니다.

이 실습을 하기 위해서는 원을 따라 돌아야 합니다. 원 안에는 삶의 도전을 상징하는 용이 있습니다. 용을 둘러싸고 원형의 전환을 나타내는 여섯 개의 공간을 배치합니다.

먼저 용에서 출발해보겠습니다. 원하는 곳에 공간을 만드시기 바랍니다. 그리고 잠시 그 용의 은신처로 들어갑니다…. *이 공간을 느끼면 자신에게 질문합니다. 여러분 영웅의 여정에서 현재 용은 어디에 있습니까? 사랑하는 사람과의 관계에 있습니까? 직장에 있습니까?*

길리건: 몸의 건강에 있습니까?

딜츠: 아이들과 관계에 있습니까? 가족과의 관계에 있습니까? 여러분이 생활하는 지역의 사회생활에서입니까? 여러분을 정말로 겁에 질리게 하고 압도하는 것은 무엇입니까? 자기 인생의 도전이 무엇인지 생각났으면 그 에너지 안으로 들어가보겠습니다. 준비되었으면 용의 위치로 들어가서 용의 에너지를 느껴 봅니다. 그 에너지의 느낌을 몸으로 표현합니다…. 용을 나타내는 자세, 제스처, 동작…. 그 에너지를 진심으로 느껴보시기 바랍니다. 추상적인 생각이 아니라 몸으로 느껴지는 감각이어야 합니다. 여러분이 진심으로 느껴지는 순간, 그 지점에서 앵커링하고 그곳에서 빠져나와 뒤로 물러나옵니다. 호흡하고, 놓아줍니다. 몸을 움직여서 흔들어 깨우시기 바랍니다.

그다음은 여러분이 원형에 반응하는 면에서, 여러분이 이 용, 즉 자기 인생의 도전을 어떤 식으로 이해하는지 알아보겠습니다. 각각의 원형 패턴을 통과하면서 현재 여러분의 위치가 어디인지 알아차립니다. 옳고 그른 반응은 없습니다. 판단은 내려놓습니다.

천진난만한 사람의 단계부터 시작하겠습니다. 천진난만한 사람은 용의 존재를 알지 못하고 또 모르는 것처럼 행동하는 단계입니다. 이 천진난만한 에너지, 어린이 같은 에너지를 느낍니다. 여러분은 자신의 몸에서 이 에너지를 어떻게 느낍니까?

길리건: 어떤 느낌이고 어디에 느낌이 있습니까? 어떤 자세로? 어떤 동작으로? 천진난만한 느낌이 내면에서 어떻게 진행됩니까?

딜츠: 천진난만함을 경험할 때 센터링하고 있는지 알아채보시기 바랍니다. 천진난만한 상태와 용의 관계는 어떻습니까? 아무 관계도 없을 수 있습니다.

길리건: 두려움에서 벗어나려고 부정문을 사용하고 있지는 않습니까? 아니면 개방성과 진정성의 깊은 공간을 찾는 통합된 형태를 사용하고 있습니까?

딜츠: 어떤 소리가 나오면 그대로 표현하시기 바랍니다. 편안하게 원형의 패턴을 완전하게 느끼시기 바랍니다. 여러분이 도전과 마주했을 때, 여러분은 천진난만함을 어떻게 표현합니까?

준비되면, 이제 그 감정을 놓아주기 바랍니다. 몸을 살짝 흔들어 줍니다.

다음은 고아 위치로 가보겠습니다. 고아는 어디에도 속해 있지 않은 홀로 있는 단계입니다. 고아 단계를 경험할 수 있는 내면의 기억을 찾아봅니다. 고아는 용에 의해 압도당합니다. 내면에서 그곳을 찾아봅니다. 몸의 느낌… 자세… 동작… 을 찾아서 느껴봅니다. 자신만이 생각하는 고아 패턴의 이미지와 기본 생각을 찾고 느낍니다. 버려진 느낌… 압도당한 느낌, 종잡을 수 없는 그 느낌을 그려봅니다.

이 느낌과 함께 표현되는 동작을 해봅니다. 몸을 움직여 당신을 표현합니다. 어떤 소리가 나오면 그대로 소리를 냅니다…. 그 패턴이 직접 되어 보고, 고아를 완전하게 이해합니다.

준비되면 그 에너지를 놓아주고 몸을 흔듭니다. 숨을 내쉬면서 그 느낌을 털어 냅니다.

다음 에너지는 순교자 원형입니다. 용에게 박해받는 존재입니다. 여러분 내면에 있는 순교자의 경험을 더듬어 봅니다. 그곳에서 충분히 느껴봅니다. 그 에너지… 그 감정… 그 생각… 그 이미지… 그 자세… 그 움직임… 그 동작… 그 소리를 느껴봅니다. 용을 마주했을 때 여러분의 순교 패턴은 무엇입니까? 그 원형의 느낌을 깊이 느끼고 이해하시기 바랍니다.

다음 원형은 방랑자입니다. 방랑자는 용을 피합니다. 용이 없는 것처럼 여깁니다.

길리건: 떠납니다…. 다른 길로 향합니다…. 아주 멀리멀리.

딜츠: 진짜 방랑자가 되기 바랍니다. 그 속으로 걸어 들어갑니다. 어떤 느낌인지 느껴보시기 바랍니다…. 그곳에서는 용에게 어떻게 반응합니까? 자세, 동작, 그 상황을 느낄 때 나오는 기본적인 소매틱과 인지 패턴은 어떻습니까?

길리건: 특정 원형 상태에 들어갔을 때, 다른 원형 요소를 나타내는 생각과 느낌이 올 수도 있습니다. 그럴 때면 현재 질문하고 있는 원형에 다시 집중하기 바랍니다. 인지적인 차원에서 용을 바라보면서, 소매틱 차원에서는 용과 하나가 되기 바랍니다. 생성적 의식에서, 우리는 직접 느끼는 참가자로서, 그리고 한 발 떨어져서 지켜보는 관찰자로서 동시에 섞여 있는 유동적인 존재여야 합니다. 이 둘은 서로를 보완하고 완성하는 관계입니다.

딜츠: 공간을 만들어서 지금 그 느낌을 표출해보기 바랍니다. 어떤 동작인가요? 어떤 소리가 들립니까? 방랑자 패턴의 소매틱 신택스는 어떤 것입니까? 충분히 그 느낌을 표현할 수 있고 그 느낌을 존중해주었다면, 이제 그 느낌을 보내줍니다. 몸을 흔들고 털어서 놓아줍니다.

다음은 전사입니다. 전사는 용과 싸우려고 합니다. 용을 무찌르고 공격적으로 제압해서… 죽이려고 합니다…. 제거하길 원합니다. 여러분 내면에서 여러분이 선택한 용과 관련한 전사를 찾아보시기 바랍니다. 여러분이 찾은 전사의 자세와 동작이 있을 것입니다. 그 전사가 내는 소리도 있을 수 있습니다. (어떤 참가자는 "하!" "푸!" "스으으!" "하!" 등의 소리를 지른다.) 좋습니다. 여기 훌륭한 전사의 에너지가 들리는군요. 좋습니다. 이제 전사의 에너지를 보내줍니다. 여러분을 통과해서 흘러가도록 합니다.

우리가 만든 원에서 마지막 원형은 마법사입니다. 마법에 접속하시기 바랍니다…. 변형하는 능력…. 받아들이고 수용하는 능력…. 여러분의 신비한 힘에 접속하시기 바랍니다. 마법사는 용을 수용하고 용을 변형시킵니다. 마법사는 변신도 가능합니다. 어떤 형상에서 다른 형상으로 변하는 능력을 느껴보시기 바랍니다…. 마법사의 그 동작과 느낌과 에너지를….

여러분이 현재 용과 관계에서 오는 에너지를 충분히 느꼈다면 이제 놓아주고…. 숨을 내쉽니다…. 그것에서 자유로워집니다. 센터로 돌아오시기 바랍니다…. 놓아줍니다.

좋습니다. 방금 원형의 원을 한 바퀴 돌면서 움직여보았습니다. 이제 한 바퀴를 더 돌아보겠습니다. 이번에 돌 때는 각 원형의 단계가 주는 가치와 선물을 느끼고 받아들여보겠습니다.

길리건: 어떤 패턴이든지, 특히 원형의 각 패턴은 상황에 따라서 자신에게 문제가 될 수도 있고, 자원이 될 수도 있습니다. 중요한 것은 여러분과 그 패턴의 관계가 어떤지에 달려있습니다.

딜츠: 두 번째로 원을 돌 때, 센터링을 추가하는 이유가 여기에 있습니다. 센터링하면 각 원형의 가치를 깊게 느낄 수 있습니다. 또 각 원형의 가치를 어떻게 여러분의 깊은 자기에 통합할 수 있는지 알 수 있기 때문입니다. 지금도 여러분이 방금 경험한 원형의 단계를 떠올려 보면, 어떤 원형 단계에서는 센터링이 되었고, 어떤 원형에서는 센터링이 안 되고 연결되

지 않은 느낌도 있었습니다. 모든 원형의 패턴은 각각 선물과 그림자가 함께 존재합니다.

길리건: 여러분이 자신과 분리된 때는 어떤 원형의 에너지를 가장 많이 사용했는지 생각해보기 바랍니다. 도전에 마주했을 때, 방랑자처럼 떠났습니까? 또는 그 도전이 없는 것처럼 생각했습니까? 아니면 슬픔에 빠져 술, 마약, 자기 연민 그리고 불평불만에 빠져 있었습니까? 우리가 조금 전에 한 첫 번째 원형 경험은 전형적으로 자신을 포기하고 방치하는 모습을 느껴보는 시간이었습니다. 이번에는 각 원형 패턴을 어떻게 자신의 자원으로 변형할 수 있는지 느껴보는 시간입니다.

딜츠: 자신을 변형하기 위해서는, 물론 용을 변형할 수 있어야 합니다. 그 시작은 센터링입니다…. 호흡합니다…. 발바닥을 느낍니다…. 땅과 연결되는 것을 느낍니다….

길리건: … 여러분의 캥거루 꼬리….

딜츠: 무릎을 부드럽게 약간 구부립니다….

길리건: … 척추를 똑바로 정렬합니다….

딜츠: 호흡을 깊고 편안하게 합니다….

길리건: … 근육이 이완되는 것을 느낍니다…. 센터링으로 이완하자마자, 센터에서 에너지가 열리는 것을 느낍니다…. 의식이 외부를 향해 점점 확대됩니다…. 마치 여러분 주위에 에너지 장이 있는 것처럼… 여러분 내면에 있는 센터의 평화로운 프레즌스에 머무르면서….

딜츠: 마사 그레이엄이 말했듯이, 당신이라는 고유의 에너지 안에서, 이 방에서 여러분의 채널이 열리는 그 감각을… 느끼시기 바랍니다. 여기서는 애쓸 필요가 없습니다.

길리건: 여러분의 센터에서 에너지장을 열면서… 그 에너지 장이 여러분 주

위로 확장해 나갑니다…. 용이 침범할 수 없는 공간을… 열어간다고 느끼시기 바랍니다. 여러분 안에서 공간을 여시기 바랍니다…. 여러분 주위의 공간을 모두 여시기 바랍니다…. 각 원형의 패턴이 여러분의 존재감을 확장할 수 있도록… 여러분의 센터를 통과해서 여러분이 더 온전하게 세상으로 나아갑니다.

딜츠: 준비되고 센터링되었다고 느끼면… 천진난만한 사람의 위치로 이동합니다…. 그리고 천진난만한 사람의 소매틱 신택스를 취해봅니다…. 자신의 센터에 항상 연결하고 있기 바랍니다.

길리건: 천진난만한 사람의 에너지 패턴과 정보 패턴을 실제로 여러분의 센터로 가지고 올 수도 있습니다…. 마치 여러분의 센터가 온전한 인간 통로가 된 것처럼… 여러분의 천진난만함을 다시 찾을 수 있는 인간통로가 된 것처럼….

딜츠: 천진난만함의 원형이 주는 선물을 받으시기 바랍니다. 인류의 모든 배움, 천진난만함의 지혜… 모든 가능성에 열림… 아이 같은 경이로움과 호기심… 세상에 대한 매혹, 이 모든 선물을 받으시기 바랍니다.

길리건: 저 너머에서 건너온 선물로 받아들입니다. 여러분 자신을 통해서 받아 들이기 바랍니다. 이 선물이 여러분을 치유합니다…. 이 선물이 여러분과 용의 관계에 온전함을 다시 회복시켜줍니다.

딜츠: 천진난만함은 무지에서 오는 것이 아닙니다. 손상될 수 없고 중독될 수 없는 영혼에서 오는 것입니다.

길리건: 자기 정화에서 나오는 천진난만은…. 언제나 우리에게 독창적인 앎을 선사합니다.

딜츠: 여러분의 영혼과 정신의 순수함을 느끼시기 바랍니다. 센터링하는 상태에서, 천진난만함이라는 선물을 고아의 위치로 가져갑니다. 자신을 물

흐르듯 자연스럽게 움직여 고아의 상태로 이동합니다. 자신을 고아 상태의 생성적 소매틱 신택스에 활짝 열어서 그것을 발견하시기 바랍니다. 고아 상태가 주는 선물과 힘, 지혜 그리고 그 가치를 느낍니다. 고아 상태가 당신에게 주는 선물을 찾아보시기 바랍니다.

길리건: 어떻게 보면, 여러분은 이 세상에서 진실로 혼자입니다. 여러분은 홀로 있음aloneness(역자주: 외로움loneliness과 구별)의 자유와 선물을 누릴 수 있습니까?

딜츠: 홀로 있음이 주는 부드러움과 연민을 찾으시기 바랍니다.

길리건: 천진난만함이라는 첫 번째 층이 여러분 안에, 그곳에 여전히 있음을 느낍니다…. 두 번째 층을 찾았을 때도 말입니다…. 두 번째 층은… 나는 이 세상에서 고아입니다…. 혼자 걷습니다…. 내 센터와 내면에 깊게 연결되어 걸어갑니다…. 용에게… 감사해합니다…. 여러분이… 홀로 있음이라는 원형에 깊게 연결할 수 있게 해준 용에게 감사해합니다. 이렇게 여러분은 개방성을 품을 수 있습니다.

딜츠: 시인 하피즈Hafiz는 이렇게 썼습니다:

너무 쉽게
외로움에 쉽게 굴복하지 마라.
외로움의 칼날이
당신을 더 깊숙하게 베게 하라.

그 외로움이 당신을 숙성과 감칠맛으로 이끌 것이니
어떤 사람도 심지어 성스러운 재료로도
그 맛을 만들 수 없으니

오늘 밤 내 마음속 허전한 그 무엇이
내 눈은 부드럽게

내 목소리는 달콤하게 하였으니

사랑에 대한 갈구는
절대적으로
명확하도다

길리건: 자신에게 홀로 있음의 존엄을 허락하시기 바랍니다. 아름답고⋯ 떨리며⋯ 열려 있는 홀로 있음이여.

딜츠: 천진난만함의 선물과 고아의 선물과 가지고 오시기 바랍니다. 이번에는 이 선물과 함께 순교자의 위치로 우아하게 미끄러지듯 이동하겠습니다.

길리건: 센터와 깊게 연결한 상태를 유지하고⋯ 그 너머에 있는 장을 향해 활짝 열린 상태로⋯ 세 번째 에너지를 받아들이겠습니다. *나는 세상의 고통을 받아들이며 센터링하고 저 너머의 곳을 향해 열려 있습니다.*

딜츠: 정의와 공평함에 헌신하고자 하는 열망을 느끼시기 바랍니다.

길리건: 존엄을 느끼시기 바랍니다⋯. 순교자의 존엄을 느껴보시기 바랍니다. 순교자의 그 고결하고 높은 의식을.

딜츠: 기꺼이 열려 있고 희생하고자 하는 마음.

길리건: 불교에는 이런 말이 있습니다⋯. 여러분의 마음은 상처받게 되어있습니다⋯. 계속해서⋯ 계속해서⋯ 계속해서⋯ 조개 껍데기처럼 아주 부드럽게 부서집니다. 상처받고 깨진 마음의 존엄성을 느끼시기 바랍니다. 센터에 깊이 연결되면서 이 세상에서 자유로움을 느끼시기 바랍니다⋯. 여러분의 눈물이 땅에 떨어져⋯ 새로운 생명의 씨앗에 물을 줍니다.

딜츠: 이 에너지 안에서 여러분이 센터링할 수 있게 되면, 숨으로 들이마시고, 그 숨이 내려오면서 몸을 통과합니다⋯. 그리고 다음 원형 단계를 향해 문을 열어 봅니다⋯. 위대한 방랑자의 원형으로⋯ 이전 단계에서 가지고

온 모든 선물을 통해 더 넓고 깊게 이번 원형 단계인 방랑자를 경험합니다.

길리건: 천진난만함의 파도가 여러분 안으로 흐르게 하고… 고아의 파도가 여러분 안으로 흐르게 하고… 순교자의 파도도 여러분 안으로 흐르게 하며… 이번에는 방랑자의 파도가 여러분 안으로 들어오게 합니다.

딜츠: 방랑자의 선물을 경험하기 바랍니다. 신세계를 향해 출발합니다…. 미지의 세계를 탐험하세요…. 여러분에게 맞지 않은 세상을 떠나… 곤혹스러운 환경을 벗어나… 상상하지도 못했던 새로운 공간과 가능성을 발견하세요.

길리건: 아주 많은 곳을 방문해보시기 바랍니다. 용 너머에 있는 곳으로 가보시기 바랍니다…. 가족을 넘어서… 오래된 신념을 넘어서… 살아 있는 의식의 세계에서… 어디든지 떠날 수 있는 자유… 여러분이 태어나면서 부여받은 권리와 마찬가지로, 여러분의 권리와 욕구를 찾고 주장하시기 바랍니다.

딜츠: 놓아버리시고 자유를 만끽합니다…. 이 세상에는 용보다 더 멋진 그 무엇이 있습니다.

길리건: 손을 흔들어 작별을 고하고… *나에게는 나만의 여정이, 나만의 가야 할 길이 있음*을 깨닫기 바랍니다.

딜츠: 자유롭게 놓아버리시고, 더는 필요하지 않은 것은 이제 떠나시기 바랍니다.

길리건: 영웅의 여정의 길에서 탐색할 때, 자신의 내면 깊은 곳에 있는 어떤 것이 의식의 들판을… 방랑할 것입니다…. 인간이 되는 멋진 모험에서… 방랑할 것입니다.

딜츠: 천진난만함, 고아, 순교자의 선물에 더해서 이번에는 방랑자가 센터링 상태로 들어와 이 모든 자원을 전사의 에너지로 통합합니다.

길리건: 에너지가 여러분을 통해서 박동하는 것처럼… 생명의 신성함을 보호하기 위해, "*아니요.*"라고 말할 수 있는… 공간이 여러분 안에서 깨어납니다. 이 세상에서 여러분만의 공간을 주장하고… 그리고 그 공간을 방어할 수 있는 공간이 깨어납니다. *당신은 내게 상처를 줄 권리가 없어… 내 몸과 마음 그 어떤 것도 상처 줄 수 없어.*

딜츠: *내가 부여받은 선물을 이 세상에 가져오기 위해, 내 힘이 닿는 한 모든 것을 할 거야… 내 자신과 다른 사람을 치유하기 위해서 가능한 모든 일을 하겠어.*

길리건: 이 모든 것을 숨으로 들이마시고… 그 두근거림을 느껴보세요. 그 에너지를 향해 마음을 활짝 열기 바랍니다…. 이 에너지는 고대에서 전해져 오는 위대한 용기와 자기애에서 오는 것입니다…. 과거에 살아 숨 쉰 모든 사람이 지나왔던 영웅의 여정에서 형성된 생성적 마음에… 문을 활짝 열어보시기 바랍니다…. *내게 주어진 이 삶을 지켜내겠습니다…. 내게 주어진 이 몸을 존중할 것입니다.*

딜츠: 여러분이 준비되었다면, 센터에서 느껴지는 깊은 감각과 함께, 마지막 원형의 전환인 마법과 변형의 공간으로 가보겠습니다.

길리건: 누구는 이것이 인간 최상의 에너지라고 합니다. 기억하시기 바랍니다…. 센터를 느끼시고… 여러분의 깊은 곳에서 에너지가 나옵니다…. 여러분의 센터를 통과해서… 마법사의 에너지, 원형의 치유자… 먼저 그 에너지로 자신의 모든 상처를 어루만지고 치유하시기 바랍니다.

딜츠: 그 에너지가 여러분을 깨우고, 그 에너지가 여러분을 변혁합니다.

길리건: 상처받은 몸보다 더 깊은 곳에 있는 몸을 강조하는 전통들이 있습니다. 여러분 안에는 상처받지 않은 마음이 있습니다. 당신 안에는 상처받지 않고… 낙담하지 않은… 부딪쳐 깨지지 않은 온전한 몸이 있습니다.

이 치유의 존재가 상처받지 않은 온전함, 그 진정한 본질로 여러분을 이끌어줄 것입니다.

딜츠: 여러분 내면에 있는 마법의 근원을 찾으시기 바랍니다…. 기적을 만드는 그 마법을… 저 너머의 미지의 세계에서 만날 수 있는 마법을. 제가 젊은 시절, 밀턴 에릭슨Milton Ericson을 처음 만나러 갔을 때였습니다. 그때 그가 내게 카드 한 장을 보여주었습니다. 그 카드에는 광대한 우주의 중간쯤에 있는 작은 지구 위에 서 있는 작은 사람이 있었습니다. 그 카드 위에는 이런 글이 있었습니다. '이 우주가 얼마나 거대하고 얼마나 신비로운가를 떠올리면, 당신이 얼마나 작고 초라한 존재인가라는 생각이 들지 않습니까?' 그리고 나서 카드를 열어보니 안에는 이렇게 쓰여 있었습니다. "아니요." (웃음) 여러분은 그 큰 미스터리를 느낄 수 있기 때문에 작지도 초라하지 않습니다. 여러분은 마치 우주처럼 크고 신비로운 존재입니다. 여러분이라는 매개체를 통해서 오는 더 큰마음과 여러분이 연결되어 있기 때문입니다. 여러분을 마법으로 만들기 위해 연결되어 있기 때문입니다….

길리건: 이 모든 것을 느끼며, 당신의 센터를 통해, 당신의 존재 안에 있는 더 깊은 감각을 느낍니다…. 당신의 센터를 통해서… 당신 존재 곳곳에서… 천진난만함의 존재를 느낍니다…. 센터를 통해… 세상을 향해 발산하는… 고아의 홀로 있음을 느끼시기 바랍니다. 여러분의 센터를 통해 퍼져나가는 불꽃처럼 가슴이 미어지는 성스러운 순교자를 느낍니다.

딜츠: 센터를 통해서… 방랑자의 자유와 광활함을 느낍니다.

길리건: 센터를 통해서… 세상을 향해 열린 상태로… 전사의 신성한 서약을 느낍니다.

딜츠: 용맹함과 결연함을 느끼시기 바랍니다.

길리건: 센터를 통해, 세상을 향해 열린 상태로… 치유의 힘을 느끼시기 바

랍니다.

딜츠: 마법사의 창조적인 에너지와 근원적 변화의 가능성을 느낍니다.

길리건: 우리가 그동안 지나 온 파도와 함께, 또 그 파도 안에 있는 파도와 함께, 여러분이 이 위치에서 용을 다시 한번 볼 수 있습니다.

딜츠: 이 모든 선물과… 모든 에너지를… 가지고, 가장 중요한 것은 여러분이 센터링한 상태로 이제 용에게 들어갑니다.

길리건: 당신 안에 그리고 당신을 둘러싼 모든 곳에서 완전한 변혁과 완전한 치유의 힘을 불러 일으킬 수 있는 인간의 능력을 마음껏 누리기 바랍니다….

딜츠: 용의 에너지와 만나시기 바랍니다…. 그 에너지를 흡수하고… 그 에너지가 내 안에서 흐르도록 하기 바랍니다…. 에너지가 흐를 때, 변혁이 일어나게 합니다.

길리건: 인간이 가진 온전한 변형의 빛을 용에게 가져갑니다. 이것은 여러분의 유산이며… 여러분의 선물입니다. 인간으로서 여러분의 소명입니다. 이 세상에서 여러분의 위대한 여정을 살아가면서 어떤 종류의 용을 만나더라도… 용과 더 깊게 연결하시기 바랍니다. 용을 변혁하고 여러분을 변혁하는 인간 의식의 센터링과 용을 연결하시기 바랍니다. 이것이 영웅의 여정을 이끄는 길입니다.

딜츠: 이것이 당신을 진화로 이끄는 길입니다.

길리건: 앞으로 다가올 날들과 여러분의 여정에서, 이렇게 말해보시기 바랍니다…. 예! 나를 통해서 이 세상에 모든 것을 실현합니다. 예! 내 깊은 곳에서 인류 조상의 에너지를 일깨워… 영웅의 여정을 걸으면서… 나를 돕고… 나와 함께 갑니다. 예… 매일 다양한 방식으로… 내 영웅의 여정을 향해 예라고 외치겠습니다.

딜츠: 이제 내 채널을 활짝 엽니다.

길리건: 예!... 예!... 예!... 수많은 예!가 필요합니다. 여러분은 이제 센터와 멀어진다는 것이 어떤 것을 초래하는지 알기 때문입니다. 그 위험성이 너무나 크기 때문입니다…. (음성이 커지고, 청중에게 직접적으로 이야기한다.) 그래서 여러분, 예라고 말할 수 있겠습니까?

딜츠: 지금 예라고 하시기 바랍니다….

참석자들: 예!

길리건: 더 크게….

참석자들: (더 크게) 예!

딜츠: 뭐라고요?

참석자들: (열정적으로 웃으며) 예! 예! 예!

딜츠: 좋습니다. 이런 실습을 한 뒤에는, 잠시 시간을 갖고 실습에서 진행했던 내용을 되돌아 보는 것이 유익합니다. 어떤 깨달음이 있었습니까? 이 여정에서 어떤 일이 있었습니까? 종이에 써보시거나 파트너를 찾아 나눠 보시기 바랍니다.

맺음말: 달콤한 어둠

길리건: 원형의 무의식과 창조적인 무의식이 열렸을 때, 프레즌스를 유지하면 어떤 놀라운 성과가 나타나는지 이제 감을 잡았을 것이라고 생각합니다. 원형은 여러분에게 유용할 수도 그렇지 않을 수도 있습니다. 그것은 얼마나 센터링하는지, 프레즌스를 유지하는지 그리고 원형과 여러분의 관계가 어떤지 정도에 따라 다르기 때문입니다. 기억하시기 바랍니다. 남

들과 다른 놀라운 차이를 만들어내는 것은 바로 여러분입니다. 삶을 온전히 살아갈 것인지 회피할 것인지는 여러분의 선택입니다. 이것이 남들과 다른 큰 차이를 만들어내는 차이입니다.

오늘 프로그램의 마무리로 두 개의 시를 여러분과 공유하겠습니다. 라이너 마리아 릴케Rainer Maria Rilke의 시 「숙성된 매자나무 열매Ripening Barberries」의 한 구절을 소개하겠습니다. 이 시를 오늘 여러분이 했던 모든 연습을 위해 바칩니다. 릴케가 이렇게 말했기 때문입니다.

> 조용히 눈감을 수 없는 그 사람은
> 그 안에 펼쳐지는 끝없는 환상이 있습니다.
> 어둠 속에서 그에게 다가올 밤을 기다리기만 하면서.
> 이제 모든 것이 끝났습니다. 그는 노인과 같습니다.
>
> 어떤 것도 오지 않을 것입니다. 더는 날들이 열리지 않을 것입니다.
> 일어나는 모든 일들이 그를 속일 것입니다.
> 심지어, 신, 당신마저도
> 그대는 저 심연으로 매일 그를 잡아당기는 돌과 같습니다.

길리건: 여러분 모두가 매일 매 순간, 눈을 감을 수 있으면, 그 어둠 속에서 우리를 둘러싼 공간에 많은 이미지가 열리기를 바랍니다. 어둠에 관해 말하자면….

딜츠: … 거기서 떠오르는 이미지는… 제가 읽어드릴 데이비드 화이트David Whyte의 「달콤한 어둠Sweet Darkness」을 들어보시기 바랍니다.

> 당신의 눈이 피곤하면
> 세상도 피곤합니다.
>
> 당신의 비전이 사라지면

세상 어디에서도 당신을 찾을 수 없습니다.
어둠 속으로 갈 시간입니다.
밤이 스스로 알아보는 눈을 갖게 되는 그 어둠으로

그곳에서 당신 자신이 사랑이라는 것을
확신할 수 있습니다.

오늘 밤 어둠이 당신의
자궁이 되어줄 거예요.

밤에는 당신이 볼 수 있는 것보다
더 먼 지평선을 볼 수 있습니다.

이건 아셔야합니다.
이 세상 안에서는 자유로워야 한다는 것을.

당신이 속한 세상만 남겨두고
나머지 세상은 모두 버리시기 바랍니다.

가끔은 어둠과 홀로 있음의 달콤한 구속도 필요합니다.

그래야 당신을 살아있게 하지 않는 어떤 것, 어떤 사람도
당신에게는 하찮은 것일 뿐이라는 걸 알게 되니까요.
ⓒ매니 리버 출판사, 랭리, 워싱턴

딜츠: 여러분, 오늘 달콤한 어둠을 즐기시기 바랍니다.
길리건: (템포를 빨리하며) 오늘 시간을 마무리하겠습니다. 마틴 루터 킹 주니어Martin Luther King Jr.의 이 말을 기억하시기 바랍니다. "마침내 자유다! 마침내 자유다! 전능하신 하느님, 우리는 마침내 자유입니다!" 자, 이제 여러분은 자유인으로 살 수 있습니다! 내일 아침에 뵙겠습니다.

(긴 박수와 환호가 나온다.)

Day 3

생성적 장generative field

길리건: 좋은 아침입니다. 학생 여러분! (청중이 같은 식으로 대답한다). 오늘도 멋진 하루가 되기를 바랍니다. 영웅의 여정, 다음 탐험 과정은 생성적 장의 마음으로 살아가는 데 중요한 도구들을 살펴볼 예정입니다.

딜츠: 생성적 장은 다양한 마음 사이의 관계가 만들어낸 마음입니다. 그레고리 베이트슨Gregory Bateson은 개별적인 마음은 더 큰마음의 하부 시스템이라고 말했습니다. 우리가 말하는 개별적 마음은 그 자체가 하나의 장으로 존재하며, 개별적 마음 위에서 어떤 일이 일어나는지 모든 것을 지켜보는 더 큰 장의 하부 시스템이기도 합니다. 모차르트, 다빈치, 디즈니 그리고 아인슈타인 등 천재들의 창조적인 작업을 보면, 더 큰마음에 연결되어 있는 것을 알 수 있습니다. 천재들은 이렇게 말하곤 합니다. "창조적인 작업을 하는 것은 내가 아닙니다. 단지 나는 하나의 통로일 뿐입니다."

길리건: 어떤 사람이 위대한 러시아 무용수 니진스키Nijinsky에게 물었습니

다. "어떻게 그렇게 높이 뛰어오를 수 있습니까?" 분명히 니진스키는 그 당시의 마이클 조던이었습니다. 그는 과학적으로 가능한 그 이상의 높이를 점프해냈습니다. "이렇게 높게 점프하는 사람은 제가 아니어서, 제가 대답할 수 없을 것 같습니다. 누구인지 모르겠습니다. 제가 뛰는 것이 아니어서 제게는 물어봐도 소용없습니다."

딜츠: 모차르트는 이렇게 말했습니다. "음악 작곡은 강제로 해서는 안 됩니다. 저는 단지 음악을 받아들일 수 있는 상태로 있으면 됩니다. 거기에서 새로운 음악이 흐릅니다." 모차르트가 말한 창조의 과정을 들어보면 그의 창조는 '기쁘고 생생한 꿈에서' 일어납니다.

길리건: 그래서 모든 창조는 의식적인 마음 너머에서 온다고 말할 수 있습니다. 여러분이 의식적 마음에 완전히 사로잡혀 있다면 지금까지 창조적 장에서 동떨어져 있던 것입니다.

딜츠: 우리는 소매틱 마음과 인지적 마음으로 생성적인 마음, 비생성적인 마음 심지어 파괴적인 마음 등 다양한 상태의 마음의 장을 만들 수 있다고 강조합니다. 소매틱 마음과 인지적 마음에서 발생할 수 있는 부정적인 결과는 여러분이 마음의 장에서 센터를 잃어버리기 때문입니다. 제가 비즈니스 컨설팅을 하려고 어떤 회사에 걸어 들어가보면, 바로 그 안에 흐르는 부정적인 장을 느낄 수 있습니다. 아마 여러분도 비슷한 경험을 해보셨을 겁니다. 벽의 색상이나 건물 크기의 문제가 아닙니다. 그곳에 흐르는 에너지 장을 말하는 것입니다. 그곳에 흐르는 장이 창조적일 수도 있고 억압적일 수도 있습니다.

길리건: 여러분은 어떤 장에서 자신을 쉽게 잃고 헤맬 수 있습니다. 예를 들면, 중독은 센터를 잃어버린 채 장에서 방황하는 것입니다.

딜츠: 이라크 아부 그라이브 수용소의 미군 병사 이야기를 했습니다. 여러

분은 자기 행동에 영향을 끼치는 두려움, 분노, 폭력의 장에 빠질 수 있습니다. 생성적인 수준에 있다는 것은 유효한 역동적인 장에 열려 있으면서도, 동시에 그 이상의 공간에도 열려 있는 것을 의미합니다. 그 공간은 여러분이 어떤 것과 함께 있을 수 있되 그것 자체가 되지 않는다는 알아차림의 공간이어야 합니다. 예를 들면, 여러분 몸을 둘러싸고 있는 장을 우리는 '두 번째 피부second skin'라고 해서 우리가 체험해보아야 할 중요한 장입니다.

길리건: 온전한 사람, 완전한 인간이 되기 위해서는 이 두 번째 피부를 개발해야 합니다. 두 번째 피부는 태어나면서부터 가질 수 있는 것이 아니라 시간이 지나면서 천천히 생겨나는 것입니다. 아이들은 두 번째 피부가 없습니다. 낯선 사람이 오기 전까지 아이들은 자유롭게 놀고 있습니다. 낯선 사람을 보면 보통 아이들은 어떤가요? 아이들은 얼어붙습니다. 아마 이런 상황을 보셨을 것입니다. 아이들이 낯선 사람들을 보고 얼어붙으면 가장 먼저 어디를 보나요? 엄마나 아빠 또는 가족과 이웃들입니다. 이 모든 사람이 아이들에게는 두 번째 피부입니다.

제 딸이 세 살 때, YMCA 수영 강좌에 데리고 간 일이 기억납니다. 한낮에 진행되는 수업에서 부모 중에 아빠는 저 혼자였습니다. 그 뒤로 우리는 남자 라커룸 전체를 쓰면서 샤워도 하고 옷도 갈아입었습니다. 라커의 한쪽은 제가, 그리고 조는 다른 쪽 문 입구에서 놀고 있었습니다. 그때 문이 열리면서 건장한 남자가 들어왔습니다. 좋은 사람처럼 보였지만 덩치가 크고 힘이 넘치는 사람이었습니다. 설상가상으로 그 남자가 조에게 다정하지만 아주 큰 목소리로 말했습니다. "안녕, 작은 아가씨! 안녕?" (웃음) 조는 당연히 두려움에 얼어붙어서 내 쪽을 필사적으로 쳐다봅니다. 여느 부모들처럼 저는 이렇게 말합니다. "아가야 괜찮아, 아빠 여기 있어요." 그러자 조가 달려와서 내 다리를 붙잡고 뒤로 숨어버렸습니다. (로버트가 달려와 스테판의 다리를 잡자 청중들이 웃는다.) 여러분 모두 익숙한 풍경이죠? 이것이 바로 우리가 말한 두 번째 피부의 좋은 예입니다. 이 두 번째 피부는 여러분 주위를 둘러싸고 있어서, 여러분이 주눅들지 않고, 상처받지 않고 외부 세상에 자신을 드러낼 수 있는 공간입니다. 이것이 우리가 생성적 장이라고 말씀드린 것의 예라고 볼 수 있습니다.

딜츠: 우리는 '원형의 전환 사이클Moving through Archetypes of Transition'을 이동하며 원형의 여정을 연습했습니다. 우리는 천진난만한 사람에서 고아로, 순교자에서 방랑자로 그리고 마지막으로 전사에서 마법사로 이동했습니다. 이 여정은 두 번째 피부를 개발하는 과정과 일정 부분 관련이 있습니다. 이 생성적인 두 번째 피부는 갑옷이나 성벽과는 다릅니다. 두 번째 피부는 진짜 피부처럼 정보와 에너지를 주고받을 수 있습니다. 여러분은 이 피부를 통해 느끼고 연결할 수 있습니다. 또 필터처럼 선택적인 기능이 있어서 외부와 교감할 수도 있고 분리할 수도 있습니다. 물론 생성적 의식은 이 두 가지를 모두 동시에 가지고 있습니다. 외부와 연결될 수도 있고 또 동시에 그것을 넘어선 다른 그 무엇과도 연결을 유지할 수 있습니다.

얼마 전 다국적 IT 기업의 임원을 컨설팅할 때였습니다. 그의 부서는 회사의 글로벌 전 부서 가운데 가장 수익성이 높았습니다. 리더십에 관해 이야기할 때, 그에게 리더십이란 본질에서 시스템의 장에서 긍정적인 에너지를 불러일으키는 과정이라고 말했습니다. 팀이거나 회사 전체이거나 아니면 특정한 회의 자리든 상관없이 긍정적이고 주도적인 에너지를 일으키는 것이 그의 역할이라고 생각하고 있었습니다. 물론, 이것이 가능하려면 여러분은 피할 수 없이 일어나는 부정적 에너지를 다룰 수 있어야 합니다. 여러분은 부정적 에너지를 장에서 변형할 필요가 있습니다. 그가 루틴으로 하는 것 가운데 하나는 매일 아침 일을 하기 전, 몸에 의식을 집중해서 몸의 에너지를 느낍니다. 또 정성스럽게 몸을 감지하면서 몸의 에너지 수준을 측정합니다. 양손 사이 공간에서 에너지 수준을 느끼면서 그 날 하루를 마치고 집에 올 때는 같은 에너지 수준으로 집에 돌아오겠다고 다짐했습니다.

이 임원이 긍정적인 몸의 에너지를 느끼고 유지했던 힘은 장에 대한 그의 주의 집중력이었습니다. 여기서 말하는 장은 자기 자신의 장과 그를 둘러싼 환경의 장을 모두 포함하는 것입니다.

우리는 힘들고 팍팍한 하루 하루 업무에서 스트레스와 압박을 받습니다. 그래서 이 두 번째 피부에 대한 개념이 매우 중요합니다. 업무에 대한 과부하와 주위 사람의 기대 등이 얼마나 이 임원의 에너지를 빨아들이려고 하는지 상상할 수 있습니다. 이런 상황이 이 임원의 에너지를 고갈시키고, 긍정적 에너지를 부정적 에너지로 변환하려고 할 것입니다. 그래서 이런 장의 역동을 관리할 수 있는 기술은 매우 중요합니다.

길리건: 따라서 생성적 장 의식에 관련해서는 두 가지 수준의 장으로 구분하는 것이 중요합니다. 첫 번째는 우리가 생활하는 수많은 역동적 콘텐츠의 장입니다. 두 번째는 여러 개의 역동적인 장을 품고 있는 메타 수준 장으로, 이 장에는 콘텐츠가 없습니다. 첫 번째는 콘텐츠 수준이고 두 번째는 문맥context 수준입니다. 첫 번째 수준에서 우리는 늘 여러 개의 역동적 문맥 안에서, 즉 장 안에서 살아갑니다. 여러분 몸을 둘러싼 공간도 하나의 장이고 이 워크숍 공간도 하나의 장입니다.

딜츠: 여러분과 다른 사람 사이의 공간도 하나의 장입니다.

길리건: 여러분 개인 역사가 하나의 장입니다. 여러분의 가족, 여러분이 생활하는 문화권이 모두 각각 하나의 장입니다. 여러분은 심리치유, 코칭,

비즈니스 장에서 일하고 있습니다. 여러분이 사는 나라도 가정처럼 하나의 장입니다. 따라서 우리는 다양하게 공존하는 역동적인 장에서 움직이며 살고 있습니다. 물론 모든 장이 동일하게 활성화되어 있는 것은 아닙니다. 그 이유는 우리가 자기 삶의 길라잡이로 삼는 여러 가지 문맥이 끊임없이 요동치며 변하고 있기 때문입니다.

딜츠: 따라서 어떤 특정 시점에서는, 각기 다른 여러 개의 역동적 장이 동시에 작동합니다. 두 번째 핵심 사항은 그 장이 생성적인가 그렇지 않은가입니다. 그 장에 있는 사람의 프레즌스에 따라서, 또 그 장을 둘러싼 사람의 프레즌스에 따라서, 그 장이 긍정적일수도 부정적일수도 있습니다.

길리건: 세 번째 기본 개념은 여러 개의 장 위에 하나의 장이 존재한다는 것입니다. 즉 그 어느 콘텐츠도 모두 넘어서는 메타 장meta-field이 있습니다. 우리는 이것을 생성적 장이라고 부릅니다. 수많은 장 위에 존재하는 이 생성적 장은 하부에 어떤 장이 작동하더라도 모든 장을 수용하고 포괄하는 장입니다. 이것이 쓸모 없이 전해져 오는 비책이 아니라는 것을 확실히 보여주기 위해 합기도의 기본 원칙을 여러분에게 소개하고자 합니다. 합기도에서는 공격(공격자)에 결코 눈을 주지 말라는 원칙이 있습니다. 이 원칙은 매우 실용적입니다. 만약 여러분이 이 원칙을 어기면, 여러분은 그 공격에 묶이게 되고, 그것 때문에 패하게 될 수 있습니다.

어떤 공격이 내게 들어온다고 할 때, 이 공격은 사람이거나 부정적 생각이나 트라우마 기억, 아니면 내 안에서 일어나는 두려움일 수도 있습니다. 여기서 중요한 질문은 내 주의로 어떻게 반응하느냐입니다. 훈련받지 않은 우리의 마음은 부정적인 위협에 쉽게 갇힙니다. (스테판의 눈이 긴장하고 고정되면서, 움츠리는 모습을 보여줍니다.) 합기도에서는 "당신의 센터를 내준다."라고 합니다. 그 순간 공격의 장에 나를 잃게 됩니다. 모두 그런 경험들이 있으시죠? 그 문제에 갇히게 되면 다른 것은 모두 잊어버리고 자기 내면의 자원과도 멀어지게 됩니다. 이런 개념에서 볼 때, 생성적 장은 의식을 그 너머로 확장해서 눈앞의 도전에 반응하는 것입니다. 여러분의 지각적 인식을 더 넓게 하고 수축시키지 않게 됩니다. 여러분이 자신의 문제를 넘어서 더 넓은 공간으로 열려 있어야 그 문제에 함몰되지 않고 문제와 함께 있을 수 있습니다. 이 작업이 이번 세션에서 다룰 주요 주제입니다.

딜츠: 사람들이 어떤 도전적인 상황에 처했을 때 보이는 일반적인 반응이 '싸우거나, 도망치거나 얼어붙어 버리는' 생존 전략이라고 말했습니다. 여러분은 도전적인 상황에서 위축되거나, 그 상황에서 분리하려고 하거나 그 상황을 통제하거나 제거하려고 합니다. 이런 상황에서 우리가 좋은 결과를 내기 위해서는, 그 문제를 뛰어 넘어선 공간에서 우리가 동작해야 한다고 말씀드렸습니다. 여러분은 문제를 위한 공간을 만들어야 하는 것이지, 그 문제가 여러분을 제한해서는 안 됩니다. 생성적 소매틱에서는 센터링으로, 생성적 인지에서는 스폰서링으로 이것이 가능합니다. 오늘 다룰 생성적 장에서는, 그 너머로 열려 있음opening beyond을 통해 이것이 가능합니다.

길리건: 이 작업에 대한 소개로, 생성적 장에 관한 아름다운 시 한 편을 소개하겠습니다. 이 시는 미국 인디언 관점에서 나온 시입니다. 몇몇 인디언 부족에게 숲은 중요한 생성적 장입니다. 숲은 깊은 마음, 깊은 지혜 그리고 깊은 지능을 말합니다. 시인 데이비드 와고너David Wagoner의 「길을 잃은Lost」이라는 시입니다.

가만히 서 있으세요. 당신 앞에 있는 나무와
옆에 있는 관목은 길을 잃지 않습니다.
당신이 어디에 있든지 그곳이 바로 여기입니다.
숲을 힘센 이방인으로 대해야 하고,
숲을 알고 나를 숲에게 알리려면 허락을 받아야 합니다.
숲은 숨을 쉽니다. 듣고 있습니다.
여러분을 둘러싼 이곳을 자신이 만들었다고 숲은 대답합니다.
만약 당신이 숲을 떠나면 당신은 되돌아올 것입니다. 여기라고 말하면서.
라벤에게 똑같은 두 나무는 하나도 없습니다.
렌에게 똑같은 두 가지는 하나도 없습니다.
당신이 나무와 관목이 존재하는 것을 이해할 수 없다면
당신은 정말 길을 잃은 것입니다.
그러니 가만히 서 계시기 바랍니다.
숲은 당신이 어디에 있는지 알고 있습니다.
숲이 당신을 찾게 하세요.

길리건: 전통적인 서양의 이성적 사고방식과 다르게, 우주 만물에는 의식이 깃들어 있다는 과격한 아이디어에 관해 생각해보겠습니다. 이 의식이라는 것은 실제로는 세상의 에너지와 형태를 창조하는 생성적 장입니다. 이 의식은 장에 있는 모든 것을 내재적으로 연결하는 통일장으로서 작동합니다. 이 큰 장과 분리되거나 멀어지면 여러분은 문제에 봉착하게 됩니다. 여러분은 스스로 할 수 없으며 여러분 마음을 더 큰마음에 단단하게 연결하고 정렬해야 하기 때문입니다.

검은 긴 코트를 입고 주머니 속에 양손을 깊숙하게 넣고 마을을 돌아다니는 늙은 랍비가 있었습니다. 누군가 랍비에게 물었습니다. "손에 뭐가 들어 있습니까?" 그는 손을 꺼내서 양손에 쥐고 있는 종이 조각을 보여주었습니다. "제가 연습하고 있는 사소한 것이랍니다." 그가 대답했습니다. 그리고 오른손을 들어 보이며 또 이렇게 말했습니다. "이 종이 조각이 나는 신성하고, 나는 만물이며 우주라고 말하고 있습니다."

이번에는 왼쪽 손을 들어 보이며 "이 종이는 나는 한 점에 불과하고 작은 먼지이며, 재에서 왔다가 재로 돌아 간다."라고 말하고 있습니다."

"왜 두 종이 조각이 다 그렇게?" 그가 물었다.

"글쎄요." 그가 말했습니다. "둘 다 진실이기 때문입니다. 그런데 중요한 비밀은 정확히 언제 둘 중에 어떤 것을 기억해야 하는지 아는 것입니다."

자신과 연결하는 감각, 그리고 더 큰 장에 연결하는 감각은 영웅의 여정에서 핵심 과제 가운데 하나입니다.

딜츠: 이 기술은 연습해야 합니다. 오늘 세션에서 몇 가지를 연습할 예정입니다. 그런데 중요한 것은 각자 자신에게 가장 잘 맞는 연습방법을 찾아야 합니다. 몇 년 전 세계 2위의 해운항만 회사 창업자를 인터뷰했습니다. 조직의 특정 문제 해결에 관한 이야기를 나누었습니다. "이런 문제들은 어떻게 해결하십니까? 해결하기 위해 무얼 하십니까?" 제가 이렇게 질문했을 때, 저는 복잡한 분석과 전략적인 답변이 돌아올 것으로 예상했습니다. "저, 사실은 자전거를 탑니다." 이 말에 저는 깜짝 놀랐습니다. 자전거를 타는 것이 그에게는 습관이었습니다. 자전거 타기가 그의 소매틱 마음을 느끼고 자신의 센터와 연결하며 생성적 장에 열려 있게 하는 연습이었습니다. 조금 후에, 우리는 그 회사가 직면한 다른 문제에 관한 이야기를 시작했습니다. 제가 장난스럽게 말했습니다. "이 문제를 해결할 때도 자전거를 타시겠네요."

그가 고개를 저으며 진지하게 말했습니다. "아니요! 그 문제는 자전거를 타면 안 됩니다. 그 문제는 골프를 쳐야 해요." (웃음) 다시 말하면, 이 비즈니스 리더는 문제의 장을 넘어서 열려 있기 위해 아주 구체적인 습관이 있었습니다. 그 창업자는 이런 행동을 그의 사업이 성공할 수 있었던 중요한 이유로 보았습니다.

길리건: 그런데 코칭할 때 아주 간단하면서 실용적인 질문이 있습니다.

자기 자신으로 되돌아와야만 할 때, 여러분은 무엇을 하십니까?

지금 이 간단한 질문을 통해 사람들이 어떻게 자신의 이성적 사고에서 빠져나와 좀 더 열려 있고 장에 조율하는지를 알 수 있습니다. 이런 경험에 관한 질문은 상대방이 어려운 문제로 헤매고 있을 때 전혀 관련 없는 새로운 맥락에서 그 문제를 바라볼 수 있도록 생성적 장에 열리게 해줍니다.

딜츠: 어떤 사람에게는 신체적 활동일 수도, 또 어떤 사람에게는 시일 수도 있습니다. 장에 열리고 닫히는 것에 관해 많은 이야기를 해주는 E. E. 커밍스Commings의 시 한 편을 소개하고자 합니다.

> 내가 한 번도 가보지 않은 어딘가에,
> 기꺼이 그 어떤 경험 너머에,
> 당신의 눈은 그들의 침묵을 담고 있습니다.
> 당신의 아주 연약한 몸짓에는 나를 감싸 안거나
> 너무 가까워서 만질 수 없는 것들이 있습니다.
>
> 손가락처럼 나를 닫아도
> 당신의 사소한 눈길로도 나를 쉽게 열 수 있습니다.
> 봄이 (능숙하고 신비롭게) 그녀의 장미 봉우리를 열 듯
> 당신은 꽃잎 한 장 한 장씩 나를 열 수 있습니다.
>
> 당신이 나를 닫아 버리고자 하면
> 이 꽃의 심장이 온 천지에 눈이 살포시 내려앉는 상상할 때
> 나와 내 인생은 매우 아름답게 또 갑작스럽게 닫힐 것입니다.
>
> 우리가 이 세계에서 지각하는 그 어떤 것도

당신의 강렬한 연약함의 힘에는 못 미칩니다.
그 영역의 빛깔로 나를 매혹하는 그 감촉은
숨결마다 죽음과 영원을 각인시킵니다.

(당신의 무엇에 생명을 여닫는 힘이 있는지 나는 알지 못합니다.
그저 내 안의 무언가가 느끼기를 그대 눈동자의 목소리가
세상 모든 장미보다도 더 깊을 뿐입니다.
그 누구도, 빗방울조차도, 그토록 작은 손을 가지고 있지는 않습니다.)

딜츠: 저에게 이 시는 장에 열리고 닫히는 역동적인 과정을 아름답게 노래하고 있는 것 같습니다. 시에서 말하는 것처럼, 여러분도 항상 센터링하고 있지는 않습니다. 그리고 장에 언제나 열려 있는 것도 아닙니다. 장에 열리고 닫히는 리드미컬한 주기가 있습니다. 그 열리고 닫히는 것도 더 큰 생성적 여정의 한 부분입니다. 이 리드미컬한 주기는 자신과 연결하기 위해 내면으로 들어가기도 하고, 자신 너머에 있는 장과 연결되기 위해 밖으로도 열리는 자연스러운 리듬입니다. 이런 방식으로, 각 개인의 센터와 집단적 장이 서로 균형을 맞추고 보완하여 서로를 완전하게 합니다.

장에 연결하기 실습

길리건: 오늘 여러분이 생성적 장을 경험하고 감을 잡을 수 있도록 몇 가지를 연습해보겠습니다. 특히 생성적 장을 어떻게 느끼고, 창조하고, 유지하고, 또 생성적 장을 창조적으로 활용해서 어떻게 변혁을 이끌어낼 수 있는지 살펴보겠습니다. 첫 번째 실습은 전체가 해보는 것으로 아주 간단합니다. 저희가 안내를 해드리면, 여러분은 모두 따라서 하시면 됩니다. 실습할 내용은 여러 가지 문화적 전통을 가지고 있습니다. 전통적인 최면에

서는 '자기장 손magnetic hands' 기술이라고 말합니다. 동양의 태극권과 기공 같은 몸과 마음 관련한 문화권에서는 에너지 볼energy ball이라고 부릅니다.

딜츠: 이런 전통에서 말하는 기의 전체적인 개념은 인간의 신체(영화 「스타 워즈」에서 포스 같은)를 포함한 만물에는 에너지 또는 생명력이 스며있다고 합니다. 이런 전통에서는 어떻게 하면 이 미묘한 에너지와 조율하고 화합하여 건강하고 지혜로운 행동 원천으로 활용할지에 대해 수행합니다.

길리건: 이 실습 과정을 진행하는 과정에서, 우리가 여러분에게 최면을 걸거나 여러분이 수동적으로 통제당한다는 생각은 하지 않았으면 좋겠습니다. '의식에 대한 탐구'라는 관점으로 생각하시기 바랍니다. 여러분이 주도하는 하나의 학습 과정입니다. 여러분의 가능성을 탐색하는 데 저희가 코칭해드린다고 생각하시기 바랍니다.

딜츠: 그러기 위해서 여러분은 놓아버려야 합니다. 내면에서 여러분을 안내하고 또 여러분을 열리도록 하는 다른 지능을 발견해야 합니다. 장을 감지하고 활용하기 위해서는 여러분이 의식적 사고나 에고의 통제에 휘둘려서는 안 됩니다. 마치 악기를 연주하거나, 예술을 하거나 창조적인 생각을 한다고 생각하십시오. 여러분 내면 깊은 곳에 있는 프로세스에 접속하고 그것을 유도 체계로 활용하시기 바랍니다. 이렇게 하려면, 여러분은 의식에 대한 감각을 개발해야 합니다. 이것이 장을 경험하기 위한 경험적 기초이기 때문입니다

길리건: 그래서 여러분은 자기 자신의 경험을 관찰하고 지지해야 합니다. 이 모든 과정에서, 여러분은 참여자이면서 관찰자로 깊은 집중과 완전한 이완의 균형점을 찾아야 합니다. 만약 집중은 했는데 이완하지 않으면, 긴장이 방해하기 때문에 미세한 장의 경험을 열 수 없습니다. 반대로 너무 이완하면 텔레비전을 보거나 바에 앉아 있는 상태가 됩니다. 따라서

여러분은 예술가나 운동 선수가 이완된 몰입을 하는 것처럼, 여러분을 어떻게 하면 이런 깊은 경험에 열 수 있을지 호기심으로 봐야 합니다.

딜츠: 이 균형의 다른 이름이 프레즌스입니다. 당신의 모든 것이 프레즌스 상태에 머물러야 합니다. 실습하기 전에 편안한 자세를 취해보겠습니다.

길리건: 몸과 마음을 바로 하겠습니다. 여러분 센터에 조율해보시기 바랍니다. 자신에게 가장 잘 맞는 방법으로 하시면 됩니다. 모든 것을 놓아버리고 부드럽게 센터로 돌아옵니다.

딜츠: 이것이 언제나 첫 번째 단계입니다. 장에 열려 있으려면 먼저 센터를 찾아야 합니다. 센터링이 안 된 의식은 부정적이고 통합되지 않은 장을 만들기 때문입니다.

길리건: 여러분은 자신의 몸에서 알아차려야 합니다. 몸을 통해서 놓아버리세요. 그리고 몸 너머로 열리도록 해야 합니다. 합기도에서는 이렇게 말합니다. *센터에 머물고 장을 향해 열려 있으라, 센터에 머물고 장을 향해 열려 있으라. 센터에 머물고 장을 향해 열려 있으라.*

딜츠: 이렇게 하면, 편안한 뿌리내리기 느낌을 갖게 되어, 발바닥은 부드럽게 느껴지지만 땅에 단단히 뿌리내린 느낌이 듭니다.

길리건: 이 과정을 탐색하다 보면, 여러분은 우리의 음성이 부수적인 것으로 바뀌면서 마치 우리 목소리가 뒤에 배경으로 들릴 수 있습니다.

딜츠: 여러분의 첫 번째 주의는 자신의 센터에 깊게 몰입되어 있습니다.

길리건: 이렇게 하면서 양손을 벌리고 몸은 두 다리에 편안하게 올려놓았다고 생각합니다. 잠시 척추를 바로 세우면서… 호흡을… 위아래로… 천천히… 위로, 아래로 척추를 통해서 한다고 상상합니다.

딜츠: 여러분 머리 맨 위 꼭대기를 위에서 잡아당기는 실이 있다고 상상합니다. 이때 근육은 이완하고 척추는 쭉 뻗어줍니다.

길리건: 켈트 십자가Celtic cross라는 간단한 과정을 통해 진행해볼 수 있습니다. 몸과 마음을 가다듬고 양손을 센터로 가져갑니다. 아주 천천히, 움직이고 있지만 움직이지 않는 것처럼 느낄 정도로 아주 천천히 양손을 센터로 가져간 다음 수직축으로 양손을 엽니다.

딜츠: 한 손은 위로, 한 손은 아래로, 마치 무엇인가를 열 듯이 양손을 벌립니다.

길리건: 아주 천천히, 양손이 움직이지만 전혀 움직이지 않는 것처럼. 한 손은 올라가고… 수직축을 통해 열면서… 그 황금의 실을 크라운 차크라(역자 주: 인체 맨 꼭대기인 정수리에 위치)를 통해… 하늘까지 쭉 들어 올립니다. 동시에 다른 손은 아래로… 아래로… 수직축을 따라 척추를 따라 땅 아래로 움직입니다…. 한 손을 아래로 움직이면서 다른 한 손은 천천히… 위로 올라갑니다.

딜츠: 여러분의 지각은 수직축을 따라 하늘까지 확장될 수 있습니다.

길리건: 아래로는 지구의 중심까지 쭉… 내려가고… 동시에… 여러분은 수직축을 통해 열리며… 여러분의 척추를 통과하는 의식에 조율합니다.

딜츠: 양손이 십자가의 수직축을, 의식의 남쪽과 북쪽을, 알아차림의 하늘과 땅을 여시기 바랍니다.

길리건: 준비하고, 여러분이 수직축으로 열었다는 느낌이 들면… 센터로 다시 돌아옵니다. 이번에는 수평축으로 열어봅니다. 양손으로 센터를 천천히 만지고 양손이 움직이지만 마치 움직이지 않는 것처럼 천천히 움직입니다.

딜츠: 한 손을 왼쪽으로 열고… 다른 손은 오른쪽으로… 천천히… 리드미컬하게… 반복적으로….

길리건: 손가락으로 에너지가 흐르도록 합니다. 에너지가 손끝을 통해 열리는 것을 느낍니다. 동쪽과 서쪽으로 무한 차원으로 확장되면서… 오른쪽

과 왼쪽으로… 의식의 수평축으로… 에너지가 당신을 통해서 흐르며, 동쪽과 서쪽으로 열립니다.

딜츠: 의식의 수평축을 펼치고… 풀리며… 열리면서.

길리건: 수평축을 통해… 무한대까지… 확장하기 시작하면서… 마음이 어디에서도 걸리지 않고… 에너지가 무한대로 흐르며… 수평축이 열리는 것을 느끼면… 손을 앞뒤로 왔다 갔다 합니다…. 다음은 수직축을 열면서… 양손을 위아래로 움직이다가… 이번에는 수평축을 열면서… 양손을 동쪽과 서쪽으로 움직입니다. 양손이 저절로 움직이게 놓아둡니다. 깊은 프레즌스가 깨어나는 것을 느낍니다. 여러 전통에서는 이것을 '사방으로 열기'라고 합니다. 여러분 의식을 센터에서부터… 사방으로 열어봅니다. 동… 서… 남… 북. 이것은 아주 달콤하고… 감각적인… 장을 향해 열리기입니다…. 모든 근육이 얼마나 이완될 수 있는지를 즐깁니다. 여러분의 근육보다 더 깊은 프레즌스가 있습니다. 위아래로, 좌우로… 사방으로 미묘하게 흐르는 에너지.

에너지 볼 만들기

길리건: 여러분이 열어 놓은 장 안에서 에너지 볼 만들기를 시험해볼 수 있습니다.

딜츠: 그렇게 하려면, 양손을 앞으로 뻗어서 마주 보게 합니다.

길리건: … 마치 에너지 볼을 잡고 있는 것처럼…. 에너지 볼은 박동하는 에너지로 만들어져 있고 진동합니다…. 앞으로 뻗은 팔을 느끼며… 에너지 볼을 잡고 있는 모습을 상상합니다…. 너무 느슨하게도 아니고… 너무 꽉 잡지도 않은… 그러면서 팔은 이완합니다. 어깨도 이완합니다. 팔꿈치도

이완합니다…. 에너지 볼에 조율하고 있는 것을 느낍니다. 에너지 볼에 미묘한 에너지가 있음을 느낍니다. 예를 들면, 숨을 들이 마시면 에너지 볼도 약간 확장됩니다…. 숨을 내쉬면 볼이 약간 작아집니다.

딜츠: 양손의 맥박 안에서 그 볼의 존재를 느낍니다…. 에너지 안에서 공간의 존재를 느낍니다…. 에너지 볼 주위에서 공간의 존재를 느낍니다…. 이 모든 것을 동시에 합니다.

길리건: 여러분이 지금 하는 아주 미세하고 유쾌한 조정 과정을 통해 점점 더 조율해 갑니다…. 음의 에너지에 접속하면… 수용적이고 열려 있는 모든 것을 포용하는 공간이 됩니다…. 몸과 마음의 가능성을 탐색하면서… 의식의 실험을… 공명하듯이 접속하고… 깊은 연결을 하며… 숨을 들이쉬고 내쉽니다.

딜츠: 양손 사이의 에너지를 느낍니다. 에너지가 마치 여러분의 센터에서 발산하는 것처럼. 여러분의 센터에서 양팔을 통해… 손을 통해 발산되어 나옵니다… 여러분 양손 사이의 공간으로.

길리건: 다시 한번, 양손과 팔이 마음대로 움직이도록 놓아둡니다. 의식적인 통제없이… 창조적으로 움직이도록 합니다.

딜츠: 생명의 힘이 주는 고유한 감각을 느낍니다…. 당신의 생명력… 당신의 에너지를.

길리건: 여러분의 주의 집중이 향하는 곳을 실험해볼 수도 있습니다. 여러분의 주의 집중을 에너지 볼 너머로 보내면 어떤 일이 생깁니까…. 그러면 볼이 여러분 주변부 인식 안에 있습니까? 여러분이 동서남북 사방과 켈트 십자가 방향으로 마음을 조율하면서, 알아차림의 장 안에서 에너지 볼과 손을 느끼면… 어떤 일이 생깁니까? 주의 집중을 어디에 두느냐에 따라 당신의 경험이 달라지는 것이 놀랍지 않습니까? 여러 가능성을 탐색

해보시기 바랍니다.

딜츠: 여러분이 자기 생각에 골몰하면 그것이 어떻게 볼에 영향을 주는지 알아챌 수 있습니다. 볼이 사라지나요? 볼을 느끼기가 더 어렵습니까? 여러분이 몸에 자신의 프레즌스를 가져오고, 몸 너머로 센터에서 열린다면, 여러분은 장에 대해 아주 다른 감각을 느낄 수 있습니다.

길리건: 이 볼은 장의 축소판이라고 할 수 있습니다…. 다양한 경험을 담고 있는 하나의 공간입니다. 우리가 호기심으로 지켜보는 것은 여러분이 어떤 경험을 가지고 장에 들어 갔을 때, 어떤 변화가 생기는지에 있습니다. 이 실험에 하나 더 추가하겠습니다. 통합되지 않은 에너지를 장에 넣어보겠습니다. 통합되지 않은 패턴을 경험했을 때, 에너지 볼에 어떤 변화가 있는지 보시기 바랍니다.

(스테판이 화나고 공격적인 목소리로 말한다.) *도대체 여기서 뭣들 하는거야…. 다 쓸모 없는 짓이라고…. 아무런 의미도 없어.*

(잠시 정지하고, 스테판이 다시 부드러운 목소리로 돌아온다.) 당신의 볼에 어떤 변화가 있는지 보시기 바랍니다. 사라졌나요? 작아졌나요? 아니면 차가워졌습니까?

딜츠: 더 밝아지거나 두꺼워졌습니까?

길리건: 당신에게 일어난 변화를 감지해보시기 바랍니다. 어떤 이유로 스폰서링 받지 못하고, 통합되지 않은 패턴이 여러분의 창조적 무의식의 장에 들어오면, 어떤 변화가 있는지 예를 보여드린 것입니다.

딜츠: 만약 스폰서링을 해주면 어떻게 될까요? 잠시 쉬면서 긴장을 내려놓습니다. 다시 센터와 연결합니다. 충분히 센터링하시기 바랍니다.

길리건: 마음에 어떤 집착도 없이, 몸에서 긴장을 완전히 내보냅니다. 센터를 느끼고 온전하게 볼을 느낍니다.

딜츠: 센터에서 발산하는 에너지를 느낍니다. 에너지 볼을 안고 있는 느낌을 느껴봅니다. 이 에너지 볼은 포용이 필요한 그리고 스폰서링이 필요한 모두 것을 포용해주는 놀라운 공간입니다.

길리건: 회복 탄력적이며 부드러운 안식처로서 볼을 느껴보시기 바랍니다. 이 안식처는 치유와 변형이 필요한 모든 것을 안전하게 흡수하고 받아들입니다. 좋습니다. 볼의 에너지 장에 조율할 수 있도록 해주는 몸과 마음의 통합체를 호흡으로 들이마시기 바랍니다…. 그리고 우리는 다시 통합되지 않은 패턴으로 돌아가 보겠습니다…. 그렇지만 이번에는 여러분의 첫 번째 주의 집중을 주어서는 안 됩니다. 여러분의 주의 집중을 부정적인 목소리에 빼앗기면 안 됩니다. 반대로 여러분의 주의 집중을 에너지 장으로 보내야 합니다. 어떻게 하면 에너지 장을 유지하고, 생생하게 그리고 더 강하게 만들 수 있을지에 집중해야 합니다. 따라서 볼에 흡수되고 있는 부정적인 에너지를 감지하면서, 어떻게 하면 부정적인 에너지를 위해 안전한 공간을 마련해주면서 받아들일지 호기심으로 보시기 바랍니다. 여러분의 주의가 볼 주변 장에 넓게 머무릅니다. 그 목소리의 부정적 '문제' 너머에 여러분의 주의가 머물러야 합니다.

딜츠: 액티브 센터링 과정에서처럼, 여러분은 센터로 무언가를 받아들이는 방법을 배웠습니다. 여러분은 이제 더 큰 장으로 무언가를 받아들여야 합니다.

길리건: 장의 주변을 어떻게 감쌀지 탐구하면서… 장이 여러분에게 안식처가 됩니다. 여러분이 연결된 것들에게 안전한 안식처가 됩니다. 장을 생생하게 살아 숨쉬게 합니다. 여러분의 마음을 문제에 빼앗기면 안 됩니다. 마음이 문제 너머 생성적인 장 안에서 쉬게 합니다.

딜츠: 또 수직축을 통해서 여러분의 센터에 조율합니다. 문제 너머 장에 열려 있을 때도 몸에서는 현재의 순간에 머무르시기 바랍니다.

길리건: 좋습니다. 잠시 시간을 내서 센터링하고 장에 조율하시기 바랍니다. 좋습니다…. 다시 시작해보겠습니다.

　　(스테판이 화나고 공격적인 목소리로 말한다.) *이런 빌어먹을 것들은 참을 수가 없어. 이건 다 바보 같은 짓이야. '내면의 자기' 같은 것은 없다고. 모두 제정신이 아닌 사람이야…. 으악!*

　　(스테판이 잠시 멈추었다가 부드러운 목소리로 돌아옵니다.) 좋습니다. 이때 무슨 일이 일어났는지 알아차려 보시기 바랍니다. 호흡하고… 관찰하고… 배웁니다. 에너지와 연결할 수 있었습니까? 에너지를 받아들이고, 흡수하고, 다른 식으로 움직여 보았습니까? 볼을 더 강하게, 밝게, 크게 해보셨습니까? 연민과 호기심 그리고 고요함을 느끼셨습니까? 생성적 장을 개발하면 이런 것들이 가능해집니다. 여러분 주위를 둘러싼 것에 대한 깊은 인식이 가능해집니다. 여러분을 힘들게 한 문제보다 더 큰 프레즌스를 느끼게 됩니다. 장을 열고 유지할 수 있다면, 여러분은 안전하며 어떤 상황에 있을지라도 그 상황을 회피하거나 압도당하지 않고 함께 있을 수 있습니다. 이것이 여러분이 오늘 해야 할 여러 실습 가운데 첫 번째 실습입니다. 실습해보면, 여러분이 이 모든 것을 어떻게 다루어야 할지 알게 됩니다.

　　잠시 여러분 내면의 장과 여러분의 관계를 느껴보시기 바랍니다. 조금 전 경험하고 배웠던 것 가운데 앞으로 계속 기억하고 싶은 것을 생각합니다. 자신에게 하고 싶은 간단한 맹세나 약속, 결심이 있다면, 지금 해보시기 바랍니다. 이런 결심이 여러분을 자신의 생성적 나의 에너지 장과 매일 깊게 연결해줄 것입니다.

딜츠: 제가 언급했던 한 기업 임원의 맹세를 생각해보시기 바랍니다. 하루 동안 자신의 에너지 장을 스스로 돌보겠다고 맹세했던 것을 떠올려 보기

바랍니다. 어떻게 자신의 에너지를 알아차리고, 돌보고, 유지해서 다른 사람을 위해 사용할지 생각해보시기 바랍니다. 준비가 되셨다면 잠시 시간을 내셔서 해보시기 바랍니다….

길리건: … 다시 이 방으로 주의를 돌리시기 바랍니다.

딜츠: … 양손이 이 방으로 다시 돌아옵니다…. 두 다리도 이 방으로 다시 돌아옵니다…. 마지막으로, 중요한 것은 여러분 존재 전체가 이 방으로 돌아옵니다.

프레즌스를 통해 장의 마음에 접속하기

길리건: 돌아오신 것을 환영합니다. 미세한 장에 접속하기 위해서, 여러분이 어떻게 균형을 찾아야 하는지 그 감을 잡았으면 합니다. 그 균형은 뻗어나가면서 주의 집중하는 에너지와 받아들이는 에너지 사이의 균형이었습니다. 음양의 균형점을 찾으려고 노력해야 합니다. 그 균형점이 도道가 열리는 길이며 다른 말로 생성적 장이 열리는 길입니다.

딜츠: 다른 사람과 관계의 질 측면에서도 장은 매우 본질적인 역할을 합니다. 여러분의 프레즌스, 여러분의 에너지는 여러분이 대하는 고객의 경험에 영향을 줍니다. 제가 생각하는 장의 마음이라는 개념은 이렇습니다. 여러분이 어떤 사람과 함께 있을 때 나타나는 특정한 경험적 생각과 의식을 말합니다. 이것은 상대방이 하는 말이나 외모 때문에 나타나는 기계적인 반응이 아닙니다. '그 사람의 에너지'에 대한 반응으로 나타나는 것입니다. 이 현상을 긍정적으로 활용할 수 있습니다. 여러분이 생성적 장을 열게 되면 그 사람들은 평상시에는 하지 않던 말이나 행동을 하게 됩니다. 그 사람이 혼자 있었다면 하지 않았을 관계를 맺고 기발한 생각을 할

수도 있습니다. 아마도 누군가 당신에게 이런 말을 할지도 모릅니다. "당신이랑 같이 있으니까 내가 나로 있는 것 같아요." 이것은 당신이 그 사람과 함께 공유한 장을 말하는 것입니다.

길리건: 코칭과 심리치유에서, 변화는 고객에게서 오는 것인가 아니면 코치에게서 오는 것인가라는 물음이 생깁니다. 아마도 둘 다 일 수도 있고 둘 다 아닐 수도 있습니다. 생성적 변화는 두 사람이 서로 협력하는 마음으로 만든 관계의 마음에서 나옵니다. 창조적 무의식은 한 사람의 내면에 있는 것이 아니라 그 사람 너머 열려 있는 하나의 장을 말합니다. 이 장은 아이디어가 '별안간' 샘솟고, 전혀 새로운 것과 절실히 필요한 것들이 창조되는 '사이 공간'이라고 할 수 있습니다.

모순적이게도 그 '너머'의 장은 이 장을 구성하는 구성원이 만들고 유지해나가는 것입니다. 그래서 여러분은 수동적이면 안 됩니다. '장의 존재를 믿고' 실행해야 합니다. 흔히 최면에서는 무의식이 어떻게든 여러분을 구원해줄 것이라는 유치한 생각을 하기도 합니다. 반대로 상황을 지배하려고 하거나 창조적인 과정을 억지로 강요해서도 안 됩니다. 우리는 음양의 조화를 통한 균형을 찾아야 합니다. 그래야 자신을 넘어서는 그 무언가를 창조할 수 있고, 그 너머의 장이 생생하게 살아 숨쉴 수 있습니다.

이러한 균형 있는 주의 집중을 저는 '에롤 플린 법칙Errol Flynn principle'이라고 부릅니다. 아실지 모르겠지만, 에롤 플린은 멋진 영웅 영화에 나오는 배우입니다. 실제로 그는 기량이 뛰어난 검객이기도 했습니다. 그래서 그에게 이렇게 물어본 사람이 있었습니다. "저, 에롤 씨, 검을 쥘 때 어떻게 잡으십니까?" 그러자 그는 이렇게 대답했습니다. "아주 쉬워요. 저는 검을 잡을 때, 새를 잡는다고 상상합니다. 너무 꽉 잡으면 (스테판이 쥐어짜는 듯한 소리를 낸다), 아이고 새가 없어졌네. (웃음) 그런데 너무 느슨하게 잡으면 (스테판이 허공을 쳐다보며 손에서 날아간 새를 보는 것처럼 한다), 또 새가 없어집니다. 손으로 새를 잡는 것처럼 검을 잡아야 합니다. 검을 잡는 것처럼 새를 잡아야 합니다. 검을 잡는 것처럼 장도 그렇게 해야 합니다. 다른 모든 생성적 연결도 마찬가지입니다. 생성적 장에 대한 경험은 균형 잡힌 주의 집중을 통해서 나오는 전혀 새로운 것을 창조하는 창발성이라고 할 수 있습니다. 이 창발성은 여러분이 최상의 주의 집중의 상태에 조율할 때 깨어납니다.

딜츠: 창발성은 그 곳에 있는 사람의 프레즌스에 의해 생성됩니다.

길리건: 좋은 소식은 *여러분도 이것이 가능하다는 것입니다. 생성적 장 안에서 누구나 창조적으로 감지하고 해낼 수 있는 능력을 갖고 있습니다.*

딜츠: 최근 저는 한 회사에서 컨설턴트로 일하는 여성분을 코칭했습니다. 그분은 장에는 열려 있었지만 우리가 어제 함께 공부한 자신의 센터를 유지하고 확장하지 않았습니다. 그렇게 되자 그녀는 모든 것을 받아들이기만 하는 수용적인 공간에 놓여 있게 된 것입니다. 직장에서 통합되지 않은 에너지가 마구 들어와서 그녀를 짓눌렀습니다. 집에 오면 완전히 방전되었습니다. 어느 날 화장실 거울을 쳐다보니 무너져 내리기 일보 직전이었습니다. 심지어 자기 얼굴도 제대로 알아볼 수 없었습니다. 현재의 장은 그녀를 자신이 아닌 다른 사람으로 바꿔 놓은 것만 같았습니다. 그래서 저는 그녀와 우리가 여러분에게 곧 보여드릴 시연인 '두 번째 피부' 만들기를 연습했습니다. 이전에 말씀드린 것처럼 두 번째 피부 만들기는 영웅의 여정에서 핵심적인 부분으로 생성적 장의 한 형태입니다.

길리건: 두 번째 피부를 갖추고 있으면, 여러분은 자신을 무방비로 노출시키지 않고도 여러분을 표현할 수 있습니다.

딜츠: 너무 연약하고 깨지지 않은 상태로, 프레즌스를 유지할 수 있게 해줌

니다.

길리건: 영웅의 여정을 가기 위해서는 세상을 당당히 걸어 가면서 이렇게 말할 수 있어야 합니다. "내가 여기 서 있다. 이것이 내 진실이다. 내가 한 경험은 이러하다." 여러분, 이렇게 할 수 있습니까? 말해보세요. (스테판의 말과 목소리가 부조화를 이루며 프레즌스가 깨진 상태로 변한다.) "저, 이게 제 진실이고… 어떤… 제 생각에는… 어떤… 아마도… 저 꼭 그렇지만은 않은?" (웃음) "다시는 말 안 할게요." (더 큰 웃음) 물론, 그 반대는 노골적으로 거칠게 자기 진실을 상대에게 외치는 경우입니다. (스테판이 '터프가이' 자세로 전환한다.) 다시 한번 정리하면, 여러분의 진실을 이야기하려면, 여러분의 프레즌스를 다른 사람과 공유하려면 너무 부드럽지도 너무 단단하지도 않은 균형 잡힌 에너지 장이 필요합니다. 두 번째 피부는 세상을 향해 당신이 안전하고 자신 있게 열리도록 해줍니다. 이 세상에 당신이 어떤 사람인지 보여주면서, 여러분의 깊은 자기를 다른 사람과 주고받을 수 있습니다.

당신의 "두 번째 피부"

딜츠: '쳐다보는 것만으로도 죽일 수 있다면'이나 '그 사람은 눈에서 레이저를 쏜다'와 같은 표현을 사람들은 자주 합니다. 이 말은 에너지 측면의 공격을 묘사한 말들입니다. 영웅의 여정에서 이런 에너지 공격을 어떻게 요령 있게 받아들이고 긍정적으로 활용할 수 있을지가 도전과제가 될 것입니다. 우리는 액티브 센터링을 통해 소매틱 차원에서 실습했습니다. 이제 장 차원에서 하는 방법을 배워볼 차례입니다. 특히 여러분이 만든 자기 주변의 장을 보면서 장이 어떻게 여러분이 세상과 연결하는 데 영향을 끼

치는지 살펴보겠습니다. 가끔 고객을 코칭하는 어떤 코치들을 보면, 코치의 에너지 장이 코치가 만나는 고객을 압도하는 경우를 봅니다. 다른 한편으로 어떤 코치는 에너지 장이 너무 약해서 고객이 느낄 수 있는 것이 아무것도 없습니다. 그래서 그들 사이의 프레즌스가 전혀 없는 경우도 있습니다. 에너지 장을 통해서 세상과 상호 연결된다는 개념을 우리는 '두 번째 피부'라고 부릅니다.

실습: 두 번째 피부 개발하기

1. 불안한 장 또는 '그림자' 장에 의해서 압도되거나 갈팡질팡했거나 공격받았던 상황을 찾아보시기 바랍니다. (예: 무언가에 사로잡혀 꼼짝 못하는 상황이나 두려움, 공격, 슬픔, 우울, 피로 등 부정적 에너지나 진동 같은 형태에 주문처럼 빠져 있던 상황) 특정한 행동이나 표현을 찾을 필요는 없습니다. 여러분이 어떤 상황에서 겪은 느낌이나 감각 같은 것이면 됩니다.
2. 여러분 앞에 한 공간을 선택해서 그 안으로 이동합니다. 그리고 그 상황 속으로 들어갑니다. 그 상황에 지금 자신이 있다고 상상해봅니다. 그 상황에서 보이는 것을 보고, 그 상황에서 들리는 것을 들어 보시고, 그 상황에서 느끼는 것을 느껴봅니다. 자기 내면에서 어떤 주관적인 느낌이 드는지 저어봅니다. 부정적인 에너지의 영향을 경험해보니 어떻습니까? 어떤 느낌입니까? 어떤 생각이 듭니까?
3. 이제 그 상황에서 빠져나와서 몸을 흔들어 그 상태를 털어냅니다. 센터링과 뿌리내리기를 하면서 몸이 완전한 프레즌스 상태가 되도록 합니다. 양손을 비벼서 따뜻하고 민감하게 만듭니다.

4. 양손이 거의 맞닿을 정도로 손바닥을 마주합니다. 양손에 프레즌스와 알아차림을 두어서 양손을 민감하게 만듭니다. 그렇게 하면서, 양 손바닥 사이에서 몸의 생명력과 에너지를 느껴봅니다. 여러분이 뿌리내리기 한 센터가 에너지를 만드는 발전기라고 상상하시기 바랍니다. 여러분 센터에서 에너지가 나와서 자신의 양팔로 흘러나오고 양손을 통해 나옵니다. 그 에너지를 상상해보시기 바랍니다. 양손의 공간에 있는 에너지의 존재를 느끼시기 바랍니다.

5. 8~10cm정도까지 양손을 벌립니다. 손에 계속 의식을 두고 떨어진 양손 사이에서 에너지 장을 느낍니다. 양손을 아주 천천히 벌렸다 오므리면서 장의 느낌을 확인합니다.

   주: 몸에 프레즌스를 유지합니다. 마음이 방황하며 현재를 떠나 다른 곳에 있다면, 장을 느낄 수 없습니다.

6. 센터에서 생성된 장의 존재를 계속 느낍니다. 양손과 양팔로 누군가를 껴안으려는 자세를 취합니다. 여러분의 몸과 센터에서 발산되는 에너지의 장을 껴안는다고 생각합니다. 양손과 양팔의 뒤쪽에서도 (껴안는 바깥쪽) 강한 에너지를 느끼게 됩니다.

7. 양손과 양팔에서 느껴지는 장에 대한 이 느낌을 가지고 1단계와 2단계에서 본 힘든 순간에 사로잡혀 있던 나에게 가져갑니다. 여러분 몸 주위에 두 번째 피부를 조각해서 만든다고 상상하시기 바랍니다. 여기서 피부라는 상징이 아주 중요합니다. 피부는 갑옷도 아니고 힘의 장도 아닙니다. 피부는 다른 것과 연결되며 동시에 선택적이기도 합니다. 우리의 피부는 몸 안의 연약한 내부 장기를 보호하고 우리를 친밀한 방식으로 주변 환경과 연결하게 합니다. 이 활력 넘치는 피부는 장에서도 우리 몸의 피부와 같은 역할을 합니다. 이 두 번째 피부가 여러분이

취약하다고 생각하는 몸의 부위(심장, 위, 목 등)를 감싸도록 시간을 들여서 준비해야 합니다.

    주: 도움이 된다면 다른 표상 체계를 추가해도 좋습니다. (예를 들어, 피부를 에너지 장이나 특정한 색깔의 빛으로 시각화해봅니다.)

8. 이 두 번째 피부로 둘러 쌓인 여러분의 모습 속으로 걸어 들어갑니다. 양손으로 여러분을 둘러싼 그 에너지 넘치는 피부의 존재를 느낍니다. 당신을 둘러싼 주변 환경과 안전하고 선택적으로 연결하는 것을 느낍니다. 여러분이 느꼈던 힘든 그 상황, 그 문맥이 이제는 어떻게 다르게 느껴지는가 알아차려 봅니다.

9. 미래에 동일한 상황에 처했을 때를 생각하며 두 번째 피부 안에 있는 상태로 그 상황을 경험해보시기 바랍니다.

    만약 다른 사람에게 이 과정을 인도해줄 때는, 먼저 자신이 센터링하고 양손으로 장을 만들어야 합니다. 파트너에게 설명하고 어떻게 하는지 시연을 보여줄 때, 여러분이 상대방을 위해 추가로 두 번째 피부를 조각해서 만들어줄 수 있습니다.

에바와 시연

(에바가 이번 시연에 자원한다.)

딜츠: 안녕하세요. 에바. 영웅의 여정에 오신 것을 환영합니다. 실습하기 전에 먼저 자신이 겪는 어렵거나 힘든 상황에 관해 조금 이야기해주시겠습니까?

    (에바가 약간 걱정하듯 보이며 초조하게 웃는다.)

길리건: 좋아요. 에너지 장의 처음은 약간 초조합니다. 몇 초간 초조해하는 시간을 갖도록 하겠습니다. (웃음. 에바가 조금 편안해한다.)

딜츠: 이렇게 처음 만나는 단계에서 흔히 라포를 형성하는 한 가지 방법은 에너지 넘치는 미러링입니다. 이렇게 하면 우리의 장이 서로 조율됩니다. 에바, 서로 마주 보고 양손을 상대방을 향해 뻗습니다. 양손이 닿지는 하지만 서로 에너지를 느낄 수 있어야 합니다. (로버트와 에바는 양손을 뻗어 닿지 않고 가깝게 마주한다.)

저는 지금 당신의 에너지를 느끼고 미러링하고, 받고, 지지해주려고 합니다. (로버트와 에바가 서로 양손을 통해 에너지 넘치는 연결을 탐색하고 있다.) 제 에너지가 당신의 에너지보다 약하지도 강하지도 않는 것이 중요합니다. 단지 연결하고 섞으면서 받고 미러링합니다…. 좋습니다. 감사합니다…. 당신은 제 에너지도 느낄 수 있습니다. 제 에너지를 미러링합니다…. 네. 좋습니다. 이제 우리가 관객을 향해 앞으로 돌아서 있을 때도 우리 두 사람 사이에 열려 있는 장을 서로 느낄 수 있습니다. 우리가 이 과정을 함께하다 보면 편안한 장에 함께 있게 됩니다…. 준비되면 그 상황에 대해 말씀해주시기 바랍니다.

에바: (더 차분하고 센터링하고 있는 것처럼 보인다.) 제가 아주 멋진 프로젝트를 진행하던 때가 생각났습니다. 그때 저는 창조적으로 몰입했고 아주 멋졌습니다. 그 몰입하는 순간에 저는 아주 행복했습니다…. (미소) 내가 어떤 사람이고, 내가 무엇을 원하는지 그 어느 때보다 더 잘 아는 것 같았습니다. 제게는 아주 아름다운 순간이었습니다. 그렇지만 제 경험을 다른 사람에게 말로 전달하려고 했을 때 어렵고 혼란스러웠습니다. (약간 초조하게 웃는다.)

딜츠: 네. 제가 잘 듣고 있습니다.

에바: (울컥하며) 아무도 나를 이해해주지 않았어요. 제가 걱정된다며 사람들이 저를 의사에게 데리고 갔고 저는 병원 신세를 지게 되었어요. 처음

에는 괜찮았어요. 내가 어떤 사람인지도 알고 여유로웠죠. 제 앞에 있는 도전을 받아들이고 있었죠. 사람들이 저를 이해해주지 않아도 저 자신을 표현했습니다. 얼마 지나지 않아 상황이 악화하면서 저는 헤매기 시작했어요. (아주 슬퍼 보인다.) 힘이 빠지고 저 자신을 의심하기 시작했죠. 내게 문제라도 있는 것처럼 모든 사람이 저를 쳐다보았어요. 다른 사람들이 저를 이해하지도 못하는데 왜 저를 표현하고 싶겠어요? 그래서 제가 가치 없다는 생각이 들면서 다시 세상을 향해 발을 내딛지 못할 것만 같았어요. (운다.) 지금은 다시 온전해졌다고 느껴요. 그렇지만 그때 느낌이 다시 들 때면, 아직도 내 마음 한 켠에 그 감정이 남아 있는 것 같아요…. 이것이 제가 다루고 싶은 이야기예요.

딜츠: 네. 당신은 지금 자신만의 힘찬 영웅의 여정을 가는 중입니다. 당신이 부여받은 선물을 이 세상에 가져오는 중이며, 물론 당신을 전혀 이해하지 못하는 사람이 저기에 있다는 것도 알고 있습니다. 당신이 정말로 자기 자신으로 있는 순간, 다른 사람과 관계가 단절되어버린 느낌을 알 것 같습니다. 그렇지만 다른 사람이 거기 있게 되면 그때는 당신이 자기 자신을 잃어버린다는 것입니다. 아주 흥미롭습니다.

아이들도 이것을 배워야 합니다. 만약 내가 나를 완전하게 표현하면, 그 표현으로 인해 짜증나고 상처받고 불안해하며 이것을 도전으로 받아들이며 혼란스러워하는 사람이 항상 주변에 있곤 합니다. 그렇기 때문에, 여러분이 두 번째 피부를 가지는 것이 중요합니다. 두 번째 피부는 당신 자신을 지키고 당신이 자신의 원래 모습으로 있게 해주며, 다른 사람과도 연결해줍니다. 따라서 당신은 자신의 선물을 느낄 수 있고, 또한 그 선물을 다른 사람과 나눌 수도 있습니다.

길리건: 에바가 말한 이 일련의 일들이 영웅의 여정에서 전형적으로 발생하

는 상황입니다. *이런 일은 일어나기로 예정되어 있습니다.* 즉 영웅이 자기 소명을 듣고, 자기 자신을 이 세상에 드러내는 과정입니다. 이것은 잠깐 동안은 굉장히 멋진 일이지만 악마를 향해 달려가는 것이기도 합니다. 악마는 자신이 해야 할 일을 합니다. 악마는 영웅의 장을 깨뜨리고 에바는 부정적이고 퇴행적인 트랜스에 들어갑니다. 그렇지만 그녀는 자신을 이해하고 다른 사람과 교감하기 위해 자기 소명에 응답하며, 세상과 다시 마주합니다. 그녀는 자신이 영웅의 여정을 진심으로 걸어가는 것에 감사하고 싶어합니다. 따라서 앞으로 에바에게 우리가 예상하는 이런 악마가 또 나타날 때, 그녀가 어떤 자원을 활용해서 자신의 센터와 연결되고 생성적 장에 머무를 수 있을지 호기심을 가지고 생각해보아야 합니다.

딜츠: 여러분이 깨어난다고 해서, 다른 사람들이 모두 그것을 받아들일 수 있는 방식은 아니라는 것이 기본 개념입니다. 여러분이 자기 자신으로 완전하게 존재하는 것과 동시에, 다른 사람과 함께하는 것은 흥미로운 도전 과제입니다. 여러분은 자신의 진실을 말하고 있을 뿐인데, 다른 사람을 혼란스럽게 만든다고 해서 처벌받거나 병원에 가고 싶지도 않을 것입니다. 맞습니까? 그럼 어떻게 하면 본연의 나로 살면서 나와 다른 사람 또는 나와는 전혀 다른 문화와 공존할 수 있을까요? 당신 자신을 포기하며 살거나 수동적으로 굴복하라는 것이 아닙니다.

길리건: 이 세상에는 당신이 깨어나지 않기를 바라는 많은 사람과 존재가 있다는 사실을 받아들여야 합니다. (에바에게 미소 짓는다.) 이 사실을 알게 되어서 좋지 않나요? (에바가 웃는다.)

길리건: 그렇지만 세상 사람들은 로버트가 깨워주는 것을 원하지는 않습니다. 그래서 로버트 삼촌과 스테판 삼촌이 이 여정의 가디언으로서 에바 당신에게 주는 스폰서십을 잘 받아주었으면 합니다. (에바가 다시 웃는다.)

딜츠: 피부의 중요한 역할은 나와 다른 사람을 연결해주는 것입니다. 저기 밖에 있는 사람들과 연결될 수 있어야 합니다. 동시에 안으로 들어오는 것에는 선별적이어야 합니다. 다른 사람들의 시선 때문에 내가 사라져버리는 느낌이 들어서 힘들었던 최근 상황을 생각해보겠습니다. 그때 그 순간을 찾아보고 그 상황으로 한 발짝 앞으로 들어가 그 순간을 다시 생생하게 경험해보시기 바랍니다. (로버트가 에바 앞에 있는 한 지점을 가리킨다.)

(에바가 앞으로 나아간다. 눈을 감고 그때의 경험을 느낀다.)

우선 무슨 일이 일어났었는지 생각해보세요. 그 상황에 들어가서 그대로 느껴보시기 바랍니다⋯. 그 상황에서 몸은 어떤 느낌이었습니까? 몸의 어떤 부분이었습니까? 어떤 감각이 느껴지나요?

에바: 제 몸이 떨려요. 살고 싶은 마음이 없어요. 아무것도 할 수 없을 것만 같은 생각이⋯.

딜츠: 네⋯.

에바: (흐느끼며) 내게 아무것도 없는 것 같아요. 내가 꿈꾸는 모든 것이 미친 짓이에요. 모든 것이 의미 없고 거부당하는 느낌이 들어요.

딜츠: 에바, 당신을 압도하는 그 에너지를 한번 보세요. 당신을 그렇게 몰아가는 그 에너지가 어떤 것인지 알아차려 보세요. 그 에너지가 당신의 몸 안 어떤 곳에서 오나요? 아니면 당신 몸 주위에서 오나요?

에바: 나를 짓누르는 느낌이에요.

딜츠: 네. 당신을 짓누르는⋯. 위에서인가요?

에바: 네, 그리고 앞에서도요.

딜츠: 그 에너지가 당신 밖에서 오는 것을 알아채다니 아주 잘했습니다. 이제 그 상황에서 빠져나와 원래의 위치로 돌아옵니다. 완전히 빠져나와서 그 상황이 없어지도록 놓아버립니다.

(에바가 한 걸음 뒤로 물러선다. 눈을 뜨고 숨을 깊게 들이마시고 코를 푼다.)

좋습니다. 다시 이 방으로 돌아왔습니다. (청중에게) 여러분도 모두 아마 다른 사람의 판단이나 나를 인정해주지 않는 사람들이 나를 압도하거나 억누르고 또 짓누르는 감정을 느껴본 경험이 있을 것입니다. 우리는 이것을 부정적 장이라고 부릅니다. 이 부정적 장에서 여러분은 부정적 스폰서십 메시지의 영향력 아래 놓이게 됩니다. 에바의 감정도 모두 이 부정적 스폰서십에서 오는 것입니다. 긍정적 스폰서십의 메시지는 이렇습니다: *당신은 존재합니다. 나는 당신을 봅니다. 당신은 가치 있습니다. 당신은 고유한 존재입니다. 당신은 나누어줄 무언가를 갖고 있습니다. 당신은 환영받습니다.* 여러분은 지금 에바의 상황에서 정확히 반대 메시지가 활개를 치는 것을 보았습니다: *너는 존재하지 않아. 너는 존재할 가치가 없어. 네가 뭐라고 생각하는 거야? 너는 특별하지 않아. 넌 중요하지 않아. 너는 전혀 도움이 안 돼. 너는 환영받지 못해. 죽는 편이 나아. 여기 없는 게 나아.* 이런 것들이 바로 긍정적 스폰서십과 반대되는 상태입니다.

에바: 그들이 나를 부정하려는 것 같지는 않았어요. 내가 나 자신이 믿고 있는 가치를 믿지 않는다면, 그들도 나와 함께 있기를 바라는 것 같았어요. 내가 나에게 의미 있는 것들과 함께할 때면, 그들은 나와 함께 있을 때 당황해했어요. 그들은 내가 내 모든 가치를 다 버리길 바라는 것처럼 느껴졌어요. 그렇지만 제게 이런 가치가 없다면 저는 어떤 힘도, 행복도 느낄 수가 없어요.

딜츠: 네.

에바: 개인적으로 저를 싫어했던 것이 아니라, 내가 가진 신념에 대한 부분이었어요.

딜츠: 알버트 아인슈타인이 말했죠: "위대한 정신은 언제나 평범한 사람들에게 저항을 받는다…. 우리 마음속에도 그렇듯이." (몇몇이 웃는다.)

길리건: 장 개념에서 보자면, 에바는 자신이 어떻게 다른 사람의 부정적 장에 빠졌는지 말하고 있습니다. 이번 실습 시간에 탐색하려는 것은: 어떻게 자신의 생성적 장에 조율해서 다른 사람의 부정적 장에 빠지지 않을 것인가입니다. 부정적 장은 이 세상 어디에나 있기 때문입니다.

딜츠: 우리가 지금 본 에바의 경우는 에릭슨의 접근법과 정반대 상황입니다. 에릭슨은 상대의 있는 그대로를 수용하고 존중해주는 것을 강조했습니다. 그렇게 해야만 상대가 스폰서링을 받고 통합된다고 보았습니다. 그렇지만 에바는 사람들에게 정확히 반대의 말들을 들었습니다. 바로 이런 말들이었죠. "기운 내세요. 이 모든 것을 극복해야 합니다. 그런 쓸데없는 생각은 잊어버려요. 그런 생각을 없애면 좋아질거에요." 에릭슨은 자기를 예수라고 여기는 사람에게 이렇게 말하지 않았습니다: "그런 믿음은 치워버려요. 그러면 좋아질 겁니다." 스폰서십이 핵심 열쇠입니다. 모든 것은 스스로에 대한 스폰서십에서 출발합니다.

(에바에게) 스테판이 '외계인'이라고 부르고, 저는 '생각 바이러스'라고 부르는 이것에 대한 민감성이 매우 중요합니다. 외계인과 생각 바이러스는 자기 자신이 스스로 받아들이고, 또 그것 때문에 위축되는 당신에 관한 외부의 부정적인 생각입니다. 맞나요? (에바가 고개를 끄덕인다.) 이 지점에서 당신에게 도움이 되는 것은 두 번째 피부를 만들고, 당신을 자기 자신과 연결하고 세상을 향해 열리는 것이라고 생각합니다. 스테판과 나, 두 명 모두 당신의 스폰서와 가디언이 될 거예요. 그렇지만 첫 번째 스폰서는 바로 에바 당신이어야 합니다.

에바: 알겠습니다.

딜츠: (부드러운 목소리로) 뿌리내리기와 센터링에서부터 시작하겠습니다. 스테판과 내가 똑같이 당신을 따라 하겠습니다. (잠시 멈춘다) 준비되면 양손을 앞으로 뻗어서 서로 마주 보게 합니다…. 자신의 힘을 느껴보세요…. 자신에게 짧게 긍정적인 스폰서십 메시지를 말하면 도움이 될 거예요: 나는 존재한다. 여기 내가 있다. 나는 가치 있다. 나는 고유한 존재다. 나는 공헌할 수 있는 그 어떤 것을 가지고 있다. 나는 여기에 속해있다…. 이 메시지들을 호흡으로 들여 마십니다. 그리고 준비되면….

길리건: 양손을 밖으로 뻗으세요….

(에바가 양손을 쭉 뻗는다.)

… 손바닥을 서로 향하게 하세요…. 긴장을 풀고 조율해보면 양손 사이에서… 에너지를 느낄 수 있습니다…. 간단하면서 깊은 치유의 존재가… 당신 안에 이미 있다는 것을…. 에너지가 양손으로 흐르기 시작합니다.

딜츠: 당신의 선물을 지지하고 또 상처를 치유할 능력을 가진 그 에너지가.

길리건: 당신의 이성적 사고 아래 깊은 곳에 있는 에너지… 그 에너지를 개발하고 활용하여 자양분이 되도록… 당신을 둘러쌉니다…. 당신의 온전함, 그 깊은 부분으로 자신을 둘러쌉니다…. 지금 양손 안에 있는 에너지를 느낄 수 있습니까?

에바: (고개를 끄덕이며) 네.

길리건: 좋습니다.

딜츠: 이제 양손을 몸 주위로 움직여서 조각하듯이 두 번째 피부를 창조하기 시작합니다…. 몸을 실제로 만지는 것이 아니라 몸 주위의 장을 열어서… 에너지의 몸으로 실제 몸을 부드럽게 감싸시기 바랍니다.

길리건: 준비되면 양손을 천천히 부드럽게 움직여서… 몸 주위에 두 번째 피부를 형성해줍니다…. 두 번째 피부를 조각하듯이 만듭니다. 사랑스러

운 당신의 몸 주위로 아우라를 창조해봅니다…. 양손 사이에 있는 사랑스럽고 깊고 회복 탄력성이 있는 그 에너지로.

(에바가 양손을 자신의 몸 주위로 이동해서 에너지 장을 조각하는 것처럼 움직인다.)

좋습니다…. 아주 좋습니다…. 회복 탄력성이 있으며, 에너지가 넘치고, 또 당신을 보호하려는 그 무엇이, 당신 몸 주위에서 깨어나기 시작합니다.

딜츠: 양손을 이용해서… 머리부터 발끝까지, 몸 전체를 감싸 안도록 합니다.

길리건: 좋습니다…. 그거예요…. 바로 그거예요.

(에바가 몰입해서 양손을 몸 전체로 천천히 움직인다.)

딜츠: 당신의 손은 직관적으로 얼마나 몸에 가까워야 하는지 두 번째 피부가 얼마나 떨어져 있어야 하는지 알고 있습니다.

길리건: 좋습니다…. 당신만의 생성적인 공간을 창조하세요…. 좋습니다…. 바로 그것입니다.

딜츠: 양손이 열리면서 당신 뒤쪽도 공간이 열리도록 하세요.

길리건: 정말 놀랍지 않습니까…? 당신 존재 깊은 내면의 지혜가 자신만의 마음을 갖고 있다는 것이…. 그리고 당신 주변에 펼쳐진 생성적인 공간을 안전하게 느낄 수 있도록 돕고 있다는 것을… 치유의 공간을… 안전한 공간을. 당신 주위에 보호막이라는 장을 창조하면서….

딜츠: 발까지 쭉 내려가야 합니다. 두 번째 피부가 발과 다리도 보호해주는 것을 느낍니다.

길리건: 좋습니다…. 그거예요…. 모든 인간이 태어나면서 갖게 되는 중요한 권리를 느껴보세요…. 깊은 곳의 조용한 센터링을 경험하기 바랍니다. 안전한 공간을 경험하세요.

딜츠: 당신 뒤쪽도… 조각하듯이 두 번째 피부를 만들어 줍니다.

길리건: 좋습니다…. 그거예요…. 놀라운 두 번째 피부… 깊고 깊은 보호막 같은 장이 당신 주위에서 깨어나기 시작합니다.

딜츠: (청중에게) 코치로서 에바의 양손이 어디를 조각하는지 느낄 수 있습니다. 두 번째 피부를 어디에서 어떻게 만들고 있는지 알 수 있습니다. 이런 식으로, 에바의 손이 하는 대로 제가 미러링해줄 수 있습니다. (로버트가 멀리서 양손을 그녀 몸 주위로 움직인다.) 에바가 두 번째 피부를 느끼는 곳에서, 저는 그 두 번째 피부를 강화해주고 그것과 섞이면서 깊이를 더해 갑니다.

길리건: 당신만의 특별한 공간.

딜츠: 이걸 하면서 저는 스폰서링을 하고 있습니다. 에너지를 더해주려는 것이 아닙니다. 내 에너지를 주는 것이 아니라 단지 에바의 두 번째 피부를 미러링해주는 것입니다.

길리건: 당신 자신만을 위한….

딜츠: 저는 에바의 두 번째 피부를 스폰서링 해주고 있습니다. 저는 에바의 두 번째 피부를 보고 있고, 받아들이고, 에바에게 미러링해주고 있습니다.

길리건: 자기 자신을 치유하는 몸을 굳건하게 믿는 법을 배워야 합니다…. 좋습니다…. 자신의 지혜를 호흡으로 들이마시기 바랍니다…. 바로 그거예요…. 좋습니다…. 아름다운 공간에서 자기 자신을 느끼시기 바랍니다…. 부드럽고 명료하고 조용한 공간 안에서… 때로는 장막 같기도 하고… 때로는 베일 같기도 한… 때로는 진동 같기도 한… 당신이 자유롭게 걸어 다닐 수 있는 당신을 둘러싸고 있는 공간이 있습니다.

딜츠: (에바에게 부드럽게) 당신 주위에 공간이 있습니다. 그 공간을 통해서 당신의 외부에서 어떤 일이 일어나는지 느낄 수 있습니다. 당신은 그곳에서 조용히 머무를 수 있습니다.

길리건: 좋습니다…. 훌륭해요….

딜츠: 깊은 자기애가 주는 메시지를 느껴보세요…. 나는 존재합니다…. 나는 유일한 존재이며… 나는 나눌 수 있는 무언가를 갖고 있습니다…. 나는 여기에 속해 있습니다.

길리건: 그 공간에서… 당신은 다른 존재를… 다른 사람들을… 느낄 수 있습니다. 적당한 거리를 두고… 안전하게 느낄 수 있을 정도로 떨어져서… 연결될 수 있는 정도의 가까운 거리에서… 내면의 지혜를 통해 즐겁게 배우시기 바랍니다. 그 상황에서 다른 존재를… 다른 사람을 느낄 수 있는 적당한 거리를 감지하는 내면의 지혜를.

딜츠: 여러분이 적당한 거리를 느끼면서… 그리고 두 번째 피부를 느끼면서… 여러분은 자신과 연결된 상태로 다른 사람을 느끼고, 다른 사람의 에너지도 느낄 수 있다는 것을 배울 수 있습니다…. 자기 자신과 연결된 채… 그들과 관계를 맺을 수 있습니다.

길리건: 적당한 거리를 찾아보면서.

딜츠: 그리고 안으로 들어와도 좋은 것들만 들어오게 합니다….

길리건: … 적당한 거리에서.

딜츠: 당신의 두 번째 피부가 어떻게 들어오고 나가는 것들을 걸러내는지 확인해보시기 바랍니다….

길리건: … 당신과 다른 사람 사이의 적당한 거리에서.

딜츠: 선택적으로.

(에바가 무언가 완성했다는 신호를 주며 깊이 호흡한다.)

길리건: 좋습니다…. 그거예요…. 통합의 깊은 호흡… 치유와 온전함의 아름다운 느낌.

딜츠: 에바, 준비되면 두 번째 피부라는 이 생성적 장을 가지고, 그때 그 상

황으로 다시 들어가 보겠습니다…. 이 에너지 장이 에바 당신을 안내하고 보호해줄 것입니다.

길리건: 당신을 이끌어주는 것이 생성적 장이라는 것을 호기심으로 느껴보시기 바랍니다…. 그 장이 이끌어주는 대로 걸어가세요. 그 공간의 깊은 지혜가 이끌어주는 대로 걸어가세요…. 두 번째 피부의 보호를 받으며…. 두 번째 피부가 당신을 이끌어주는 유도 시스템이 됩니다. 좋아요.

딜츠: 언제나 당신 자신만의 공간을 가지고 그 상황에 들어갈 수 있습니다. 당신이 어디에 있든지 당신 자신만의 공간을 가지시기 바랍니다.

길리건: 준비되면… 이제 그 앞으로 나아가 보겠습니다…. 이제는 에너지 장의 존재와 함께… 이번에는 다르다는 것을 느끼며… 당신의 첫 번째 주의 집중은 두 번째 피부 안에 머물고 있습니다….

딜츠: 당신만의 영웅의 여정에서 다음 단계로 걸어 나가기 바랍니다.

　(에바가 앞으로 나아간다.)

길리건: 당신의 첫 번째 주의를 센터와 연결에 그리고 장과 연결에 두기 바랍니다. 당신이 있는 생성적 장을 느끼고 싶을 때는 언제나 두 손을 사용해도 됩니다.

딜츠: 당신이 자기 자신과 그리고 당신 주위와 완전하게 연결하면, 당신은 그 상황에 있는 다른 사람도 자신의 인식 속에서 감지할 수 있습니다.

　(스테판과 로버트는 에바가 그 경험을 하도록 잠시 멈춘다. 에바가 처음과는 전혀 다르게 빛을 발하며 평화로워 보인다.)

길리건: 좋습니다…. 좋습니다…. 어떤 것과 연결해도 모두 좋습니다…. 당신이 자기 자신과 연결하게 되면, 그 사람들이 원래부터 거기에 계속 있다는 것도 알아차리기 바랍니다.

딜츠: 그렇지만 당신은 여기 있습니다…. 당신 자신과 함께.

(에바가 고개를 끄덕인다. 얼굴에 미소를 지으며 빛을 발하고 있는 듯하다.)

길리건: 계속해서 여기에… 자기 자신과 함께… 자기 자신의 장과 함께.

딜츠: 당신은 그곳에서 다른 에너지들을 만날 수 있고… 자기 자신의 에너지가… 센터링한 상태에서… 어떻게 당신이 그들의 일부와 더 나아가 그들과 가까워질 수 있는지 발견할 수 있을 것입니다…. 어떤 것이 당신의 두 번째 피부를 강하게 하는지, 어떤 것이 당신의 두 번째 피부에 조율하게 하는지 알아차리시기 바랍니다.

길리건: 다른 사람에게 반응했던 것에서… 이제는 자기 자신으로 존재하는 것으로 전환하시기 바랍니다.

(에바가 깊게 호흡한다. 로버트와 스테판이 조용하게 에바가 내면적으로 통합할 시간을 준다. 로버트가 약간 상황을 정리하는 목소리로 말한다.)

딜츠: 참 신기하게도 여기서 보니, 에바, 당신이 놀랍도록 다르게 보입니다.

길리건: 당신이 다르게 보일 뿐만 아니라, 당신 주위 공간도, 이 방 전체가 다르게 느껴집니다. (깊은 교감에 빠진 청중들도 고개를 끄덕인다.)

딜츠: 준비가 되었다면, 우리에게 돌아올 때는, 지금 당신과 함께하는 프레즌스와 같이 돌아오시기 바랍니다.

(에바가 의식을 밖으로 향한다. 그녀가 감동하고, 빛을 발하면서 열린 마음으로 있으면서 눈에 눈물이 고인다.)

놀라운 경험을 한 것 같군요. (에바가 끄덕인다.) 자기 자신과 연결한 상태로 있기 바랍니다…. 그리고 여기 밖에 있는 청중의 이 놀라운 에너지를 느껴보기 바랍니다…. 당신은 아니지만…. 그렇지만 당신은 이 에너지들과 관계를 맺을 수 있습니다. 이렇게 관계를 맺는 과정에서도 자기 자신에 항상 머무르기 바랍니다.

(스테판은 청중들이 얼마나 감동하는지 알아차리고 에바에게 둘러보라고 권한다.)

길리건: 그런데 잠시 이 방을 한 번 둘러보면 흥미로운 것을 발견할 것입니다…. 사람들을 보세요, 사람들의 눈과 가슴에 무엇이 있는지 보기 바랍니다.

(스테판이 부드럽게, 에바에게 청중에게 주의를 기울여보게 한다. 청중들의 깊은 프레즌스에 에바가 매우 감동하며 놀란다.)

무엇이 보이나요?

에바: 사랑이요…. 사람들에게서 사랑이 보여요.

길리건: 이 모든 것을 진심으로 느껴보세요. 그들이 반사해서 보여주는 것을…. 당신이 청중에게서 보는 것은… 바로 당신입니다. 청중들은 정확히 당신을 반영해주는 겁니다.

(에바가 눈물을 흘린다. 행복해하며 약간 놀란다.)

딜츠: 에바, 이렇게 말하고 싶겠네요. "이 집에서 최고의 자리였어요!" (웃음)

(에바에게 부드럽게) 당신을 보고… 또 당신의 프레즌스를 느낄 수 있어서 좋았습니다. 집에 온 걸 환영합니다…. *당신*을 만나게 되어 기뻤습니다!

(로버트와 에바가 포옹한다.)

길리건: 꼭 기억해야 하는 것은, 만약 당신이 지금 이 순간으로 다시 돌아오고 싶다면, 발뒤꿈치를 세 번 부딪치며 이렇게 말하세요. "집보다 좋은 곳은 없다." (에바가 웃는다.)

집보다 좋은 곳은 없다…. 집보다 좋은 곳은 없다.

(스테판과 에바가 포옹한다. 청중이 큰 환호와 박수를 보내고 많은 사람의 눈에 눈물이 고인다.)

딜츠: 내가 말했던 것처럼, 그건 당신이 받아들일 수도 있고 거부할 수도 있는 에너지입니다. 다른 사람과 연결될 때도 자기 자신과 연결될 수 있는

놀라운 능력을 배웠습니다. 이 배움을 계속 간직하기 바랍니다. 계속해서 영웅의 여정을 성공적으로 나아가시기 바랍니다. (더 큰 박수) 에바, 이제 여기서 마무리할까요?

에바: 네, 물론이죠.

딜츠: 여러분에게 당신 여정의 일부를 공유해주셔서 감사합니다. 두 번째 피부를 경험해본 소감을 말씀해주시겠습니까?

에바: 가장 큰 차이점은 내 공간에서 센터링하고 온전함을 느낀 것이었어요. 특히 다른 사람을 상상해보라고 했을 때요. 이전에 다른 사람의 에너지를 느꼈을 때는 그들이 내게 직접적으로 다가온 느낌이었고 내게 정말 큰 영향을 끼쳤어요. 그 사람들의 불안과 공포를 느끼게 되면 정말 혼란스러웠어요. 그런데 나만의 공간이 느껴지자, 사람들이 내가 기분이 좋아지는 것을 원한다는 사실을 알게 됐어요. 저는 사람들의 좋은 의도를 느꼈고, 또 사람들이 무엇이 궁금하고 의심스러운지를 느낄 수 있었어요. 그렇지만 그들의 두려움, 불안 그리고 절망같은 것들은 바깥에 있었어요. 저는 그것들을 볼 수 있어요. 다른 사람에게서 그것들을 보았지만, 그런 부정적인 감정들이 저에게 다가오지는 않았어요. 내 안에서도 부정적 감정을 불러일으키지는 않았어요. 왜냐하면 그런 것들이 내 일부는 아니기 때문이죠. 그런 절망도 저하고는 상관없는 것이었죠.

딜츠: 꼭 알아야할 중요한 포인트입니다: 그 사람들의 에너지는 당신의 에너지가 아닙니다. 그들에게는 그들의 에너지가 있고 당신에게는 당신의 에너지가 있습니다. 당신은 이 사실을 두 번째 피부를 통해 알게 된 것입니다. 어떤 것이 당신 것이고 어떤 것이 아닌지 아는 것이 중요합니다. 영웅의 여정에서 이 중요한 차이를 계속 인식하시기를 바랍니다.

길리건: (미소 지으며) 포스가 당신과 함께 하기를. 젊은 스카이워커.

에바: (웃음) 정말 감사합니다.

(청중의 큰 박수를 받으며 에바가 무대를 떠난다.)

딜츠: 이제 나가서 파트너와 배운 것을 실습할 시간입니다.

길리건: 먼저 여러분이 부정적 장에 빠지는 어떤 상황을 생각해보시기 바랍니다. 그리고 그 상황으로 들어가서 어떤 일이 벌어지는지 느낀 뒤에 다시 빠져나옵니다. 다음은 센터링과 뿌리내리기를 하고, 두 번째 피부의 에너지 장에 마음을 조율하시기 바랍니다. 마지막으로, 두 번째 피부와 함께 그 상황에 다시 걸어 들어갑니다. 이것이 기본적인 과정입니다.

딜츠: 코치로서 여러분의 역할은 파트너의 두 번째 피부를 만들어주는 것입니다. 여러분이 스폰서 역할을 해주시기 바랍니다. 상대의 존재를 보고 축복해주는 것이 스폰서의 역할입니다. 상대방을 고치려 하거나 구조해주는 것이 아니라 축복해주고 상대의 모습을 비추어주고 스폰서링해주는 것입니다. 이 과정에서 여러분의 프레즌스가 가장 큰 자원입니다. 실습하기 전에 먼저 서로 마주보고 양손으로 파트너의 손바닥과 마주합니다. 파트너의 양 손바닥과는 닿지 않습니다. 각자의 에너지를 미러링해주면서 장의 차원에서 라포를 형성하시기 바랍니다. (로버트와 스테판이 서로 미러링하는 시범을 보여준다.)

제가 NLP를 실습할 때 사람들은 몸 동작을 따라하는 것(미러링)만으로 라포가 형성되었다고 생각하는 경우를 자주 봅니다. 에너지가 서로 맞추어지지 않았다면 두 사람의 관계에는 다른 차원의 무언가가 빠져 있는 것입니다. 이건 아주 큰 차이를 만듭니다.

길리건: 서로 맞추는 조율 작업을 통해, 즉 이 말은 두 사람이 똑같이 주고받는 것을 말합니다. 저는 제 에너지를 보내고, 그 대신 로버트의 에너지를 그만큼 받습니다. 저는 균형점을 찾으려고 노력합니다.

딜츠: 여러분은 센터링된 상태에서 이 과정을 시작해야 합니다. 액티브 센터링과 비슷합니다. 제가 센터링이 안 되어 있는 상태에서 누군가 저를 밀면 저도 밀게 됩니다. 힘의 충돌이 생기면 이것은 에너지가 빠져나가는 것입니다.

길리건: 여러분이 센터링한 상태로 서로를 힘차게 반영해주면, 그건 아주 멋진 경험이 됩니다. 여러분은 머리, 즉 이성적 사고에서 빠져나와 관계의 장 마음으로 들어가게 됩니다.

딜츠: 먼저 서로 에너지를 조율하시기 바랍니다. 파트너가 자신의 두 번째 피부를 조각하는 동안 코치는 파트너의 행동을 양손으로 반영해주면서 스폰서링할 수 있습니다. 마치 밖에서 코팅해주는 것처럼요. (스테판이 직접 두 번째 피부를 조각하는 시범을 보인다. 로버트는 양손으로 스테판의 동작을 따라 하며 지지해준다.) 기억하시기 바랍니다. 파트너를 위해 만드는 것이 아닙니다. 스테판을 위해 만드는 것이 아닙니다. 스테판의 에너지를 받고 되돌려주는 것입니다. 스테판이 펼치는 그 존재를 존경하고 축복해줍니다.

길리건: 이것을 할 때 허락을 받고 해야 합니다. 두 번째 피부를 강화해주려고 하는데 괜찮을까요? 이렇게 간단하게 물어보면 됩니다. 그리고 말과 몸으로 주의 집중을 해주시기 바랍니다. 만약 여러분이 양손을 뻗어서 상대방 주위에 두었는데 상대가 움츠러들면 분명 도움이 되지 않을 것입니다. 합기도에는 '적정 거리'라고 번역되는 마이아이ma-ai라는 일본어가 있습니다. 연결할 정도로 가깝고, 존경과 서로 공간을 줄 정도로 떨어진 거리를 말합니다. 이번 실습이나 다음 번에 진행할 연결의 순간에도 마이아이를 지켜주기 바랍니다.

딜츠: 처음 실습을 시작할 때, 에너지 넘치는 미러링이 유익한 이유가 여기

에 있습니다. 이런 미러링을 통해서, 여러분이 두 사람을 품어주고 이끌어주는 관계의 장에 조율할 수 있기 때문입니다. 여러분은 눈을 감아도 됩니다. 눈을 감고도 이 공간을 느낄 수 있습니다. 자기 자신과 파트너를 연결할 수 있는 가장 좋은 방법을 찾기 위해서는 이 방법으로 해도 됩니다.

원형의 에너지: 부드러움, 사나움, 장난기

길리건: 이번 실습과 이전에 했던 '에너지 볼' 과정은 여러분이 생성적 장에 대한 감을 잡을 수 있도록 도움을 줄 것입니다. 생성적 장은 콘텐츠에 얽매이지 않는 하나의 공간으로, 그 공간에서는 여러분이 거기 있는 것을 있는 그대로 수용해주고 그것과 함께 있지만 그것이 되지는 않습니다.

그런데 생성적 장과 관련된 말들이 조금은 대중에게 익숙하지 않은 단어들이 많아서 미안한 마음입니다. 생성적 수준에 관한 이야기를 하면, 말이 어색해집니다. 그것은 우리가 어떤 사물에 대해 이야기하는 것이 아니라 경험적 맥락을 이야기하고 있기 때문입니다. 우리는 캘리포니아에서 온 사람처럼 말합니다. 실제로 캘리포니아 사람들입니다. 제가 말하고 싶은 핵심은 생성적 차원을 이야기하다 보면 모든 사람이 캘리포니아에서 온 것처럼 말합니다. (웃음)

문자 그대로의 언어적 한계를 넘어서 말해야 하기 때문에 우리가 진행하는 프로그램에서는 은유적인 언어를 자주 사용합니다.

딜츠: 프로그램 초반에 설명해드렸던 것처럼, 장에 대한 언어는 시적입니다. 은유는 문자 그대로의 언어보다 훨씬 깊은 기본 언어입니다.

길리건: 장에 대한 다른 시범을 보여드리겠습니다. 내 삶의 목표나 문제를

에너지 볼 안으로 가져온 다음 그 볼을 돌려서 그 도전의 다양한 측면을 보고, 그 볼에 다양한 원형의 자원을 공급해주는 과정입니다.

다음은 그 프로세스를 요약한 것입니다.

실습: 에너지 볼과 원형의 에너지 – 변혁의 미래 창조하기

1. 변혁하고자 하는 목표 설정하기(해결해야 할 문제/창조하고 싶은 미래)
2. 센터링하고 에너지 볼을 만든다.
3. 정한 목표를 볼 안으로 옮기고, 자신의 주의를 처음에는 볼에 둔다. 그러고 나서 볼 너머로 주의를 이동한다.
4. 첫 번째 회전: 볼 주위를 천천히 걷는다. 볼 안에 있는 자신에게 부드러움을 가지고 온다. 다른 관점에서 새로운 가능성을 생각해본다.
5. 두 번째 회전: 볼 주위를 천천히 걷는다. 사나움을 자신에게 가지고 온다. 새로운 가능성을 생각해본다.
6. 세 번째 회전: 볼 주위를 천천히 걷는다. 장난기를 볼 안의 자신에게 가져온다. 새로운 가능성들을 생각해본다.
7. 네 번째 회전: 볼 주위를 천천히 걷는다. 세 가지 원형의 자원을 골고루 섞고 새로운 경험을 생각해본다.
8. 통합: 모든 경험을 새로운 '정체성의 만다라'로 통합한다.
9. 새로운 패턴의 존재를 느끼고 이 패턴의 표현을 미래로 지향한다.
10. 스스로에 대한 감사, 맹세 그리고 결심하기
11. 새로 갖게 된 인식에 대해 토론한다.

길리건: 첫 번째 단계에서 가디언(코치)은 영웅이 이루고자 하는 변혁적인

목표를 찾도록 도와주어야 합니다. 일반적으로 두 가지 중 하나가 될 것입니다. 첫 번째는 도달하고자 하는 미래입니다. 예를 들면, '나는 이런 책을 쓰고 싶어' 또는 '나는 친밀한 관계를 맺고 싶어' 또는 '돈을 더 벌고 싶어' 이런 식의 목표일 것입니다. 여러분 인생에서 지금 느끼는 중요한 그 어떤 소명에 조율하시기 바랍니다. 여러분의 센터에서 진동하는 것을 선택하시기 바랍니다.

딜츠: 여러분 인생의 여정에 한 번 더 들어가 봅니다.

길리건: 두 번째 목표는 원하는 미래 목표를 보완하는 것으로 만족스럽지 못한 현재의 상태일 수도 있습니다. 즉 '내 인생에서 일어나는, 내가 변혁을 이끌어 내고 싶은 그 무엇입니다.'

딜츠: *저는 어떤 것을 치유하고 싶어요.*

길리건: *사랑하는 사람과 관계에 문제가 있습니다.*

딜츠: *직장에서 힘들어하고 있어요.*

길리건: *감정적 상처를 갖고 있어요.*

이런 것들이 내가 원하지 않는 현재 상태이며 변혁의 목표일 수도 있습니다. 따라서 여러분은 미래에 창조하고 싶은 것을 선택하거나 현재 상황에서 바꾸고 싶은 것을 선택할 수도 있습니다. 어떤 것이 당신에게 가장 울림이 있는지 느껴보시기 바랍니다.

딜츠: NLP에서는 '바람직하지 않은 상태에서 벗어나기' 또는 '원하는 상태로 가기'라고 표현합니다.

길리건: 목표가 정해지면 에너지 볼로 다시 가보겠습니다. 코치는 고객이 센터링하고 에너지 볼에 조율하도록 도와줍니다. 고객이 센터링과 에너지 볼에 조율했다는 신호를 보내오면 코치는 고객에게 변혁의 목표를 에너지 볼에 가져다 놓도록 합니다. 다른 말로 하면, 여러분의 의도를 생성

적 장으로 가져옵니다. 이렇게 하면 두 가지 차원의 경험을 하게 됩니다. 즉 여러분이 관심 있는 콘텐츠와 그 콘텐츠가 속해 있는 장, 이 두 가지 차원의 경험입니다.

이번 실습에서 핵심은 장이 생생하게 살아 있도록 하는 것으로, 장 안에 있는 콘텐츠에 주의 집중하는 것보다 더 중요합니다.

생성적 장이 활성화되면 좋은 일이 일어날 것입니다. 생성적 장이 얼어붙고 움츠리고 있으면 나쁜 일이 생깁니다. 이것보다 더 간단하게 설명하는 것은 불가능할 것 같습니다.

목표를 에너지 볼에 위치시킨 뒤, 코치는 영웅에게 그 볼 주위를 아주 천천히 한 바퀴 돌도록 합니다. 여러분도 일어서서 볼을 받치고 아주 천천히 볼 주위를 걷습니다. 대부분 두 눈을 감고 합니다. 걸을 때 새롭게 다양한 관점으로 여러분이 직면하는 도전을 느끼게 될 것입니다. 가끔은 잠시 멈추어서 새로운 관점으로 보기도 합니다. 볼 주위를 돌면서 볼 안쪽의 자신에게 자원을 가지고 옵니다. 그 자원은 우리가 오늘 함께 하는 *부드러움*tenderness, *사나움*fierceness 그리고 *장난기*playfulness입니다.

딜츠: 이 세 가지 자원은 영웅의 여정을 완수하기 위한 기본적인 자원입니다. 이 원형의 에너지는 의식의 역사와 진정한 인간이 되고자 했던 여러 세대의 경험에서 전해 내려오는 패턴이며 에너지이기도 합니다. 첫 번째 원형의 자원은 부드러움입니다.

길리건: 여러분이 영웅의 여정을 살아가기를 원한다면, 여러분이 생성적 스폰서링하기를 원한다면, 여러분이 인생에서 큰 도전에 맞서기를 원한다면, 여러분은 부드러움과 연결되어야 합니다. 부드러움이 있어야 감동을 주고 감동받을 수 있습니다. 부드러워지면 다른 사람을 고요하게 만들 수 있고 자신도 고요해집니다. 또 다른 사람에게 공감하며 타인에 대한 민감

성을 가질 수 있습니다. 여러분의 어머니가 만약 이 에너지가 없었다면 여러분은 이렇게 지금의 성인으로 성장하기 힘들었을 것입니다. (웃음) 그래서 첫 번째 볼 주위를 돌 때, (스테판이 볼을 안고 그 주위를 매우 천천히 걷는다.) 볼 안에 있는 것을 관찰합니다. 공간을 만들고 호기심으로 부드러움을 추가해보시기 바랍니다. 서두르지 마시고 천천히 아주 천천히 그대로 놓아둡니다. 볼 안에 있는 자신에게 부드러움이라는 요소를 추가합니다. 그리고 여러분이 어떻게 상황을 경험하고 어떻게 반응하는지 그 변화를 관찰하시기 바랍니다.

첫 번째 회전이 끝나면, 여러분은 영웅이 내면을 통합할 수 있도록 심호흡을 하게 합니다. 다음으로 두 번째 회전으로 넘어갑니다. 이번에는 긍정적인 사나움이라는 자원을 가지고 옵니다.

딜츠: 지금까지 우리가 언급했던 다른 모든 에너지처럼, 원형의 패턴 각각에는 어두운 면과 자원이라는 측면이 모두 있습니다. 따라서 부정적 사나움, 즉 센터링이 안 된 사나움은 공격적이고 폭력적으로 변합니다. 긍정적인 사나움, 즉 센터링된 사나움은 투지와 명확함 등의 형태로 표현됩니다.

길리건: … 힘strength, 용기courage, 확신commitment….

딜츠: … 명확한 경계….

길리건: 여러분을 위협하는 속임수와 유혹을 간파하는 '쓰레기 탐지기'를 갖게 되는 것입니다.

딜츠: … 여러분 자신과 다른 사람의 생명을 지키고.

길리건: 지금까지 말씀드린 것이 긍정적인 사나움이 갖는 중요한 특성들입니다. 어떤 중요한 책임을 지기 위해서는 사나운 힘 - 깊고 강력한 집중이 필요합니다. 이것은 긍정적인 전사의 에너지입니다. 합기도에서 우리는 이렇게 묻습니다. "칼을 어떻게 잡습니까?" 이 질문은 당신의 생명력을

한 지점, 즉 센터에 어떻게 모을 것인가에 관한 것입니다. 그리고 이렇게 한 곳에 모인 생명력을 어떻게 당신과 연결된 도구를 통해 세상으로 확장하면서, 이완되고 집중된 센터에서 어떻게 그 생명력을 계속해서 확장할 것인가에 대한 물음입니다. 긍정적 사나움은 여러분 센터에 있는 자기 자신의 결단과 의도를 가지고 오는 것입니다. 여러분이 부정적 사나움을 갖게 되면, 여러분은 긴장하고 꽉 막혀 있거나 화가 나 있는 상태가 된다는 것을 의미합니다. 그러면 여러분은 좌충우돌하면서 이쪽저쪽에서 모두 저지당합니다.

딜츠: 공격성이 자기 자신을 향할 수도 있습니다. 그렇기 때문에 여러분은 자기 상황에 맞는 긍정의 사나움을 발휘해야 합니다.

길리건: 영웅이 두 번째 회전을 마무리하면, 코치는 영웅이 심호흡을 통해 내면을 통합을 할 수 있도록 합니다. 그리고 세 번째 회전을 시작하게 합니다.

딜츠: 세 번째 회전에서는 장난기라는 원형의 자원을 볼 안의 자신에게 가지고 옵니다.

길리건: 여러분의 어머니가 이런 말도 했을 것입니다. 영웅의 여정에서 네가 성공하기 위해서는 장난기가 필요하다! 얼마나 많은 어머니가 그런 말씀을 하셨나요? (많은 사람이 웃는다. 손을 드는 사람은 없다. 스테판이 눈을 반짝이며 웃는다.) 어머니들은 확실히 그 얘기를 해줬어야 합니다. (웃음) 인생은 유머가 없이 살아갈 정도로 심각한 것은 아닙니다.

딜츠: 여러분이 생성적이기 위해서는 심각하기만 하면 안 됩니다. 놀 줄 알아야 합니다. 만약 아주 심각하다면, 너무 심각하게 받아들이지 않는 것이 필요합니다. 그렇지 않으면 여러분의 장이 좁아지고 수축하고 말 것입니다. 장난기는 창조성입니다. 새로운 관점입니다. 기존 상자에서 벗어나는 것입니다.

길리건: 생성적이 된다는 의미는 상황을 다양한 방식으로 느끼고 또 전환할 수 있는 유동적인 상태가 된다는 것입니다. 제가 한 사람과 상담할 때, 그 세션에서 자신과 다른 의견이나 관점이 있으면, 그 사람이 아주 심각해진다는 것을 알았습니다. 이런 상황에서는 그 사람에게 나타나는 몇 가지 전형적인 징후가 있습니다. 근육의 긴장, 주름진 이마, 감정의 변비. (웃음) 그 상태에서는 어떤 새로운 것도 창조할 수 없기 때문에 죽음과 입맞춤이라고 할 수 있습니다. 저는 이런 때에 꼭 유머를 하려고 하는데, 일종의 과도하게 심각한 트랜스 상태를 깨뜨려버리는 것입니다. 내담자가 특정 관점에 오랫동안 과도하게 집착하지 못하게 하는 것도 코치로서 책임입니다. 창조적이되기 위해서는 장난기를 발동해야 합니다.

딜츠: 웃음에는 치유의 특성이 있습니다. 여러분이 우리가 진행했던 여러 가지 시연을 유심히 지켜보았다면….

길리건: … 아마 이것이 모두 한바탕 농담 아니었을까 생각할 수도 있습니다. (웃음)

딜츠: 우리 프로그램 중간마다 고객이 웃거나 미소 짓기 시작하는 지점이 있었을 것입니다. 그건 일종의 깨어나는 순간의 웃음입니다. 전환이 일어나고 의식이 웃음과 '와' 하는 소리와 함께 풀려나면서 갇혀 있던 상자에서 나오게 됩니다. 웃음은 생성적 장의 문을 멋지게 열어주는 것일 수 있습니다.

길리건: 영웅의 여정을 살아가기 위한 핵심 내용 가운데 하나는, 우리는 이 세 가지 원형의 에너지와 모두 연결되어야 한다는 것입니다. 우리는 자신과 세상에 대해 다정함, 친절함, 고요, 달콤함 그리고 상냥함이 있어야 합니다. 그런데 이것만 가지고 있다면 여러분은 지나치게 부드럽고 감정적인 사람이 됩니다.

딜츠: 부드러움의 그림자는 약하고 의존적입니다.

길리건: 베리 매닐로우Barry Manilow의 음악을 들어 보시기 바랍니다. (웃음) 우리는 '싸구려' 음악이라고 부르는데요. 지나치게 감성적인 음악이죠.

딜츠: 부드러움에 더해서 여러분은 사나움이 필요합니다.

길리건: 센터의 관점에서 보면 센터는 서로 상반되는 에너지를 통합하는 곳입니다. 사나운 부드러움은 어떤 모습이겠습니까?

딜츠: 부드러운 사나움은 어떤 것일까요? 이 에너지를 이해하는 한 가지 방법은 이 에너지가 마치 빨강 노랑 파랑의 삼원색과 같다고 생각하면 됩니다. 여러분은 다양한 비율로 이 세 가지 색을 섞을 수 있습니다. 이 삼원색은 무수히 많은 방식으로 함께 섞을 수 있는 요소들입니다.

길리건: 세 번째 회전에서는 장난기를 가지고 올 것입니다. 그리고 마지막 네 번째 회전에는 모든 에너지를 동시에 가지고 옵니다.

딜츠: 통합하고 센터링된 조화 속에서.

길리건: 여러분 영웅의 여정에서는 자신을 지지해주고 문제를 해결책으로 전환하기 위해서 자원들이 필요합니다. 이 삼원색은 우리가 필요한 자원에 대해 생각해볼 수 있는 한 가지 방식입니다. 로사가 시연을 위해 무대에 올라오겠습니다.

로사와 시연

(로사가 무대에 오른다.)

길리건: 로사, 자신의 영웅의 여정을 찾기 위해 자원해주셔서 감사합니다.

로사: 감사합니다.

길리건: (청중을 쭉 쳐다보면서) 사람들 기분이 어떤 것 같나요?

로사: 음, 아주 행복하고 즐거워 보이네요.

길리건: 무대 위에 올라오니 좋지요?

  (로사가 끄덕인다.)

  이 방에서 당신에게 지지를 보내는 사람들의 마음을 느껴보시기 바랍니다. 이 시연은 눈을 감은 채 진행하면서 의식적으로 청중들의 존재를 잊어버리겠지만 시연을 진행하는 동안 계속 사람들의 지지를 받을 거예요.

로사: 네, 좋습니다.

길리건: 이 시간이 자신에 대해 깊이 공부하는 멋진 기회가 되었으면 좋겠습니다. 저도 진행하는 동안 당신이 긍정적이며 근원적인 변화를 내면에서 체험하도록 모든 면에서 열정적으로 지원하겠습니다. 당신이 이 실습하는 동안 주변이 안전하게 유지됩니다. 제가 어깨를 부드럽게 건드리면 그것은 당신이 안전하게 있으니 그 어떤 것과도 부딪칠 염려가 없다는 뜻입니다. 공간을 잘 유지할 것을 약속드리니 걱정할 필요 없습니다.

로사: 감사합니다.

길리건: 천만에요. 이 시연 과정에서 자신의 목표나 미래에 이루고 싶은 것이나 현재 바꾸고 싶은 것이 있습니까?

로사: 네, 책을 쓰고 싶어요…. 어머니를 위해서, 그리고 어머니 이름으로. 변혁에 관한 내용이에요. (미소 짓는다.) 조금 더 이야기해도 되나요?

길리건: 그럼요.

로사: 어제 세미나에서 소개해주신 내용에 감사드리고 싶습니다. 진행 과정에서 많은 것을 배웠어요. 어머니와 관련된 얘기인데요. 어머니와 제 관계요. 저는 중독되어 있었는데, 무엇에 중독됐는지조차 몰랐어요. 저는 외국에서 살다가 어머니가 알츠하이머 증상이 있어서 5년 전에 돌아왔습니다. 병이 진행될수록 어머니와 연결이 끊어질까 불안해지자, 저는 어머니

와 긴 여행을 떠났습니다. 어제 세미나에서 저는 이 문제에 대해 고민했고 제 경험을 책으로 쓰면 좋겠다는 결심을 하게 되었습니다.

길리건: 아주 좋습니다. 먼저 잠시 호흡을 하겠습니다…. 호흡을 하면 자신의 깊은 부분과 연결하기 시작합니다…. 이성적 마음 아래에 있는, 오늘 우리의 여정을 도와줄 자신의 깊은 부분과 연결됩니다. 이성적인 사고 너머에 있는 자신의 일부를 만나게 됩니다. 잠시 동안 자신의 일부를 호흡함으로써 우리의 장이… 모든 창조의 존재를 불러올 수 있다는 것을 아시기 바랍니다…. 로사, 당신 안에서 미래를 나타내는 이미지로 어떤 것이 떠오르는지 말씀해주시겠습니까? 말 그대로의 이미지일 수도 있고 은유적인 상징일 수도 있습니다. 자신의 창조적인 자기가 보내주는 이미지를 떠올려 보시기 바랍니다.

로사: (잠시 후 끄덕인다.) 나비예요.

길리건: 나비요. (심호흡을 위해 잠시 멈춘다.) 로사, 당신과 함께 나비의 경험을 하게 되어 기쁩니다…. 나비의 존재… 그 나비가… 당신의 미래에 대해… 의미하는 것… 당신의 창조적인 마음이 이 이미지를 보여주고 오늘 시연을 도와주어 감사한 마음입니다. 로사, 당신이 자신의 내면에 공간을 만들어서 당신의 미래, 즉 나비가 당신의 세계 안에서 진화할 수 있도록 도와드리겠습니다. 지금 눈을 뜨고 싶으면 떠도 좋습니다…. (로사는 그대로 눈을 감는다.) 당신의 공간을 계속 확장하기 위해 눈을 계속 감은 채로 있고 싶다면… 좋습니다…. 이 공간에서 로사 당신의 주의를 에너지 볼을 만드는 곳으로 옮기시기 바랍니다. 오늘 오전 실습 시간에서 에너지 볼을 만들었습니까? (로사가 끄덕인다.) 좋습니다. 그럼 다시 에너지 볼을 만드는 과정으로 가보겠습니다. 에너지 볼을 충분히 느낄 때까지 자신만의 충분한 시간을 가지기 바랍니다.

(로사가 볼을 잡듯이 손을 앞으로 내민다.)

손에서 에너지 볼을 느끼면 에너지 볼의 진동도 느껴집니다…. 얼마나 커질지 아무도 모릅니다. 당신 내면의 창조적 자기가 그 볼을 키워나갈 것입니다. 에너지 볼의 색깔… 질감… 투명도가 어떤지 보시기 바랍니다. 여러 가지 다른 멋진 경험을 느껴 보시면서… 당신의 미래가 펼쳐질 공간, 안식처 그리고 보금자리를 허락하기 바랍니다…. 좋습니다…. 좋습니다…. 좋습니다…. 에너지 볼을 만들었다고 느끼시면 고개를 끄덕여서 알려주시기 바랍니다.

(로사가 고개를 끄덕인다.)

좋습니다. 에너지 볼에 깊이 집중하시기 바랍니다…. 이완하면서… 그러면서도 깊이 집중합니다…. 그렇게 하면 우리가 어떤 것을 하더라도… 우리가 어떤 것을 인식하더라도, 창조적인 공간과 당신이 만든 안전한 안식처인 생성적 장 안에서 깊이 몰입해 있을 수 있습니다. 다른 생각이 흘러갈 수도… 다른 감정이 흘러갈 수도 있습니다. 여러분은 에너지 볼에 연결되었던 처음 주의 집중 상태를 유지하기 바랍니다. 그저 오고 가는 것들을 지켜보기만 합니다.

오늘 이 공간에 왔습니다…. 당신의 미래를 진정으로 찾기 위해서… 현재라는 이 무한한 창조적 공간 안에서… 에너지 볼을 충분히 느끼고 준비가 되었다면, 이제 다시 나비의 이미지를 느껴보겠습니다. 이 나비의 이미지를 에너지 볼 안에 넣어 봅니다. 생성적 장의 센터 안에서 집처럼 편안하게 해줍니다. 준비되면 고개를 끄덕여서 제게 알려주시기 바랍니다.

(로사가 고개를 끄덕인다.)

좋습니다…. 아주 좋습니다…. 우리가 에너지 볼의 주위를 돌 때도 이미지가 장의 센터에서 머무르게 하시기 바랍니다. 당신의 미래가 에너지 볼의 센터에 있습니다. 그 센터에 멋진 자원들을 넣어주고 당신의 미래가 자양분을 먹고 성장하도록 합니다. 당신의 미래는 센터에 머물면서… 아름다운 꽃처럼 그 자양분을 받아들이고… 열고… 무르익습니다.

로사, 준비되면, 당신에게 에너지 볼 주위를 아주 천천히 아주 천천히 돌도록 요청하겠습니다. 몸이 움직이고 싶은 대로 몸을 움직이게 하시기 바랍니다. 시계방향으로 돌 수도 있고… 반 시계 방향으로 돌 수도 있습니다. 창조적 자기가 당신의 미래 주위를 돌 때 호기심으로 바라보시기 바랍니다. 첫 번째 돌 때, 당신 자신에게, 당신의 미래에 친절과 부드러움의 자원을 전해줍니다. 당신이 그렇게 돌고 있을 동안, 제가 당신 주위의 공간을 안전하게 유지하고 있겠습니다.

(로사가 아주 천천히 그녀의 에너지 볼 주위를 천천히 돈다. 스테판이 부드럽게 서서 공간을 보호하고 그녀의 움직임을 지지해 준다.)

좋습니다…. 천천히… 천천히… 천천히… 당신의 깊은 자기가 안에서 깨어납니다…. 주위를 돌면서… 당신의 심장 깊은 곳에서… 부드러움을 당신에게 가져옵니다…. 당신 자신에게 부드러움을 건네줍니다…. 부드러움으로 당신과 당신 미래를 채웁니다…. 부드러움이라는 존재를 자원으로 가져오기 바랍니다…. 부드러움으로 어떻게 변혁을 가져올지… 어떻게 트랜스를 형성할지… 미래의 당신 센터에서 진정으로 느껴보시기 바랍니다…. 당신 자신의 주위에 신성한 원을 만들어 보세요…. 다양한 관점으로 당신의 미래를 봅니다. 당신의 미래에 부드러움의 감각을 가져오기 바랍니다…. 보고, 경험하고, 관점을 바꾸고… 미래의 당신이, 한 여성이, 나비 한 마리가 얼마나 많은 부드러움이라는 치유의 물을 마실 수 있는지… 천천히 원을 돌아봅니다…. 돌아봅니다…. 천천히 첫 번째 바퀴를 느끼시기 바랍니다. 나비의 첫 번째 변신을… 느껴봅니다. 돌면서… 그렇습니다…. 숨을 쉽니다…. 모든 사물이 초의식의 마음에서… 몸의 마음을 통과하고… 부드러움의 필요를 충족합니다. 부드러움에 대한 갈망을 충족합니다…. 미래의 당신 자신을 위해서… 어머니와 딸의 관계를 위한 부드러움의 능력을 받아들이며… 미래를 꿈꾸는 나비…. 첫 바퀴를 계속 돌아봅니다. (로사가 첫 바퀴 회전을 마무리한다.)

아주 좋습니다…. 통합의 심호흡을 하시기 바랍니다. 첫 바퀴에서의 배움이 당신 내면으로 더 깊숙하게 들어갑니다…. (로사가 깊게 호흡을 한다.) 좋습니다…. 준비되면 두 번째 바퀴를 시작합니다. 몸을 움직이면서… 좋습니다…. 이번에 두 번째 돌 때는… 둥글게 둥글게… 이동하면서, 넓어지고, 깊어지면서… 미래의 나 자신 주위로 돌기 시작합니다…. 미래의 내 자기는 나비… 글 쓰는 여성… 새롭고 창조적인 고요함… 입니다. 다시 돌기 시작하면서 자신의 미래 센터에 깊고 긍정적인 사나움의 자원을… 가지고 옵니다. 아름다운 전사의 에너지를 자기 자신에게 보냅니다…. *당신을 지지합니다*…. *제 확고부동한 마음으로… 당신을 보호하고 지지합니다*…. 장의 센터에 있는 프레즌스가 형태를 어떻게 변형(역자 주: Transform과 발음이 비슷한 TranceForm이라는 신조어를 사용)할지… 자신의 미래에 긍정적 사나움이라는 선물을 가지고 오면서… 돌며… 돌며… 당신이 어디서 멈출지는 아무도 모릅니다…. 긍정적인 사나움으로… 돌면서… 무심한 마음을 통해서… 자원들을 가지고 옵니다…. 그 자원으로 존재를 채워줍니다…. 깊고 강렬한… 아름답고… 긍정적인… 사나움… 두 바퀴째 도는 것을 느끼면서… 두 번째 변혁을… 두 번째 바퀴에… 이 놀라운 미래가 어떻게 당신 과거를 되돌아보고… 현재와 연결되는지를 느끼며… 미래를 채우며… 계속 돌면서… 움직임의 감각을 느껴 봅니다. (로사가 두 번째 바퀴 돌기를 마친다.)

지금 다시… 처음 시작점으로 다시 돌아오면… 심호흡을 깊게 하시기 바랍니다…. 당신의 긍정적 사나움이 장에 통합되는 것을 느낍니다. 미래 자기가 있는… 장의 센터에서… 통합됩니다. (로사가 깊게 호흡을 한다. 그리고 세 번째 바퀴를 시작한다.)

이제 세 번째 변혁과 변형의 과정을 시작하면서… 정말 기뻐해야 할 것은… 미래의 자신에게 장난기라는 자원을 가져온다는 것입니다… 당신의 몸이… 미래를 향해 나선형으로 펼쳐지는 여정으로 어떻게 돌고 있는지 느끼시기 바랍니다. 모든 다른 관점이 돌면서… 다른 방식으로… 다른 경험들을… 돌아봅니다. 몸이… 장난스러운 경험을 돌고 있습니다…. 모든 놀이의 영혼을 가져오기 바랍니다.

(로사가 즉흥적으로 계속 돌던 패턴을 벗어나서 이리저리 움직이며 천천히 춤을 추기 시작한다. 동시에 스테판이 흥이 넘치며 장난기 있는 듯한 목소리로 말한다. 혼란스럽고 장난스러운 리듬과 톤으로 말하기 시작한다.)

돌면서… 돌면서… 위로 들어 올리며… 날아서… 둘이 하나가 되고, 하나가 둘이 되어… 모든 것이 다시 자기 자신이 되며…. 그거예요. 모든 것이 부드럽게 부숴지면서… 모든 것이 다 깊게 합쳐지고… 돌면서… 돌면서… 한 마리의 나비가 바람 사이를 날아다니며… 잘 쓰인 책의 행복한 미래 위에 내려앉습니다…. 바로 그거예요. 그것입니다…. 바로 그거예요…. 놀이와 장난이라는 아름다운 감각을 불어넣고… 빼내고… 새로운 방식으로 다시 사용하고… 나비의 날개… 당신의 이야기를 쓸 자유를…. 바로 그것입니다. (로사는 세 번째 바퀴를 마무리한다.)

놀이의 세 바퀴를 끝마치고 이제 숨을 편안하게 합니다. 이제 지금 느낀 새로운 깨달음을 당신 인생의 필요한 곳에 전달합니다. (로사가 깊게 호흡한다. 그리고 네 바퀴째를 돌기 시작한다.)

좋습니다. 네 바퀴째를 돌기 시작하면서… 네 번째 변혁과 변형을 시작합니다…. 당신은 이 모든 각각의 자원이… 음악의 다른 음표들처럼… 큰 팔레트 위의 다양한 색깔처럼… 함께 움직일 수 있다는 것을 알 수 있습니다. 이렇게 미래의 자기 내면으로… 부드러움… 사나움… 장난기를… 원하는 만큼 가져올 수 있습니다. 많이… 많이… 아주 많이… 동그랗게 돌면서… 돌면서… 돌면서… 돌고 있는 그 중심을 느끼면서, 바로 그 중심을… 계속 돌면서… 미래의 자신, 즉 나비를 향해 뻗어 나갑니다…. 당신의 미래입니다. 당신은 느낄 수 있습니다…. 나비에게 생명을 불어넣을 수 있습니다…. 아름다운 부드러움과 … 깊은 사나움… 마음껏 놀 수 있는 경이로운 자유가 미래의 당신을 살아 숨쉬게 하고, 지지하고 있다는 것을 당신은 볼 수 있습니다. 그 광경을 당신 자신의 두 눈과… 당신 자신의 몸 전체로 느낄 수 있습니다…. 당신은 자신의 모든 존재로 알 수 있습니다. (로사가 네 바퀴째 돌기를 마친다.)

그거예요…. 그겁니다…. 그거예요…. 깊은 통합을 이룬 호흡을 편안하게 즐기시기 바랍니다. (로사가 크게 깊게 호흡한다.)

당신이 준비되면, 미래의 자신에게 다가가서 잡고… 어루만집니다…. 세상에서 가장 섬세하게 살아 있는 존재를… 가장 회복 탄력성이 뛰어나고 놀라운 영혼을… 인생에서 가장 특별한 선물을 어루만집니다…. 당신이 자기 미래를 만지고… 느끼면서… 당신 자신의 미래를 느끼면서 진심으로 즐기시기를 바랍니다…. *당신의 미래가 지금 당신 손안에 있습니다….* 당신이 준비되면, 미래의 자신을 당신 몸과 마음의 중심으로 천천히 가지고 옵니다. 당신 몸의 어떤 센터로 가지고 갈지는 자신의 양손에 맡깁니다. 양손으로 미래의 자신을 이끌고, 당신 몸 안의 센터에 있는 이 미래의 자신이 속해 있는 집으로 지금 가지고 옵니다. (로사가 양손을 가슴으로 가져온다.)

그거예요…. 당신의 미래를 가슴으로 가지고 오세요…. 당신의 미래에 공간을 만들어 주세요…. 공간을 만들어주세요…. 당신 존재의 깊은 곳에 미래의 당신이 머물 수 있는 집을 마련해주세요…. (로사가 깊게 호흡한다.) 그것입니다. 자신의 미래를 안으로 계속해서 깊숙하게 호흡하세요…. 시간과 공간의 세계 속으로… 오늘과 내일로… 살아있는 세계로… 호흡하기 바랍니다. 잠시 동안 이 놀라운 자기의 여정이 완성된 것을 즐기시기 바랍니다.

그리고 당신이 돌아올 준비가 되었으면… 우리가 사는 지구로… 시간과 공간 속으로… 돌아올 준비가 되었다면… 영예와… 위엄과… 자유의 공간에서… 당신은 어떤 확신에 찬 말을 할 수도 있을 것입니다…. 자기 자신과 당신 영웅의 여정의 과정을 지속하기 위해서… *온 가슴과… 모든 마음으로… 그리고 온 존재로 이 깨어나는 존재를 계속 사랑하시기 바랍니다*…. 준비되면 천천히 이 세미나실로 돌아와 이 방에 있는 우리와 다시 만나겠습니다.

(로사가 눈을 뜨고 지금까지의 경험에 깊이 젖어 있는 모습으로 서 있는다.)

안녕하세요. (로사가 웃는다.)

당신을 응원하는 아주 멋진 경험이었습니다. 당신이 자신만의 영웅의 여정을 멋지게 계속하시기를 가슴 깊이 진심으로 바랍니다.

로사: (웃는다.) 아주 깊은 경험이었습니다. 감사합니다. 설명할 말을 찾지 못하겠어요.

길리건: 지금 당장 말할 필요는 없습니다. 당신과 자신의 미래를 위해 했던

지금까지의 과정을 만끽하시기 바랍니다. 아무 말 없이 자신과 연결되어 있는 상태를 유지해보시기 바랍니다.

로사: 감사합니다.

길리건: 천만에요. 로사. (미소 지으며) 포스와 함께 하시기를. (웃음)

(청중에게) 로사에게 감사의 박수 부탁드립니다.

(청중이 무대를 떠나는 로사에게 박수를 보낸다.)

전체적인 순서는 다음과 같습니다: 목표, 에너지 볼이 있으면, 목표를 에너지 볼 안에 놓습니다. 에너지 볼 주위를 네 바퀴 돕니다. - 첫 번째는 부드러움을, 그다음은 용맹함을, 그리고 장난기를, 마지막으로 세 가지 모두를 한꺼번에 넣습니다. 그리고 손을 뻗어 근원적인 변화를 자신의 센터에서 통합합니다. 그리고 미래를 위해 맹세합니다. 그리고 돌아옵니다. 그렇게 어렵지 않죠. (웃음)

딜츠: 네. 고객이 이 세 가지 에너지를 돌 때마다 이 세 가지 에너지를 차례로 가지고 오도록 코치가 자연스럽게 이끌어줍니다. 고객이 자기 삶의 목표를 상징하는 것을 가운데 놓고 그 주위를 세 바퀴 돌면서, 그때마다 볼과 그 상황에 세 가지의 에너지를 가지고 오면 됩니다. 이제 여러분이 시간을 충분히 가지고 직접 이 프로세스를 연습해보시기 바랍니다.

(참가자들이 파트너와 함께 실습을 시작한다.)

마음챙김과 '그 너머로 열기'

길리건: 다음 순서로 넘어가기에 앞서 몇 가지 사항을 정리해보겠습니다. 영웅의 여정과 생성적 나 모델에서 우리는 여러분이 생성적 레벨로 옮겨

갈 때 어떻게 다른 차원의 의식을 추가하는지가 중요하다고 강조했습니다. 그 중요한 방법 가운데 하나가 *여러분을 수행하는 자기*performance self *에서 분리하도록 해주는 관찰하는 자기*witnessing self입니다. 수행하는 자기는 생각하고, 감정을 느끼고, 행동을 표현하는 자기입니다. 즉 자신의 현실을 창조하는 내면과 외면의 모든 '행위'를 하는 자기를 말합니다. 관찰하는 자기는 현실에 반응하는 의식이 아닙니다. 관찰하는 자기는 불교에서 말하는 마음챙김이나 메타 수준의 의식을 말합니다. 마음챙김은 현실과 외부에 반응하는 의식이 아닙니다. 메타는 존재하는 것 그대로를 스폰서링해주고 어루만져주는 사랑과 친절함을 의미합니다.

로버트를 예로 들겠습니다. (미소 지으며, 로버트를 가리킨다.) 로버트를 로버트 유닛이라고 부를 수 있습니다. (웃음) 로버트 유닛은 54년 전에 이 세상에 떨어진 작은 영혼입니다. 보통 그 영혼을 떨어뜨린 사람은, 그가 누구이건, 그 영혼이 어떤 사람인지 명확히 알고 있습니다. 그러고는 이 영혼의 진가를 잘 이해하지 못하고 잘 돌볼 수 없는 가정을 찾아서 그들에게 건네줍니다. 이렇게 해서 영웅의 여정은 아주 흥미진진해집니다. (웃음)

그래서 54년 전 이 세상에 떨어진 로버트는 그 뒤 자기 생각, 이미지, 행동, 그리고 감정 등을 이용해서 매 순간 삶을 수행하며 삶의 현실을 만들어갑니다. 수행하는 자기를 스폰서링해주기 위해서는, 우리가 어떻게 메타 포지션과 인식의 생성적 장을 열어야 하는지가 중요합니다. 메타 포지션과 생성적 장이 우리 영혼과 수행하는 자기를 지지하고, 관찰하고, 축복해주고, 또 도와주기 때문입니다. 이런 지지와 축복이 있어야, 우리의 수행 자기가 비로소 자기 자신의 아름답고 놀라운 삶을 펼쳐 나갈 수 있기 때문입니다. 우리가 *생성적 수준에 도달해야, 이런 것이 가능해집니다.* 그래서 우리는 어떻게 우리 삶이 펼쳐지는지, 깨어남의 각 순간을 어떻게 알아차릴지, 어떻게 하면 가장 정렬되고 공명을 일으키면서 온전한 형태로 그 깨어남을 지지할 수 있을지 연민의 호기심으로 보아야합니다. 기억하시기 바랍니다. 우리가 여기서 수행하는 자기와 관찰하는 자기가 분리되어야 한다는 것은 무관심이 아닙니다. 생성적인 분화를 말하는 것입니다.

딜츠: 켄 윌버Ken Wilber는 내 앞에 있는 그 무엇도 '초월하지만 그것을 포함할 수 있는' 관점에서 이것을 설명했습니다. 눈앞에 있는 상황을 외면하고 무관심한 것과는 다릅니다. 이것이 진정한 메타 포지션이라고 할 수 있습니다.

길리건: 여러분이 이 두 가지 자기 개념을 가지게 되면, 여러분은 수행하는 자기를 1차 시각, 즉 '나'라는 시각에서도 볼 수 있고, 3차 시각, 즉 '그'라는 시각에서 보는 것이 가능해집니다. 가끔씩 자신의 수행하는 자기를 '그'로 보게 되면, 여러분은 그동안 스스로 보지 못했던 새로운 선택권을 가지게 될 수도 있습니다. 이를테면, 여러분이 우울한 상태에 있다면 "나는 우울하다."라고 1차 시각에서 말합니다. 자기 자신을 우울로 규정하면, 상황이 더 안 좋아질 수 있습니다. 다른 시각에서는 이렇게 말할 수 있을 것입니다. "그는 우울하다." 또는 *"내 안에 우울한 존재가 있는데 그를 위해 스폰서십의 장을 만들어 그를 지지해주고 싶다."* 이렇게 하면 여러분은 우울과 분리되고 그 우울과 함께하면서도 새로운 가능성을 가지게 됩니다. 생성적 레벨에 들어선다는 것은 고차원적 의식 수준으로 들어가는 것을 의미합니다. 낮은 레벨을 벗어나는 것이 아니라, 더 넓고, 더 깊고, 더 창조적인 방식으로 그 낮은 레벨과 함께하는 것입니다.

딜츠: 이것은 일종의 초월 의식입니다.

길리건: 이것이 가능해지기 위해서는 장이 살아 있다고 느끼는 직접적인 소매틱 감각이 필요합니다. 그래야 인식 범위가 문제에 국한되지 않고 뛰어넘어 열리게 됩니다. 이런 종류의 연습은 간단한 기술이며, 이 세상 모든

것이 살아 있음을 느끼도록 하기 위해서 여러분 주의를 훈련하는 하나의 은유입니다. 여러분 앞의 도전이 아무리 클지라도 여러분 자기의 공간은 그 도전보다 언제나 더 큽니다.

딜츠: 이 세상 모든 것은 다른 모든 것과 관계를 통해 일종의 에너지를 만들어냅니다.

길리건: 여러분이 그것을 직접적으로 느끼게 되면, 여러분이 이 세상의 깊은 창조적 힘의 일부가 됩니다. 이것이 실습을 통해 우리가 교육하고자 하는 목표입니다. "*나는 살아 있는 의식이라는 놀라운 세계의 일부이다.*" 이 말을 깨닫기 바랍니다. 우리는 영원하지 않기 때문에 할 수 있을 때 해 보아야 합니다. 사람으로 태어난 것은 행운입니다. 불교에서 말하기를 사람으로 태어나면 잭팟이 터진 것과 같다고 합니다. 깨어날 가능성이 상대적으로 매우 높기 때문입니다.

딜츠: 다시 모기로 태어날 수도 있었을 텐데요…. (웃음)

길리건: 모기로 삶을 끝낸다면 "인생, 이 모든 것이 도대체 뭐였지?" 하며 의아해할 것입니다. 그렇지만 인간의 삶은 훨씬 그 이상입니다. 우리 영웅의 여정에서는 이런 것들을 탐색하는 중입니다 – 어떻게 하면 행복한 인생을 창조할 것인가? 그러기 위해서는 자기의 개별 감각이 여러분 깊은 자기의 한 부분이기도 한 의식의 생성적 장과 연결되어야 합니다.

딜츠: 이것이 오늘 장의 마음에서 다루는 부분입니다. 소매틱 마음의 생성적 원칙은 센터링입니다. 인지적 마음의 생성적 원칙은 스폰서십입니다. 지금 이야기하는 장의 마음과 관련한 생성적 원칙은 콘텐츠를 넘어서 열리는 것, 즉 초점 인식입니다.

이 원칙에 대한 심층적인 인식을 위해서는 연습해야 합니다. 장의 마음이 가진 생성적 원칙은 확장하고 뛰어넘어 뻗어가는 것입니다. 다음 실습에서는 우리가 이러지도 저러지도 못하는 진퇴양난에 빠졌을 때, 장의 마음으로 생각해볼 수 있는 아주 실용적 가치를 경험할 수 있을 것입니다. 실습 이름은 '장을 보기'입니다. 진행하는 순서를 요약해보겠습니다.

실습: 장 인식해보기

1. 진퇴양난에 빠졌던 경험 한 가지를 생각하고 앞에 있는 물리적인 한 지점을 선택한다. 먼저 최대한 그때 경험을 상상으로 체험해본 뒤, 조금 전 선택했던 그 지점으로 이동한다.
2. 물리적인 그 지점에서 빠져나와서 관찰자 위치로 이동한다. 센터링하고 장을 향해 열린다. 눈을 감은 채, 장 또는 시스템에 영향을 주는 에너지 역학에서 여러분의 센터를 통해 그 상황을 둘러본다.
3. 자신이 원하는 상태desired state를 생각해보고, 원하는 그 상태를 느낄 수 있는 다른 물리적 한 지점을 선택한다. 센터링을 유지한 상태로 그 지점으로 이동하여 원하는 상태의 감정을 느낀다. 장과 그 상태의 에너지 역학에 주의를 기울인다. 자신이 원하는 상태를 표현하는 상징적 이미지를 떠올린다.
4. 관찰자 위치로 물러선다. 센터링하고 장을 향해 열린다. 눈을 감은 채 자신의 센터를 통해 원하는 상태를 전체적으로 둘러본다고 상상한다. 장과 시스템에 영향을 미치는 에너지가 어떻게 변형되어야 자신이 원하는 상태에 이를 수 있는지 생각해본다. 그리고 원하는 상태를 표현하는 상징적 이미지를 떠올린다.
5. 4단계에서 떠올린 상징적 이미지를 가지고 진퇴양난의 상황으로 들어가서 어떻게 이 상황이 변형되는지 본다.

딜츠: 보시는 것처럼, 이번 연습에서 중요한 원칙 몇 가지가 있습니다. 첫 번째 원칙은 다음과 같은 NLP 전제에서 확장한 형태입니다. *NLP에서는 "여러분의 주의를 콘텐츠에 두지 말고 형식form에 두어라."* 해결책은 관계의 더 큰 장이나 그 과정에서 나옵니다. 따라서 우리는 관계의 장이 표현되는 형식에 조율하려는 것입니다.

길리건: 합기도에서는 "절대로 문제에 눈을 빼앗기지 마라."라는 말이 있습니다. 여러분의 첫 번째 주의 집중을 장에 두시기 바랍니다. 지각 능력에 관한 간단한 예를 들기 위해, 여러분이 주위를 바라볼 때 시각적 인식에 대한 실험을 해보려고 합니다. 사물에 집중하는 대신 주위를 바라보시기 바랍니다. 눈을 편안하게 열어서 여러분이 있는 방의 양쪽 모서리와 당신을 둘러싼 공간을 볼 수 있는지 확인해보시기 바랍니다. 여러분의 주의를 주변의 넓은 장에 두시기 바랍니다. 거기서 마음을 가라앉히고 자신의 센터에서 이완합니다. 그 관점에서 자신의 주변을 바라봅니다. 관점에 큰 변화가 있지 않습니까? 이것이 우리가 실습으로 하고자 하는 중요한 내용입니다.

딜츠: 구체적으로, 우리는 어떤 문제 상황을 둘러싸고 있는 더 큰 생성적 장에 열려 있고자 합니다. 여러분에게 문제가 발생하는 장을 여러분은 어떻게 감지할 수 있을까요? 여러분이 어떻게 하면 더 큰 생성적 장을 활용해서 근본적으로 새로운 해결책을 찾아낼 수 있을까요? 이 물음에 대한 기본 원리는 조금 전에 했던 연습과 유사합니다. 그 문제 상태problem state의 내부에 있는 에너지가 어떻게 짜여 있는지, 또 문제 상대 너머의 에너지와는 어떻게 짜여 있는지를 감지해내는 것입니다. 더 큰 장에는, 여러분이 원하는 목표 상태가 포함되어 있어야 합니다.

길리건: '착한 자기/나쁜 자기good self/bad self' 연습에서 했던 것처럼, 문제 상황과 원하는 목표 이 둘을 모두 포함하고 그보다 더 많은 것을 품고 있는 큰

통일장에서 여러분은 두 개의 상호 보완적인 상태를 감지하게 될 것입니다.

딜츠: 저 너머로 뻗어 있는 하나의 공간에서 현재 상태와 원하는 상태가 모두 있을 것입니다. 알버트 아인슈타인이 다음과 같이 말한 의미가 여기에 있습니다. "그 문제를 만드는 생각의 틀로는 그 문제를 해결할 수 없다." 중요한 것은 어떻게 사고의 다른 차원으로 갈 수 있을 것인가 그리고 어떻게 하면 더 확장된 의식 차원으로 올라갈 수 있을 것인가입니다. 이번 연습에서 이것이 가능한 방법을 제시할 것입니다.

여러분이 살면서 교착상태에 빠졌던 상황을 탐색해보려고 합니다. 수렁에 빠져 꼼짝하지 못하고 더는 한 발짝도 앞으로 나갈 수 없는 상황에서, 여러분은 영웅의 여정을 통과하는 방법을 알지 못합니다. 이런 상황은 대부분 이중 구속double bind의 형태로 나타납니다. 이중 구속은 내가 어떤 것을 해도 틀리고, 하지 않아도 틀리는 상황을 말합니다.

길리건: 그런데 여러분이 영웅의 여정을 가는 동안, 이중 구속 상황을 대면한다는 것은 여러분이 현재 생성적 변화로 넘어가는 임계점에 서있다는 명확한 표시입니다. 여러분이 이중 구속에 맞서고 있을 때는 – 내가 하면 상황이 꼬이고 또 하지 않아도 꼬이는 상황 – 여러분이 가진 현재나 과거의 인식으로는 결코 이 상황을 돌파할 수 없다는 것을 의미합니다. 이런 임계점에서는 기존에 해왔던 방식을 넘어서는 새로운 반응이 나오도록 해야 합니다. 기억하시기 바랍니다. 지금 말하는 것이 우리의 생성적 프로세스 정의입니다. 여러분이 이중 구속 상황에 직면해 있다는 것을 알게 되면 여러분은 기뻐해야 합니다. 여러분이 생성적 상태를 활성화하는 것만 잊지 않았다면 이것은 여러분이 큰 변화의 임계점에 서 있다는 뜻이기 때문입니다. 이 연습은 여러분에게 이중 구속을 어떻게 창조적인 방법으로 초월하면서 받아들일지에 대한 좋은 예가 될 것입니다.

딜츠: 이중 구속에 대한 생성적 반응의 예로 선에서 말하는 선문답이 있습니다. 이것은 특정한 목적성을 위한 이중 구속으로 스승이 학생에게 기존 상자에 갇힌 에고의 마음에서 벗어난 반응을 유도하는 질문입니다. 스승이 막대기를 들어 제자의 머리 위치에 놓은 상태에서 묻습니다. "네가 만약 이 막대기가 진짜라고 말하면, 이 막대기로 너를 때릴 것이다. 네가 만약 이것이 진짜 막대기가 아니라고 말하면, 이것으로 너를 때릴 것이다. 이 막대기가 진짜 막대기이냐? (웃음)

길리건: 우리가 자란 가정과 비슷합니다. (웃음)

딜츠: 만약 학생이라면 어떻게 하시겠습니까? 어떻게 대답하시겠습니까? 여러분이 자기 에고의 세계에 머물러 있다면 아마 막대기로 맞게 될 것입니다. 이중 구속이기 때문입니다. 물론 핵심은 기존의 상자를 벗어나서 수만 가지 가능성을 가지고 대답해야 합니다. 여러분은 손을 뻗어 막대기를 잡고 스승을 때릴 수도 있습니다. (웃음) 여러분은 자기 막대기를 주워서 칼싸움을 할 수도 있습니다. 스승을 간지럽히고 핫도그를 갖다 드릴 수도 있습니다. (웃음)

길리건: 이중 구속에 대해 마르크스주의자가 접근하는 방식의 예를 보겠습니다. 그루초 마르크스Groucho Marx(역자 주: 미국 코미디언, 영화배우)는 이런 이중 구속 접근 방식에서 아주 훌륭한 대변인이었습니다. (웃음) 이 얘기를 들으니, 이런 식으로 논쟁하는 두 명의 스님 이야기가 생각납니다. 그 스님들은 서로에게 이중 구속 형태의 기술을 거칠게 사용해서, 누가 에고에 얼마나 사로잡히지 않는 대답을 하는지 관찰하고 있었습니다. 둘이 서로 마주 보고 앉아 있을 때, 명석하고 준엄한 지성으로 유명한 젊은 스님이 옷 속에서 오렌지를 꺼내 들고 다른 스님에게 보였습니다. 센터링으로 프레즌스를 유지한 나이 든 스님에게 물었습니다. "이게 무엇입니까?" 로버

트가 이야기해준 선문답과 비슷한 것입니다. 젊은 스님은 어떤 반응이 오더라도 되받아 칠 준비가 되어 있는 것처럼 보였습니다. 나이 든 스님은 한참을 침묵 속에서 센터를 통해 호흡하면서 장을 향해 열려 있었습니다. 그 스님은 몸을 수그리면서 그의 통역자와 가벼운 말을 주고받았는데 그 사람이 다음과 같이 답했습니다. "뭐가 이상한 것이라도 있어요. 당신 동네에는 오렌지도 없습니까?" (더 큰 웃음)

실습: 에릭과 데모

딜츠: 저는 여러분이 생성적 수준의 의식을 가졌으면 합니다. 현재 자신이 진퇴양난에 봉착해서 생성적 반응을 찾는 것에 관심 있는 분은 이번 시연에 지원해주시면 좋겠습니다.

(손이 여기저기서 올라온다. 로버트가 에릭을 가리키자 그가 무대 위로 올라온다.)

에릭, 먼저 상황을 좀 이야기해보겠습니다. 본인이 느끼는 난관이나 교착상태는 어떤 것입니까?

에릭: 스테판이 앞서 언급한 섹스, 마약, 로큰롤 같은 것인데요.

딜츠: 음.

에릭: 이 문제의 관계 때문에 완전히 갇혀 있는 느낌이 들어요. 필사적으로 매달려 있게 돼요. 하면 기분이 좋지 않아요. 그런데 하지 않으면, 기분이 좀. 이런 '야생의 부름call of the wild'에 반응하지 않으면, 내 모든 힘이 빠져나가는 것 같아요.

딜츠: 당신이 한 이야기를 다시 정리해보면, 에릭 당신은 야생의 부름을 느끼고 있군요. 미국에서는 이걸 '파티광party animal'이라고 부른답니다. (웃

음) 그런데 당신이 이런 부름을 느끼면… 어떤 대가를 치른다는 거지요.

에릭: 제 생각에 이건 중독 같아요. 아시죠? 그 상황이 되면 즐기게 돼요. 그런데 하고 나면, 그 대가를 치릅니다. 그렇게 한 뒤에는 현재에 충실할 수가 없어요. 큰일입니다.

딜츠: 잘 들었습니다. 그리고 충분히 이해했습니다. 하지 않으면 자신에게 중요한 생명의 에너지를 잃어버리는 느낌이 든다는 말을 하셨습니다.

에릭: 제 자신을 차단하는 느낌이 들어요. 구속당하는 것 같은. 닫힌 느낌이 들고 자유롭지 못해요.

딜츠: 네. 당신의 이중 구속을 이해했습니다. 당신이 만약 이걸 하면 기분이 나쁩니다. 왜냐하면 그 결과가 나에게 해롭기 때문입니다. 그런데 당신이 이걸 하지 않으면 자기 자신을 차단하는 것 같습니다. 이것 또한 당신의 문제입니다.

에릭: 네.

딜츠: 좋습니다. 이중 구속이 제일 심각했던 특정한 순간이나 상황이 있었나요?

에릭: (잠시 멈추며) 저, 사랑하는 사람과 관계에서 있어요….

딜츠: 예를 들어줄 수 있나요?

에릭: (고개를 끄덕인다.) 네.

딜츠: 좋습니다. 지금까지 우리는 콘텐츠에 관한 이야기를 했습니다. 지금 우리는 당신 앞에 공간을 열려고 합니다. (에릭의 앞을 가리킨다.) 이 공간은 당신이 현재 상태와 원하는 상태 모두를 놓을 수 있는 곳입니다. 당신이 현재 겪는 상황이 이 공간 안에서 오른쪽에 있는지 왼쪽에 있는지 잠시 느껴보시기 바랍니다.

에릭: (잠시 멈추며) 왼쪽에 있습니다.

딜츠: 당신이 준비되면, 앞에 있는 저 공간의 왼쪽으로 이동하라고 요청을 드리겠습니다. 그리고 당신이 지금 겪는 그 내면의 투쟁 안에 있을 때, 어떤 느낌인지 생각해보라고 잠시 뒤 요청 드리겠습니다. 양쪽의 전체적인 투쟁, 아시죠? (에릭이 고개를 끄덕인다.) *내가 그걸 하면, 나중에 기분이 안 좋아지고… 그런데 하지 않으면 내가 차단되고 닫혀 있는 것 같아서 자유롭지 않은 것 같습니다.* 이것들이 사랑하는 사람과의 관계에서 나타난다고 했습니다. (에릭이 고개를 끄덕인다.) 당신이 준비되면, 왼쪽으로 이동해서 그 문제 상황과 완전히 연결해보겠습니다.

(에릭이 앞으로 나아간다. 심호흡을 시작하고 약간 긴장한 듯 보인다.)

네, 그 힘든 상황 속에서 당신에게 다가오는 감각을 모두 느껴보시기 바랍니다. 어떤 일이 일어나고 있습니까?

에릭: 마치 그것 같아요…. (에릭의 양손이 꼬이고 잡아당기는 동작을 한다.)

딜츠: 확 잡아당기는 느낌이 드는군요.

에릭: 네…. 책임과 욕망 사이에서 잡아당겨지는 느낌이요.

딜츠: 책임과 욕망 사이에서 잡아당겨지는 느낌을 받으셨군요. 그 공간에서 다른 사람도 당신과 함께 있는 것도 느꼈군요. 아마도 사랑하는 사람 아니면 가족 또는 다른 사람. 다른 사람이 있나요?

에릭: (고개를 끄덕인다. 스트레스를 받은 것 같다.) 네.

딜츠: 물론 자신의 과거나 삶의 과정에서 있었던 것들이 이 장에 있다는 것을 알 수 있을 것입니다. (에릭이 고개를 끄덕인다. 갈등 상황에 깊이 몰입된 것처럼 보인다.)

(청중에게) 여러분은 에릭의 비언어적 패턴을 보고 있는데, 에릭이 꽤 힘들어 보입니다. 이것이 에릭을 지배하는 하나의 장입니다. 진퇴양난의 어려운 상황에 빠져 있는 사람들을 지배하는 하나의 장입니다. 이 장은

보통 그 사람의 과거, 가족, 다른 사람 등 많은 것과 연결되어 있습니다. 여러분은 이런 상황에 있는 사람이 전체 장을 볼 수 있도록 해주고, 또 거기서 빠져나오기를 원할 것입니다.

　(에릭에게) 에릭, 이제 그 상태에서 빠져나오기 바랍니다. 한 걸음 물러서서 원래 있던 출발 지점으로 돌아오기 바랍니다. 관찰자의 위치로 돌아오기 바랍니다. 그렇게 나올 때, 그 전체 장과 그 속에 있던 패턴은 그대로 두고 지금 나옵니다. (에릭이 뒤로 물러선다. 심호흡하고 위치를 다시 확인하다.)

　잘 돌아왔습니다.

에릭: 네 감사합니다.

딜츠 : 에릭, 스테판이 말했던 것처럼, 우리는 저기 서 있는 ('문제 상태' 공간을 가리키며) 에릭에 대해 말하려고 합니다. 바로 저기 '저 사람'에 대해서요. 우리는 저 패턴 너머에도 에릭이 있다는 것을 압니다. 착한 자기/나쁜 자기 실습에서 탐색했던 것처럼, 책임과 욕망 이 두 가지가 모두 있습니다. *나는 당신이 책임감이 있다는 것을 알고 있습니다. 나는 당신이 욕망에 이끌리는 것도 알고 있습니다. 나는 당신이 이 두 가지 책임과 욕망을 모두 가지고 있음을… 그리고 당신이 이 두 가지를 뛰어넘어 그 이상, 훨씬 그 이상인 것도 알고 있습니다.*

　원인은 문제 패턴이며, 에릭 당신 자신에게 있는 것이 아닙니다. (에릭이 고개를 끄덕인다.) 여기서 당신이 해야 하는 것은 센터링입니다…. 여기에 서서, 자신의 내면에서 깊게… '당신'과 연결하시기 바랍니다. 책임감 너머에 있는 당신… 욕망 너머에 있는 당신과 연결하시기 바랍니다. 에릭이라는 아주 고유한 에너지와 연결되기 바랍니다. 이성적인 생각의 저 아래 깊은 곳에 있는, 그리고 이성적인 생각 이전부터 있었던 당신의 센터를 느끼고 감지해보세요…. 자신의 몸과 발에 뿌리내린 감정을… 여기 있는 당신의 온전한 존재감을 느껴보기 바랍니다.

그렇게 하면 우리는 생성적인 관찰을 할 수 있습니다. 스테판이 얘기했던 것처럼, 그 상황을 회피하는 것이 아닙니다. 그 안에는 문제의 공간도 있고 해결책의 공간도 모두 있습니다. 그리고 이 두 가지를 모두 초월하는 것입니다. 이 공간에서, 에릭, 저는 당신이 문제의 공간이 위치해 있는 전체의 장을, 하나의 통일된 장으로 느껴보기 바랍니다. 우리는 그 내용이 욕망, 죄책감, 파티, 친밀한 관계 등과 관련 있다는 것을 압니다. 제가 원하는 것은 이런 것들에 당신의 관심을 두지 않고 이 모든 것을 품고 있는 에너지의 장에 두는 겁니다. 당신의 머리와 눈으로 보지 않고 센터에서 바라보고 거기에서 무슨 일이 일어나는지 느껴보는 것입니다. 말 그대로 이해하려고 하기보다는 은유적으로 상징적으로 느껴보세요. 색깔과 시각적 이미지 그리고 에너지 패턴, 상징과 같은 것들로 말입니다. 장의 마음으로 거기 있는 것을 느껴보시기 바랍니다.

(에릭이 장을 느낄 수 있도록 멈춘다.) 어떤 것이 느껴지나요?

에릭: 음과… 양이… 보입니다. 그 둘을 나타내는 상징이요.

딜츠: 네, 음양의 상징을 보았습니다. 충돌은 어떤가요? 이 문제의 패턴이 보여주는 에너지는 어떻게 나타납니까?

에릭: 두 개의 강한 에너지 같아요.

딜츠: 표현하는 것이 중요합니다. 여기서 그 문제를 표현해야 합니다. 당신이 말했던 그 문제는 당신이 아직 연결되지 않았다는 것을 의미합니다. 아직 조화를 이루지 못하는 그 무엇이 있다는 것입니다…. 내면에서 투쟁하는 에너지를 느끼면 어떤가요? 연결이 끊어진 느낌이라고 했죠?

에릭: 설명하기 어려운데요…. 판단하는 에너지, 강압적인 에너지와 함께

있으면, 장을 인식하지 못하게 됩니다. 마치 이런 사람들과 있으면 제가 센터링하지 못하는 것 같습니다.

딜츠: 중요한 정보입니다. 그렇지만 지금 했던 말들이 인지적인 마음에서 나온 말로 느껴집니다. 맞는 말이기는 하지만, 일어나는 것에 대해 너무 분석적입니다. (청중에게) 코칭할 때, 경험과 상징의 장에서 하는 말인지 인지적 마음에서 나오는 말인지가 중요합니다.

   (에릭에게) 심호흡을 하시기 바랍니다. 인지적 마음이 가라앉도록 그리고 깊은 마음으로 들어갑니다. 다른 언어와 만나시기 바랍니다. 그림과 이미지와 상징 그리고 은유의 언어와 만나세요.

에릭: 그런 상황에서 뭔가 빠져 있는 것이 있는데 그건 '신뢰'예요.

딜츠: 아주 좋습니다. 그렇지만 신뢰는 단어입니다. 제가 진짜 원하는 것은 그 문제의 장이 가진 이미지와 상징입니다. 예를 들면, 해안가에서 부서지는 파도, 천둥, 구름이나 불 같은 것입니다. 몸에 집중하고 상징적 존재를 느껴보세요.

   (에릭이 심호흡하고 이완한다.) 좋습니다. 좋아요. 상징의 세계에서 느껴보세요. 이 장을 나타내는 상징은 뭘까요?

에릭: 별들 아래 길이요.

딜츠: 좋습니다. 별들 아래 길의 이미지…. 문제는 어디에 있나요? 내면의 투쟁은 어디에 있나요?

에릭: 이 길이 어디로 가는지 몰라서 약간 두려워요. 그게 문제인 것 같아요.

딜츠: 이 두려움의 에너지가 어떻게 표현되나요? 어떤 상징이 있을까요? 색상은? 동작은요?

에릭: 큰 먼지 벽 같아요.

딜츠: 큰 먼지의 벽…. 좋습니다. (청중에게) 에릭이 장의 언어와 만나기 시

작했습니다. 먼지입니다. 길도 있습니다. '신뢰' 같은 말은 인지적 마음에서 나온 말입니다. 저는 은유적으로 표현하는 수준에 가고 싶은데 말이죠. 길이 있고 먼지의 벽이 있습니다.

 (에릭에게) 중독 상황으로 들어가서 본다면, 길과 먼지에 관한 어떤 이미지가 떠오르나요? 이미지가 논리적일 필요는 없습니다. 그냥 뭐가 있는지 느끼면 됩니다.

에릭: 어려운데요…. 이 먼지가….

딜츠: 이 이미지가 어떻게 보이나요? 어떻게 생겼나요? 이 어려운 에너지가 어떻게 보입니까?

에릭: 마비된 느낌이 들어요.

딜츠: 네. 마비된 것 같다. 마비된 것 같은 느낌이 이미지에서 어떻게 보이나요? 접착제 같나요? 마비의 상징을 한 번 찾아보세요.

에릭: 벽이 다가오는데… 저는 어쩔 줄 몰라 하고 있어요.

딜츠: 네. 긴 길이 있고 벽은 다가오는데… 이 먼지의 벽이.

에릭: 제 입 속에 먼지가 느껴져요.

딜츠: 네. 입 속에 먼지가 있는 느낌. (청중에게) 그런데 여러분은 우리가 지금 단지 그 상황을 회피하는 것도 아니고, 충분히 느끼는 것도 아닌 상태를 향해 가고 있다는 것을 알 수 있을 것입니다. 평상시의 방식으로 생각하는 것이 아닙니다. 우리는 장의 언어인 상징, 은유 그리고 이미지를 향해 들어 가고 있습니다. 이것이 지금 에릭의 현재 상태를 표현하는 장의 언어입니다. 이제 원하는 상태의 위치로 이동해보겠습니다.

 (에릭) 에릭, 준비가 되었다면, 이제 문제 상태가 있는 장의 표현을 이제 곧 놓아줄 겁니다. 좋습니까?

 (에릭이 호흡을 하면 고개를 끄덕인다.)

잠시 후, 당신에게 저기 있는(오른쪽을 가리키며) 원하는 상태의 위치로 이동하라고 요청할 것입니다. 기억하기 바랍니다. 문제 상태는 놓아 버리기 바랍니다. 문제 상태는 이쪽에 (왼쪽을 가리키며) 놓아둡니다. 그리고 이쪽에 있는 (오른쪽을 가리키며) 원하는 상태로 이동하시기 바랍니다.

　　(에릭이 원하는 상태의 공간으로 걸어간다. 그러자 그의 비언어적 모습에서 센터링하고 침착한 상태로 바로 전환하는 것이 보인다.)

　　상황이 달라졌다는 것을 진심으로 느낍니다. 어떤 모습인가요? 내면에서 통합이 일어나고, 그동안 안고 있던 모든 문제가 해결되었습니다. 내면의 내가 통합되었습니다. 지금 내면이 어떤 모습인지 느껴보시기 바랍니다 (에릭이 깊게 호흡한다. 센터링하고 있는 것처럼 보인다.)

　　먼저 몸의 감각이 어떤지 궁금합니다. 몸에서 어떤 느낌이 있습니까?

에릭: 음…. (웃는다.) 아주 조용합니다.

딜츠: 조용하다.

에릭: 조용합니다. 제 심장이… 고요해지는 것 같아요.

딜츠: 조용하고 심장이 고요하다.

에릭: 차분해지고…. (숨을 크게 내쉬며 깊게 이완한다.)

딜츠: 좋습니다. (관객에게) 보시다시피 해결책이 있는 장에 대해서는 많은 이야기를 하지 않았는데, 이 점을 주목해야 합니다. 우리는 몸의 감각에 관해 이야기했는데, 이것이 장에서의 소매틱 상태입니다. (에릭이 천천히 소리가 들릴 정도로 숨을 쉰다.) 소매틱 상태는 장과는 다릅니다. 그래도 일단은 소매틱 감각에 대해서 시작해보겠습니다.

에릭: 아하~ 다시 움직일 수 있습니다.

딜츠: 움직일 수 있게 되었군요.

에릭: (고개를 끄덕이며 웃는다. 그리고 호흡을 한다.) 마비되지 않고서.

딜츠: 네, 이것이 당신이 원하는 상태입니다. 원하는 상태의 소매틱 부분은 느꼈다고 할지라도 당신이 인식 범위를 더 넓게 했으면 합니다. 소매틱 상태를 넘어서 전체적인 장을 향해 열려야 합니다. 그러다 보면 어떤 이미지가 떠오를 것입니다. 이 장을 나타내는 상징은 무엇일까요? 어떤 이미지가 심장을 고요하게 만들었을까요?

　(청중에게) 여러분, 에릭이 다시 이성적인 사고로 돌아간 것을 느끼셨습니까? 에릭은 이성적 사고로 전환하고 있었습니다. 몸이 긴장하는 것을 보면, 특히 이마의 긴장에서 에릭의 인지적 마음이 드러나려고 하는 것을 알 수 있습니다. 여러분이 코칭할 때도 상대방이 장의 마음에 더 넓게 열려 있도록 해주어야 합니다.

　(에릭에게) 에릭, 원하는 상태의 상징이 무엇인가요?

에릭: 털이요. 물음표같이 생긴.

딜츠: 물음표 모양의 털이요.

에릭: (심호흡을 하며 강렬한 느낌을 보인다.) 아주 강렬한 에너지에요.

딜츠: (끄덕이며) 원하는 상태의 에너지가 아주 강렬하군요.

에릭: 네…. 아주 깊고… 아주 좋아요.

딜츠: 원하는 상태에서 그 밖의 다른 것은요? 다른 상징물이 느껴지나요?

에릭: 시력이 더 선명해졌어요. 온 주변에 길이 보여요. 화창한 사막 같아요.

딜츠: (청중에게) 에릭이 다른 차원의 언어로 말하고 있습니다. 몸과 더 큰 장의 언어로 말하고 있습니다.

　(에릭에게) 이제 다음 단계로 넘어가려고 합니다. 즉 제3자의 위치로 돌아갈 것입니다. (처음 시작 위치를 가리킨다.) 이 두 가지 상태를 모두 관찰하는 관찰자 위치입니다. 준비가 되었으면, 원하는 상태의 위치에서 빠져나와 메타 포지션으로 돌아옵니다.

(에릭이 원하는 상태에서 빠져나와 관찰자 위치로 간다.)

좋습니다. 이제 메타 포지션에 서서, 문제 상태와 원하는 상태를 더 깊은 통일장의 일부인 것처럼 생각하고 품어 보기 바랍니다. 이 두 가지 상태를 품고, 동시에 이 두 가지 상태 모두를 되돌아봅니다. 한쪽에는 (왼쪽을 가리키며) 문제 상태가 있습니다. 힘의 투쟁 그리고 당신을 압도하는 먼지 벽이 있는 길이 있습니다. 다른 한쪽은 (오른쪽을 가리키며) 원하는 상태가 있습니다. 화창한 사막… 아름다운 선명함… 깊은 정적과 고요함. 이 두 가지에 주의 집중을 유지하기 바랍니다. 균등하게 그리고 동시에. (에릭이 눈을 감는다.) 좋습니다.

이 두 가지 사이에 장이 있습니다. 먼지 벽이 있는 길과… 화창한 사막… 이 둘을 연결하고 통합해주는 에너지가 있습니다. 이 장을 감지하면서, 다른 새로운 상징을 떠올려보시기 바랍니다. 당신의 가장 깊은 창조적 지혜가 당신에게 더 깊은 장에 적합한 상징을 선사할 것입니다.

에릭: (눈을 감은 채, 깊이 몰입하는 모습으로) 와, 에너지 볼입니다. 이전 시간에 우리가 만들어 보았던.

딜츠: 에너지 볼.

에릭: 네…. 두 개의 상태 주변에 에너지 볼이 있어요. 두 개의 상태가 똑같아 보여요. 아주 이상해요…. 설명하기가 어려워요…. 이 두 개가 다른 것 같지 않아요.

딜츠: 맞습니다. (에릭이 호흡을 한다. 뭔가를 통합하고 있는 것처럼 보인다.) 마지막 단계로 지금 느꼈던 장을 더 뛰어넘어 확장해보시기 바랍니다. 그 에너지 볼 너머로 확장해보세요. 장들 중의 장으로 더 확장해보기 바랍니다. (에릭이 몰입하는 것처럼 보인다.) 그 장들 중의 장, 즉 지능이 있는 곳입니다…. 평범하고 일상적인 마음 너머에 있는 마음입니다…. 에

릭슨Erickson이 '무의식의 마음unconscious mind'이라고 불렀던 것입니다…. 베이트슨Bateson이 '더 큰마음lager mind'이라고 불렀던 것입니다…. 마음 너머에 있는 마음입니다. 이 공간에서 또 다른 상징을 발견할 수 있을 것입니다. 다른 이미지가 초의식의 마음superconscious mind을 통해 당신에게 흘러나오게 하세요…. 더 큰마음에서 당신에게 선물로 다가오는 생성적 상징. 당신은 그냥 열린 마음으로 현재 상태와 원하는 상태 모두를 뛰어넘어 확장하기만 하면 됩니다. 어떤 상징이 떠오르나요?

에릭: 꽃들이… 꽃들이 보여요.

딜츠: 상징으로 꽃이 떠올랐습니다. 좋습니다. 그 꽃이라는 선물을 받습니다…. 그 선물을 받고 나서, 제가 문제 상태의 위치로 다시 들어가도록 요청할 것입니다…. 문제 상태로 발을 들여놓고… 천천히 머물러 계시기 바랍니다…. 이 꽃이라는 선물, 이 상징을 문제 상태로 가져갑니다. 임계점을 넘어섭니다. 더 큰마음에서 오는 이 자원을 가지고 문제 상태로 돌아갑니다. (에릭이 문제 상태로 이동한다. 그의 호흡에 변화가 생긴다. 호흡이 더 조용해진다.)

　(청중에게) 여러분이 지금 보시는 것처럼, 에릭은 생성적 트랜스 상태에 있습니다. 인지적인 사고를 거의 하지 않습니다. 모든 것이 원만해지고 호흡은 깊어지고 고요해졌습니다. 보이는 외관의 모습도 아주 좋습니다. 여러분은 에릭이 지금 평상시 인지적 마음 상태가 아닌 것을 아실 수 있을 것입니다. 에릭은 지금 생성적 소매틱 마음으로 꽉 차 있습니다. 에릭 옆에 서 있으니 몸에서 많은 열이 뿜어져 나오는 것이 느껴집니다. 얼굴색이 더 진하게 혈색이 돌면서 이완하고 부드러워보입니다.

　(에릭에게) 여기서 지금 일어나는 일을 알아차리기 바랍니다. 어떤 움직임이 있는지, 어떤 전환과 변혁이 있었는지 어떤 것이 강화되고 어떤

것이 사라지는지 알아차리기 바랍니다.

에릭: 여기서 고요한 에너지를 강하게 느낍니다. 아주 멋진 곳이에요. 네, 아주 멋진 곳입니다.

딜츠: (청중에게) 에릭이 처음 무대에 올라왔을 때 모습과 지금의 모습이 외관상으로도 아주 많이 달라졌습니다.

 (에릭에게) 에릭, 가서 그 에너지 볼을 잡아서 원하는 상태로 가져가세요. 원하는 상태로 걸어가서 충분한 시간을 가지세요. (에릭이 천천히 오른쪽, 즉 원하는 상태 위치로 걸어간다.) 화창한 사막으로 가져갑니다…. 어느 특정한 상태를 뛰어 넘은 꽃과 놀라운 에너지 볼을.

 (청중에게) 여러분은 많은 일이 진행되는 것을 보실 수 있습니다. 언어와 관련되거나 인지적인 생각이 거의 없습니다. 그렇지만 깊은 경험의 몰입과 그 과정을 보실 수 있을 것입니다.

 (에릭에게) 어떤 것들이 일어났습니까?

에릭: (잠시 멈춘다. 내면에 깊이 새기는 과정을 진행하는 모습이다.) 두 개 사이를 왔다 갔다 하는 무언가가 있어요…. 아주 놀랍습니다…. 아주 좋아요.

딜츠: 두 상태를 왔다 갔다 하는 아주 좋은 그 무엇인가가 있군요.

에릭: 네.

딜츠: 긴장과 거기서 느낀 갈등은 어떻습니까? 지금은 어떻게 느낍니까?

에릭: 긴장이 느껴지지 않아요.

딜츠: 아주 좋습니다. 우리의 마지막 단계로, 이 두 가지 상태의 중간, 즉 메타 포지션으로 이동해보겠습니다. 그리고 조금 전 그 꽃을 그 두 세계를 품고 있는 에너지 볼로 가져와보겠습니다.

에릭: 아! 와우! (매우 행복해 보인다. 흥분돼 보이지만 센터링은 유지하고 있다.)

딜츠: 네!

에릭: 아! 아! … 와우… 아아! (내면에 깊이 통합하는 과정처럼 보인다. 심호흡을 하며 열려 있다.)

딜츠: (미소 지으며) 우리는 이 상태를 소매틱 신택스라고 부릅니다. (웃음) (에릭이 눈을 감은 채 통합 과정을 계속한다.)

　(청중에게) 여러분은 지금 제3세대 NLP라고 부르는 사례를 보고 있습니다. 단순하게 하위 감각양식submodalities을 바꾸는 것이 아닙니다. 우리는 지금 어떻게 깊은 정체성의 변혁과 변형이 가능한지를 보고 있습니다. 이것은 점진적 개선이 아닌 순식간에 전체가 바뀌는 형태의 변화입니다. 한 인간의 삶이 재정립되는 것이며, 영혼이 깨어나는 것입니다. 여러분은 생성적 장의 마음이 인지적 마음과 아주 다르다는 것을 알 수 있습니다.

　(에릭에게) 당신이 있는 이 자리에서 지금 떠오르는 상징이 있는지 궁금합니다.

에릭: (더 없이 행복해 보이는 얼굴로) 음, 꽃이 사방에 널려 있어요! …. 제 맨발바닥으로 땅을 만지는 것 같아요.

길리건: 그야말로 진짜 꽃의 아이가 되었네요!

딜츠: (청중에게) 여러분이 보시는 것처럼 에릭의 호흡이 천천히 바뀌기 시작했습니다. 지금 자기 내면의 변화 과정을 완성하는 것을 여러분은 볼 수 있습니다. 여러분은 에릭 내면의 변화를 겪는 과정을 그의 호흡을 통해 파악할 수 있었을 것입니다. 에릭은 많은 내면의 변화를 호흡과 함께 진행했습니다. 여러분은 이 변화 과정의 각 지점에서 그의 호흡이 어떻게 크게 바뀌었는지 확인할 수 있었을 것입니다.

에릭: (심호흡을 한 뒤, 눈을 뜨고 세미나실을 본다. 그리고 로버트를 보면서 미소 짓는다.) 헤이!

딜츠: (미소 지으며) 헤이! 꽃의 아이! 당신을 다시 만나니 반갑습니다. 당신의 여정에서 자신을 소중히 돌보기 바랍니다.

　　(에릭이 로버트와 포옹한다. 그리고 스테판과도 포옹한 뒤 큰 박수를 받으며 무대를 떠난다.)

장에 열리는 기술들

딜츠: 좋습니다. 우리가 했던 모든 실습에서처럼, 이 실습 과정의 기본 공식은 매우 간단합니다. 많은 일이 벌어집니다. 매우 강력하고 놀라운 것들입니다. 그렇지만 기본 공식은 아주 간단합니다.

길리건: 이 작업을 잘하려면 단순해야 합니다. 간단한 뿌리내리기 과정에도 아주 복잡한 것들이 있습니다. 그렇지만 아주 작은 것까지 신경 쓸 필요는 없습니다. 즉 비선형적이고, 비이성적이며, 예측하기 힘든 세세한 부분까지 모두 신경 쓰지 마시기 바랍니다. 그와 반대로, 창조적 무의식의 언어가 이끄는 대로 따라가면 됩니다. 우리가 했던 작업에는 간단하면서도 근원적인 구조가 있습니다. 이 구조가 이끄는 대로 따라가기만 하면 됩니다. 자신의 경험에 따라 조금씩 조정하더라도, 모든 것을 자신의 흐름에 맡기시기 바랍니다.

　　이번 경우에도, '좋은 자기/나쁜 자기' 실습과 동일한 기본 모델을 사용합니다. 여러분이 중간중간 전환해야 하는 집중 요소가 다음과 같이 네 가지가 있습니다.

딜츠: 문제 상태가 있었습니다.

길리건: 이것이 첫 번째 집중할 부분입니다.

딜츠: 원하는 상태도 있었습니다.

길리건: 이것이 두 번째 집중할 부분입니다.

딜츠: 이 두 상태 사이의 장도 있었습니다.

길리건: 이것이 세 번째 집중할 부분입니다.

딜츠: 이 모든 것을 넘어서 확장한 더 큰 장이 있었습니다.

길리건: 이것이 네 번째 집중할 부분입니다. 아마도 여러분이 느끼셨겠지만, 로버트가 코치로서 아주 훌륭했던 점은 자신이 하고자 하는 어떤 내용도 강요하지 않았습니다. 로버트는 에릭을 위의 네 가지 상태로 안내해 주었을 뿐입니다. 그리고 에릭의 창조적 무의식과 생성적 장의 마음에게 네 가지 길을 따라가면서 여러 가지 이야기를 해달라고 요청했을 뿐입니다. 그 순서는 다음과 같습니다. (1) 문제 상태로 들어간다. (2) 원하는 상태로 들어간다. (3) 이 두 상태를 모두 품고 있는 장으로 들어간다. (4) 그 너머에 있는 장들 중의 장field of fields을 향해 열린다. 그 밖에 모든 이야기는 에릭에게서 나왔습니다.

딜츠: 이번 실습 진행과정에서 몇 가지 약간 까다로운 부분이 있습니다. 그렇지만 짚고 넘어갈 가치가 있는 내용입니다. 문제 상태로 들어갈 때, 여러분은 문제 상태에 있는 사람이 소매틱 감각을 표현하도록 해야 합니다. 인지적 지식에서 경험적 지식으로 전환시켜야 합니다. 이것이 핵심입니다. 동시에 이 사람이 소매틱 관점에서만 머물러도 안 됩니다. 소매틱 상태와 개인의 자기는 장에서 중요한 핵심이지만 다른 것들도 존재합니다. 제가 에릭에게 그 특정 상태의 공간과 연결된 상징이나 기억 또는 다른 사람이 있는지 물어본 이유도 여기에 있습니다. 인지적 지식을 우회하면서 더 큰 장에 조율해야 합니다. 장의 지혜는 당신을 안내하기 위해 의미 있는 느낌이 필요합니다.

길리건: 세션 과정에서 느끼셨겠지만, 로버트는 이렇게 강조했습니다. "답을 생각하지 말고, 답이 흘러나오도록 해야 합니다. 경험적으로 느끼시기 바랍니다."

딜츠: 우리는 문제 상태를 경험한 뒤, 관찰자의 상태, 즉 장을 인식하는 상태로 이동했습니다. 메타 포지션은 특정한 내용에 집중하는 것이 아니라 장에 대해 전체적으로 집중하는 것입니다. 이 부분이 시연의 가장 핵심적인 부분이었습니다. 여기서, 에릭이 자신의 평범한 인지적 마음에서 소매틱 장의 마음으로 전환하는 시간이 꽤 걸렸기 때문입니다. 우리는 보통 의식적인 통찰을 느끼기 위해 공부합니다. "아, 알겠어, 이게 그 뜻이었군!" 그런데 진정 우리가 추구해야 하는 통찰은 더 깊은 마음으로 들어가는 것입니다. 더 깊은 마음이란 경험적 상징, 에너지 넘치고, 장을 이해하는 것을 특징으로 합니다.

길리건: 반대편을 품어 안을 수 있는 것, 즉 두 개의 마음을 모두 품는 것은 장의 마음에 있을 때야 비로서 가능합니다. 장의 마음에 있어야 두 개의 상반된 것을 모두 품고 이 둘을 창조적으로 변형할 수 있습니다. 진퇴양난의 상황을 헤쳐나가기 위해서는 생성적 장의 마음에 조율해야 합니다. 그렇기 때문에 우리는 생성적 장의 마음을 영웅의 여정에서 중요한 도구로 강조하고 있습니다. 칼 융Carl Jung은 상반되는 것을 깊은 통일체로 변형하는 생성적 과정을 '초월적 기능transcendent function'이라고 말했습니다. 그리고 이 변형의 과정이 자기 실현의 길에서 핵심적이라고 강조했습니다. 이 과정이 영웅의 여정 목표와 밀접한 관련이 있습니다.

이런 점에서 에릭이 내면에서 투쟁했던 두 가지 측면, 즉 '책임감'과 '야생의 부름'은 깊은 원형의 패턴이라고 볼 수 있습니다. 이 두 가지 측면은 에릭에게만 나타나는 것이 아니라 우리 모두의 모습이기도 합니다. 이 두 가지 측면은 수많은 경험을 담고 있는 장과 연결되어 있습니다. 즉 개인사와 관련된 것뿐만 아니라 가족사 그리고 조상의 역사까지 담고 있는 장을 말합니다.

딜츠: 에릭이 힘들어했던 원형의 내적 투쟁을 다른 측면에서 보자면, 에릭이 느꼈던 '책임감'은 다른 사람에 대한 것이었습니다. 어떻게 다른 사람을 돌볼 것인가였습니다. 반면 욕망은 자신에 관한 것입니다. 어떻게 나를 살찌울 것인가의 문제입니다.

길리건: (웃으며) 어떤 것이 더 중요합니까? 최종 시험입니다. 시험점수 30%가 여기 나옵니다. (웃음)

딜츠: 물론, 이 문제에 대한 정답을 우리는 모두 알고 있습니다. 정답은… '예'입니다.

길리건: 이 질문은 선불교 스승의 막대기 같은 것입니다. 여러분은 자신의 삶에서 어떤 것이 중요하다고 말하겠습니다. 책임감입니까? 아니면 놀이입니까?

딜츠: 여러분 인생에서 어떤 것이 더 필요합니까? 정답은 '네'입니다.

길리건: 마지막 한 가지. 코치의 중요한 책임 가운데 하나는 영웅들이 높은 의식 상태에 머물도록 도와주는 것입니다. 영웅들이 과거에 어떤 콘텐츠를 경험했는지 그 내용과 관계없이, 그들이 높은 의식 상태에 머물도록 도와주어야 합니다. 따라서 아래의 세 가지 코칭 원칙을 기억하시기 바랍니다. 소매틱의 생성적 상태(정렬하고 센터링), 인지적인 생성적 상태(수용하고 스폰서링), 장의 생성적 상태(콘텐트 너머로 열리기). 만약 파트너가 높은 의식 상태에 있지 않으면, 결코 생성적인 상태에 접속할 수 없습니다. 따라서 코치는 상대의 호흡, 서 있는 자세, 이완된 근육 등을 세심하게 모니터링하고 코칭해야 합니다. 이것은 코치의 책임입니다.

딜츠: 고객이 이성적 사고에만 머물 때에는, 부드럽지만 분명하게 코칭해주어야 합니다. 호흡하고 센터로 내려가서 이완하고 놓아줍니다.

길리건: 자, 이제 파트너를 찾아보시기 바랍니다. 여러분 알아차림의 범위를 장 수준의 의식으로 확장하는 연습을 하시기 바랍니다.

맺음말: 연결되는 패턴

길리건: 여러분이 이런 실습에서 영웅의 여정에 필요한 지침이 되는 대략적인 지도를 파악했으면 좋겠습니다. 이번 세션에서는 여러분이 어떻게 생성적 장으로 전환해서 옮겨갈 수 있을지에 초점을 맞추겠습니다. 이 생성적 장에, 여러분은 모든 관점을 뛰어넘는 자신을 경험할 수 있습니다. 이런 식으로, 여러분의 다양한 관점을 창조적으로 모두 포용하게 되면, 여러분은 '관계' 그 자체가 됩니다.

딜츠: 영웅의 여정을 달성하기 위해서, 여러분은 기도가 필요합니다. 종교적인 의미에서가 아니라 여러분이라는 작은 자기local self가 자신 너머에 있는 지능과 연결되어가는 인간적인 의미에서 기도를 말합니다.

길리건: 이렇게 연결을 연습하고, 교감을 깨닫는 데는 세상에 수많은 방법이 있습니다. 어떤 방법이라도 여러분이 연결됨과 깨달음을 얻었으면 좋겠습니다. 여러분은 치유와 변혁이 필요하기 때문입니다. 여러분이 어떤 상황에 빠져서 헤어나지 못한다는 것은 장 안에서 두 개의 부분이 충돌하거나 격렬하게 저항한다는 것을 말합니다. 그것이 에릭의 경우처럼, 책임감과 욕망이 서로 싸웠던 것처럼 여러분 내면의 충돌일 수도 있고, 서로 전혀 다른 의견을 가진 두 사람이 충돌하는 인간관계일 수도 있습니다.

문제는 어떻게 갈등을 협력으로 변혁할 것인가에 있습니다. 우리가 제시하는 해답은 바로 *당신*입니다! 여러분 자신이 장 안에서 서로 다른 부분을 포용하고 또 통합할 수도 있는 생성적 장이기 때문입니다. 여러분 자신은 '전쟁이 아닌 사랑을' 만들 수 있는 더 깊은 공간입니다. 여러분이 이 세상에서 조화를 창조하는 주체입니다. 여러분이 바로 장입니다!

여러분이 자기 자신을 생성적 장으로서 활짝 열게 되면, 장 각각의 부분에 어떻게 공간을 줄 수 있을지 호기심을 갖게 됩니다. 로버트와 에릭이 했던 것처럼, 몸 밖에 있는 특정 공간에서 할 수도 있습니다. 또는 신체의 다른 센터들을 이용해 서로 다른 에너지와 부분들을 포용하고 통합할 수도 있습니다. 예를 들면, 책임감을 느끼는 에너지로 차 있는 몸의 부분은 어디에 있을까 하고 느껴볼 수 있습니다. (스테판의 손이 자신의 몸 위를 움직이다 그의 가슴을 만진다.) 그리고 자신에게 이렇게 물어볼 수 있습니다. 야성의 부름으로 에너지가 차 있는 곳은 어디서 느낄 수 있을까요? (양손을 몸 위로 움직이며 센터가 어디에서 느껴지는지 감지한다.) 아, 배에서 느껴지네요. 흥미롭습니다. 그다음 질문은 이 두 개의 다른 센터 사이를 흐르는 연결, 이 연결된 느낌은 어떻게 느낄 수 있을지에 대한 물음입니다. 이 연결이 서로 다른 반대의 것을 통합할 수 있는 자기를 나타냅니다.

딜츠: 각각의 부분들은 다른 소매틱 센터를 가지고 있습니다. 힌두교의 차크라 시스템 관점에서 생각하면 도움이 될 수 있습니다.

길리건: 그 이야기를 들으니 성공한 다섯 명의 유대인 아이들이 생각납니다. 장남이 모세인데, 그가 말했습니다. "모든 것은 여기 있습니다. (그의 머리를 가리키며). 십계명만 따르면 잘못될 일이 없습니다." 두 번째 아이가 예수입니다. 그는 이렇게 말했습니다. "아닙니다. 모든 것은 여기 있습

니다. (그의 가슴을 가리키며) 여기가 바로 센터입니다." 세 번째 유대인 아이 칼 마르크스가 말했습니다. "모든 것은 여기 있습니다. (거칠게 배를 두드린다.) 지그문트 프로이트가 오더니 이렇게 말했습니다. (골반 아래쪽을 내려다본다), "젊은이 좀 더 내려가라고" (웃음) (아래를 다시 한번 내려다보고 미소 짓는다.) 다섯 번째 유대인 아이는 로버트가 제일 좋아하는 사람인데 아인슈타인입니다. 로버트가 알버트 아저씨가 뭐라고 했는지 알려줄 것입니다.

딜츠: 모든 것은 상대적입니다! (웃음과 박수가 터진다.)

길리건: 다시 진지하게 말하면, 우리는 인간의 영혼, 즉 연결하는 패턴을 강조하는 것입니다. 어떤 소매틱 센터에서는 당신의 특정 부분을 느끼는 것이며, 다른 소매틱 센터에서는 당신의 또 다른 부분을 느낀다는 것을 알아야 합니다. 더 중요한 것은 그 어떤 부분도 진짜 당신이 아니라는 사실입니다. 여러분은 자신의 앎의 모든 부분을 통과해서 흐르고 연결하는 영혼입니다.

딜츠: 그레고리 베이트슨은 이것을 '연결하는 패턴'이라고 언급했습니다.

길리건: 우리의 위대한 영웅의 여정에서 하고자 하는 것이 바로 이 부분입니다. 여러분은 치유하는 힘을 가진 연결이 되어야 합니다. 변혁을 이끌어 내는 연결이 되어야 합니다. 생명을 탄생시키는 연결이 되어야 합니다. 난관에 봉착했을 때 기쁨으로 받아들이는 훈련을 해야 합니다. 왜냐하면 그 순간이 바로 지금 당신의 한계를 뛰어넘어서는 지점, 임계점에 당신이 서 있다는 것을 뜻하기 때문입니다. 그 순간 여러분은 전체 중에서 두 개의 부분이 통합하려고 하는 지점에 서 있는 것입니다. 이 양극성과 이중성은 서로 친구입니다. 이 양극성과 이중성을 통해 생성적 내가 탄생합니다.

여러분은 양극성을 어디에서나 볼 수 있습니다. 그런데 우리는 양극성이 서로 대립해서 싸우게 하거나, 하나는 좋고 다른 하나는 나쁘다는 식으로 교육을 받아왔습니다. 그렇지만 이 둘은 완두콩 껍질 속에 있는 두 개의 완두콩처럼 둘도 없는 단짝 친구입니다. 예를 들면, 여러분에게 이런 질문을 해봅니다: 당신 자신을 돌보는 것이 더 중요합니까? 아니면 남을 돌보는 것이 더 중요합니까?

딜츠: 예.

길리건: '예'라고 하는 것이 중요합니까 아니면 '아니요'라고 대답하는 것이 더 중요합니까? 여러분이 남자라고 느끼는 것이 더 중요합니까? 아니면 여자라고 느끼는 것이 더 중요합니까? 활동하는 것이 중요합니까? 아니면 쉬는 것이 더 중요합니까? 이런 식의 질문을 하다 보면 양극성을 적으로 또는 서로 배타적으로 생각하는 것이 얼마나 어리석은 일이라는 것을 알게 됩니다. 이런 이유 때문에 우리는 양극성을 우리 삶에서 전형적으로 증상이나 문제로 경험합니다. 희망적인 것은, 관계는 충돌에서 융합으로 전환할 수 있습니다. 여러분은 전쟁이 아니라 사랑을 만들어갈 수 있습니다. 여러분은 나누어진 존재가 아니라 온전한 존재가 될 수 있습니다. 통합은 자발적으로 일어나지 않습니다. 통합을 위해서는 인간의 프레즌스가 필요합니다. 저희가 말씀드리고 싶은 것은 *여러분이 바로 그 프레즌스*입니다.

딜츠: 이 통합을 이루기 위해서, 여러분은 자신의 인지적 자기를 초월한 지혜와 연결해야 합니다. 그렇지만 이 연결은 오직 인간 프레즌스를 통해서만 가능합니다. 그것은 신성한 채널입니다.

길리건: (장난스럽게) 주를 찬양하라! 주를 찬양하라!

딜츠: (역시 장난스럽게) 아멘!

Day 4

여정을 항해하기

길리건: 미국의 위대한 현대 시인 가운데 한 명인 메리 올리버Mary Oliver의 시로 이번 세션을 시작해보고자 합니다. 이 여류 시인은 자신의 책, 『꿈의 작업Dream of Work』(1986)에서 기러기라는 아름다운 시를 썼습니다. 그녀는 매사추세츠의 케이프 콧에서 살았습니다. 매년 가을 하늘에는 수천 마리 기러기 떼가 월동을 위해 남쪽으로 날아갑니다. 기러기들이 저처럼 추운 겨울을 좋아하지 않나 봅니다. 봄에는 다시 집으로 모두 돌아옵니다. 그녀는 이 기러기가 이동하는 모습을 사람이 자신의 자기self로 돌아오는 아름다운 과정의 은유로 표현합니다. 이 시에는 생성적 나의 세 가지 마음이 있습니다. 즉 사물을 선과 악으로 구분하는 머리의 마음, 시인이 '부드러운 동물'로 언급한 몸의 마음 그리고 우리 자신을 넘어서는 장의 마음입니다.

모든 시에는 가장 중요한 하나의 행이 있다고 합니다. 우리 이 세미나실에 있는 회복 중인 가톨릭 신자에게는 분명히 첫 번째 행이 가장 중요한 행이 될 것이라고 생각합니다. 한 번 들어보시겠습니다.

> 착한 사람이 될 필요 없어요.
> 사막을 가로지르는 백 마일의 길을
> 무릎으로 기어가며 참회할 필요도 없어요.
> 그저 당신 몸의 부드러운 동물이 사랑하는 것을 계속 사랑하게 두어요.
> 절망에 대해 말해보세요, 당신의 절망을, 그러면 내 절망을 말해줄게요.
> 그러는 동안 세상은 돌아가죠.
> 그러는 동안 태양과 맑은 빗방울들은
> 풍경을 가로질러 나아가요.
> 넓은 초원과 깊은 나무들을 넘고
> 산과 강을 넘어서.
> 그러는 동안 맑고 푸른 하늘 높은 곳에서
> 기러기들은 다시 집을 향해 날아갑니다.
> 당신이 누구든, 얼마나 외롭든
> 세상은 당신의 상상력에 자기를 내맡기고
> 기러기처럼 그대에게 소리쳐요, 격하고 또 뜨겁게―
> 세상 만물이 이루는 가족 속에서
> 그대의 자리를 되풀이해서 알려주며

길리건: 메리 올리버는 이 시에서 세상이 살아있다는 급진적인 생각을 제시합니다. 이 세상은 당신이 가는 여정을 도와주고 싶어 합니다. 이 세상은 당신을 부르고 있고 도와주고 있습니다. 이것을 감지하는 것이 우리가 지난 며칠 동안 중요하게 강조한 부분입니다. 지극히 지엽적인 개인의 마음을 내려놓고, 깊은 의식에 귀 기울이며 느끼시기 바랍니다. 그 깊은 의식은 당신이 깨어나게 도와주려고 합니다. 그 깊은 의식은 당신이 진정한 사람이 되기를 도와주려고 합니다.

딜츠: 아일랜드 전통을 존중하는 의미에서 저는 아일랜드 축원 글 하나를

소개하겠습니다:

구름이 없는 화창한 길만이
장밋빛 인생만이 아니길 바랍니다.
전혀 후회하지 않은 삶도
전혀 고통받지 않는 삶도 아니길 바랍니다.
아닙니다. 그런 삶은 내가 당신에게 바라는 삶이 아닙니다.
내가 바라는 것은
다른 사람이 당신 어깨에 십자가 지울 때
그 고난의 시간에서도 용감해지는 것입니다.
산에 오를 때, 아주 깊은 틈을 건너야 할 때도.
한 줄기 희망조차 없을 때도.
신이 그대에게 준 선물은
힘이 그대와 함께 자라나고
기쁨의 선물을 그대가 사랑하는 모든 사람에게 나눠줄 수 있는 것.
이름이 부끄럽지 않은 친구가 항상 함께 하기를 소망합니다.
당신이 믿을 수 있는 사람,
슬픔에 빠져 있을 때 당신을 도와줄 수 있는 사람,
일상의 폭풍에서 당신 편에 서서 싸워줄 사람.
당신을 위해 내가 바라는 소원은
기쁨과 고통의 시간마다,
신이 당신 옆에 함께함을 느끼시길 바랍니다.
이것이 당신과 당신을 사랑하는 모든 사람을 위해
내가 바라는 바입니다.
이것이 내가 바라는 바입니다.
지금도 그리고 언제까지나.   아논

딜츠: 이 축원 글은 자신에게 가디언이 있다는 것의 가치에 관해 이야기해 주고 있습니다. 이 가디언은 그 이름에 걸맞은 가치 있는 친구, 또는 더 큰 장의 소명을 진실하게 느끼는 친구를 말합니다. 인생에서 물질적 안정과 편안함만을 추구하는 것이 아니라 인생의 역경을 통해 어떻게 하면 내가

인생에서 부여받은 선물과 선함을 펼칠 수 있는가에 집중해야 합니다. 영웅의 여정이 가져다주는 깊은 만족감은 여기에서 나오는 것이라고 말씀드리고 싶습니다. '내가 모든 것을 잘한다면, 내게는 고통도 없고, 슬프지도 않고, 역경도 없을 거야.' 단순하게 이런 이야기가 아니라는 것입니다. 고통, 슬픔, 역경, 이 모든 것은 우리 인생에 항상 있습니다. 우리는 이것을 영웅의 여정에서 만나는 시련이라고 부릅니다. 좋은 소식은 그 시련보다 더 깊은 그 무언가가 거기에 함께 있다는 것입니다. 여러분 모두, 그 무엇을 일상에서 찾아내시기 바랍니다.

길리건: (미소 지으며) 나이가 들수록 하루하루가 힘들어집니다. (웃음) 고객들이 저를 만나고 나서 놀라운 변화를 경험하며 이렇게 말합니다. "정말 멋집니다. 놀라운 경험이에요." 그러면 저는 이렇게 말해줍니다. "즐길 수 있을 때 즐기세요. 오래 지속되지는 않으니까요." (웃음)

딜츠: 약은 효과가 떨어지기 마련입니다. (웃음)

길리건: 약은 효과가 떨어집니다. 여러분은 더 큰 문제 해결 공간을 창조해냈기 때문에, 여러분에게 다가올 다음 문제는 훨씬 더 클 것입니다. 알게 되어서 좋지 않습니까? (웃음)

딜츠: 인생은 밖에서 여러분을 기다리고 있습니다. 인생은 여러분이 소파에서 게으르게 누워 있도록 두지 않을 것입니다. 인생은 여러분에게 계속해서 도전을 던져줄 것입니다.

길리건: 여러분이 바꿀 수 있는 것은 이런 도전과 여러분과의 관계밖에 없습니다. 여러분은 이 도전을 너무 개인적으로 받아들이면 안 된다는 것을 배웠습니다. 내 인생의 문제가 아무리 클지라도, 내 자기의 공간이 항상 더 크다는 것을 배웠습니다.

딜츠: 이것은 자기 자신과 생성적 관계가 될 때만 가능합니다.

길리건: 자기 자신을 넘어서는 그 무엇으로, 당신의 문제 너머로 있는 그 무엇에 열리는 것. 이것이 우리 모두가 희망하는 큰 전환입니다. 문제는 옵니다. 문제는 왔다가 갑니다.

딜츠: 이것은 우리가 영웅의 여정에서 만나는 시련과 역경입니다.

길리건: 그러나 여러분 인생이 문제는 아닙니다. 여러분 자신도 문제가 아닙니다. 기술적으로 말하자면, 영어로 우리는 이런 표현을 씁니다. '빌어먹을 일이 벌어진다Shit happens.' (웃음) 한편으로 우리는 이렇게도 말합니다. '전환이 일어난다Shift happens.' 우리는 여러분의 빌어먹을 일에 전환을 가져오려고 하는 것입니다. (웃음)

딜츠: 저는 삶의 도전에 직면하는 고객을 자주 만납니다. 그들이 일주일 뒤에 저를 찾아오면 저는 이렇게 묻습니다. "일이 잘 돼가고 있습니까?" 그러면 그들은 이렇게 대답하곤 합니다. "저, 그 문제는 여전히 그대로예요, 그렇지만 이제 더는 문제가 되지는 않습니다." 어떻게 자신을 전환했기에, 그 문제가 다시는 문제가 아니라는 것일까요? 우리는 어떻게 시련의 상황에서 소명을 찾고, 문제가 있을 때는 기회를 찾아내는 것일까요?

길리건: 이런 배움을 일상생활에 적용하면 어떨지 생각하면서, 오늘 마지막 세션에는 이 내용을 다시 한번 다룰 예정입니다. 여러분이 일상생활에서 뒤로 한 발 물러나서 깊은 연결감과 근원적 변화를 탐구해보는 것은 멋진 경험일 것입니다. 그렇지만 영웅의 여정 핵심 가운데 하나는 다시 고향으로 돌아오는 것입니다. 지금 저 바깥세상이 우리가 이 프로그램에서 창조했던 세상처럼 멋지지 않고 또 수용적이지도 않다는 것을 알면 여러분은 충격받을 수도 있습니다. 세상에는 여러분이 깨어나지 않기를 바라는 많은 존재가 있습니다. 알게 되니 기쁘지 않습니까? (웃음)

딜츠: 당신이 깨어나는 것을 싫어하는 존재들은 여러분의 소명에 대한 확신

을 시험하려고 들 것입니다. 그들은 거울을 들고 당신에게 다가와 당신의 그림자를 비추어 보여주려고 할 것입니다.

길리건: 그래서 우리는 여러분이 이런 일이 일어날 것이란 것을 명확하게 알고 예견하고 있어야 한다고 생각합니다. 이와 더불어, 우리가 악마를 만나거나, 우리를 지지하지 않는 존재를 만났을 때, 우리가 무엇을 할 수 있을지도 명확히 알고 있어야 합니다.

딜츠: 그래서 우리는 이 영웅의 여정 항로를 따라가고 있습니다….

길리건: … 우리는 영웅의 여정을 우리 영혼이 이 세상에서 깨어나는 은유라고 생각합니다. 우리는 여러분이 얼마나 자신이 생각하는 그 이상의 존재이며, 다른 사람들이 생각하는 그 이상인 존재인지를 지금까지 탐구해 오고 있습니다. 여러분은 자신이 가진 선물을 이 세상에 가지고 온 놀라운 존재입니다.

실행의 중요성

딜츠: 자신이 부여받은 선물을 가지고 오기도 하지만, 또 자신의 상처와 세상의 상처도 치유해야 합니다. 이 일을 해내기 위해서, 우리는 '실행'에서부터 시작해야 합니다. 영웅의 여정에서는 기술보다는 실행을 더 강조합니다. 실행을 통해서 여러분은 정체성을 지속해서 변혁할 수 있습니다. 실행은 기술과 다릅니다. 기술을 강조하면 초점이 더 좁아집니다. 특정한 상황에 집중하게 되고 이렇게 생각합니다. '어떤 기술을 써서 이 문제를 해결할까?' 여러분이 어떤 기술을 써서 효과가 있게 되면 "굉장한데!" 이렇게 말할 것이고, 효과가 없으면 "젠장, 이 기술이 안 통하네." 이렇게 말

할 것입니다.

영웅의 여정이라는 이 깊은 변혁의 길은 단번에 이루어지는 것이 아닙니다. 여러분은 자신의 소명을 듣고, 그 소명에 따라 살아가면서 악마를 가디언으로 바꾸기 위해서는 실행해야 합니다. 실행은 여러분이 계속해서 반복적으로 해야 하는 행동입니다. 스포츠, 음악, 사업, 관계를 다루는 일 등의 분야에 있는 사람들이 전문성을 기르는 것처럼 말입니다. 지속적인 성공은 기술 하나로 가능한 것이 아닙니다. 이것이 우리가 보는 영웅의 여정입니다. 이런 관점에서 다음과 같은 기본적인 코칭 질문을 할 수 있습니다. *당신은 일과 가족을 위해 하는 일 말고, 스스로 더 좋은 사람이 되기 위해 매일 어떤 것을 실행합니까?*

길리건: 우리는 세미나에서 이런 실습을 한 뒤, 여러분이 만들어 내는 엄청난 변화를 지켜봅니다. 세미나, 코칭, 심리치유 등에서 보이는 이런 변화는 최종적인 변화가 아니라 놀라운 가능성의 시작을 의미합니다. 씨앗은 이 세상에 이제 막 싹을 틔웠습니다. 여러분은 이제 어떤 것들이 가능하다고 느끼게 됩니다. 그렇지만 이 가능성을 현실화하려면, 이 씨앗이 완전하게 자라게 하려면, 실행하는 데에 엄청난 노력을 쏟아 부어야 합니다. 여러분이 실행하지 않으면, 그 어떤 희망적인 변화도 곧 시들어 버립니다.

딜츠: 세미나에서 얻은 경험은 영웅의 여정을 만들고, 그 길을 살아가기 위해 필요한 참조 경험입니다.

길리건: 여러분이 코칭이나 심리치유를 할 때, 실행에 관해 이야기하는 것이 아주 아주 중요합니다. 프로이트는 좋은 인생을 위해서는 두 개의 기둥이 필요하다고 했습니다. 그 중 하나는 로버트가 언급했던 '일'이고 다른 하나는 프로이트가 가족이라고 칭한 '사랑'입니다. 프로이트는 모든 것의 핵심은 여러분이 일과 관계 그리고 가족과 관계를 어떻게 맺는가에 달

려있다고 했습니다. 우리는 일과 가족과의 관계만으로는 부족하다고 생각합니다. 한 개의 기둥이 더 필요합니다. 바로 자기 자신과의 관계입니다. 이 세 번째 기둥을 세우기 위해서는 매일 지속하는 실행이 필요합니다. 여러분이 자신과 함께하는 시간과 자신에게 주의 집중을 기울이는 것이 필요합니다. 여러분이 가족, 즉 사랑하는 사람과 함께 있다면 그 시간은 당신을 위한 것이 아닙니다. 가족을 돌볼 책임감도 따르게 됩니다. 직장에서도 여러분을 위한 시간이 아닌 것은 더 명확합니다. 물론 책임감도 따릅니다. 여러분이 직장에서 그리고 집에서 맺는 관계는 다른 사람에 대해 책임을 지는 관계입니다. 그런데 여러분의 실행은 오롯이 당신 자신과의 관계를 위한 것입니다. 영웅의 여정을 살아가려면 반드시 실행하겠다는 확신이 있어야 합니다.

딜츠: 이 실행에 대한 헌신과 확신이 없으면, 자기 자신에 대한 주의 집중력은 각종 증상들로 인해 사라집니다.

길리건: 로버트가 아버지의 금연에 관해 이야기해주었을 때, 아버지가 이렇게 말했다고 했습니다. "흡연은 유일하게 나를 위해 하는 것이다." 이것은 로버트 아버지가 실천한 센터링입니다.

딜츠: 맞습니다.

길리건: 그런데 이건 가짜 센터링을 실천한 것이라고 할 수 있습니다. 흡연이 자기 자신에게 머무르도록 한 행동이었지만, 흡연은 자신의 센터를 포기하는 행위였습니다.

딜츠: 여러분이 센터링한 상태로 자기 자신과 연결하겠다는 굳은 결의가 없다면, 결국 센터링이 안 된 채로 자기 자신과 연결됩니다. 그렇게 되면, 여러가지 증상이 흡연, 인터넷, 포르노와 같은 센터링되지 않은 욕망으로 분출됩니다.

길리건: 과식도요.

딜츠: 중독은 근본적으로 사람들이 자기 자신을 위해서 하는 행위로, 이 행위가 센터링되지 않은 상태로 실행되는 것입니다.

길리건: 중독된 사람에게 물어보면 쉽게 알 수 있습니다: 잠깐 중독과 관련된 것을 처음 시작할 때를 떠올려 보면 이랬을 것입니다; 예를 들면, 마리화나를 처음 피웠던 때 말입니다. 그 사람이 그때를 생각하는 순간, 그는 일반적으로 '아' 바로 이거야 하는 순간이 있었을 것입니다. 즉 에고의 통제를 벗어나는 느낌이 들고, 그 장에 굴복하게 됩니다. 만약 이런 초기의 긍정적인 경험이 없다면, 중독자가 다시 이 중독을 찾을 이유가 없을 것입니다. 아마 이렇게 얘기할 것입니다. "해보니까 끔찍해. 다른 중독 거리를 찾아봐야겠어." (웃음) "이 중독 기술은 잘 안 먹히는군. 하지만 시도해 볼 만한 것이 많이 있어!" (웃음)

딜츠: 중독은 여러분을 자기 자신의 깊은 곳, 그리고 에고의 통제를 벗어난 그 무엇과 연결해 줍니다. 이것은 모두가 바라는 인간의 기본적인 욕구입니다. 그런데 우리가 자신의 프레즌스로 이 욕구를 돌보지 않으면, 프레즌스가 없는 상태로 욕구를 채웁니다. 바로 중독입니다. 저는 고객에게 이렇게 말합니다. "당신 인생에서 기쁨을 주는 것이 이것밖에 없어서 슬프지 않나요? 좀 더 많은 다른 것을 찾아보았으면 좋았을 텐데요."

길리건: 만약 담배가 여러분과 가장 친한 관계라고 한다면, 여러분은 적어도 다른 몇 가지 가능성을 더 생각해보아야 합니다. (웃음)

딜츠: 자신의 센터와 연결을 긍정적으로 튼튼하게 맺으려면, 여러분은 실천해야 합니다. 자신의 센터, 당신의 소명 그리고 자기 내면의 자원과 일치하는 실천을 해야 합니다. 여러분이 성공적인 영웅의 여정을 가기 위해서는 이런 실천이 필요합니다.

길리건: 그런데 실천하지 못하는 가장 큰 이유가 무엇입니까?

몇몇 청중: 시간이 없어요!

길리건: 놀랍지 않습니까? 이 싸구려 변명을 하는 사람이 당신만 있는 것이 아닙니다. 모든 사람이 다 그렇게 합니다. 모든 사람이 이 변명을 하고 있기 때문에, 당신 생각이라고 할 수 조차도 없습니다. 그건 마치 누구를 막론하고 우리를 점령하려는 '외계인'이나 '괴물'이라고 할 수 있습니다. 이 외계인의 생각은 마치 당신을 자신의 센터와 자기 내면의 자원에서 멀어지게 하는 최면 같은 내면의 대화라고 할 수 있습니다. 그들을 유심히 지켜보아야 합니다.

가끔은 제 고객들에게 자신의 몸 근처에 진을 치고 있는 괴물을 상상해 보라고 합니다. 이 괴물들은 여러분이 센터에서 멀어질 때를 기다리고 있습니다. 그래야 괴물들이 쳐들어와서 당신의 영혼을 먹어 치울 수 있기 때문입니다. (웃음) 여러분이 자신의 일부를 저주하거나 거부할 때도, 이 괴물은 여러분을 습격해서 마찬가지로 영혼을 먹어치웁니다. 자신을 저주하고 거부하는 것도, 여러분을 자신의 센터에서 멀어지게 하는 일이기 때문입니다. 자신을 저주하고 거부하기 시작하면 바로 그 괴물들은 이렇게 말합니다. "얘들아 가자. 영혼이 물러났어. 행동 개시할 시간이다." 그러고 나면 무언가 내 안을 갉아먹는 듯, 쥐어짜는 고통을 경험합니다. (스테판은 괴물이 사람의 살을 먹는 흉내를 낸다.) 마치 외계인이 바비큐한 인간의 영혼을 먹는 느낌일 것입니다. (웃음)

딜츠: 소명을 향한 충만한 에너지가 빠져나가고 감소합니다. 텔레비전이 점점 더 좋아지기 시작합니다. 투덜대고 불평하는 것에 더 빠져듭니다.

길리건: 이런 유명한 말이 있습니다. "하루에 한 번 센터링을 실천하면 외계인을 내쫓을 수 있다." (웃음) 센터링을 매일 실천하고 싶다면, 본인이 실

천하지 않으려고 자신에게 지금 사용 중인 최면 기술을 간파해야 합니다. 물론 "시간이 없어." 이 말을 가장 많이 사용하고 있습니다. "그런데 지금은 시간이 없어. 시간되면 그때 할 거야." 제가 확신합니다: 결코 시간이 많은 때는 오지 않습니다.

딜츠: 사람들이 제게 자주 묻습니다. "아니, 어떻게 바쁜 일상 중에서도 책 쓸 시간을 찾나요?" 그러면 제가 대답합니다. "결코 찾을 수 없습니다. 찾지 않을 것입니다. 여러분은 책 쓸 시간을 만들어내야 합니다." 문제 해결을 위한 실천으로 자전거를 탄다던 최고 경영자 기억하십니까? 많은 사람이 이 이야기를 들으면 이렇게 얘기하곤 합니다. "와, 정말 근사하네요. 저도 자전거 탈 시간이 나면 좋겠어요!" 그 경영자는 제게 이렇게 말해주었습니다. "자전거 타기는 제가 좋은 경영자가 되기 위한 여정에서 가장 본질적인 실천이었습니다."

길리건: 이렇게 하지 않으면 로버트가 얘기하는 이너 게임에서 질 수밖에 없습니다.

딜츠: 리더로서 자신의 에너지를 유지하는 것이 절대적으로 중요하다고 말한 최고 경영자를 기억하실 것입니다. 이 최고 경영자는 자신의 부정적 에너지를 발산할 시간을 냈고, 신체 활동도 활발하게 했습니다. 이런 행동은 자신을 위한 것이었고, 자신의 에너지를 관리하고 강화하는 일이었습니다. 여러분이 자신의 여정을 현실에서 실현하고자 한다면 이는 자기 자신만의 실천을 통해서 가능합니다. 여러분이 어떻게 이것을 할 수 있을지 몇 가지 소개해보겠습니다.

인식 확장을 통한 셀프 스폰서십

길리건: 첫 번째로 할 연습은 '자가 트랜스 방법self-trance method'입니다. 자기 연결 또는 자가 스폰서십 실천이라고도 할 수 있습니다. 밀턴 에릭슨Milton Ericson에게 자가 최면에 대해 물어보면 이렇게 대답하곤 했습니다. "아, 베티가 시연을 보여줄 겁니다." 베티는 밀턴 에릭슨의 아내였습니다. 1970년대에 밀턴은 자기 사무실 옆에 있는 집과 바로 연결된 인터콤을 설치해 두고 있었습니다. 그는 인터콤을 누르고 이렇게 말했죠. "베티, 여기 있는 사람들이 자가 최면에 대해 알고 싶어 해요." 그러면 베티가 이렇게 대답했습니다. "좋아요, 곧 나가죠." 그리고 베티는 나와서 지금 우리가 여러분에게 소개해드리려는 것을 보여주었습니다.

　이 실천의 핵심은 창조적인 전략으로써 자기 수용self-acceptance입니다. 여러분이 영웅의 길을 걷기 위해서는 에너지와 겨루거나 충돌해서는 안 된다고 우리는 계속 강조했습니다. 그 대신에, 어떻게 에너지와 섞여서 창조적으로 그 에너지와 관계를 맺을지 연습해야 합니다. '수용'이라는 단어는 많은 뜻을 가진 묘한 단어입니다. 수용은 단순하게 수동적으로 아무것이나 '뭐든지 다' 이런 식으로 굴복하는 것이 아닙니다. 센터링과 생성적인 장 안에서 받아들이는 활기찬 실천입니다. 그리고 어떻게 하면 긍정적으로 더 활짝 열릴 수 있을지 호기심을 갖는 것입니다. 지금 이 시점에서 여러분이 이 점을 확실히 인지하시기 바랍니다.

딜츠: 제 아일랜드 축원 글이 의미했던 것처럼, 영웅의 여정에는 기쁨의 순간만 있는 것이 아니라 고통의 순간도 있습니다. 여러분은 기쁨만이 아니라 고통도 받아들여야 합니다. 여러분은 그 둘 모두를 받아들여서 자신이 앞으로 나갈 수 있게 도와주는 에너지로 변환해야 합니다.

길리건: 여러분은 다음과 같은 절차를 연습해야 합니다. (1) 자신 안에서 센터링한다. (2) 자신의 의도와 정렬한다. (3) 장을 향해 열린다. (4) 장에 있는 그 무엇도 모두 반드시 센터를 통해 받아들인다. (5) 자기 내면의 자원을 추가한다. (6) 자원을 자신의 의도와 정렬한다. (7) 만들어낸 변화는 다시 세상에 되돌려준다. 그다음 또 무엇이 있는지 확인하고, 이 과정을 동일하게 반복합니다. 이 과정은 여러분이 자신을 하나의 정교하게 조율된 하나의 채널로 만드는 훈련입니다. 이 채널이라는 것은 외부 장에 있는 것들을 긍정적으로 흡수해서 변혁하는 센터링 상태의 의도의 장intentional field입니다.

딜츠: 여러분은 에너지 변환자energy transformer가 되어야 합니다. 제가 말씀드렸던 최고 경영자처럼, 그 어떤 것이 오더라도 그것을 받아들여서 자신의 소명을 실행하는 방향으로 전환할 수 있어야 합니다. 자신이 추구하는 미션과 동일한 방향으로 전환할 수 있어야 합니다.

길리건: 로버트의 아내 데보라가 좋은 비유가 될 수 있을 것 같습니다. 데보라는 로버트를 위해 프랑스어 통역을 합니다. 데보라는 아주 유능한 통역가입니다. 그리고 무용가이기도 합니다. 그녀는 아름답게 센터링된 프레즌스 상태로 서서 로버트가 하는 말을 받아들입니다. 그녀는 들은 말을 잠시 동안 품고 있습니다. 그런 다음 프랑스어로 통역합니다…. 로버트보다 아주 더 잘 하죠! (웃음) 데보라는 로버트의 말을 듣고 불필요한 이야기는 걷어냅니다. 수녀님이 할 수 없는 방식으로 말입니다. (웃음)

딜츠: 맞습니다. 제가 어떤 말을 하고 나서 아내가 프랑스어로 통역한 것을 듣게 되면 저는 속으로 이렇게 생각합니다. '맞아, 내가 진짜 하고 싶은 말이 저거였지!' (웃음) 아내는 제 말의 핵심과 생각하는 의도를 잘 정제하고 불필요한 내용을 다듬는 능력이 있습니다.

길리건: 이것이 우리가 자신의 내면에서 개발해야 하는 것이라고 말했던 프로세스입니다. 즉 생성적인 장과 함께 창조적인 순환 고리 내에서 받아들이고 돌려주기 위해서 여러분이 자신의 신경 시스템과 몸과 마음에 조율하는 방법입니다.

딜츠: 받아들여서, 변환하고, 필터링 한 뒤에 주는 것입니다.

길리건: 이른바 '이성적 사고'가 이 모든 프로세스를 차단합니다. 이성적 사고는 받아들이는 것을 차단합니다. 이성적 사고가 작동하는 순간부터 전혀 새로운 정보를 얻지 못합니다. 이성적 사고는 이런 처리 과정을 방해합니다. 주는 것을 차단합니다. 받아들이는 문을 닫아버리고, 주는 통로를 차단해버리면, 여러분은 그 어떤 창조적이고 변혁을 불러일으키는 일도 할 수가 없습니다. 여러분이 그 문을 열 수 있도록 이 세상의 변혁적인 존재가 될 수 있도록 도와줄 수 있는 간단한 실행 방법을 소개하겠습니다. 기본적인 절차는 아래와 같습니다.

연습: 건강과 치유를 위한 셀프 스폰서십 – 지속적인 알아차림 활용하기

1. 편안하고 수용적인 자세를 취한다.
2. 의도/목표를 정한다.
3. 도입: 다음 문장을 새로운 내용을 넣어가면서 차례로 몇 번 반복한다.
   - 나는 지금 내가 _____을(를) 보는 것을 인식한다.
   - 나는 지금 내가 _____을(를) 듣는 것을 인식한다.
   - 나는 지금 내가 _____을(를) 느끼는 것을 인식한다.
4. 다음 문장도 몇 차례 반복한다.
   - 나는 지금 내가 _____을(를) 보는 것을 인식한다. 그리고 이

인식을 통해 내가 저 깊은 내 안으로 들어가는 것을 허락한다. (숨쉬고 이완한다.)

- 나는 지금 내가 _____을(를) 듣는 것을 인식한다. 그리고 이 인식을 통해 내가 저 깊은 내 안으로 들어가는 것을 허락한다. (숨쉬고 이완한다.)

- 나는 지금 내가 _____을(를) 느끼는 것을 인식한다. 그리고 이 인식을 통해 내가 저 깊은 내 안으로 들어가는 것을 허락한다. (숨쉬고 이완한다.)

5. 충분히 몰입되면: 각 경험의 양식을 주목하고, 받아들이고, 이 경험이 문제 해결에 기여하도록 한다.

- 나는 지금 _____이(가) 일어나는 것을 인식한다. 그리고 나는 이 경험이 생성적인 해결책을 향해 열려 있게 한다.

6. 준비되면, 그 문제를 뛰어넘어 통합하고 움직이게 한다.

- 나는 이 모든 것을 생성적인 해결책으로 통합한다.

7. 미래 시점으로 가서 새롭게 반응하는 자기 자신을 느껴본다.

8. 감사와 맹세를 한다.

9. 준비되면 편안하게 돌아온다.

길리건: 먼저, 잠시 편안한 자세를 취합니다. 이건 아주 간단한 과정입니다. 여러분이 안정을 찾고 평온하게 있는 것으로 시작합니다. 그다음은 다른 사람을 향하던 의식을 자기 자신에게 모든 사랑을 주는 의식으로 전환합니다.

딜츠: 여러분의 첫 번째 주의 집중을 센터로 가져옵니다…. 자신의 몸으로 가져옵니다.

길리건: 자기 자신을 관찰자 상태로 전환합니다.

딜츠: 여러분 의식을 호흡에 두시기 바랍니다.

길리건: 척추를 바르게 하고… 몸은 아무것도 하지 않습니다. 그저 이완합니다…. 어디에도 매달리지 않고, 마음에 집착하지 말고….

딜츠: 발끝부터… 위로 다리를 지나 척추까지 자신의 몸을 쭉 느껴 봅니다.

길리건: 몸과 마음을 차분하게 가라앉히고 나면… 자신이 세운 의도와 목표를 느껴봅니다…. 오늘 하루의 일과… 자신의 소명에 대해서 느껴보시기 바랍니다. 지금 이 순간 여러분이 자신의 인생에서 소명으로 생각하는 것은 무엇입니까?

딜츠: 호흡을 통해서 가슴속 가장 깊은 곳에 있는 소명을 계속해서 떠올려 봅니다.

길리건: 여러분 소명을 마음속에 붙잡아 두지 말고… 아무런 근육의 긴장없이… 자신의 센터에 머무르도록 해보시기 바랍니다…. 매달릴 필요는 없습니다…. 솜털처럼 가벼운 몸으로, 솜털처럼 가벼운 마음으로.

딜츠: 소명을 호흡으로 가지고 옵니다. 그리고 그 소명을 호흡합니다.

길리건: 여러분의 의도나 목표가 확실해진다면, 생성적 트랜스 상태를 개발한다는 것은 의식의 매 순간에 마주하는 모든 것에 대해 열려 있고, 또 그것들을 받아들이고 활용하는 과정을 의미합니다.

딜츠: 여러분 앞에 마주하는 모든 것을 여러분은 자신의 소명을 향해 더욱 앞으로 전진할 수 있게 변혁해야 합니다.

길리건: 우리는 다음 세 개의 문장을 계속 반복하여 사용해서, 여러분을 간단한 방법으로 안내하고 싶습니다. 첫 번째 문장은 다음과 같습니다. "*나는 지금 내가 보는 것을 알아차립니다*…."

딜츠: 여러분 마음의 눈이나 시야에 어떤 이미지나 영상이 떠오르는지 알아차리고 그 이미지와 영상이 그냥 거기 있게 합니다.

길리건: 그리고 다음과 같이 말하기 바랍니다. *떠오른 그 이미지는 척추를 쭉 통과해서… 센터에 끌어오고… 이 센터에서 나와서… 장으로 들어갑니다…. 그리고 이완합니다.*

딜츠: 두 번째 문장은 다음과 같습니다. *"나는 지금 내가 듣는 것을 알아차립니다…."*

길리건: 외부의 목소리나 내적 대화 같은….

딜츠: … 내면의 질문들… 비판적인 목소리… 그 무엇이든지.

길리건: 예를 들면, 나는 지금 내 딸의 목소리를 듣고 있는 것을 알아차립니다. 그런 뒤에 "나는 그 목소리를 센터로 가지고 와서… 센터가 세상을 향해 열리게 한 다음… 내 의도와 목표를 성취하게 합니다…. 그리고… 이완하고… 놓아주고… 모든 것을 놓아줍니다.

딜츠: 호흡을 통해 그 의도와 목표를 센터로 가지고 왔다가, 다시 흘러가도록 놓습니다.

길리건: 세 번째 문장은 *"나는 지금 내가 느끼는 것을 알아차립니다."*

딜츠: 예를 들면, *"지금 나는 내 어깨가 긴장하는 것을 알아차립니다."*

길리건: 이 에너지를 내 척추를 통해 가지고 옵니다….

딜츠: … 내 센터에….

길리건: 내 센터에서 열립니다….

딜츠: … 센터에서 저 바깥세상으로

길리건: … 내 의도와 목표를 실현합니다.

딜츠: 놓아주고 이완합니다.

길리건: 아무것도 할 필요가 없습니다.

딜츠: 첫 번째 문장을 반복합니다. *"나는 지금 내가 보는 것을 알아차립니다…."*

길리건: 어떤 시각적 이미지가 떠오르는지 주목하기 바랍니다.

딜츠: 그 영상을 가지고 내려옵니다.

길리건: 자신의 센터를 열고….

딜츠: … 장을 향해서 밖으로.

길리건: … 에너지가 목표를 향해 뻗어나갑니다.

딜츠: 놓아주세요.

길리건: 아무것도 할 필요 없습니다.

딜츠: … 그저 이완하시면 됩니다.

길리건: *"나는 지금 내가 듣는 것을 알아차립니다."*

딜츠: 방금 들은 소리를 센터로 가지고 옵니다.

길리건: 센터를 통해 활짝 열립니다.

딜츠: 밖으로 보냅니다…. 장으로.

길리건: 세상을 향해서 가는 아름다운 에너지.

딜츠: *"나는 지금 내가 느낀다는 것을 알아차립니다."*

길리건: 그 인식 안에서… 에너지가 됩니다.

딜츠: 놓아줍니다…. 그리고 이완합니다.

길리건: *나는 지금 내가 보고 있는 것을 알아차립니다*….

딜츠: 무엇을? 공간의 이미지… 기억의 이미지?

길리건: 이 모든 이미지를 척추를 통해 내려오게 해서… 센터를 통해서….

딜츠: … 밖을 향하여 장으로.

길리건: 공간을 향해 열려 있는 저 별처럼… 발산하는 에너지… 빛.

딜츠: 놓아줍니다…. 아무것도 할 필요가 없습니다.

길리건: 걸어가는 길을 즐기시기 바랍니다…. 그리고 이완합니다.

딜츠: *나는 지금 내가 보고 있는 것을 알아차립니다*….

길리건: 수많은 것이 여러분 마음으로 들어옵니다…. 그것들이 강이 됩니다. 당신이라는 존재를 통과해 흐르는 강이 됩니다.

딜츠: 센터를 통과해 내려와서….

길리건: … 세상을 향해 열립니다…. 이 아름다운 순환… 순환과 변환….

딜츠: 놓아줍니다.

길리건: … 받아들이고… 열리고… 놓아줍니다. 그렇게 이 감각을 느낄 수 있습니다. 자신의 의식으로 들어오는 모든 것, 이 모든 것을 받아들입니다…. 이 모든 것을 호흡합니다…. 이 모든 것이 여러분이 걸어가는 여정과 함께 가도록 합니다.

딜츠: *나는 지금 내가 듣고 있는 것을 알아차립니다….*

길리건: 지금 여기서 무엇을 듣고 있습니까? 음악입니까? 소리입니까?

딜츠: 들은 것을 호흡으로 내려보냅니다.

길리건: 에너지가 흘러갑니다.

딜츠: 그 에너지를 센터에서 담습니다.

길리건: 우주의 채널.

딜츠: 그 길을 가도록 놓아줍니다.

길리건: 이 모든 것은 순환입니다…. 다시 한번 흐릅니다.

딜츠: 깊이 이완하세요.

길리건: 몸 안의 모든 장기를 통해서 에너지가 흐르게 합니다. 내 영혼의 혈액을 통해 흐르게 합니다.

딜츠: *나는 지금 내가 느끼는 것을 알아차립니다….*

길리건: 흐르게 합니다…. 지구를 향해서….

딜츠: … 지금.

길리건: 씨앗들….

딜츠: 상징들⋯.

길리건: 열립니다⋯.

딜츠: 열립니다⋯.

길리건: 꽃들⋯.

딜츠: 놓아줍니다⋯.

길리건: 여러분의 몸에서⋯.

딜츠: 이완하면서⋯.

길리건: 내 몸 속의 장기가 치유됩니다. 자기 치유가 일어납니다.

딜츠: 스스로 연결합니다.

길리건: 이렇게 따라가면서, 조율하도록 하세요⋯. 매 순간의 알아차림⋯. 당신이 본 것⋯.

딜츠: ⋯ 당신이 들은 것.

길리건: ⋯ 당신이 느낀 것⋯ 이 모든 것이 여러분의 센터로 흘러 들어오게 합니다.

딜츠: 이렇게 들어온 것들은 여러분의 프레즌스를 통과하면서 변혁합니다.

길리건: 까맣고 아름다운 밤에⋯ 빛나는 별처럼⋯ 여러분의 센터가 세상을 향해 발산합니다⋯. 거기에 여러분의 소명이 있습니다⋯. 거기에 여러분의 소명이 있습니다.

딜츠: 그리고 이완합니다.

길리건: 이 과정을 통해서 여러분의 가장 창조적인 자기는 이성의 통제를 벗어난 곳에 있다는 것을 느껴야 합니다. 창조적 자기는 여러분 센터 깊은 곳에 있습니다⋯. 도움의 빛을 발산하면서.

딜츠: 생성과 변혁은 여러분 존재의 자연스러운 한 부분입니다.

길리건: 잠시 시간을 갖고 채널을 느낍니다. 마사 그레이엄Martha Graham의

말을 기억하시기 바랍니다. "당신의 채널을 열어라."

딜츠: 그건 그 누구도 아닌 바로 당신이 할 일입니다. "여러분의 채널을 열어 놓으세요."

길리건: 간단히 선언할 수도 있습니다.

딜츠: 확언이죠.

길리건: 약속…. 이곳과 당신과의 관계에 대해서… 이곳을 처음 접촉하는 사람이 당신이 되기를…. 이곳과 가장 깊은 연결을 하는 사람이 당신이기를…. 그곳에서, 여러분은 사랑과 자유를 찾을 것입니다…. 사랑과 자유. 이 세미나룸으로 다시 천천히 돌아오는 자유를…. 그 연결을 느끼면서… 그 선물을 가지고 오시기 바랍니다.

딜츠: 여러분이 현재의 환경으로 다시 돌아오면서… 여러분이 이 바깥세상과 다시 연결되면서 눈을 뜨면, 여러분은 무엇을 봅니까? 어떤 것을 듣습니까? 어떤 것을 느끼십니까?

길리건: 다시 오신 것을 환영합니다. 환영합니다. 이 위대한 여정의 영웅들이여.

딜츠: 준비되면, 잠시 시간을 내어 어떤 경험이었는지 서로 나누시기 바랍니다.

여정의 5개 리듬: 흐름, 스타카토, 혼돈, 영혼의 노래, 고요

딜츠: 가브리엘 로스Gabrielle Roth의 5 리듬The 5 Rhythms®은 신체에 기반을 둔 동작 연습의 기초입니다. 이 연습을 통해서 우리가 몸에서 어떻게 뿌리내리기를 할 수 있는지, 어떻게 마음을 여는지, 어떻게 마음을 고요하게 하

는지, 우리가 한 부분으로 속해 있는 더 큰 장과 연결되어 있음을 어떻게 느낄 수 있는지 알려줍니다. 리듬은 가브리엘 로스가 다년간 에너지가 사람들과 그 사람들의 삶 속에서 어떻게 움직이는지 관찰해서 얻은 지도이며 실천이고 결실입니다. 로스는 그의 저서 『당신의 기도가 땀이 되게 하라Sweat Your Prayers』(1977)"에서 이렇게 발했습니다. "에너지는 파동으로 움직인다. 파동은 패턴으로 움직인다. 패턴은 리듬[2)]으로 움직인다." 우리 인간은 이 모든 것 즉 에너지, 파동, 패턴, 리듬입니다.

로스는 리듬을 흐름flow, 스타카토staccato, 혼돈chaos, 영혼의 노래lyrical, 고요stillness이 다섯 가지로 정의했습니다. 이 다섯 가지 리듬이 파동을 구성하는데, 이는 변혁을 위한 일종의 '메타 모델'입니다. 이 다섯 가지 리듬은 '원형의 에너지archetypal energies' 유형으로, 이 원형의 에너지를 통해 우리는 개인의 센터와 근원이 계속해서 더 발전적으로 정의되고, 장을 향해 열리고, 또 장과 연결됩니다. 로스는 이렇게 말합니다.

---

2) 천재들의 모든 작업이 그렇듯이, 5 리듬은 보편적이고 믿을 수 없을 정도로 간단하다. 리듬이 일련의 지도에 기초하지만, 배움은 제일 먼저 그리고 주로 몸에서 일어난다. 소매틱 마음의 지능이 인지적 마음을 보살피고 성장하게 한다. 그렇지만 이 배움의 과정은 머리에서 아래로 내려가기보다는 발에서 시작(머무른다.)된다. 이 실습에 관심이 있다면, 가브리엘 로스와 그녀의 그룹, 더 미러The Mirror에서 리듬의 춤을 위해 제작한 CD가 있다. 이 CD에서는 음악이 여러분을 아래의 5 리듬으로 안내해 준다: 뼈(트랙2~6), 시작(트랙1~5), 트랜스(트랙 4~8), 집단(트랙 1~5), 무한 리듬(볼륨 1~2). 가브리엘의 목소리가 각 트랙에서 청취자를 이끌어 준다.

가브리엘과 함께 광범위한 훈련을 이수한 사람들이 이끄는 워크숍과 과정을 여러분은 전 세계 여러 지역에서 찾아볼 수 있다. 또 가브리엘은 실용적이고 영감을 주는 다음과 같은 책을 저술하기도 했다. 『당신의 기도가 땀이 되게 하라Sweat Your Prayers』, 『영적 실천으로서 동작Movement as Spiritual Practice』(Los Angeles, CA: J.P. Tarcher, 1997), 『엑스터시의 지도: 길들지 않은 영혼을 위한 힐링의 여정Maps to Ecstasy: A Healing Journey for the Untamed Spirit』 (Novato, CA: New World Library, 1998)과 『연결: 직관적 지혜의 다섯 가지 끈Connection: The 5 Threads of intuitive Wisdom』(Los Angeles, CA: J.P. Tarcher, 2004). 이 책을 통해 더 깊은 실습을 체험할 수 있다. 수업, 지도자, 음악, 관련 책의 정보는 가브리엘 로스의 홈페이지 https://www.5rhythms.com을 참조하기 바란다.

흐름을 통해서 여러분은 자기 자신을 발견합니다. 스타카토에서는 자기 자신을 정의합니다. 혼돈에서는 자기 자신을 녹아내리게 합니다. 그동안 자신이 발견하고 규정했던 자기에 더는 고정되거나 경직되지 않게 합니다. 영혼의 노래에서는 자신의 에너지를 최대한 자신만의 방식으로 표현합니다. 고요함은 우리 모두를 감싸고 있는 큰 에너지 속으로 여러분을 사라지게 합니다. 이런 방식으로 여러분은 전체 과정을 다시 반복합니다.

가브리엘 로스의 5 리듬은 파동을 만든다.

딜츠: 흐름의 리듬으로 파동을 시작해보겠습니다. 우리는 액티브 센터링 연습에서 이미 흐름의 몇 가지 특성을 살펴보았습니다. 흐름은 발에서 뿌리내리기를 하는 것으로 시작합니다. 땅속으로 뿌리내리기부터, 여러분은 계속해서 쉬운 동작을 시작해보기 바랍니다. (로버트가 시연을 한다.) 어떤 것도 억지로 하지 않습니다. '액티브 코칭'에서 했던 것처럼 원을 그리며 움직입니다. 로스는 흐름의 리듬은 여성적이라고 했습니다.

흐름의 리듬을 탈 때는, 센터링과 뿌리내리기가 안 되어 있을 경우, 우리는 어떤 일이 생기는지 이미 보았습니다. 그 그림자를 이미 경험했습니다. 무기력에 빠지거나 순종적으로 받아들이고 따르기만 하는 사람이 됩니다.

길리건: (스테판이 장난스럽게 늘어지는 흐름 속에서 헤매고 다닌다.) 아, 그렇군요. 그냥 하자고 하는 대로 따라서 할게요. (웃음)

딜츠: 이래서 여러분은 스타카토가 필요합니다. 스타카토는 한계를(로버트가 강하게 딱딱 끊어지는 동작을 한다.) 정합니다. 스타카토는 남성적인 리듬입니다. 흐름을 음이라고 하면 스타카토는 양입니다. 센터링한 스타카토의 특성은 초점, 집중, 확언이며 명확한 경계를 세우는 것입니다. 센터링을 하지 않은 스타카토의 특성은 경직되고 공격적이며 폭력적입니다. 혼돈은 너무 경직되지 않게 해주는 리듬입니다. 혼돈은 풀어주고, 놓아주는 에너지입니다. 그 가운데 특히 이성적인 머리와 목을 놓아버리는 것입니다. (로버트가 시연을 한다) 혼돈은 자신이 가진 기존 틀을 놓아 버리고, 고정된 관점을 놓아 버리는 것입니다. 센터링이 안 된 혼돈, 즉 혼돈의 그림자가 보이는 특성은 혼란, 무질서, 압도당하는 느낌입니다. 혼돈의 긍정적 특성은 놓아주는 것입니다.

일단 놓아주고 나면 여러분은 새로운 것을 자유롭게 표현할 수 있습니다. 미세한 것을 표현할 수 있습니다. 그 지점이 바로 로스가 말하는 영혼의 노래 리듬에 이르는 길입니다. 우리는 이 곳에서 가볍고 창조적인 장난꾸러기가 됩니다. 뿌리내리기가 안 되어 있다면 영혼의 노래가 지닌 그림자가 나타날 것입니다. 추상적이고 깊이가 없으며 완전 싸구려 그림자가 드리웁니다.

가벼움과 자유에 이어서 고요함의 리듬이 따라옵니다. 고요함은 에너지가 없는 상태가 아닙니다. 고요함은 프레즌스 에너지로 가득 차서, 우리가 자기 자신과 자신을 넘어서는 것에 연결하도록 해줍니다. 가브리엘 로스는 리듬을 통해 우리가 메타 장meta field에 열릴 수 있다고 합니다. 고요함이 지닌 그림자는 무기력하고, 관조적이고, 체화되지 못한 채 장에서 길을 잃고 헤매는 모습입니다. 센터링을 한 고요함은 프레즌스가 충만한 상태에서 사라지는 것입니다. 여러분이 바로 장과 연결된 센터입니다.

길리건: 제가 말씀드리고 싶은 것은, 여러분이 영웅의 여정, 이 길을 걸어갈 때 이 다섯 가지 다양한 리듬의 에너지와 선물이 필요하다는 것입니다. 먼저 센터링된 고요에서 출발합니다. 그리고 흐르기 탐험을 시작한 뒤, 사물을 작은 단위로 조직하고 다름을 강조하는 단계로 이동합니다. 그런 뒤에는, 잡고 있던 것을 더 큰 공간에 흘러가도록 놓아주고 풀어주어야 합니다. 여러분이 미세한 에너지를 창조적으로 표현할 수 있는 그 자유의 세계로 놓아줍니다. 이 여정이 끝나면, 여러분은 다시 센터의 고요함 속으로 돌아와서 자기 자신 그리고 더 큰 장과 다시 연결됩니다. 그리고 지금까지 자신이 발굴한 온전함의 선물을 이 세상에 실현해야 합니다.

딜츠: 사실, 우리는 5 리듬을 영웅의 여정 각 단계와 연결할 수 있습니다. 흐름(자기 자신을 발견하기)은 자신의 소명을 찾는 것과 관련이 있습니다. 스타카토(자기 자신을 규정하기)는 강한 힘과 결단력으로 우리가 소명에 헌신하고 임계점을 뛰어넘을 수 있게 합니다. 혼돈(자신을 분해하기)은 우리가 자신의 악마와 그림자를 변형할 수 있도록 자신의 내면으로 들어갈 수 있게 해줍니다. 영혼의 음악(자신을 표현하기)은 자신의 고유한 자원과 연결하여 임무를 완수하게 합니다. 고요함(자신을 넘어서는 것과 연결하기)은 '집으로 귀환'과 다음 여정을 떠나게 준비해주는 강력한 자원입니다.

길리건: 이 다섯 가지 리듬은 자신의 현재 상태를 감지하는 하나의 방법이기도 합니다. 자신이 무언가 성취하려고 애쓰거나, 어떤 문제로 힘들어할 때, 자신이 현재 어떤 상태에 있는지 다섯 가지 리듬에 비추어 보면 쉽

게 알 수 있습니다. 여러분이 누군가를 코칭하거나, 자신의 현재 상태를 살펴볼 때 자신이 어떤 리듬 상태에 있는지, 다섯 가지 리듬 가운데 부족한 리듬은 무엇인지 발견할 수도 있습니다. 또는 다섯 가지 리듬 가운데 어느 하나가 센터링이 안 된 채로 있기 때문에, 자신이 그 안에서 허우적거리며 갇혀 있는지도 알 수 있습니다. 예를 들면, 자신의 앞날에 대한 생각을 하기만 하면, 흐르는 능력을 잃어버리는 자신의 모습 알아챌 수도 있습니다.

딜츠: 다섯 가지 리듬은 각각 다양한 형태로 표현이 가능합니다. 춤과 '소매틱 신택스'로 표현하는 것이 가장 뚜렷하게 표현하는 방식입니다. 그렇지만 다섯 가지 리듬은 각각에 해당하는 시각적 표현과 청각적 표현(미술과 음악처럼)도 있기 때문에, 이 리듬을 다양한 기술로 가장 영향력이 큰 요소로 표현할 수 있습니다.

우리가 평상시에 하는 모든 대화에서도 이런 리듬의 에너지를 알아챌 수 있습니다. 목소리 톤에서 확실하게 구분할 수 있습니다. 흐름의 목소리를 들을 수도 있고, (로버트가 시연을 한다.) … 또는 스타카토 리듬을 (날카로운 음성으로 시연을 한다.) 들을 수도 있고, 영혼의 음악이 가진 목소리를 (멜로디를 흥얼거린다.) 들을 수도 있으며, 고요의 목소리를 들을 수도 있습니다.

길리건: 『지금 이 순간을 살아라The Power of Now』를 쓴 에크하르트 톨레 Eckhart Tolle는 고요함이 지닌 목소리의 좋은 예입니다.

딜츠: 아주… 아주… 느리고… 조용한… 목소리. (웃음)

길리건: 네, 그는 아~~~~주 천천히 말합니다. 그 사람과 저녁 식사를 같이 하고 싶지는 않을 것 같습니다. 버터 좀 건네 달라고 여러분에게 말하는 것도 20분은 족히 걸릴 것입니다. (웃음) 여러분이 테이프가 있는 책을 좋

아한다면, 이 저자의 테이프는 안 사는 것이 좋습니다. 이 테이프로 책을 다 들으려면 아마 3년은 걸릴 것입니다. 단어와 단어 사이에 아주 긴 침묵의 고요함이 있기 때문입니다. 지금… 제가… 원하는 것은… 이 말을 하는 사이에 여러분은 나가서 샌드위치를 사올 수 있을 정도입니다. 에크하르트는 아마도 흐름을 좀 더 즐길 수 있겠죠. (웃음)

딜츠: 아니면 영혼의 음악을 더 즐길 수도 있습니다. 에크하르트는 아일랜드인 기질이 좀 필요한 것 같습니다. (웃음) 사실, 어떤 회사에 가보면 그 사무실 안에 어떤 리듬이 흐르는지가 느껴집니다. 딱딱하게 경직된 상태인지? (스타카토의 그림자) 아니면 스타카토가 전혀 없어서 명확한 한계나 경계가 없는 상태도 있습니다. 가장 많이 보이는 것은, 다양한 종류의 에너지가 충돌하는 혼돈의 리듬입니다. 아니면 가볍고, 장난기 있고, 창조적이며, 의사 표현이 활발한 영혼의 음악 상태입니까? 사무실에 고요함의 공간은 있습니까? 회사에서 정말 필요하지만 없는 것이 고요함의 공간입니다. 언제나 파이팅! 파이팅! 하자, 하자! 하자, 하자! 같은 구호만 있을 뿐입니다.

길리건: 이런 구호는 응가밖에 안 만들어 냅니다(역자 주: 앞 문장의 하자! 하자! Do! Do!가 Do-do, 아이의 대변을 의미한다).

딜츠: 조직에서 직원의 고요함을 장려하지 않고 허락해주지 않으면, 직원들이 멈추고, 강제로 쉬게 만드는 증상이 전형적으로 나타납니다.

여러분이 이 리듬을 탐색해볼 수 있도록 간단한 실습을 해보겠습니다. 가브리엘 로스는 이 리듬을 이론적 모델이 아닌 몸을 움직이기 위한 실습으로 개발했다는 것이 중요합니다. 이 리듬은 몸으로 경험해야 합니다. 저는 이 리듬을 4년 넘게 추고 있는데 아주 강력하고 변혁을 불러일으키는 실습입니다. NLP를 아시는 분은 이 춤을 소매틱 마음의 메타 프로그램으로 생각하기 바랍니다.

　이번 실습에서는, 여러분이 5 리듬 춤을 파트너와 출 수 있게 이끌어보 겠습니다. 두 분 중 한 명이 A가 되고 다른 한 사람은 B가 됩니다. 먼저 이전 시간에 했던 센터링과 에너지 넘치는 미러링으로 파트너와 연결하며 시작하겠습니다. 여러분 각자 자신의 의도를 정합니다. 의도는 여러분이 원하는 목표일 수도 있고, 치유하고 싶은 그 무엇일 수도 있고, 변형시키고 싶은 악마일 수도 있습니다. 파트너와 그 내용을 공유할 필요는 없으며, 자신이 정한 것을 자신의 장 안으로 가져옵니다.

　파트너와 라포가 단단하게 형성되었다면, 스테판과 제가 각각 리듬으로 여러분을 안내하겠습니다. 시연하기 위해 A인 제가 흐름의 리듬을 타면, B인 스테판이 저를 미러링합니다. (로버트가 '흐름'을 동작으로 표현하고 스테판은 로버트를 따라 한다.) A는 흐름의 리듬을 타면서 자신의 센터뿐만 아니라 파트너의 센터에도 연결감을 유지합니다. (로버트와 스테판이 계속 서로 흐르기 리듬을 탄다.) 흐름을 탐색해 나갑니다. 자신의 센터와 연결하면서 흐름을 통해 자기 최고의 모습을 가져오시기 바랍니다.

　어느 순간 주도권을 바꿔서 이제는 스테판이 먼저 흐름을 타면 제가 그를 따라 합니다. (스테판이 리드를 하고 로버트가 그에 맞추면서 흐름의 댄스가 전환된다.) 어느 순간에 이르면, 특별히 누가 리드를 하고 누가 따르는 구분이 없어지는 순간이 옵니다. 우리 장이 어디서 그리고 어떻게 우리를 이끄는지 느껴 보시기 바랍니다. (로버트와 스테판이 흐름의 춤을 크게 추자 청중이 웃는다.)

　(장난스럽게) 저는 아주 좋습니다. 여러분도 기분이 좋은가요? (웃음)
　자, 이제는 장 안에서 우리 두 명 모두 각자 자신의 의도에 조율합니다. 이제 우리 의도를 가지고 어떻게 흐름의 춤을 표현할 수 있는지 보겠습니다. 각기 다른 리듬에서도 우리가 정한 의도가 어떻게 다르게 표현되는지 탐색해보겠습니다.

다음은 스타카토입니다. 조금 전과 마찬가지로 A가 이끌고 B가 따라 하겠습니다. (로버트가 스타카토 리듬을 추기 시작하자 스테판도 따라 합니다.) B가 이끌 때는 A가 따라 합니다. (스테판이 이끌기 시작한다.) 그다음은 아무도 이끌지 않습니다. 여러분은 이제 장이 두 명을 이끌고 있다는 것을 느낄 수 있습니다. 여러분은 아무도 이끌지 않고 아무도 따르지 않는 공간을 느낍니다. 그렇지만 두 사람 사이의 어떤 것, 두 사람을 넘어서는 그 어떤 것이 여러분을 이끌고 있습니다. 우리 너머에 있는 그 무언가에 이끌려 춤을 추는 것입니다. 자신의 의도를 가지고 스타카토 리듬에 맞추어 춤을 추면 어떤 일이 일어나는지 보시기 바랍니다.

흐르기를 할 때 했던 것처럼, 우리는 탐색을 해봅니다. 이 리듬을 출 때 나는 누구지? 내 파트너는 누구지? 우리의 깊은 관계의 장은 무엇이지? 이 리듬에 맞추어 내 의도를 탐색할 때 어떤 일이 일어나지?

그리고 우리는 혼돈으로 이동을 합니다. (로버트와 스테판이 혼란스럽게 춤을 추자 청중이 웃는다.) 혼돈으로 들어가면 더 즉흥적이고 더 자유로운 형태가 됩니다. 모든 것을 놓아버립니다. (춤추는 에너지가 올라간다. 로버트와 스테판 그리고 청중 모두 웃는다.)

길리건: 잠시 제가 존 트라볼타John Travolta로 변신했습니다. (웃음)

딜츠: 상대방과 거리가 유동적일 수 있습니다. 계속 가까이 있을 필요는 없습니다.

다음은 영혼의 음악으로 넘어갑니다. 순서는 동일합니다. (로버트와 스테판이 서정적인 춤 동작으로 전환하자 청중들이 웃는다.)

길리건: (웃으며) 부활절 토끼 춤이 나옵니다. 동영상 촬영을 안 했으면 좋

겠네요! (웃음) 카메라 좀 꺼주세요! (웃음)

딜츠: 그리고 고요함으로 들어갑니다. 자신과 더 깊이 연결하고 자기 자신에게로 돌아가는 시간입니다. (로버트와 스테판이 고요함으로 천천히 들어간다. 깊은 호흡과 함께 자신의 배에 위치한 센터를 만진다.) 고요함을 통해서 자신의 의도와 자신의 관계를 바라봅니다.

이 실습에서 여러분은 리듬을 통해 처음에는 자신과 연결할 수 있었고, 다음에는 다른 사람과 연결하였고, 마지막으로는 분리되어 떨어져 있는 개별 자기 너머에 있는 장과 연결할 수 있었습니다. 그 장 안으로 여러분은 자신의 의도를 가지고 왔습니다. 그리고 그 장 안에서 이런 연결과 리듬을 통해 생성적인 방식으로 자신의 의도를 탐색했습니다.

여러분이 춤을 출 때, 동작이 크고 작은 것이 중요한 것이 아니라 춤의 질이 중요합니다. 여기에서 큰 차이가 납니다. 아주 작은 동작으로도 스타카토를 출 수 있습니다. 모든 연령대의 사람들이 5 리듬을 출 수 있습니다. 남녀노소 누구나 가능합니다.

길리건: 휠체어에 앉아 계시는 분도 출 수 있습니다.

딜츠: 최근 저는 사지 마비가 된 사람이 5 리듬을 추는 것을 직접 보았습니다. 그 분은 다섯 개의 리듬을 모두 시도해보면서 몸의 어떤 부분이 움직이는지를 탐색하면서 몰입했습니다. 자신의 센터에 연결하고 장을 향해 열린 상태로 그 리듬을 느끼면서 떠오르는 동작을 찾으면 됩니다. 양이 아니라 질입니다.

길리건: 저는 여러분이 이 실습의 특유한 이면에 있는 것을 발견했으면 합니다. 이 다섯 가지 리듬과 연결이 영웅의 여정을 걸어가는 데 아주 필수적이라고 생각합니다. 여러분이 자신의 소명을 실현하려면 센터링된 형태의 흐르기, 스타카토, 혼돈, 영혼의 음악 그리고 고요함이 필요합니다.

이런 센터링된 리듬이 없다면 여러분은 창조적 여행에서 전혀 움직일 수 없는 궁지에 빠지게 됩니다. 이 다섯 가지 리듬을 명확히 함으로써 여러분은 다섯 가지 리듬과 관계가 깊어지고 자신의 소중한 소명을 실현할 수 있게 됩니다.

실습: 5 리듬 탐색하기

딜츠: 이제 여러분이 이 리듬을 탐색해볼 시간입니다. 먼저 저마다 공간을 좀 확보하시기 바랍니다. 파트너와 함께할 충분한 공간인지 확인합니다. 넓게 퍼져서 각자 충분한 공간을 확보했으면 파트너와 마주합니다. 누가 A를 하고 누가 B를 할지 천천히 정하시기 바랍니다.

　이 간단한 실습으로 여러분이 아주 강력한 경험을 했으면 좋겠습니다. 라포를 형성하고 서로 연결되는 관점뿐만 아니라 리듬이 어떻게 여러분의 힘든 상황을 변혁하고 자신이 세운 목표와 의도를 실현할 수 있는지 탐색하는 강력한 경험이 될 것입니다.

길리건: 가장 쉬운 방법은 실습하는 동안 그냥 바보같이 해보는 것입니다. 아마 우리가 시연했던 것처럼, 리듬을 타는 동안 웃고 재미있게 즐기면 됩니다. 그렇지만 자기 영웅의 여정 깊은 공간과 조율하고 있어야 합니다. 어떻게 이 리듬이 긍정적으로 여러분 여정을 도와줄 수 있을지 생각해야 합니다.

딜츠: 간단하게 하는 방법은 처음부터 의도적으로 신성한 공간을 만드는 것입니다. 물론 처음에는 센터링하는 데 시간이 필요합니다. 우선 파트너와 마주하고 양손은 옆에 둡니다. 잠시 동안 두 눈을 감고 센터에 집중합니다. 센터를 느끼기 시작하면 자신이 가장 센터를 많이 느끼는 몸의 한 부

분에 손을 가져가 만집니다. 발도 느껴 봅니다. 마음을 발에 집중합니다.

길리건: 수행하는 자기의 마음을 놓아 버릴 시간입니다…. 항상 다른 사람을 기쁘게 하려는 당신의 그 마음을. 자신을 돌보는 시간을… 자신을 관찰하는 시간을… 자기를 발견하는 시간을 가지시기 바랍니다.

딜츠: 센터링과 뿌리내리기가 되어 있는지 그리고 자기 자신과 연결되어 있는지 확인합니다. 여러분의 의도에 집중하는 시간을 가집니다. 어떤 목표를 이루고 싶은가요? 어떤 문제를 해결하고 싶은가요? 어떤 상처를 치유하고 싶은가요? 자신의 어떤 소명이라도 그 소명을 느껴봅니다…. 자신의 센터와 연결된 상태를 유지합니다.

목표를 정했으면 눈을 뜨고… 파트너와 연결합니다. 자신의 센터에 의식을 두고 그 느낌을 유지합니다…. 그리고 자신의 의식을 밖으로 확장해서 파트너까지 확장합니다. 준비되면 양손을 움직이기 시작해 파트너를 향하게 합니다. 파트너의 손을 만지지는 마시고… 그 에너지를 미러링합니다.

길리건: 손 사이의 자기장을 느낄 수 있을 정도까지 손을 가까이 댑니다. 거의 닿을 정도이지만 닿지는 않습니다.

딜츠: 여러분이 서로 미러링할 때 어느 한쪽이 일방적으로 주도하거나 어느 한쪽이 일방적으로 소극적이지도 않습니다. 연결됨의 느낌을 탐색하며 여러분이 안전, 신뢰 그리고 라포를 느끼는 방식으로 주고받습니다.

준비되면 A는 양손과 몸을 천천히 흐름 동작으로 움직입니다. 천천히 움직입니다. 센터와 파트너에게 연결된 채, 이 흐름 동작이 두 사람 사이의 연결을 통과하면 어떤 움직임이 나오는지 느껴봅니다. B는 A를 미러링합니다. 완벽하게 따라 할 필요는 없습니다. 단지 연결되어 있음을 느끼고 따라 합니다. 눈은 부드럽게 하고 주위 사방을 넓게 바라봅니다. 그렇게 소매틱 마음이 당신을 이끌도록 합니다.

A는 흐름의 느낌을 몸으로… 자신의 어깨로… 무릎으로 가지고 옵니다. 편안하게 자신의 의도에 집중할 수 있을 정도로 탐색합니다. 어떤 목표나 의도를 장으로 가져오고 싶은가요? 그 목표나 의도를 가지고 와서 그 주위에서 흐르기를 합니다…. 목표와 의도가 함께 흐릅니다…. 목표와 의도를 관통해서 흐릅니다. 목표와 의도가 여러분을 통과해서 흐르게 합니다.

길리건: 여러분의 의도와 그리고 파트너에게 각각 연결하기 바랍니다. 의도와 파트너가 서로 어떻게 보완하는지 느껴보시기 바랍니다.

딜츠: 여러분은 자신의 상처와 악마를 이 춤에 데리고 왔을 수도 있습니다. 자신의 상처 그리고 악마와 함께 흐르기를 합니다. 당신의 센터와 파트너와는 계속 연결된 채 진행합니다.

이제 B가 리드하기 시작합니다…. 그리고 A가 따라 합니다. 두 사람 사이 연결된 감각을 느낍니다. 여러분과 함께하는 흐름 에너지를 느낍니다.

길리건: 여러분이 가진 의도가 공명하는 느낌에 조율해주시기 바랍니다. 이 공명하는 이미지가 어떻게 여러분의 몸이 흐름 속으로 더 깊게 이완하게 하는지 여러분은 알아차릴 수 있습니다…. 그 흐름 동작이 어떻게 이미지를 더 유동적이고 새로운 차원으로 열리게 하는지 알아차릴 수 있습니다. 다양한 차원에서 개발되는 창조적인 흐름.

딜츠: 이제 흐르기 리듬이 A와 B 두 명 모두를 이끌기 시작합니다. 누가 리드하고 누가 따라하는 것이 아닙니다. 흐름의 리듬을 느낍니다. 이제 그 리듬이 여러분을 이끕니다.

길리건: 흐름의 리듬을 타면, 여러분의 의도가 열리고 새롭게 표현하는 길이 열립니다.

딜츠: 두 사람 사이의 생성적 공간을 느낍니다. 에너지가 그 공간에서 점점 더 커집니다.

A는 스타카토 느낌이 자신에게 다가오는 것을 느끼기 시작합니다. 비트를 느낍니다. 강렬함을 느끼시기 바랍니다. 그 비트와 강렬함에 몸을 맡깁니다. 비트와 강렬함이 여러분의 리듬이 됩니다. 다시 한번 센터링 상태를 유지하시기 바랍니다. 센터를 유지하고 자신의 의도가 센터에 머물게 합니다.

길리건: 여러분이 스타카토 에너지와 함께한다면, 여러분은 자신의 의도를 이제는 다른 방식으로 느끼기 시작합니다.

딜츠: 스타카토는 자기 자신을 규정하는 것입니다. 여러분 파트너가 쉽게… 아름다운 스타카토의 소매틱 신택스를 따라 할 수 있도록 반복적인 동작으로 자신을 표현합니다…. 이제 B가 리드하고 A가 따라 합니다. 자신을 규정하세요. (리듬을 타는 박수 소리가 들릴 수 있고, 소리를 지를 수도 있다.) 자신의 의도를 기억하시기 바랍니다. 센터링을 유지합니다. (소음이 커지고 소리에 어떤 패턴이 나타난다.) … 좋습니다.

이제 장이 여러분을 혼돈으로 이끌 것입니다…. 여러분 센터의 더 깊은 곳을 느끼시기 바랍니다…. A가 혼돈의 센터 속으로 깊이 들어갑니다. 모든 질서와 모든 형태를 놓아 버립니다. 이제 B가 센터와 연결합니다. 센터링된 놓아버림의 리듬과 혼돈의 리듬을 느끼고 따라 합니다…. 그리고 A는 따라 합니다…. 이제는 A와 B 그 누구도 리드하지 않습니다…. 통합된 혼돈의 장이 두 사람 모두를 안내합니다. (리드미컬한 소음이 계속되고 약간 빨라진다.)

길리건: 장에 있는 어떤 에너지가 여러분을 이끌고 있습니다. 여러분의 의도를 기억합니다…. 센터링을 유지합니다…. 놓아 버립니다…. 이 에너지가 여러분이 자신의 의도를 탐험하도록 이끌 것입니다. (박수가 계속된다.)

딜츠: 놓아 버림에 기꺼이 순응했기에, A는 영혼의 노래가 주는 가벼움이

자신 안에 흐르는 것을 느낄 수 있습니다. B는 A가 추는 영혼의 노래 춤을 따라 합니다. 가벼움을 느끼고, 영혼의 노래가 주는 재미있는 표현을 느껴봅니다.

길리건: 춤 속에서 계속 자신의 의도를 느낍니다…. 자신의 의도를 어떻게 재미있는 춤으로, 여러 가지 유쾌한 방식으로 경험하고 표현할지 느껴봅니다.

딜츠: 센터링을 유지하기 바랍니다…. 가벼움을 느낍니다…. A가 자신만의 고유한 방식으로 자신의 의도를 표현합니다…. 이제 B가 리드해서 즐겁고 부드러운 영혼의 노래 춤을 춥니다. 그리고 A가 따라 합니다. 이제 두 명 모두 장이 이끄는 그 안에서 스스로를 놓아줍니다. 이 가벼움의 에너지가 두 사람 모두를 이끕니다.

길리건: 장이 달콤한 둥지가 됩니다…. 그 둥지 안에는 자신만의 독특한 표현이라는 알이 있습니다. 이 알이 둥지에서 영혼의 음악처럼 부화합니다.

딜츠: 영혼의 가벼움, 마술, 창조성 그리고 놀이로 가득한 장이… 여러분이 품고 있는 의도를 향해 흐릅니다. 또 그 의도를 통과해서, 그 의도 너머로 흐릅니다…. 서정적 에너지를 불어넣어 자신의 의도를 영혼의 음악으로 경험합니다. 영혼의 음악을 표현하다 보면 여러분은 자연스럽게 고요 속으로 들어갑니다…. 센터링된 고요함에 이끌리게 됩니다. 아주 작은 움직임에서 고요함을 찾기바랍니다. 손가락에서… 어깨의 움직임에서… 엉덩이에서… 그 너머의 공간에서. 더 큰마음을 향해 열리도록 고요함의 동작을 해보시기 바랍니다…. B는 A의 동작을 미러링합니다.

길리건: T.S. 엘리엇Eliot의 시는 이렇게 쓰고 있습니다: 회전하는 세계의 고요한 정점, 거기에 춤이 있다…. 그것을 고정이라고 부르지 마라…. 그것은 제시간에 놓여 있기 때문이다.

딜츠: B는 이제 자신의 고요한 공간으로 움직입니다. A는 B를 따라 합니다.

(깊은 침묵) 엘리엇의 시 「네 개의 사중주」에서 이렇게 읊었습니다:

> 내 영혼에게 말했다. 고요하라. 그리고 기다려라. 희망없이.
> 희망이란 그릇된 것을 위한 희망일지니; 기다려라 사랑없이.
> 사랑이란 그릇된 것을 위한 사랑일지니; 그럼에도 믿음이 있다.
> 그러나 믿음과 사랑과 희망은 모두 기다림 안에 있다.
> 기다려라 생각없이, 그대는 아직 생각할 준비가 안 되었으니.
> 그러므로 어둠은 빛이 되고 고요함은 춤이 되리니
> 　　　　　　　　　　　　（「네 개의 사중주」 제2번 East Coker）

딜츠: 고요함이 여러분 안에, 그리고 여러분 사이에 함께 하기를 바랍니다. 여러분 내면과 여러분 너머와 연결된 느낌을 느끼시기 바랍니다. 두 사람 사이에 있는 여러분의 그 두 개의 여정을 품습니다. 여러분 파트너의 프레즌스를 느껴봅니다. 여러분 파트너 고유의 에너지를 느껴봅니다. 그리고 여러분 자신의 특별한 에너지를 느낍니다.

길리건: 여러분이 걸어가는 인생의 깊은 비전을 지지해주게 되면, 자기 안에 있는 그 어떤 것이 세상을 향해 춤추기 시작합니다. 또 생명을 주기도 하고… 숨을 불어넣어주기 하고… 움직이게 하고… 사랑을 줍니다.

딜츠: 이제 다시 한번 파트너와 마주 보고 서서, 양손을 마주 보게 해서, 파트너의 프레즌스 에너지를 천천히 느껴봅니다. 프레즌스로 가득한 자신의 센터를 느낍니다. 여러분을 감싸고 있는 더 큰 장 안에서, 둘 사이에 장이 어떤지 느껴봅니다.

준비가 되었다면 양손을 자신의 센터로 다시 가져옵니다. 완전히 자기 자신에게 돌아옵니다. 자신으로 돌아오는데 도움이 된다면 눈을 감아도 좋습니다.

그리고 준비되면, 눈을 뜨고 파트너를 바라봅니다. 파트너에게 함께 춘

춤에 대해 감사의 표시를 말이 아닌 제스처로 표현해봅니다.

길리건: 함께 춤을 춰서 감사했습니다. 각자 어떤 느낌이었는지 잠시 이야기하는 시간을 갖도록 하겠습니다.

가디언 찾기

딜츠: 이제 마지막 실습이 하나 남았습니다. 여러분은 이제 세상으로 다시 돌아가 자신만의 여정을 가게 됩니다. 그 여정에서 여러분은 시행착오와 고난을 헤치고 나아가야 합니다. 이 실습은 이때 여러분을 도와줄 가디언을 만나는 것에 관한 내용입니다.

길리건: 이 여정은 여러분 혼자 감당해야 합니다. 그렇지만 중요한 사실 한 가지는 "친구들에게서 약간의 도움을 받을 수는 있습니다."라는 것입니다. 조지 부시 대통령이 했던 말인가요?

딜츠: 아니요, 그라우초 마르크스가 한 말입니다. (웃음)

길리건: 다시 진지하게 얘기하자면, 가디언 없이 우리는 이 여정을 갈 수가 없습니다. 칼 융은 모든 사람이 그가 '성자들의 집단'이라고 말한 것을 발굴해야 한다고 했습니다. 칼 융은 성자들의 집단을 종교적인 의미로 말한 것은 아닙니다. 칼 융이 말한 것은 여정을 가는 우리를 지지하고 사랑해줄 정신적인 스폰서를 발굴해야 한다는 의미입니다.

딜츠: 당신의 여정에서 여러분의 존재를 알아봐주고 축복해주는 존재. 여러분을 멘토링해주고, 가르침을 주고, 코치해주고, 깨어나게 하는 존재. 이번 실습에서는 이것이 어떻게 내면에서 가능한지를 탐구하려고 합니다. 또 비록 물리적으로 존재하지 않더라도, 여러분이 많은 가디언의 지지를

받고 있다는 것을 어떻게 깨달을 수 있을지 탐구해보고자 합니다.

길리건: 만약 어떤 사람의 성자들 집단에 누가 있는지 알아보려면, 다음 질문을 해보시기 바랍니다. *누가 진정으로 여러분 인생에서 당신의 존재를 알아봐주고 축복을 해주었습니까?* 만약 그런 사람이 없었다면 우리 모두는 이 자리에 없을 것입니다. 여러분에게 뭔가 하려고 했던 사람이 아니라, 여러분에게 다가와서 영혼을 어루만지며 일깨워준 사람. 여러분에게 질문해봅니다. 누가 진정으로 당신의 존재를 알아 봐주었습니까? 밀턴 에릭슨은 저에게 그런 사람이었습니다. 밀턴 에릭슨은 저를 축복해주었습니다. 그를 처음 만났을 때 저는 한창 방황하던 19세였습니다. 에릭슨은 *"자네는 이 사회를 위해 크게 공헌할 사람이네!"* 라는 메시지로 저를 감동하게 만들었습니다. 제 영혼에 불을 밝혀주었죠. 이제 그 불을 아무리 끄려고 해도 꺼지지 않습니다. (웃음) 에릭슨은 아주 많은 사람의 존재를 인정해주고 축복해주었습니다. 저는 그가 제 존재를 인정해준 것이 너무나 기뻤습니다. 에릭슨은 제 성자들의 집단 안에 있는 사람입니다.

딜츠: 이러한 스폰서와 가디언이 꼭 살아 있는 사람일 필요는 없습니다. 역사적 인물, 영적 존재, 심지어 자연 현상일 수도 있습니다. 저는 아주 문제가 많은 가정에서 자란 여성과 상담한 적이 있습니다. 어렸을 때 그녀는 믿을 만한 사람이 아무도 없었습니다. 그녀가 갔던 숲에서 별안간 집에 있는 것처럼 편안해졌습니다. 그녀는 숲과 이야기했고 숲을 통해 엄청난 지혜와 위안을 얻었습니다. 숲은 그녀에게 가디언이었고 스폰서였습니다.

길리건: 성자들의 집단에 작가나 예술가도 포함될 수 있을 겁니다. 제가 고등학교 시절, 저는 자살을 생각할 만큼 우울했던 적이 있었습니다. 저는 우연히 시를 접하게 되었고, 그 시인들이 제 안의 깊고 놀라운 그 무엇을 깨워 주었습니다. 시인의 목소리는 제게 다가와서 저를 감동하게 했습니

다. 시의 언어는 사랑과 지혜로 가득 차 있었습니다. "우리는 여기 온 적이 있습니다. 괜찮아요. 이것을 통과하고 넘어갈 길이 있습니다." 시는 제 고통과 아픔을 넘어서 그리고 개인적인 상황을 넘어서 제게 깊은 심미적 장을 열어 주었습니다.

예술가와 작가들은 여러분의 센터를 깨어나게 하고 여러분의 경험을 생성적인 세계로 바꾸어줄 수 있습니다. 예술가와 작가들은 여러분을 '일상의 먼지'에서 벗어나게 해주기 때문입니다. 그래서 이들은 여러분에게 성자들의 집단이 될 가능성이 아주 큽니다.

딜츠: 성자들 집단의 한 측면은 우리가 이야기하는 혈통과 관련이 있습니다. 사실 우리가 말하는 이 여정은 우리보다 앞서간 사람들이 이미 지나간 길을 우리는 따라가는 것입니다.

길리건: 일본에서는 선생님을 *센세이*라고 합니다. 일본어의 센세이는 강가에 두 명이 서 있는 것으로, 한 사람이 다른 한 사람 앞에 서 있는 것을 말합니다. 센세이는 '여러분과 같은 길에 있는 한 사람으로서 여러분보다 약간 먼저 출발한 사람'이라는 뜻입니다. 따라서 스폰서와 가디언은 우리와 같은 길을 가는 사람으로 우리보다 약간 먼저 그 길을 출발했던 사람입니다. 그래서 그들은 우리에게 내면의 자원을 보내주고 안내해줄 수가 있습니다. 우리는 이런 긍정적인 프레즌스에 조율해서 좋은 자원을 받을 수 있습니다.

딜츠: 우리는 자신의 가계 혈통이 있습니다. 부모, 조부모 등이 있습니다. 이들에게 선물과 상처를 받습니다. 또 우리는 우리의 영적 또는 직업적 혈통을 가지고 있습니다. 우리보다 먼저 자신의 여정을 살았던 치유자, 예술가, 전사, 사랑이 가득한 사람 등이 있습니다. 우리는 여러 가지 혈통에서 자신의 가디언을 찾을 수 있습니다.

길리건: 그러면, 여러분은 이런 질문을 할 수 있습니다. 당신은 어떤 길 위에 있나요? 아니면 칼 융처럼 이렇게 물어볼 수도 있습니다. "여러분은 어떤 신화를 살고 있습니까? 당신은 어떤 여정을 하고 있습니까? 여러분 영혼의 유산은 무엇입니까? 여러분은 어떤 혈통의 길을 걷고 있습니까? 여러분이 그 혈통에 있는 생성적 존재에 조율하게 된다면, 여러분은 자신의 길을 이끌어줄 성자들의 집단을 찾을 수 있을 것입니다.

딜츠: 몇 달 전 인터넷에서 재미있는 이야기를 읽었습니다. 독일의 한 젊은 이가 제정신을 잃고 몹시 화가 났습니다. 상황은 더 심각해져서, 그는 총을 가지고 쇼핑몰에 가서 총으로 사람을 쏘아 죽이려고 했습니다. 그는 정말로 막 나설 때, 귀엽고 사랑스러운 강아지 한 마리가 그에게 다가갔습니다. 그 청년은 전혀 놀 기분이 아니었지만 그 강아지는 아주 많이 놀고 싶어했습니다. 그 강아지는 순진무구하고 사랑스럽게 그 청년에게 거침없이 달려 갔습니다. 그러자 뭔가가 그 청년의 감성을 자극해서 그의 마음이 풀어지는 느낌이 들었습니다. 아마도 강아지가 그를 어둠 너머의 장과 연결시켰던 것 같습니다. 그 청년은 결국 집으로 돌아가 그 총을 치워버렸습니다. 그 강아지는 저 너머에서 온 가디언으로 수많은 사람의 생명을 구한 것인지도 모릅니다. 강아지는 적어도 한 사람의 영혼을 구한 가디언이었습니다.

길리건: 여러분을 돕기 위해 누가 여러분 앞에 나타날지 모릅니다. 여러분 여정에서 여러분을 도와줄 긍정적인 존재들이 많이 있다는 말씀을 드리고 싶습니다. 이런 존재들을 찾기 위해서 여러분이 장을 향해 활짝 열고 있으면, 그들이 여러분을 찾아낼 것입니다.

실습: 가디언 찾기

딜츠: 다음은 이번 실습의 개요입니다. 이 실습으로 우리는 여러분이 가디언을 찾아 갈 수 있도록 탐색해볼 것입니다.

1. 현재 마주하고 있는 '악마'(도전)는 무엇입니까? 영웅이 아닌 희생자로서 느끼는 상황은 어떤 것이 있습니까?
2. 여러분의 임계점은 무엇입니까? (a) 여러분에게 도전을 강요하는 미지의 영역과 안전지대 바깥쪽은 무엇입니까? 아니면 (b) 여러분이 도전을 다루기 위해 들어가야만 하는 미지의 영역, 안전지대 바깥쪽은 무엇입니까?
3. 여러분이 마주하는 악마와 여러분이 뛰어넘어야 하는 임계점을 고려했을 때, 여러분이 꼭 해야 할 행동은 무엇입니까? 어떤 일을 해야 하고 또 어떤 사람이 되어야 합니까? (이에 대한 대답은 상징이나 은유를 사용하는 것이 좋습니다. 예를 들면 "저는 독수리/전사/마법사 등이 되고자 합니다.")
4. 도전에 맞서기 위해, 임계점을 넘어서기 위해, 당신의 소명을 달성하기 위해, 여러분은 어떤 자원을 가지고 있습니까? 도전에 맞서기 위해 어떤 자원을 더 완전하게 개발해야 합니까?
5. 이런 자원을 지원해줄 여러분의 가디언은 누구입니까? 누가 여러분의 가디언이 될 수 있겠습니까?

여러분이 자신의 가디언을 찾았다면, 이번에는 가디언이 여러분을 지지 해주기 위해 여러분의 어느 쪽에 서 있는지 상상합니다. 이제 각 가디언의 위치로 이동해서 가디언이 되어봅니다. 그들의 눈으로 당신 자신을 봅니다. (2차 포지션). 그 가디언이 당신에게 어떤 메시지와 조언을 주고 있습니까? 이제 다시 자신의 자리로 돌아와 가디언이 준 메시지를 받습니다. (1차 포지션)

딜츠: 우리는 첫 번째로 내면의 성찰을 위한 연습을 하고 나서, 두 번째는 상호작용을 통한 시연을 해서 보여드리겠습니다. 그리고 나서 여러분이 파트너를 정해서 직접 연습해보는 시간을 갖겠습니다. 첫 번째로 여러분이 현재 통과하는 여정의 그 지점에서 직면하는 도전을 기준으로 삼아보겠습니다. 지금까지 우리가 진행한 프로그램에서 여러분은 자신에게 다가올 악마를 경험하기도 하고, 여러분 내면 안에서 여전히 살고 있는 그림자를 느껴보기도 했습니다. 여러분은 이런 악마와 그림자를 앞으로도 각각 여러 시점에서 만나게 될 것입니다. 그렇지만 이제 여러분은 더 풍부한 자원과 용기로 악마와 그림자를 마주하기 바랍니다.

이제 잠시 센터링하시기 바랍니다. 여러분이 다시 마주칠 가능성이 있는 악마를 느껴봅니다. 그런 상황과 감정, 즉 여러분 자신이 영웅이 아닌 희생자라고 느끼는 그 순간을 느껴보시기 바랍니다.

길리건: 이것을 다른 방식으로 물어보면 이렇게 질문할 수 있습니다. *다음 주나 다음 달 생각해볼 때, 여러분의 센터를 가장 세차게 뒤흔들 만한 것은 무엇입니까?*

딜츠: 여러분에게 가장 부정적인 스폰서링 메시지를 줄 수 있는 상황과 사람 그리고 자신 안에 있는 자기는 무엇입니까? *당신은 무능력해. 당신은 부족해. 당신은 존재감이 없어. 당신은 여기서 환영받는 사람이 아니야.* 잠시 이런 악마, 그림자, 시행착오, 시련 그리고 시험 등 어떤 것이 있는지 생각해보시기 바랍니다. 또 여러분의 임계점에 대해서도 생각해보시기 바랍니

다. 불확실성이 있는 지점, 위험이 있는 지점, 헛수고만 하는 지점은 어디입니까? 당신이 안전지대를 빠져나오기 위해서 필요한 것은 무엇입니까? 어떤 위험을 감수해야 합니까? 용기가 필요한 지점은 어디입니까?

여러분이 자주 비참하게 실패할 것이라고 예견하는 것이 얼마나 중요한지 스테판과 저는 이야기하곤 합니다. 이렇게 실패할 것이라고 미리 알고 있으니까 좋지 않습니까? (웃음) 여러분이 이런 가능성을 인정하면, 여러분은 험난한 역경의 시기에 다양한 방식으로 긍정적인 반응을 할 수 있음에 감사하게 됩니다. NLP에 이런 말이 있습니다: 실패는 없다. 다만 피드백이 있을 뿐이다. 실수는 없다. 다만 결과만 있을 뿐이다. 그 결과에 어떻게 반응하는지가 그것이 궁극적으로 실패인지 성공인지를 결정한다. 여러분이 자기 영웅의 여정을 간다는 것은 큰 위험과 도전에 노출된다는 의미입니다. 이 도전 중에 여러분에게 어떤 것이 올지 파악해보시기 바랍니다.

길리건: 여러분이 도전과 위험을 마주하게 되면, 여러분은 이런 도전에 거의 자동으로 반응하며 버티고 있는 자신을 발견하기도 합니다. 여러분은 우리가 말했던 '싸우기, 도망치기, 얼기' 상태에 빠져버립니다. 이런 비생성적인 반응에서는 그 문제를 변형하거나 변혁할 수 없습니다. 그래서 여러분이 악마를 만나게 된다면 노스님의 제안을 기억하시기 바랍니다. "억지로 무언가를 하려고 하지 마십시오. 그대로 거기 앉아 있습니다. 당신의 분노와 두려움이라는 먹이를 악마에게 주지 마세요. 여러분의 센터를 그 문제에 뺏기지 마세요. 그런 자동 반응이 나타나면 다음과 같은 것을 하라는 신호로 받아들입니다: 놓아 버리고 센터링합니다. *놓아 버리고 센터링을 합니다. 놓아 버리고 센터링합니다.* 내면에서 여러분 몸이 수직축으로 연결되어 있음을 느끼시기 바랍니다. 악마에 대한 집착을 놓아버립니다. 여러분 센터와의 관계가 최우선입니다.

딜츠: 싯다르타Siddhartha가 말했습니다. "나는 생각할 수 있다. 그리고 나는 기다릴 수 있다." 생각할 때가 있고 "한편으로는 생각하지 않고 기다릴 때가 있습니다." 악마를 만나면 생각과 반응을 놓아 버리고 자신의 센터를 먼저 찾기 바랍니다. 그리고 이런 질문에 귀 기울여 보시기 바랍니다: *어떤 자원이 여러분에게 도움이 됩니까? 이 어려운 미래에 대처하는 데 필요한 자원은 무엇입니까?* 분명코 영웅의 여정에서 누구에게나 용기와 사나움이 필요합니다.

길리건: 그러나 부드러움과 친절함도 필요합니다.

딜츠: 장난기, 유머 그리고 창조성도 잊으면 안 됩니다. 앉아서 여러분에게 필요한 자원에 대한 질문을 생각해보기 바랍니다. 아마도 그것은 능력이 아니라 믿음일 것입니다. 자기 자신에 대한 믿음.

길리건: 아마도 그것은 여러분 자신에 대한 믿음이 아니라, 여러분보다 더 거대한 그 무엇과의 연결, 여러분이 원하는 것을 얻을 수 있는 그 무엇과 연결일지도 모릅니다.

딜츠: 신뢰감. 여러분이 진정으로 자신이 가진 재능을 세상에 나누고, 자신의 상처를 치유하기 위해서, 어떤 자원이 필요한지 지금 진지하게 곰곰이 찾아보아야 합니다. 내면에 있는 어떤 자원입니까? 여러분 자신을 도울 수 있고, 여러분의 이너 게임을 도울 수 있는 내면의 자원은 무엇입니까?

길리건: 여러분이 가진 *문제가 아무리 크더라도 그것을 받아들이는 여러분 자기의 공간은 훨씬 더 크다*는 것에 기뻐해야 합니다. 여러분은 마주한 문제보다 더 깊고… 더 넓게… 그 문제를 뛰어넘어 뻗어 있습니다. 훨씬 더 큽니다. 여러분이 자신의 확장된 자기에 이르기 위해서는 어떤 자원이, 어떤 연결이, 어떤 믿음이 필요합니까?

딜츠: 이 탐구 과정에서 중요한 질문은 다음과 같습니다. 여러분이 필요한

이런 자원을 제공해줄 여러분의 가디언은 누구입니까? 여러분 인생, 역사적 인물, 원형의 존재, 영적인 존재 가운데 어떤 스폰서가, 어떤 멘토가 여러분이 필요한 자원을 기억하고 접속하고 활용할 수 있도록 도와줄 수 있습니까?

길리건: 어떤 사람들이 여러분보다 앞서 이 길을 걸어 갔을까요? 이성적으로 그 해답을 찾으려 하지 말기 바랍니다. 잠시 이 질문을 가슴에 품고 여러분에게 어떤 사람이나 어떤 것이 떠오르는지 바라보시기 바랍니다. 어떤 사람이 여러분 장에 나타나는지 놀라움으로 지켜보기 바랍니다.

딜츠: 여러분이 속한 혈통은 어떤 혈통입니까?

길리건: 여러분을 둘러싼 장에 떠오르기 시작한 다른 가디언을 흥미롭게 지켜보기 바랍니다.

딜츠: 영적인 가디언일 수도… 영적인 스승이거나… 천사… 상징… 원형일 수도 있습니다. 산, 바다, 강, 숲 또는 꽃 같은 자연에서 온 가디언일 수도 있습니다.

길리건: 여러분을 믿는 그 누구… 여러분의 능력을 믿는 그 누구… 이건 가능해라고 여러분에게 알려주는 그 누구. 여러분의 여정에서 여러분이 열망하는 것은 가능한 일입니다…. 이렇게 말하는 그 누구. 여러분을 지지하고 안내해주기 위해 여기 이렇게 우리가 있습니다…. *당신은 그 길을 끝까지 잘 갈 수 있습니다.* 여러분은 해낼 수 있습니다…. *여러분은 할 수 있습니다…. 그럼요, 정말, 여러분은 해낼 수 있습니다!*

딜츠: 여러분 안에 용기, 자신감, 창조성, 연결 그리고 확신을 끌어내는 그 누구.

길리건: 여러분 개인 마음에서 벗어나서 성자들의 집단에 들어가는 것이 어떤 것인지 느껴보시기 바랍니다. 그곳에서… 당신 안에서 또 당신의 주위

에서… 성자들 집단의 장에서…. 이 장이 여러분의 깊은 마음이 됩니다.

딜츠: 그렇게 하면서, 당신에게 중요한 가디언 몇 명을 상상해보시기 바랍니다. 그리고 준비되면 다시 여기에 집중해주시기 바랍니다.

우리는 지금 자신의 중요한 가디언을 확인해보는 첫 번째 프로세스를 진행했습니다. 이제 두 번째로 시연할 차례입니다. 이 시연에서는 여러분이 악마나 도전에 직면했을 때, 어떻게 자신의 가디언을 활용할 수 있을지 탐구해보겠습니다. 이런 도전과 시련을 경험하는 지원자 한 명을 모시고자 합니다.

(앨리스가 지원하고 무대에 오른다.)

앨리스와 데모

딜츠: 먼저, 당신이 현재 마주한 도전과 시련이 무엇인지 알아보는 것이 첫 번째 단계입니다. 앨리스, 이 시간 얘기하고 싶은 문제에 대해 말해주시겠습니까?

앨리스: 삶과 죽음을 오갈 정도로, 저는 개인적으로 저를 괴롭히는 제 인생의 갈등을 경험했어요. 결국에는 간에 종양이 생기고 말았죠. 정말 이해가 되지 않았지만 이 종양이 제 인생의 갈등을 인정하라는 증상이 아닌가 하는 생각이 들었어요.

딜츠: 지금도 간에 종양이 있습니까?

앨리스: 아니요. 수술을 두 번 받았어요. 한 번은 일 년 전에, 한 번은 6개월 전에 받았어요. 총 세 개의 종양이 있었는데 종양을 제거하기 위해 간 절반을 잘라냈어요.

딜츠: 네. 당신은 영웅의 여정을 가는 것이 확실합니다. 분명 당신은 이미

악마와 마주했고 앞으로 더 많은 시련도 다가올 것입니다. 우리가 연습할 때 보았던 그 '악마'가 분명해보입니다. 바로 종양이죠. 맞나요?

앨리스: 네.

딜츠: 종양은 당신이 가는 영웅의 여정에서 마주친 악마라고 할 수 있습니다. 당신은 정말 이해할 수 없다고 했지만, 이해하고 싶다고도 했습니다. 악마는 우리 내면에 있는 그림자 자기의 반영이라는 개념을 여기서 배웠습니다.

앨리스: 네.

딜츠: 자신의 갈등에 대해서 말해주었는데, 잠시 대화의 초점을 거기에 맞추어 보겠습니다. 종양을 생각하면 내면에서 어떤 일이 일어났는지 주목해보기 바랍니다. 당신 무의식에서 어떤 것을 반영한 것인가요? 두려움인가요? 분노인가요? 거기에 무엇이 있는지 주목해보기 바랍니다.

　(앨리스가 눈을 감고 깊이 호흡한다. 감정적으로 무언가와 연결된 것처럼 보인다.)

　(부드럽게) 좋습니다. 좋아요. 거기서 어떤 것이 느껴지나요? 소매틱 마음에서 무엇이 느껴지나요?

앨리스: (감정적으로) 외로워요.

딜츠: 네…. 또 어떤 것이 느껴지나요?

앨리스: 차가움이요. 고통스러워요.

딜츠: 차가움, 당신을 고통스럽게 하는 그것이 뭐라고 말하는 것 같나요?

앨리스: (눈물을 흘리며) 내 인생은 가치 없다고 말하는 것 같아요.

딜츠: 당신의 인생이 가치 없다고 말하고 있군요. 보통 이런 말은 당신이 맞는 말이라고 맞장구쳐주지 않으면 힘을 쓰지 못합니다. 당신의 내면에 '맞아, 나는 가치가 없는 사람이야'라고 말하는 목소리가 있는지 궁금합니다.

보통은 악마가 우리 내면의 그림자를 낚아챌 때, 비로소 악마는 우리에게 상처를 줄 수 있습니다. 당신 내면의 어떤 부분이 '당신은 가치가 없는 사람이야'라는 말에 공명하고 있을까요?

앨리스: 저는 존재하지 않아요.

딜츠: 나는 존재하지 않는다. 네.

앨리스: 저는 조종당하고 있어요.

딜츠: 조종당하고 있다니? 무슨 말인가요?

앨리스: 내가 울고 싶을 때, "닥쳐!" 이런 대답이 돌아와요.

딜츠: 그때 어떤 느낌이 드나요? 당신이 울고 싶을 때, "닥쳐!"라는 말을 들으면 몸에 어떤 느낌이 듭니까?

앨리스: 고통이요.

딜츠: 어디에서 고통이 느껴지나요?

앨리스: 제 영혼에서요.

딜츠: 당신의 영혼에서 고통이 느껴진다. 잘 알겠습니다. 당신의 영혼이 그렇게 느낀다면 아마 몸에서는 그런 징후들이 나타나게 되어있습니다. 이 부분이 영웅의 여정을 탐구하는 데 중요한 부분입니다. 악마가 당신을 임계점 밖으로 밀어낸다고 상상해보기로 하겠습니다. 당신을 위해 새로운 곳으로 밀어주고 있는 것이죠. 이 악마가 밀어준 결과 당신은 자신을 위한 새로운 곳으로 밀려서 가고 있습니다. 당신을 위한 그 경계는 무엇일까요? 지금 당신은 안전지대의 어떤 끝자락에서 밀려나고 있을까요?

앨리스: 제가 가고 싶은 곳을 말하는 건가요?

딜츠: 꼭 그렇지는 않습니다. 그건 당신이 원하는 상태를 말합니다. 우리는 당신 안전지대의 끝자락에 대해 얘기하고 있습니다. 종양과 갈등이 당신을 임계점으로 밀어내고 있습니다. 당신을 안전지대의 바깥쪽으로 밀어

내는 중입니다. 종양과 갈등은 당신에게 무언가 새로운 것을 하라고 요구하고 있습니다. 이런 증상들 때문에 당신이 무언가를 해야 한다면 그것은 당신이 하기 매우 힘든 일일 것입니다. 당신에게 쉽지 않지만 꼭 해야 하는 새로운 일은 무엇일까요?

앨리스: 내 도전이요?

딜츠: 네.

앨리스: (멈추고 감정에 집중한다.) 내가 느낀 감정을 솔직하게 표현하는 것이요. 내가 생각하고 느끼고 하고 싶은 것들.

딜츠: 네. 그게 중요합니다. 그것이 당신에게 분명 힘들었던 것입니다. 당신이 도전할 일이죠. 당신은 악마와 그림자를 가지고 있습니다. 종양과 고통 그리고 "닥쳐!"라는 말도… 그리고 당신의 감정을 솔직하게 표현하는 것이 필요하다는 사실도. 이 모든 것이 당신에게 무엇을 하라고, 당신이 어떤 사람이 되라고 말하고 있는 것일까요? 고독과 종양은 당신에게 솔직하게 말하라고 합니다. 고독과 종양은 당신이 성장하고 무언가 새로운 것을 하라고 합니다. 고독과 종양은 당신에게 말합니다. "지금처럼 살지 마라, 더는 이렇게 위축되어 있지 마." 당신에게 무엇을 하라고 외치는 것입니까?

앨리스: (여전히 감정적이나 약간 진정하며) 사랑과 행복이요.

딜츠: 네, 사랑과 행복. 잘 알겠습니다. 지금 당신에게 떠오르는 상징이 있나요? 당신이 사랑과 행복이 충만할 때 당신을 나타낼 수 있는 상징이 떠오른다면, 어떤 상징일까요? 당신이 되고 싶은 사람이 된다면, 그 상징은 무엇이겠습니까? 별 같은 것일까요? 아니면 다른 것? 내면에서 떠오르는 상징에 집중해보시기 바랍니다.

앨리스: 무한대 표시가 떠오릅니다.

딜츠: 무한대 표시. 무한대 표시가 당신에게 어떤 의미입니까? 상징을 생각해보시기 바랍니다. 당신이 되려는 것은 무엇입니까? 이 무한대가 표현하는 것은 무엇인가요? 만약 당신이 솔직하게 표현하는 사람이 되고, 종양도 치유가 된다면, 당신은 어떤 사람이 될까요?

앨리스: 안전한 사람이요.

딜츠: 그건 어떤 모습인가요? 이 안전한 사람의 상징은 무엇인가요? 안전한 사람으로서 당신은 누구인가요? 그 상징은 무엇입니까? 그 은유는 무엇입니까? 제일 먼저 떠오르는 이미지를 느껴보세요.

앨리스: 바다예요.

딜츠: 바다.

앨리스: 음…. (몰입하듯이) 네. (깊게 호흡한다.)

딜츠: 당신 안에 바다가 되라는 소리가 있군요. (청중에게) 앨리스가 추상적인 단어에서 은유적인 이미지로 옮겨가면서 이완한 것을 여러분은 느끼셨을 것입니다. 소매틱 마음이 작동한 것입니다. 특히 앨리스의 육체적인 증상을 생각해보면, 이건 아주 중요한 것입니다. 앨리스의 몸이 스스로 생각하고 존재하도록 해야 합니다. 몸을 통해 자신의 현실을 창조해야 합니다. 그렇게 하지 않으면 악마가 그걸 대신할 것입니다.

(앨리스에게) 그래서 당신이 바다가 되기 위해서, 종양을 치유하기 위해서, 이 고통을 치유하기 위해서, 당신에게 "닥쳐!"라고 말하는 이 목소리를 치유하기 위해서, 당신에게 필요한 핵심 자원은 무엇입니까?

앨리스: 힘과 자신감이에요.

딜츠: 자신에 대한 자신감인가요?

(앨리스가 고개를 끄덕인다.)

다른 것은요?

앨리스: 자존감이요. (울기 시작한다.)

딜츠: 네. 자존감. 음. 자존감이 당신에게 깊은 울림이 있군요. (앨리스가 끄덕인다.) 그건 아주 중요합니다. 자기애, 자존감. 아주 좋습니다.

이제 우리는 이 탐험의 핵심 부분에 이르렀습니다. 당신의 가디언을 부를 시간입니다. 가디언을 부르기에 앞서, 당신이 앞으로 힘과 용기 그리고 자존감이 필요한 아주 구체적인 상황을 떠올려보시기 바랍니다. 다른 사람과 있을 때일까요? 병원에서일까요? 아니면 가족과 있을 때입니까? 어떤 장소일까요? 이런 자원이 필요한 구체적인 시간과 구체적인 장소를 떠올려보시기 바랍니다. 당신이 의심으로 가득 차고, 가장 힘이 빠지고 또 자신감을 잃게 되는 그 순간은 어떤 상황이겠습니까?

앨리스: (감정적으로 몰입하며) 남편과 있을 때요.

딜츠: 남편과 있을 때.

앨리스: 그리고 가족과 있을 때요.

딜츠: 특정한 시간대가 있나요? 예를 들면 남편이나 가족과 어떤 문제에 대해 이야기하려고 합니까? 그런 특정한 순간이나 특정 상황에 초점을 맞추어 보는 것이 중요합니다. 한 번 해보시겠습니까?

앨리스: 네.

딜츠: 그 상황에 초점을 맞추고 있을 때, 누가 당신의 가디언이 될 수 있을지 호기심을 가지고 생각해보시기 바랍니다. 당신에게 힘과 자신감 그리고 자존감을 전해줄 가디언을 생각합니다. 당신이 가족과 배우자와 있을 때, 어떤 존재가, 어떤 사람이, 당신에게 중요한 자원인 힘과 자신감 그리고 자존감을 떠올리도록 도와줄 수 있겠습니까? 예를 들면, 당신에게 힘을 주는 가디언은 누구 또는 어떤 것입니까?

앨리스: 제 수호천사요.

딜츠: 당신의 수호천사.

앨리스: 네. 제 뒤에 서 있는 수호천사가 느껴져요.

딜츠: 수호천사가 있습니다. 그 수호천사는 어떻게 생겼습니까?

앨리스: 커다란 날개가 있는 거대한 천사요.

딜츠: 커다란 날개가 있는 거대한 천사…. 좋습니다…. 자존감에 대한 가디언은 누구일까요? 당신이 살아오면서 당신의 존재를 알아 봐주고, 당신이 자신만의 목소리를 내야 하는 소중한 사람이란 것을 알려준 사람은 누구입니까?

앨리스: 만트라mantra에요.

딜츠: 만트라. 이 만트라의 상징은 무엇일까요? 당신을 지지하는 이 만트라는 당신 주위 어디에 있습니까?

앨리스: 저를 지지해주는 만트라가 들렸어요.

딜츠: 어디에서 들립니까? 구체적인 상황을 느껴보는 것이 정말 중요합니다. 이 만트라를 누가 말하고 있습니까? 그림을 그려보세요. 당신의 몸은 추상적인 것이 아니라 뚜렷한 이미지를 원합니다. 구체적인 언어만이 당신을 자신의 몸에 머무를 수 있게 하고, 당신 몸을 치유할 수 있습니다. 그래서 당신에게서 구체적인 언어가 나오는 것이 중요합니다. 구체적 느낌을 느끼고 몸으로 가져오는 것이 중요합니다.

앨리스: 제가 만트라를 반복하고 있어요.

딜츠: 그 만트라를 반복하는 당신은 누구인가요? 어떻게 보이나요? 만트라를 외우는 당신은 어떤 모습입니까?

앨리스: 빛 같은 것이 보여요.

딜츠: 빛 같은 것이요. 별인가요? 태양인가요? 아니면 불꽃인가요?

앨리스: (몰입한 듯이) 음…. 빛이요. 빛으로 된 공.

딜츠: 빛으로 된 공. 어떤 색깔인가요?

앨리스: 하얀색이에요.

딜츠: 하얀 빛으로 된 공. 당신 주위의 장, 어디에서 하얀 빛으로 된 공의 존재를 느낍니까?

앨리스: 오른쪽이요. (앨리스가 가리킨다.)

딜츠: 당신 오른쪽에. 좋습니다. 그런데 궁금한 것은 지금까지 당신의 가디언은 천사 그리고 빛으로 된 공이었습니다. 지금까지 가디언이 사람인 적은 없었습니다. 저는 사람이 있었으면 좋겠습니다. 사람 중에 당신의 멘토는 누구입니까?

앨리스: (잠시 멈춘다.) 찾기가 힘드네요. 저는 신체적으로나 정신적으로 언제나 혼자였어요.

딜츠: 이해합니다. 그래서 사람 중에 가디언을 찾아보라고 요청드립니다. 저는 당신이 인간 사회 이외 세계뿐만 아니라 인간 사회의 일원으로 있다는 것을 상기시키기 위해 요청한 것입니다. 사람 중에 누가 당신의 가디언이 되어줄 수 있겠습니까? 천천히 생각해보시기 바랍니다. 누구일까요?

(앨리스의 눈물이 샘솟는다.)

이 가디언은 누구입니까?

앨리스: (눈물을 보이며) 제 딸이요.

딜츠: 네. 네.

(앨리스가 계속 운다.)

네. 현재 딸의 존재를 이 장의 어디에서 느끼십니까? 천사는 당신 뒤에 있다고 했습니다. 당신 딸은 어디에서 느껴집니까? 당신 앞에 있나요? 당신 안에 있을 수는 없습니다. 그녀는 몸이 있어서 그 안으로는 들어갈 수 없을 겁니다. 당신 뒤에 있습니까? 아니면 당신 앞에 있습니까? 몸의 어느 부분에서 딸을 느끼십니까? 딸도 몸이 있습니다. 당신도 몸이 있습니다. 그녀가 어디에 있습니까?

앨리스: 제 앞에 있어요.

딜츠: 앞에 있군요. (청중에게) 여러분, 가디언과 이미지를 개발할 때 물리적인 몸과 연결 지어서 하는 것이 중요합니다. 앨리스는 외부의 세계에서 자신의 몸으로 생각하고, 느끼고, 이야기할 수 있어야 합니다. 앨리스가 선택한 생존 전략 가운데 하나가 몸과 분리하기입니다. 몸이 존재하지 않는 내면의 세계로 들어가 관조하는 것입니다. 앨리스는 육체에서 고통과 외로움을 느끼므로 몸을 떠나 다른 세상을 찾아갑니다. 우리는 생성적인 상태가 되어야 한다고 강조했습니다. 생성적 상태가 되어야 창조하고, 치유하고, 변혁이 가능하기 때문입니다. 그렇게 하기 위해서, 우리는 몸에 센터링해야 합니다. 그리고 센터링 상태를 유지하면서 그 상태를 확장하고 뛰어넘어야 합니다. 그래서 우리는 어떤 가디언이 앨리스가 자신의 몸 안에 머무를 수 있게 도와줄 것인가 알아보려고 합니다. 어떤 가디언이 앨리스가 모든 것과 연결하고, 센터링과 자원과 연결된 상태로 세상을 걸어가게 도와줄 수 있는지 알아보려고 합니다. 이것이 되지 않으면, 영적인 연결은 단지 영적인 회피 수단밖에 되지 않습니다. 그것은 도망치는 것이지, 자원이 아닙니다.

앨리스: (깊이 몰입하고 있는 것처럼 보인다.) 음….

딜츠: (앨리스에게) 앨리스, 당신이 이 세상에 두 발을 딛고 머무를 수 있도록 도와줄 사람이 필요합니다. "여기 머물러 있어요, 엄마." 이렇게 말해 주는 당신 딸 같은 사람이요.

앨리스: 음….

딜츠: 당신이 사라지면 다른 사람은 당신을 볼 수 없어요. 다른 사람이 당신

을 보기 원한다면, 보일 수 있게 머물러야 해요. 그렇게 하는 것이 가끔은 다른 사람을 아프게 할 수도 있어요…. (앨리스가 고개를 끄덕인다.) 마지막 단계로, 가디언의 메시지를 받겠습니다. 예를 들면, 당신이 남편과 서로 이야기할 때, 이 가디언들이 당신과 함께 있어줄 거예요. 우리는 지금까지 천사, 하얀 빛으로 된 공, 그리고 당신의 딸에 대해 이야기했습니다.

앨리스: 네.

딜츠: 남편과 만나는 상상을 해보시기 바랍니다.

앨리스: 좋아요.

딜츠: 지금 자기가 서 있는 위치에서 한발 뒤로 벗어나서 수호천사의 위치로 이동할 겁니다. 당신 뒤에 있는 가디언의 위치로 몸을 움직여 이동합니다. 이렇게 하면 당신은 수호천사의 시각에서 당신 자신을 볼 수 있습니다. 자유롭게 몸을 움직여서 수호천사가 있는 곳으로 이동하세요.

(앨리스가 한 걸음 뒤로 이동하며 깊이 호흡한다.)

NLP에서는 이것을 2차적 지각 위치라고 부릅니다. 다른 사람이나 개체의 시각에 들어가서 그 사람의 시각으로 보는 것입니다. 수호천사의 장으로 걸어 들어가서 수호천사의 시각에서 당신 자신을 바라보세요. 수호천사가 되어 봅니다. 그런 뒤에, 수호천사가 된 당신이 앞에 서 있는 앨리스에게 어떤 메시지를 줄지 느껴보시기 바랍니다. (로버트가 앨리스가 서 있던 곳을 가리킨다.) 당신은 앨리스의 가디언입니다. 앨리스가 지금 남편과 가족을 만나려고 합니다. 당신은 앨리스를 위해 어떤 메시지를 주시겠습니까? 당신은 지금 앨리스에게 자신감을 주는 가디언입니다. 앨리스에게 어떤 메시지를 주겠습니까? 수호천사여, 그녀에게 어떤 말을 해주고 싶습니까?

(앨리스가 두 팔을 뻗고 손바닥은 앞으로 향하게 해서 축복하는 자세를

취한다.)

말보다는 이런 터치에 더 가깝다는 거군요. 이 터치의 메시지는 무엇인가요? 이 터치를 통해 앨리스와 무엇을 소통하고 싶은 건가요?

앨리스: *너는 할 수 있어요.*

딜츠: *너는 할 수 있다. 중요하군요…*. 이제 한 발 앞으로 가서 다시 앨리스의 위치로 들어갑니다. (앨리스가 앞으로 이동한다.) 이동하면서 당신 뒤에 있는 수호천사의 터치를 느껴보세요. 수호천사는 이렇게 말하고 있습니다. *당신은 할 수 있어요. 당신은 할 수 있어요. 당신은 할 수 있어요…*. 이런 메시지를 느끼면서 몸의 어떤 부분에서 이 메시지가 와닿는지 느껴보시기 바랍니다.

앨리스: (웃으면서) 제 다리요.

딜츠: 당신의 다리에서요. (앨리스가 다시 웃으며 들떠 보인다.) 그렇군요. 다리가 있었군요. 당신의 살아 움직이는 다리를 보고 싶습니다.

앨리스: (들뜨고 행복하게) 뛸 수 있을 것 같아요!

딜츠: 이런 옛날 노래가 있죠, "이 부츠는 걷기 위해 만든 겁니다." (부츠를 신은 앨리스가 들떠서 웃는다. 그리고 몇 차례 발을 구른다.)

와, 멋지네요. 당신의 에너지에서 마침내 약간의 스타카토가 보입니다. 인생은 고요함만이 있는 것은 아니죠? 약간의 스타카토도 필요합니다. 특히, 당신이 배우자와 함께 있을 때요. 저는 그렇게 생각합니다.

앨리스: 네, 당신 말이 맞네요.

딜츠: 좋아요. 다음은 두 번째 가디언이 있었죠. 만트라. 불의 볼이 있었죠. 이번에는 당신이 서 있는 자리에서 빠져나와 오른쪽으로 이동합니다. 준비되면 하얀 공의 장 안으로 들어가겠습니다. (앨리스는 앞으로 한 발 이동한 다음 오른쪽으로 가서 돌아선다.) 하얀 빛의 공이 되어 보시기 바랍

니다. 빛의 볼로서 당신이 앨리스에게 주는 메시지는 무엇입니까? 앨리스의 가디언인 빛의 공으로서, 앨리스의 몸에 주는 메시지는 무엇입니까?

앨리스: 당신은 존재합니다.

딜츠: 네. 당신은 존재합니다. 당신은 이 세상에서 할 말이 있습니다…. 좋습니다. 다시 자신이 있던 자리로 돌아와주시기 바랍니다. (앨리스가 원래 있던 자리로 이동한다.) 앨리스, 당신의 수호천사가 했던 말을 느껴 보세요. *당신은 할 수 있어요. 어서 힘내요.* 이 말을 당신 다리에서 느껴보세요. (앨리스가 웃는다.) 그 빛의 공이 이제는 배에서 말합니다. *당신은 존재합니다. 당신은 여기 있습니다. 당신의 존재를 봅니다. 당신을 보니 좋습니다.* (앨리스가 이 과정을 깊이 있게 경험하며 가만히 서 있습니다.)

   마지막으로 따님이 있었죠. 이번에는 딸의 위치로 가서 당신 자신과 마주해보겠습니다. 따님이 바로 당신 앞에 있습니다. 이제 앨리스 당신이 따님이 되어 봅니다. 따님의 이름이 어떻게 되나요?

앨리스: 자넷이요.

딜츠: 자넷이 되어보세요. 자넷의 에너지 속으로 들어가 보겠습니다. 그녀의 몸과 그녀의 에너지 속으로. (앨리스가 앞으로 이동해서 돌아선다.) 자넷, 당신의 엄마는 가디언으로서 당신이 필요해요. 엄마에게 어떤 메시지를 주고 싶은가요? 무슨 말을 하고 싶은가요?

앨리스: 자넷이 제게 말하기를….

딜츠: 아니요. 자넷이 당신에게 말하기가 아닙니다. 당신이 자넷이에요. (청중에게) 이 부분이 코치에게 매우 중요합니다. 앨리스는 자기 자신을 떠나는 경향이 있습니다. 앨리스가 자신의 몸과 센터를 떠나면 다른 것들이 대신 차지하게 됩니다.

   (앨리스에게) 당신이 자넷이에요. 추상적인 개념의 딸이 아니에요. 당신

이 자넷이고, 자넷으로서 당신 엄마에게 말하세요.

앨리스: *엄마, 사랑해요.*

딜츠: 네…. 네…. *엄마, 사랑해요!*… 맞아요…. 이제 호흡을 하세요. 이제 다시 저기 있는 원래 당신의 관점으로 돌아갑니다. (앨리스가 자신의 위치로 돌아간다.) 이제 당신의 뒤에는 수호천사가 있습니다. "당신은 할 수 있어!" 이렇게 당신을 터치하고 소통하는 수호천사가 있습니다. 당신의 오른쪽에는 하얀 빛의 공이 있고 이렇게 얘기합니다. "당신은 존재합니다." 당신 앞에는 딸 자넷이 서 있고 당신을 두 팔로 안으며 이렇게 말합니다. "사랑해요, 엄마." 이 메시지를 당신의 몸 어디에서 받아들이고 있나요?

(앨리스가 손으로 몸 전체를 만진다.)

좋아요. 그 모든 메시지를 느끼며 당신이 힘들어했던 남편, 가족과 마주하는 상황으로 들어갑니다. 그때 들려오는 메시지를 들어 봅니다. "*닥쳐, 존재감도 없는 사람이. 당신은 다시 외톨이가 될 거야!*" 이 메시지를 떠올리면서, 가디언의 존재를 느껴 보세요. 그들을 보고 그들이 하는 말을 들어보세요. 가디언을 찾기 위해 몸을 떠날 필요는 없습니다. 그들 모두, 당신 몸 안에 있습니다. 가디언들의 메시지는 당신 몸 안에 있습니다. 가디언들을 당신 간에서 느껴보세요. 중국 전통의학에서 간은 불과 관계가 있습니다. 감정의 불, 분노. 당신의 간은 살아 있어야 합니다. 느껴도 괜찮아요. 고통을 표현해도 괜찮아요. 표현된 고통은 치유됩니다. 표현되지 않은 고통은 더 커져만 갑니다…. 이 모든 것을 느끼고 나니 어떤가요?

앨리스: 아주 많은 다른 감정이. 고통….

딜츠: 좋습니다. 그 감정과 함께하세요. 가디언들을 당신의 배, 가슴, 다리 그리고 어깨로 가져옵니다. 당신 주위로, 당신 안으로 가져옵니다. 가디언들의 메시지를 들어봅니다. *당신을 사랑해요. 당신은 존재합니다. 당신은*

할 수 *있습니다*. 이 메시지들은 당신이 배우자와 가족과 마주 할 때 힘을 낼 수 있도록 당신을 이끌어주고, 보호해 줍니다. 당신은 희생자가 아니라 영웅입니다. 악마와 마주하세요. 악마를 만나서, 그 악마를 변형시키세요. 땅에 단단히 서서 부정적인 에너지에서 벗어나세요. (앨리스가 이완하면서 빛나는 모습으로 있다. 축복하듯이 양손으로 자신의 온몸 위를 어루만진다.) 네, 당신 주위로 펼쳐지는 두 번째 피부를 느껴보시기 바랍니다.

(앨리스가 약 1분 정도 깊고 깊은 변혁의 과정을 경험하고 있는 듯하다. 그리고 깊이 호흡하고 자신의 가슴에 손을 얹고 눈을 뜨면서 미소 짓는다. 새로운 사람이 된 것처럼 보인다.)

앨리스: 정말 감사합니다!

딜츠: (앨리스를 껴안는다.) 환영합니다. 5 리듬에서 가브리엘 로스는 이렇게 말했습니다. "자신의 발을 따르라." 그 수호천사가 어디로 가야 할지 알려줄 것입니다. 감사합니다. 앨리스.

앨리스: 감사합니다.

(앨리스가 무대를 떠나자 큰 박수가 터져 나온다.)

딜츠: 지금까지 영웅의 여정을 가는 데 필요한 가디언을 어떻게 만나고 활용하는지 시연을 보여드렸습니다. 우리는 여정의 핵심 요소로 강조했던 영웅, 소명, 악마와 도전, 자원 그리고 가디언 등을 살펴보았습니다. 영웅의 여정에서 핵심적인 부분은 악마를 변형하고 임계점을 넘어서는 데 필요한 자원을 찾는 것입니다. 그래야 이 여정을 끝마칠 수 있습니다. 저희는 자신에게 어떻게 해야 하는지 그리고 다른 사람을 어떻게 도와주어야 하는지 여러분에게 보여주었습니다.

파트너를 찾아서 지금 여정의 단계에서 서로 각자의 가디언과 가디언의 메시지를 찾을 수 있도록 도와주시기 바랍니다.

결론: 귀환

길리건: 이제 마지막 세션을 마칠 시간입니다. 칠레의 위대한 영혼의 시인 파블로 네루다Pablo Neruda의 시를 여러분과 공유해드리고자 합니다. 이 시는 영웅의 여정과 관련된 이야기입니다. 사실, 이 시는 영웅의 여정과 관련된 이 시대 최고의 시 가운데 하나라고 할 수 있습니다. 시인 네루다의 「시Poetry」라는 제목의 시는 그가 17세에 겪은 경험을 이야기하고 있습니다. 아주 명확하게, 그가 자신의 여정에 대한 소명을 받아들인 이야기입니다. 이제 시를 감상해보겠습니다.

그 나이였지… 시가 내게 찾아온 것이.
몰라, 그게 어디서 왔는지.
모르겠어, 어디에서 왔는지, 겨울에서인지 강에서인지.
모르겠어 언제 어떻게 왔는지.
아냐, 그건 목소리도 아니었고, 말도 그리고 침묵도 아니었지.
그런데 어떤 거리에서 나를 불렀었지,
밤의 가지에서,
갑자기 다른 것들로부터,
격렬한 불 가운데서
또는 혼자 돌아오는데
거기에 나는 얼굴도 없이 있었지.
그러곤 그것이 나를 흔들어 버렸네.

나는 뭐라고 해야 할지 몰랐어.
내 입은 이름들을 말하지 못했고
내 눈은 멀었지,
내 영혼이 움직이기 시작했지,
열과 잃어버린 날개,
그리고 내 스스로 해보았지.
그 불을 해독하며,

나는 어렴풋한 첫 줄을 썼지.
어렴풋하고 실체가 없는, 완전히 난센스를,
아무것도 모르는 어떤 사람의 순수한 지혜를,
나는 문득 보았네.
헐거워지고
열린
세상을,
고동치는 농장,
구멍 뚫린 그림자,
화살과 불과 꽃들로
숭숭 구멍 뚫린 그림자,
소용돌이치는 밤, 우주를.

극히 미세한 존재인 나는
엄청나게 별이 빛나는 공허에 취해,
신비의 이미지에 취해,
나 자신이 그 깊은 심연의
순순한 일부임을 느꼈네.
별들과 뒹굴며,
내 심장은 펼쳐진 하늘에 자유를 찾았네.

길리건: 이것이 바로 영웅의 여정입니다! (박수가 터진다.)

딜츠: 범접하기 힘든 멋진 시입니다. 그렇지만 제가 소개하려고 하는 이 시 또한 위대한 시라고 할 수 있습니다. 아주 오래 전 위대한 이슬람 수피교 시인 하피즈Hafiz의 시입니다. 「아무 이유도 없이For No Reason」라는 시입니다. 들어 보면 아시겠지만 생성적 의식과 영혼의 음악 리듬의 중요한 부분에 관한 이야기입니다. 이성적 에고를 넘어선 현실이 있다는 내용입니다. 하피즈는 이렇게 읊고 있습니다.

그리고
이유 없이
아이처럼 줄넘기를 시작하네.

그리고
이유 없이
나는 나뭇잎으로 변해서
하늘 위로 높이 솟아
태양의 입에 입맞춤하고
녹아버렸네.

그리고
이유 없이
천 마리의 새들이
그들의 회의 석상으로 내 머리를 골랐네.
그 새들은 와인 잔과
자연의 노래책을 빙 돌렸네.

그리고
존재하는 수많은 이유로
나는 영원히
영원히 웃고 사랑하기 시작했네!
존재하는 수많은 이유로
나는 영원히
영원히 웃고 사랑하기 위하여!

내가 나뭇잎으로 변해서
춤추기 시작한다네,
그리고 우리의 아름다운 친구에게 입맞춤하기 위해 달려가네.
그리고 진실에 녹아내리네
내 존재인 진실에

　　(박수)

딜츠: 이런 춤과 시는 우리가 자기 내면의 더 깊은 프레즌스를 향해 열릴 수 있게 해줍니다. 따라서 잠시 여러분과 마무리하는 시간을 갖고자 합니다. 이 과정을 통해, 여러분이 일상의 현실로 돌아오는 준비를 하고, 자신의 성자들의 집단을 생각해보는 시간을 가졌으면 좋겠습니다.

　잠시 눈을 감으시기 바랍니다…. 심호흡을 몇 번 하시면서 센터로 돌아옵니다. 센터에 집중하고 장을 향해 열리는 이 두 가지 프로세스를 기억하시기 바랍니다. 센터에 집중하고, 장을 향해 열리는… 두 가지 프로세스를. 센터에 집중하고 장에 열리는…. 이것을 하면서, 여러분의 의식은 자신의 앞길에 가디언이 되어줄 그 사람과 조율하여보시기 바랍니다.

길리건: 여러분이 다양한 차원을 인식한 뒤에는, 여러분 지향점의 시작은 일상의 현실로 향해야 합니다. *나는 영원한 무한대의 의례 공간에서 돌아오기 시작합니다…. 수많은 아름다운 것을 발견하고… 존재의 위대한 신비를 일부 만났던 곳, 내가 사랑을 느껴왔던 곳…. 다시 한번… 이제 귀환을 시작합니다…. 내 선물을 가지고, 이제 일상의 현실로 돌아옵니다.*

딜츠: 좋은 소식이 있습니다. 이 여정은 우리 혼자만 가는 것이 아닙니다. 이 여정을 지나갔던 수많은 우리의 선대가 있습니다. 그들이 여러분과 함께 뒤에서 지지하며 걸어갈 것입니다. 자신들의 콘퍼런스 탁자로 당신의 머리를 고르는 천 마리의 지저귀는 새들이 있을 것입니다.

길리건: 예수님이 말씀하시길 "세상에 있으되 세상에 속한 것이 아니요."라고 하셨습니다. 여러분의 깊은 자기… 가장 깊은 현실을… 자각하는 최고의 방법은 빛 자체입니다.

딜츠: 빛과 사랑의 장 안에서… 자기 가디언의 존재를 느껴보시기 바랍니다. 당신 주위 어디에 있습니까? 당신의 왼쪽 어깨 너머에 누가 있습니까? 당신의 오른쪽 어깨 너머에는 누가 있습니까? 당신의 뒤에는 누가 있

습니까?

길리건: 당신 위에는 누가 있습니까?

딜츠: 누가 당신 앞에 서서, 앞으로 나아가라고 외치고 있습니까?

길리건: 아마도 속삭이며… 여러분에게 상기시키고 있습니다: *여러분은 더 깊은 목적을 위해 여기에 왔습니다. 질병으로 헤매려고 이 세상에 오지 않았습니다. 슬픔에 갇혀 있으려고 여기 온 것이 아닙니다. 비통함에 묶여 꼼짝 못하려고 여기 온 것이 아닙니다. 여러분은 자신이 가진 선물을 이 세상에서 나누고 발휘하기 위해 여기에 왔습니다.*

딜츠: 여러분은 자신이 부여받은 선물을 세상에 나누며 살아가는 동안 열려 있기 바랍니다. 또 자신에게 다가올 가디언을 알아차리기 바랍니다. 지금은 그 가디언을 상상하기가 힘듭니다. 아마도 여러분은 일주일이나 이 주일 뒤에도 여전히 예전에 발생했던 똑같은 일을 해결하느라 고군분투하고 있을 수 있습니다. 아마도 여러분은 왼쪽 어깨 너머에서 스테판이 "알게 되어 기쁘지 않습니까?"라고 말하는 것을 느낄지도 모릅니다. 오른쪽 어깨 너머에서는 제가 "그건 문제가 아닙니다." 이렇게 말하고 있을 수도 있습니다.

길리건: 진심으로 느끼세요…. 여러분 내면에 있는 존재와 여러분을 둘러싸고 있는 존재를… 이 존재들은 여러분이 자신의 센터에… 돌아오도록… 도와주기 위해 그곳에 있습니다. 순수한 빛의 영원한 그리고 무중력의 그곳으로 돌아오기 바랍니다.

딜츠: 동시에 여러분은 특정한 현실로, 현재 이 순간으로… 돌아옵니다. 여러분의 물리적 몸으로 그리고 그 주변으로 돌아옵니다.

길리건: 그러면 그 존재들은 여러분에게 다시 한번 상기시켜줄 것입니다: *여러분은 단지 고통받기 위해서 여기 있는 것이 아닙니다. 여러분은 더*

깊은 목적을 위해 여기 왔습니다. 여러분은 그 깊은 목적을 위해 자신의 삶을 살아야 합니다.

딜츠: 여러분, 자신이 부여받은 선물과 함께 성장하시기 바랍니다.

길리건: 그때를 알았더라도, 여러분은 계속 잊어버립니다. 다른 여러 가지 신호를 사용하시기 바랍니다…. 행복하거나 불행한 것을 신호로 삼아서 기억하시기를…. 지금 제 주위에… 이것보다 더 깊은 곳이 있습니다. 이것보다 더 깊은 물결이 있습니다. 지금 나에게 귀기울이시기 바랍니다.

딜츠: 그리스에는 이런 말이 있다고 합니다. "나는 백 번이나 나 자신을 잃는다. 아니, 하루에 천 번이나 잃는다." 관건은 다시 돌아온다는 사실입니다.

길리건: 여러분은 행복하게 살기 위해 여기 있습니다…. 여러분은 건강하게 살기 위해 여기 있습니다. 여러분은 도움을 주는 사람이 되기 위해 여기 있습니다…. 여러분은 치유되기 위해 여기 있습니다. 그래서 여러분은 영웅의 여정을 살아가기 위해서 이 놀라운 인생이라는 선물을 받았다는 것을… 항상 기억하시기 바랍니다. 그리고 여러분은 가디언의 지지와 함께… 놀라운 성자들의 집단과 함께… 걸어가고 있는 것을 기억하시기 바랍니다.

딜츠: 지금 잠시 시간을 내서, 고요함 속에서 당신과 걷고 있는 가디언의 메시지를 듣습니다.

길리건: 그들이 뭐라고 하는지 들어 보세요.

딜츠: 그들이 어떤 메시지를 주고 있나요?

길리건: 가슴으로 들어보세요.

딜츠: 당신의 영혼으로 들어 보세요.

길리건: 영혼의 축복을… 이런 존재들의 축복을… 받아들이시기 바랍니다. 위대한 아일랜드의 작가가 있습니다… 그의 이름은 존 오도노휴John O'Donoghue로… 몇 주전 세상을 떠났습니다만… 그는 『아남 카라Anam Cara』

라는 멋진 책을 썼습니다. 아남 카라는 게일어Gaelic로 '영혼의 친구'라는 뜻입니다…. 여러분이 각자의 가디언을 영혼의 친구로 맞이하시기를 바랍니다…. 그들의 미러링을 받으면서… 여러분 자신도 역시 아남 카라인 것을 깨닫고 큰 기쁨을 발견하시기 바랍니다.

딜츠: 여러분은 영혼의 친구입니다. 여러분 역시, 자기 인생의 가디언입니다. 여러분은 여러분 자녀의 영혼에게 아남 카라입니다.

길리건: 당신 가족에게 아남 카라가 되어주기 바랍니다…. 당신의 동료에게도… 당신이 속해 있는 지역사회에도… 아남 카라가 되어주세요. 여러분이 아남 카라가… 영혼의 친구가 되기를… 위대한 여정에서 영웅이 되기를 바랍니다.

우리는 밀턴 에릭슨 이야기를 했습니다. 그와 공부할 때 우리는 가난한 학생이었습니다…. 그에게 어떤 수업료도 내지 않았습니다. 밀턴 에릭슨은 영혼의 친구였습니다.

딜츠: 그럼 영혼의 친구에게 어떻게 지불해야 할까요? 돈을 주지는 않습니다. 텔레비전 세트를 주지도 않습니다. 심지어 저녁을 꼭 살 필요도 없습니다. 무엇을 해야 하나요?

길리건: (웃으며) 여러분이 지급할 방법은요?

딜츠와 길리건: (동시에) 전달하는 것입니다!

길리건: 여러분이 속해있는 커뮤니티에 전달하시기 바랍니다. 당신의 가족에게 전달하시기 바랍니다. 여러분이 마주치는 그 악마에게 전달합니다. (웃음)

딜츠: 성공적인 여정을 거치면서, 영웅은 많은 경험을 하는데 그 가운데서도 중요한 것은 감사입니다. 당신은 무엇에 감사합니까? 여러분이 걸어온 영웅의 여정에서 감사하게 생각하는 가장 중요한 것 몇 가지를 생각해

보시기 바랍니다. 감사의 마음이 우러나와서, 그 감사함이 여러분의 몸을 감싸 안습니다. 여러분이 집으로 돌아올 때는 그 감사함으로 가득 차기 바랍니다.

에카르트 톨레는 이렇게 말했습니다: "만약 당신 인생에서 유일하게 한 단 하나의 기도가 '감사합니다'였다면 그것만으로 충분하다." 그래서 저희가 여러분을 위해 남겨 놓은 마지막 기도는….

딜츠와 길리건: 감사합니다!

(우레와 같은 박수가 터진다.)

생성적 변화를 위한 인터내셔널 협회(IAGC)

우리 영웅의 여정이 다음 단계로 도약하기 위해, 최근 생성적 변화를 위한 인터내셔널협회The International Association for Generative Change(IAGC)를 설립했습니다. 홈페이지: http://www.generative-change.com.

이 책에서 살펴본 것처럼, 생성적 과정은 혁신, 진화와 성장을 촉진하는 데 그 목적이 있습니다. '생성한다generate' 이 말은 무언가 새로운 것을 만들어낸다는 뜻입니다. 생성적 변화의 핵심 초점은 창조성입니다. 어떻게 성공적이고 의미 있는 직장생활을 창조할 수 있을까? 어떻게 하면 멋진 인간관계를 창조할 수 있을까? 어떻게 하면 자기 자신과 멋진 관계를 창조할 수 있을까? 자신의 몸, 자신의 과거, 자신의 미래, 자신의 상처 그리고 자신의 재능과 선물을 포함해서 말입니다. 이러한 질문은 여러분이 특별한 삶을 살기 위해 필요한 기본적인 도전입니다. 생성적 변화의 과정은 이런 사람들이 성공하기 위한 길을 제시하고자 합니다.

생성적인 변화는 개인의 삶과 직업상 이미 있는 것들을 뛰어넘어, 새로운 그 무엇을 창조하는 것을 의미합니다. 이 변화는 허울뿐인 형식의 변화가 아니라 새로운 차원의 비범함이 가능한 깊은 맥락의 전환을 의미합니다. 생성적 변화 기술은 개인이라는 필터와 인지적 필터를 통해 우리가 자신의 현실을 만들어 간다는 전제를 가지고 있습니다. 그래서 이 창조적 과정이 긍정적인 결과를 만드는 데 의식적으로 관여하게 됩니다. 결과를 만드는 데 있어 그 사람의 의식 상태가 어떠냐에 따라 큰 차이가 납니다. 생성적 변화 과정은 꿈을 현실로 만들고자 하는 여러분에게 어떻게 하면 생성적 상태가 될 수 있는지 알려줍니다. 생성적 변화 과정은 여러분이 가는 여정에서 만날 어떠한 도전과 장애물도 잘 대처할 수 있는 상태를 유지하는 데 관심을 집중합니다. 이렇게 함으로써, 여러분이 새롭고 의미 있는 결과를 만들 수 있기 때문입니다.

우리는 지난 40년간 개인과 조직에서 생성적 변화의 역동성을 연구해오고 있습니다. 이 탐구를 통해 우리는 생성적 변화에 대한 다양한 프로그램을 개발했습니다. 영웅의 여정, 생성적 코칭, 생성적 리더십, 생성적 심리치료, 생성적 협업 등과 같은 프로그램이 있습니다. 이 프로그램은 IAGC의 기본 바탕을 이룹니다.

IAGC의 목적은 생성적 변화를 세계의 다양한 전문가들에게 전파하는 것입니다. IAGC는 교육과 수료증 그리고 여러 자료를 제공합니다. 우리가 제공하는 자료는 개인과 전문가 그리고 조직이 생성적 변화를 달성하는 데 도움이 될 것입니다.

IAGC의 비전은 코치, 심리치료사, 리더, 기업가들이 생성적 변화의 원칙을 실천하고 나누는 공간입니다. 그리고 이들이 즐겨 찾는 공간을 만들어나가는 것입니다. 사람들 앞에 놓여있는 장애물을 근원적으로 변혁하는데 필요한 도구와 모델을 제시하고, 겉으로 보이는 갈등을 창조적 혁신 재료로 사용할 수 있게 하는 공간이 되었으면 합니다.

IAGC의 미션은 생성적인 변화 원칙과 방법을 연구하는 데 헌신하는 전문가의 글로벌 커뮤니티를 만드는 것입니다. 우리의 미션은 이런 전문가에게 필요한 교육과 기준 그리고 인프라를 제공하는 것입니다.

IAGC의 야망은 생성적 변화의 글로벌 허브가 되는 것입니다. 다양한 나라의 대표들과 지구상의 수많은 사람을 위해 봉사하는 것입니다. IAGC는 5년 내에 실질적인 트레이너 팀을 꾸려서 열정과 진정성을 가진 다양한 전문가에게 우리의 생성적 변화를 전파할 것입니다.

따라서 IAGC의 역할은 비슷한 목적을 가진 사람들이 모여서 독특하고 견고하며 영향력 있는 무언가를 세우는 자석과 같은 기능을 하는 것입니다. 서로 협력하고 커뮤니티를 만들어서, 다른 사람들의 삶에 긍정적인 변화를 만드는 가치와 양식을 공유하는 명확한 방안을 제시하고자 합니다.

관심이 있으신 분은 아래 웹사이트를 방문하시기 바랍니다.

http://www.generative-change.com

참고문헌

Bateson, G. (1972) *Steps to an Ecology of Mind: Collected Essays in Anthropology, Psychiatry, Evolution, and Epistemology* (Chicago, IL: University of Chicago Press).
Campbell, J. (1948) *The Hero with a Thousand Faces* (Princeton, NJ: Princeton University Press).
Gallwey, W. T. (1986) *The Inner Game of Tennis* (London: Pan Books).
Gilligan, S. (1997) *The Courage to Love* (New York: W. W. Norton & Co.).
Gershon, M. (2000) *Second Brain: A Groundbreaking New Understanding of Nervous Disorders of the Stomach and Intestine*. New York: HarperCollins.
Gilligan, S. (2004) The five premises of the Generative Self. Workshop handout, Stephen Gilligan.
Jung, C. (1971). (Edited by J. Campbell) *The Portable Jung. New York: Penguin Group*.
Lakoff, G. (1981) *Metaphors We Live By* (Chicago, IL: Chicago University Press).
Mille, A. de (1991) *Martha: The Life and Work of Martha Graham* (New York: Random House).
O'Donohue, J. (1997) *Anam Cara: Spiritual Wisdom from the Celtic World* (London: Bantam Press).
Oliver, M. (1986) *Dream Work* (New York: Atlantic Monthly Press).
Pearsall, P. (1998) *The Heart's Code: Tapping the Wisdom and Power of Our Heart Energy* (New York: Broadway Books).
Pearson, C. (1989) *The Hero Within: Six Archetypes We Live By* (San Francisco, CA: Harper & Row).
Roth, G. (1997) *Sweat Your Prayers: Movement as Spiritual Practice* (Los Angeles, CA: J.P. Tarcher).
Somé, M. (1995) *Of Water and the Spirit: Ritual, Magic and Initiation in the Life of an African Shaman* (New York: Penguin).
Tolle, E. (2001) *The Power of Now: A Guide to Spiritual Enlightenment* (Marina Del Rey, CA: Mobius).
Whyte, D. (1996) *House of Belongings*. WA: Many Rivers Press.
Wilber, K. (2001) *A Brief History of Everything*. Boston: Shambhala.
Williamson, M. (1992) *A Return to Love: Reflections on the Principles of "A Course in Miracles"* (London: HarperCollins).

색인

5 리듬5th Rhythms 331-40, 369
7대 죄악 120
E.E. 커밍스Commings 232

ㄱ

가디언guardian 32, 33, 37, 44, 45, 48, 53, 62, 167, 171, 172, 182-6, 190, 251, 254, 266, 313, 317, 347-76
가브리엘 로스Gabrielle Roth 331, 332, 333, 337, 369
감정의 변비 271
개별적 마음 223
고아 205, 206, 207, 209, 214, 215, 216, 218, 226
고요stillness 271, 331, 332, 333, 345
관찰자 자기witnessing self 26
그레고리 베이트슨Gregory Bateson 59, 140, 308
그림자 48, 190, 246, 334, 337, 352, 357
긍정적 의도 77, 123, 125, 126, 131, 148, 171, 186, 189

ㄴ

나쁜 자기 186, 195-200, 286, 302
내면의 테러리스트 47
너머로 열려 있음opening beyond 229

ㄷ

더 큰마음larger mind 59, 218, 223, 230, 299, 345
두 번째 피부second skin 225-7, 244-64, 369

ㄹ

루미Rumi 139
리차드 모스Richard Moss 77

ㅁ

마리안느 윌리엄슨Marianne Williamson 138
마법사 205-7, 211, 217, 219, 226, 351
마사 그레이엄Martha Graham 28, 30, 37, 133, 168, 212, 330
마음의 생태학Steps to an Ecology of Mind 59
말리도마 소메Malidoma Somé 29
메타 마음meta mind 140
메타 장meta-field 228, 335
무의식의 마음unconscious mind 193, 299
밀턴 에릭슨Milton Ericson 21, 27, 65, 134, 218, 322, 348, 376

382 영웅의 여정

ㅂ

부드러움tenderness 61, 214, 265, 268, 269, 272, 276, 277, 279, 281, 354

ㅅ

사나움fierceness 100, 265, 266, 268, 269, 270, 272, 277, 278, 279
사랑할 용기 166
생각 바이러스 254
생성적 나generative self 27, 32, 44, 54, 55, 63, 79, 85, 94, 186, 203, 241, 281, 311
생성적 소매틱 상태 117, 118, 122
생성적 장 의식 67, 227
생존 전략survival strategy 112, 229, 364
센터링centering 65, 70, 71, 73, 79, 90, 96, 100, 102, 107, 108, 111, 114, 115, 117, 118, 122, 126, 145, 149, 158, 187, 240, 305, 323, 333, 344, 364
셀프 스폰서십self sponsorship 173, 186, 203, 322, 324
소매틱 마음somatic mind 58, 60, 61, 78, 85, 110, 118, 135, 173, 188, 224, 231, 284, 299, 332, 337, 342, 360
소명Calling 32, 34, 35, 37, 39, 41, 49, 83, 86, 87, 102, 107, 137, 166, 170, 172, 185, 319, 369
수행하는 자기performance self 26, 132, 282, 283, 342
순교자 205, 206, 207, 210, 215, 216, 218
스타카토stacato 331-7, 339, 340, 344, 366
스폰서sponsor 32, 44, 157, 164, 171, 172, 176, 182, 185, 254, 263, 347, 348, 349
스폰서십 65, 67, 131, 139, 143, 144, 147, 150-6, 165-8, 183, 185, 186, 188, 193, 194, 197, 203, 251, 253, 254, 255, 283, 284, 322
시간선timeline 170, 172, 173, 176, 180, 182, 184, 185, 187, 189, 190
신경 언어 프로그램Neuro Linguistic Programming(NLP) 21, 53, 58, 64, 68, 78, 109, 115, 125, 140, 148, 154, 204, 263, 267, 286, 301, 337, 353, 365
심층 구조deep structure 121, 193, 203, 204

ㅇ

아남 카라Anam Cara 375, 376
알버트 아인슈타인Albert Einstein 154, 254, 287
액티브 센터링active centering 100, 111, 115, 116, 117, 149, 169, 173, 240, 245, 333
야생의 부름call of the wild 289
에롤 플린 법칙Errol Flynn principle 243
에크하르트 톨레Eckhart Tolle 37, 336
열린 채널open channel 127
영웅의 여정 단계들 37
영혼의 노래lyrical 331-4, 344, 345
용 206-8, 216
원형의 에너지archetypal energies 191, 212, 265, 266, 268, 271, 332
원형 패턴archetypal pattern 202, 204, 212
이상화된 자기idealized self 35
이중 구속double bind 287, 288, 290
인지적 마음cognitive mind 54, 58, 60, 65, 78, 81, 85, 104, 118, 131, 135, 140, 224, 284, 294, 295, 297, 299, 301, 304
인지적 자기cognitive self 26, 309
임계점threshold 37, 42-4, 54, 84, 126, 134, 169-73, 176, 287, 299, 308, 335, 351, 352, 358, 369

ㅈ

장난기playfulness 265, 266, 268, 270-2, 278, 279, 281, 337, 354
장들 중의 장field of fields 298, 303
장의 마음mind of field 56, 58-60, 118, 135, 223, 242, 284, 293, 297, 301, 304
전사 99, 152, 205, 206, 207, 210, 211,

색인 383

216, 218, 226, 269, 277, 349, 351
제3세대 NLP   301
주디스 디로지어Judith Delozier   205
주의 과정attentional process   76

ㅊ

챔피언   45, 46, 53, 155
첫 번째 주의   76, 80, 92, 100, 235, 240, 259, 286, 325
초월적 기능transcendent function   304
초의식의 마음superconscious mind   73, 277, 299

ㅋ

칼 융Carl Jung   187, 204, 304, 347, 350
캐롤 피어슨Carol Pearson   205, 207

켈트 십자가Celtic cross   236, 238

ㅍ

파블로 네루다Pablo Neruda   370
프레즌스presence   64, 116, 127, 133, 157, 167, 179, 184, 188, 191, 203, 212, 220, 228, 235, 237, 239, 241, 242, 244-7, 261, 263, 277, 309, 319, 330, 334, 335, 346, 349, 373

ㅎ

하피즈Hafiz   214, 371
혼돈chaso   64, 103, 106, 331-5, 337, 339, 340, 344
흐름flow   332

발간사

호모코치쿠스 20
영웅의 여정: 자기 발견을 위한 NLP코칭

호모 코치쿠스 시리즈가 20권이 되었다. 20번째 출간이고 발걸음이다. 주제도 '영웅의 여정'으로 의미가 남다르다. 일찍이 코칭을 '시대의 대안'이라는 선언으로 시작한 코칭 분야별 순례가 점차 그 본연의 모습을 드러내고 있다.

 우리는 모두 자기 안에 '영웅'을 지니고 있고 스스로 그 영웅의 길을 걷고 있다. 걷는 여정의 현란함과 아름다움은 모두 영웅의 얼굴이요, 우여곡절 끝에 도달하는 방향은 그의 포부가 향하는 곳과 일치될 것이다. 최초 그 여정의 출발점은 어디인가? 자극받은 호기심에 의한 '모험'이었거나, 어디선가 들려온 '부름에 대한 응답'이었을 터이다. 그러나 타인의 재촉이나 우르르 몰려가는 사람들 틈에 휩쓸려 자신에게 귀 기울여보지 못한 사람은 이를 알아보거나 듣지 못한 채 그냥 걷고 있거나, 어쩌면 아직도 출발을 못 하고 있을지 모른다. 한편 모험과 응답으로 출발해 영웅 여정의 길 위에 있는 사람은 한 명의 예외도 없이 '시험에 들기' 마련이다. 그것이 남들이 가는 길이 아닌 길이라면 자주, 중요한 타인의 말을 듣지 않은 길이라면 커다란 시험을 넘어 억압과 박해를 피할 수 없었을 것이다. 대체로 이 과정에서 모험이든 내면의 응답이든 여정은 많이 좌초되기 마련이다. 대단한 열정$_{passion}$이 없다면 이 시험과 박해를 견디기 어렵기 때문이다. 그래서 결국 자기만의 길을 포기하고 남들이 모두 가는 길에 섞여 들어가게 된다. 심지어 줄 맞춰서 가게 된다. 그러나 이 길은 자기의 열정을 잠재우는 길이다. 그러므로 자기만의 길은 열정의 길이고, 열정 뒷면은 고난이다.

우리 삶을 어느 순간이든 되돌아본다면, 지금의 나를 있게 한 단 한 명의 사람을 찾을 수 있다. 일종의 '여신과의 만남'이다. 특히 걷고자 하는 사람, 영웅의 여정에서 시험에 시달리는 사람이라면 더욱 유의미한 만남이 선물로 주어진다. 그 만남은 자신이 누구인지 정체성을 두드렸거나, 고난을 건너는 실마리를 흘렸거나, 낙담에서 나오는 자기-격려의 계기를 던져 주었을 것이다. 많은 영웅 신화에서 보듯 '스승'의 모습일 것이다. 조셉 캠벨은 '여신은 결코 영웅보다 더 클 수는 없지만 여신은 항상 그가 지금 이해할 만한 역량보다 더 많은 것을 약속할 수 있다(천의 얼굴을 가진 영웅)'라고 말한다. 이른바 '득템'으로 이루는 용량$_{capacity}$ 확대이다. 자신과 세계를 보는 인식의 지평, 시각 지평이 확대되고 여정을 위한 엔진이 정비되는 순간이리라. 그렇지만 이후 영웅의 여정은 더욱 변화무쌍하다. 고향/안전지대/일차 근거지에서 벗어나야 하는 이른바 '경계를 넘는' 도전과 더 큰 세상에서의 끈질긴 도모, 출발지로의 귀환 등…, 당연히 우리는 영웅의 여정에서 '코칭'을 연상한다.

코칭은 고객의 잠자는 내면의 영웅을 깨우고, 함께 걷는 여정이다. 모퉁이에서 낙담해 있었다면 함께 일어나고, 발길이 서툴렀다면 한 발 한 발 다독이며 내밀고…. 특히 자기 길을 걷고자 한다면 코치만큼 유용한 동행자가 없다. 코칭 항해나 여정은 곧 영웅 여정과 매일반이다. 그런 점에서 코치의 만남은 여정 초기 여신과의 만남에 비유할 수 있다.

이 책은 NLP 접근의 정수를 모아 제목 그대로 영웅의 여정을 다룬 책이다. 고객과 씨름하는 코치라면 이 책을 읽는 것만으로도 자기 고객과의 영웅의 여정을 새롭게 구상하는 신선한 자극을 받는다. 기억해두고 쓰지 않았다면 아차 싶어 다시 영웅 여정을 그려보게 한다. 무엇보다도 코치 자신의 영웅 여정을 새롭게 경험하게 할 것이다.

20번 째로 성년이 된 호모코치쿠스도 자축하며 새로운 영웅의 여정을 맞이하고자 한다. 우리 코칭의 이론적 상상력과 전문성의 심화는 아직도 갈 길이 더디지만 두려운 용龍을 회피하지 않고 마주 서고자 한다. 코칭이 진정 시대의 대안이 되고자 한다면 더 많은 이론과 사상을 흡입하고 시대를 위해 발언해야 하며, 영웅 여정에 도전하는 영웅들과 함께해야 한다.

열악한 출판 환경을 감내하며 한 걸음 나아가는 편집의 정익구 코치, 디자인의 이상진님 그리고 역자의 노고에 감사 드린다.

2020년 9월
발행자 김상복

저자 및 역자 소개

저자: 스테판 길리건

스테판 길리건은 심리학자로 캘리포니아 엔시니타스에서 거주하고 있다. 그는 캘리포니아 대학 산타 크루즈에서 초창기 NLP를 공부했으며 밀튼 에릭슨과 그레고리 베이트슨의 멘토링을 받았다. 스탠포드 대학에서 심리학 박사 학위를 취득하고, 에릭소니언 최면치료의 대가로 활발하게 치료활동을 하고 있다. 이런 활동을 통해 자아관계와 생성적 나에 관한 이론을 확립하였다. 이 작업은 로버트 딜츠와 지난 10여 년간의 협업을 통해 생성적 코칭으로 발전되었다.

길리건 박사는 지난 30여 년간 전 세계 여러 나라에서 강연하며 다양한 책을 출간해오고 있다. 저서로는 『치료적 트랜스』, 『The courage to love』, 『The legacy of Ericson』, 『Walking in two worlds』(D. 사이먼과 공저). 그리고 『Generative trance』가 있다.

저자: 로버트 딜츠

로버트 딜츠는 NLP와 SFM Success Factor Modeling 분야에서 프로그램 개발, 저술, 코치, 트레이너 그리고 컨설턴트로 국제적인 명성을 쌓아왔으며 캘리포니아 산타 크루즈 NLP 대학 공동 창업자이기도 하다. 그는 스테판 길리건 박사와 함께 생성적 코칭 프로그램의 공동 개발자이며 IAGC International Association for Generative Change의 공동 창업자이다.

로버트 딜츠는 NLP 창시자인 존 그린더와 리차드 밴들러와 함께 초기 NLP 확립 작업에 참여했으며, 밀튼 에릭슨 박사와 그레고리 베이트슨의 가르침을 받았다. 그는 NLP를 교육, 창조성, 건강, 리더십, 신념체계 분야에 적용하고 '제3세대 NLP' 개발에 선구적인 역할을 했다. 애플, 마이크로 소프트, IBM 등 실리콘 밸리 기업에서 컨설팅을 진행했다.

그는 개인과 전문성 개발에 관련한 다양한 주제로 25권 이상의 책을 저술하였다. 주요 저서로는 『NLP로 신념체계 바꾸기』, 『Tools of Spirit, From Coach to Awakener』, 『NLP II』, 『디즈니처럼 상상하고 잡스처럼 실현하라』 등을 출간하였다.

역자: 나성재

한국외국어대 국제지역대학원에서 중국경제 석사 학위를 취득하였다. 졸업 후 알리바바, 디멘션 데이터, 모토로라솔루션 등과 같은 글로벌 IT 기업과 벤쳐기업에서 16년 동안 근무했다.

현재는 CTP Coaching to Purpose Company의 대표이자 (사)한국코치협회 인

증코지로 개인과 기업의 성장과 변혁transformation을 위한 코칭과 강연을 하고 있다. NLP 마스터로 NLP에 기반을 둔 코칭에 주력하고 있다. 한편 「브레이크뉴스」와 「1코노미뉴스」에서 코칭 칼럼니스트로 활동하고 있으며, 성찰과 성장을 위한 다양한 소재의 글을 개인 블로그에 매일 쓰고 있다.

'영웅의 여정' 강의 및 워크숍 문의
이메일: sjn98@naver.com
블로그 https://blog.naver.com/sjn98

호모코치쿠스

코칭 튠업 21
: ICF 11가지 핵심 역량과 MCC 역량

김상복 지음

뇌를 춤추게 하라
: 두뇌 기반 코칭 이론과 실제
Neuroscience for Coaching

에이미 브랜 지음
최병현, 이혜진 옮김

마음챙김 코칭
: 지금-여기-순간-존재-하기
Mindful Coaching

리즈 홀 지음
최병현, 이혜진, 김성익, 박진수 옮김

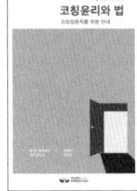

코칭 윤리와 법
: 코칭입문자를 위한 안내
Law & Ethics in Coaching

패트릭 윌리암스, 샤론 앤더슨 지음
김상복, 우진희 옮김

조직을 변화시키는 코칭 문화
How to create a coaching culture

질리안 존스, 로 고렐 지음
최병현, 이혜진 등 옮김

내러티브 상호협력 코칭
: 3세대 코칭 방법론
A Guide to Third Generation Coaching : Narrative-Collaborative Theory and Practice

라인하드 스텔러 지음
최병현, 이혜진 옮김

임원코칭의 블랙박스
Tricky Coaching

맨프레드 F. R. 케츠 드 브리스 등 편집
한숙기 옮김

마스터 코치의 10가지 중심이론
Mastery in Coaching

조나단 패스모어 편집
김선숙, 김윤하 등 옮김

코칭·컨설팅
수퍼비전의 관계적 접근
Supervision in Action

에릭 드 한 지음
김상복, 조선경, 최병현 옮김

정신역동과 임원코칭
: 현대 정신분석 코칭의 기초 1
Executive Coaching :
A Psychodynamic Approach

캐서린 샌들러 지음
김상복 옮김

수퍼비전
: 조력 전문가를 위한 일곱 눈 모델
Supervision in the Helping Professions

피터 호킨스, 로빈 쇼헤트 지음
이신애, 김상복 옮김

코칭 프레즌스
: 코칭개입에서 의식과 자각의 형성
Coaching Presence : Building Consciousness and Awareness in Coaching Interventions

마리아 일리프 우드 지음
김혜연 옮김

멘탈력
정신적 강인함에 대한 최초의 이론적 접근
Developing Mental Toughness
: Coaching strategies to improve performance, resilience and wellbeing

더그 스트리챠크직, 피터 클러프 지음
안병옥, 이민경 옮김

코치 앤 카우치
Coach and Couch

멘프레드 F.R. 케츠 드 브리스 등 지음
조선경, 이희상, 김상복 옮김

리더의 정치학
: 조직개혁과 시대전환을 위한 창발 리더십 모델
Leading Change: How Successful Leaders Approach Change Management

폴 로렌스 지음
최병현 등 옮김

고용 가능성
고용+가능성 업그레이드 전략
Developing Employability and Enterprise: Coaching Strategies for Success in the Workplace

더그 스트리챠크직, 샬롯 보즈워스 지음
조현수, 최현수 옮김

게슈탈트 코칭
바로 지금 여기
Gestalt Coaching: Right here, right now

피터 브루커트 지음
임기용, 이종광, 고나영 옮김

강점 기반 리더십 코칭
: 조직 내 긍정적 리더십 개발을 위한 가이드
Strength_based leadership Coaching in Organization An Evidence based guide to positive leadership development

덕 매키 지음
김소정 옮김

영화, 심리학과 라이프 코칭의 거울
The Cinematic Mirror for Psychology and Life Coaching

메리 뱅크스 그레거슨 편저
앤디 황, 이신애 옮김

영웅의 여정
자기 발견을 위한 NLP 코칭
The Hero's Journey: A voyage of self-discovery

스테판 길리건, 로버트 딜츠 지음
나성재 옮김

(출간 예정)

마인드풀 리더십 코칭
Mindful Leadership Coaching : Journeys into the interior

맨프레드 F.R. 케츠 드 브리스 지음
김상복, 최병현, 이혜진 옮김

VUCA 시대의 조직문화와 피어코칭
Peer Coaching at Work

폴리 파커, 팀 홀, 캐시 크램, 일레인 와서먼 공저
최동하, 윤경희, 이현정 옮김

내러티브 코칭 이론과 실천
Narrative Coaching : The Definitive Guide to Bringing New Stories to Lif

데이비드 드레이크 지음
김상복, 김혜연, 서정미 옮김

공감적 경청
: 깊이와 폭 넓히기
共感的傾聽術:精神分析的に"聽く"力を高める

고미야 노보루 지음
이주윤 옮김

임원코칭
: 시스템 – 정신역동 관점
– 현대 정신분석 코칭의 기초3
Executive coaching: System-psychodynamic persfective

하리나 버닝 편집
김상복 옮김

코칭과 정신건강 가이드
: 코칭에서 심리적 과제 다루기
A Guide to Coaching and Mental Health : The Recognition and Management of Psychological Issues

앤드류 버클리, 케롤 버클리 지음
김상복 옮김

정신역동 코칭의 이해와 활용
: 현대 정신분석 코칭의 기초2
Psychodynamic Coaching : focus & depth

올라 샤롯데 벡 지음
김상복 옮김

코칭수퍼비전의 이론과 모색
Coaching and Mentoring Supervision : - Theory and Practice

타티아나 바키로버, 피터 잭슨, 데이빗 클러터벅 지음
김상복, 최병현 옮김

인지행동 기반 라이프코칭
Life Coaching : A Cognitive behavioural approach

마이클 니난, 윈디 드라이덴 지음
정익구 옮김

웰다잉 코칭
생의 마지막과 상실을 겪는 사람들을 위한 코칭 가이드
Coaching at End of Life

돈 아이젠하워, J. 발 헤이스팅 지음
정익구 옮김

Being Supervised
A Guide for Supervision

Marilyn B. Cole, Karen C. Macdonald 지음

ADHD Coaching
- 정신건강 전문가를 위한 가이드

Prances Prevatt, Abigail Levrini 지음

호모스피릿쿠스

나르시시스트와 직장생활하기
Narcissism at Work: Personality Disorders of Corporate Leaders

마리 린느 제르맹 지음
문은영 · 가요한 옮김

(코쿱북스)

코칭의 역사
Sourcebook Coaching History

비키 브록 지음
김경화, 김상복 외 15명 옮김

리더십을 위한 코칭
Coaching for Leadership

마샬 골드 스미스, 로렌스 라이언스 등 지음
고태현 옮김

101가지 코칭의 전략과 기술
: 젊은 코치의 필수 핸드북
101 Coaching Strategies and Technique

글래디나 맥마흔, 앤 아처 지음
김민영, 한성지 옮김

코칭 A to Z 출판목록

001 누구나 할 수 있는 코칭 대화 모델   **김상복**
    - GROW_candy 모델 이해와 활용

002 세상의 모든 질문   **김현주**
    : 아하에서 이크까지, 질문적 사고와 질문 공장

003 첫 고객·첫 세션 어떻게 할 것인가   **김상복**
    (1) 윤리적 가이드라인과 전문가 기준에 의한 고객 만남
    (2) 코칭계약과 코칭 동의 수립하기

004 코칭방법론   **이석재**
    - 조직 운영과 성과 리더십 향상을 돕는 효과성 코칭의 틀

005 해석학적 코칭: 내면 세계로의 여정   **최병현**

006 전문 사내코치 활동 방법과 실천   **김상복**

007 영화로 배우는 웰다잉: Coaching In Cinema Ⅰ   **정익구**

008 영화로 배우는 리더십: Coaching In Cinema Ⅱ   **박종석**

009 크리스찬 리더십 코칭   **최병현**

010 병원 조직문화와 코칭   **박종석**

011 코칭에서 은유와 은유 질문

012 고객체험·고객 분석과 코칭 기획: ICF 11가지 역량 해설10
    (10) 코칭 기획과 목표 설정

013 코칭에서 공간과 침묵: ICF 11가지 역량 해설4
    (4) 코칭 프레즌스

014 아들러 심리학과 코칭의 활용

015 코칭에서 고객의 주저와 저항 다루기

016 '갈굼과 태움' 어떻게 코칭할 것인가?

017 영화로 배우는 부모 리더십: Coaching In Cinema Ⅲ

018 정신분석적 코칭의 이해

019 행동 설계와 상호책임: ICF 11가지 역량 해설9. 11
    (9) 행동 설계 (11) 진행 관리와 상호 책임

020 감정 다루기와 감정 코칭 Ⅰ

021 12가지 코칭 개입 유형의 이해와 활용: Coaching In Cinema Ⅳ

022 질문 이외의 모든 것·직접적 대화: ICF 11가지 역량 해설7
    (7) 직접적 대화

023 MCC 역량과 코칭 질문: ICF 11가지 역량 해설6
    (6) 강력한 질문

024 임원 & CEO 코칭의 현실과 코치의 준비

025 미루기 코칭의 이해와 활용

026 내러티브 기반 부모 리더십 코칭

027 젠더 감수성과 코칭관계

■ 집필과정에서 필자의 의사와 출판 상황에 따라 제목이 바뀔 수 있습니다.
■ 필자명이 없는 주제는 집필 상담 가능합니다. 공동 필자 참여 가능합니다.
■ 출판 ■ 근간

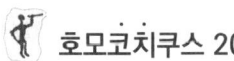 호모코치쿠스 20

영웅의 여정 자기 발견을 위한 NLP 코칭
The Hero's Journey: A voyage of self-discovery

초판 1쇄 발행   2020년 10월 9일

| 펴낸이 | 김상복
| 지은이 | 스테판 길리건, 로버트 딜츠
| 옮긴이 | 나성재
| 편 집 | 정익구
| 디자인 | 이상진
| 제작처 | 비전팩토리
| 펴낸곳 | 한국코칭수퍼비전아카데미
| 출판등록 | 2017년 3월 28일 제2018-000274호
| 주 소 | 서울시 마포구 포은로 8길 8. 1005호
| 문의전화 (영업/도서 주문) 카운트북

　　　　전화 | 070-7670-9080   팩스 | 070-4105-9080
　　　　메일 | countbook@naver.com
　　　　편집 | 010-3753-0135
　　　　편집문의 | hellojisan@gmail.com 010-3753-0135
www.coachingbook.co.kr
www.facebook.com/coachingbookshop

ISBN 979-11-89736-20-0
책값은 뒤표지에 있습니다.